"十三五"国家重点图书出版规划项目

兰州大学"敦煌丝路文明与西北民族社会"双一流学科群建设项目

教育部人文社会科学重点研究基地兰州大学敦煌学研究所项目

敦煌与丝绸之路研究丛书

郑炳林　主编

敦煌写本宅经葬书研究

金身佳　著

甘肃文化出版社

图书在版编目（CIP）数据

敦煌写本宅经葬书研究 / 金身佳著. -- 兰州 ： 甘肃文化出版社，2021.4

（敦煌与丝绸之路研究丛书 / 郑炳林主编）

ISBN 978-7-5490-2212-0

Ⅰ. ①敦… Ⅱ. ①金… Ⅲ. ①敦煌学－占卜－研究 Ⅳ. ①B992.2

中国版本图书馆CIP数据核字(2021)第045749号

敦煌写本宅经葬书研究

金身佳 ｜ 著

策　　划｜马永强　王　智　郧军涛

项目负责｜郧军涛

责任编辑｜顾　彤

装帧设计｜马吉庆

出版发行｜甘肃文化出版社

网　　址｜http://www.gswenhua.cn

投稿邮箱｜press@gswenhua.cn

地　　址｜甘肃省兰州市城关区南滨河东路 520 号 ｜730000(邮编)

营销中心｜王　俊　贾　莉

电　　话｜0931-8454870　　8430531(传真)

印　　刷｜兰州新华印刷厂

开　　本｜787 毫米 × 1092 毫米　1/16

字　　数｜300 千

印　　张｜24.25

版　　次｜2021 年 4 月第 1 版

印　　次｜2021 年 4 月第 1 次

书　　号｜ISBN 978-7-5490-2212-0

定　　价｜150.00 元

总　序

　　丝绸之路是东西方文明之间碰撞、交融、接纳的通道，丝绸之路沿线产生了很多大大小小的文明，丝绸之路文明是这些文明的总汇。敦煌是丝绸之路上的一个明珠，它是丝绸之路文明最高水平的体现，敦煌的出现是丝绸之路开通的结果，而丝绸之路的发展结晶又在敦煌得到了充分的体现。

　　敦煌学，是一门以敦煌文献和敦煌石窟为研究对象的学科，由于敦煌学的外缘和内涵并不清楚，学术界至今仍然有相当一部分学者否认它的存在。有的学者根据敦煌学研究的进度和现状，将敦煌学分为狭义的敦煌学和广义的敦煌学。所谓狭义的敦煌学也称之为纯粹的敦煌学，即以敦煌藏经洞出土文献和敦煌石窟为研究对象的学术研究。而广义的敦煌学是以敦煌出土文献为主，包括敦煌汉简，及其相邻地区出土文献，如吐鲁番文书、黑水城出土文书为研究对象的文献研究；以敦煌石窟为主，包括河西石窟群、炳灵寺麦积山陇中石窟群、南北石窟为主的陇东石窟群等丝绸之路石窟群，以及关中石窟、龙门、云冈、大足等中原石窟，高昌石窟、龟兹石窟以及中亚印度石窟的石窟艺术与石窟考古研究；以敦煌历史地理为主，包括河西西域地区的历史地理研究，以及中古时期中外关系史研究等。严格意义上说，凡利用敦煌文献和敦煌石窟及其相关资料进行的一切学术研究，都可以称之为敦煌学研究的范畴。

　　敦煌学研究是随着敦煌文献的发现而兴起的一门学科，敦煌文献经斯坦因、伯希和、奥登堡、大谷探险队等先后劫掠，王道士及敦煌乡绅等人为流散，现分别收藏于英国、法国、俄罗斯、日本、瑞典、丹麦、印度、韩国、美国等国家博物馆和图书馆中，因此作为研究敦煌文献的敦煌学一开始兴起就是一门国际性的学术研究。留存中国的敦煌文献除了国家图书馆之外，还有十余省份的图书馆、博物馆、档案馆都收藏有敦煌文献，其次台北图书馆、台北故宫博物院、台湾中央研究院及香港也收藏有敦煌文献，敦煌文献的具体数量没有一个准确的数字，估计在五万卷号左右。敦煌学的研究随着敦煌文献的流散开始兴起，敦煌学一词随着敦煌学研究开始在学术界使用。

敦煌学的研究一般认为是从甘肃学政叶昌炽开始，这是中国学者的一般看法。而20世纪的敦煌学的发展，中国学者将其分为三个阶段：1949年前为敦煌学发展初期，主要是刊布敦煌文献资料；1979年中国敦煌吐鲁番学会成立之前，敦煌学研究停滞不前；1979年之后，由于中国敦煌吐鲁番学会的成立，中国学术界有计划地进行敦煌学研究，也是敦煌学发展最快、成绩最大的阶段。目前随着国家"一带一路"倡议的提出，作为丝路明珠的敦煌必将焕发出新的光彩。新时期的敦煌学在学术视野、研究内容拓展、学科交叉、研究方法和人才培养等诸多方面都面临一系列问题，我们将之归纳如下：

第一，敦煌文献资料的刊布和研究稳步进行。目前完成了俄藏、英藏、法藏以及甘肃藏、上博藏、天津艺博藏敦煌文献的刊布，展开了敦煌藏文文献的整理研究，再一次掀起了敦煌文献研究的热潮，推动了敦煌学研究的新进展。敦煌文献整理研究上，郝春文的英藏敦煌文献汉文非佛经部分辑录校勘工作已经出版了十五册，尽管敦煌学界对其录文格式提出不同看法，但不可否认这是敦煌学界水平最高的校勘，对敦煌学的研究起了很大的作用。其次有敦煌经部、史部、子部文献整理和俄藏敦煌文献的整理正在有序进行。专题文献整理研究工作也出现成果，如关于敦煌写本解梦书、相书的整理研究，郑炳林、王晶波在黄正建先生的研究基础上已经有了很大进展，即将整理完成的还有敦煌占卜文献合集、敦煌类书合集等。文献编目工作有了很大进展，编撰《海内外所藏敦煌文献联合总目》也有了初步的可能。施萍婷先生的《敦煌遗书总目索引新编》在王重民先生目录的基础上，增补了许多内容。荣新江先生的《海外敦煌吐鲁番文献知见录》《英国国家图书馆藏敦煌汉文非佛经文献残卷目录（6981—13624）》为进一步编撰联合总目做了基础性工作。在已有可能全面认识藏经洞所藏敦煌文献的基础上，学术界对藏经洞性质的讨论也趋于理性和全面，基本上认为它是三界寺的藏书库。特别应当引起我们注意的是，甘肃藏敦煌藏文文献的整理研究工作逐渐开展起来，甘肃藏敦煌藏文文献一万余卷，分别收藏于甘肃省图书馆、甘肃省博物馆、酒泉市博物馆、敦煌市博物馆、敦煌研究院等单位，对这些单位收藏的敦煌藏文文献的编目定名工作已经有了一些新的进展，刊布了敦煌市档案局、甘肃省博物馆藏品，即将刊布的有敦煌市博物馆、甘肃省博物馆藏品目录，这些成果会对敦煌学研究产生很大推动作用。在少数民族文献的整理研究上还有杨富学《回鹘文献与回鹘文化》，这一研究成果填补了回鹘历史文化研究的空白，推动了敦煌民族史研究的进展。在敦煌文献的整理研究中有很多新成果和新发现，如唐代著名佛经翻译家义净和尚的《西方记》残卷，就收藏在俄藏敦煌文献中，由此我们可以知道义净和尚在印度巡礼的情况和遗迹；其次对《张议潮处置凉州进表》拼接复原的研究，证实敦煌文献的残缺不但是在流散中形成的，而且在唐五代的收藏中为修补佛经就已经对其进行分割，这个研究引起了日本著名敦煌学家池田温先生的高度重视。应当说敦煌各类文献的整理研究都有类似的发现和研究成果。敦煌学论著的出版出现了一种新的动向，试图对敦煌学进行总结性的出版计划正在实施，如2000年甘肃文化出版社出版的《敦煌学百年文库》、甘肃教育出版社出版的"敦煌学研究"丛书，但都没有达到应有的目的，所以目前还没有一部研究丛书能够反映敦煌学研究的整个进展情况。随着敦煌文献的全部影印刊布和陆续进行的释录工作，将敦煌文献研究与西域出土文献、敦煌汉简、黑水城文献及丝绸之路石窟等有机结合起来，进一步拓展敦煌学研究的领域，才能促生标志性的研究成果。

第二，敦煌史地研究成果突出。敦煌文献主要是归义军时期的文献档案，反映当时敦煌政治经济文化宗教状况，因此研究敦煌学首先是对敦煌历史特别是归义军历史的研究。前辈学者围绕这一领域做了大量工作，20世纪的最后二十年间成果很多，如荣新江的《归义军史研究》等。近年来敦煌历史研究围绕归义军史研究推出了一批显著的研究成果。在政治关系方面有冯培红、荣新江同志关于曹氏归义军族属研究，以往认为曹氏归义军政权是汉族所建，经过他们的详细考证认为曹议金属于敦煌粟特人的后裔，这是目前归义军史研究的最大进展。在敦煌粟特人研究方面，池田温先生认为敦煌地区的粟特人从吐蕃占领之后大部分闯到粟特和回鹘地区，少部分成为寺院的寺户，经过兰州大学各位学者的研究，认为归义军时期敦煌地区的粟特人并没有外迁，还生活在敦煌地区，吐蕃时期属于丝棉部落和行人部落，归义军时期保留有粟特人建立的村庄聚落，祆教赛神非常流行并逐渐成为官府行为，由蕃部落使来集中管理，粟特人与敦煌地区汉族大姓结成婚姻联盟，联合推翻吐蕃统治并建立归义军政权，担任了归义军政权的各级官吏。这一研究成果得到学术界的普遍认同。归义军职官制度是唐代藩镇缩影，归义军职官制度的研究实际上是唐代藩镇个案研究范例，我们对归义军职官制度的探讨，有益于这个问题的解决。归义军的妇女和婚姻问题研究交织在一起，归义军政权是在四面六蕃围的情况下建立的一个区域性政权，因此从一开始建立就注意将敦煌各个民族及大姓团结起来，借助的方式就是婚姻关系，婚姻与归义军政治关系密切，处理好婚姻关系归义军政权发展就顺利，反之就衰落。所以，归义军政权不但通过联姻加强了与粟特人的关系，得到了敦煌粟特人的全力支持，而且用多妻制的方式建立了与各个大姓之间的血缘关系，得到他们的扶持。在敦煌区域经济与历史地理研究上，搞清楚了归义军疆域政区演变以及市场外来商品和交换中的等价物，探讨出晚唐五代敦煌是一个国际性的商业都会城市，商品来自于内地及其中亚南亚和东罗马等地，商人以粟特人为主并有印度、波斯等世界各地的商人云集敦煌，货币以金银和丝绸为主，特别值得我们注意的是棉花种植问题，敦煌与高昌气候条件基本相同，民族成分相近，交往密切，高昌地区从汉代开始种植棉花，但是敦煌到五代时仍没有种植。经研究，晚唐五代敦煌地区已经开始种植棉花，并将棉花作为政府税收的对象加以征收，证实棉花北传路线进展虽然缓慢但并没有停止。归义军佛教史的研究逐渐展开，目前在归义军政权的佛教关系、晚唐五代敦煌佛教教团的清规戒律、科罚制度、藏经状况、发展特点、民间信仰等方面进行多方研究，出产了一批研究成果，得到学术界高度关注。这些研究成果主要体现在《敦煌归义军史专题研究续编》《敦煌归义军史专题研究三编》和《敦煌归义军史专题研究四编》中。如果今后归义军史的研究有新的突破，主要体现在佛教等研究点上。

第三，丝绸之路也可以称之为艺术之路，景教艺术因景教而传入，中世纪西方艺术风格随着中亚艺术风格一起传入中国，并影响了中古时期中国社会生活的方方面面。中国的汉文化和艺术也流传到西域地区，对西域地区产生巨大影响。如孝道思想和艺术、西王母和伏羲女娲传说和艺术等。通过这条道路，产生于印度的天竺乐和中亚的康国乐、安国乐和新疆地区龟兹乐、疏勒乐、高昌乐等音乐舞蹈也传入中国，迅速在中国传播开来。由外来音乐舞蹈和中国古代清乐融合而产生的西凉乐，成为中古中国乐舞的重要组成部分，推进了中国音乐舞蹈的发展。佛教艺术进入中原之后，形成自己的特色又回传到河西、敦煌及西域地区。丝绸之路上石窟众多，佛教艺术各有特色，著名的有麦积山石窟、北石窟、南石窟、大象山石窟、水帘洞石窟、炳灵寺石窟、天梯山石窟、马蹄寺石窟、金塔寺石窟、文殊山石窟、榆林窟、莫高窟、西千佛洞等。祆教艺术通过粟特人的墓葬石刻表现出来并保留下来，沿着丝绸之路和中原商业城市分布。所以将丝绸之路称之为艺术之路，一点也不为过，更能体现其特色。丝绸之路石窟艺术研究虽已经有近百年的历史，但是制约其发展的因素并没有多大改善，即石窟艺术资料刊布不足，除了敦煌石窟之外，其他石窟艺术资料没有完整系统地刊布，麦积山石窟、炳灵寺石窟、榆林窟等只有一册图版，北石窟、南石窟、拉梢寺石窟、马蹄寺石窟、文殊山石窟等几乎没有一个完整的介绍，所以刊布一个完整系统的图册是学术界迫切需要。敦煌是丝绸之路上的一颗明珠，敦煌石窟在中国石窟和世界石窟上也有着特殊的地位，敦煌石窟艺术是中外文化交融和碰撞的结果。在敦煌佛教艺术中有从西域传入的内容和风格，但更丰富的是从中原地区传入的佛教内容和风格。佛教进入中国之后，在中国化过程中产生很多新的内容，如报恩经经变和报父母恩重经变，以及十王经变图等，是佛教壁画的新增内容。对敦煌石窟进行深入的研究，必将对整个石窟佛教艺术的研究起到推动作用。20世纪敦煌石窟研究的专家特别是敦煌研究院的专家做了大量的工作，特别是在敦煌石窟基本资料的介绍、壁画内容的释读和分类研究等基本研究上，做出很大贡献，成果突出。佛教石窟是由彩塑、壁画和建筑三位一体构成的艺术组合整体，其内容和形式，深受当时、当地的佛教思想、佛教信仰、艺术传统和审美观的影响。过去对壁画内容释读研究较多，但对敦煌石窟整体进行综合研究以及石窟艺术同敦煌文献的结合研究还不够。关于这方面的研究工作，兰州大学敦煌学研究所编辑出版了一套"敦煌与丝绸之路石窟艺术"丛书，比较完整地刊布了这方面的研究成果，目前完成了第一辑20册。

第四，敦煌学研究领域的开拓。敦煌学是一门以地名命名的学科，研究对象以敦煌文献和敦煌壁画为主。随着敦煌学研究的不断深入，敦煌学与相邻研究领域的关系越来越密切，这就要求敦煌学将自身的研究领域不断扩大，以适应敦煌学发展的需要。从敦煌石窟艺术上看，敦煌学研究对象与中古丝绸之路石窟艺术密切相关，血肉相连。敦煌石窟艺术与中原地区石窟如云冈石窟、龙门石窟、大足石窟乃至中亚石窟等关系密切。因此敦煌学要取得新的突破性进展，就要和其他石窟艺术研究有机结合起来。敦煌石窟艺术与中古石窟艺术关系密切，但是研究显然很不平衡，如甘肃地区除了敦煌石窟外，其他石窟研究无论是深度还是广度都还不够，因此这些石窟的研究前景非常好，只要投入一定的人力物力就会取得很大的突破和成果。2000年以来敦煌学界召开了一系列学术会议，这些学术会议集中反映敦煌学界的未来发展趋势，一是石窟艺术研究与敦煌文献研究的有力结合，二是敦煌石窟艺术与其他石窟艺术研究的结合。敦煌学研究与西域史、中外关系史、中古民族关系史、唐史研究存在内在联系，因此敦煌学界在研究敦煌学时，在关注敦煌学新的突破性进展的同时，非常关注相邻学科研究的新进展和新发现。如考古学的新发现，近年来考古学界在西安、太原、固原等地发现很多粟特人墓葬，出土了很多珍贵的文物，对研究粟特人提供了新的资料，也提出了新问题。2004年、2014年两次"粟特人在中国"学术研讨会，反映了一个新的学术研究趋势，敦煌学已经形成多学科交叉研究的新局面。目前的丝绸之路研究，就是将敦煌学研究沿着丝绸之路推动到古代文明研究的各个领域，不仅仅是一个学术视野的拓展，而且是研究领域的拓展。

第五，敦煌学学科建设和人才培养得到新发展。敦煌学的发展关键是人才培养和学科建设，早在1983年中国敦煌吐鲁番学会成立初期，老一代敦煌学家季羡林、姜亮夫、唐长孺等就非常注意人才培养问题，在兰州大学和杭州大学举办两期敦煌学讲习班，并在兰州大学设立敦煌学硕士学位点。近年来，敦煌学学科建设得到了充分发展，1998年兰州大学与敦煌研究院联合共建敦煌学博士学位授予权点，1999年兰州大学与敦煌研究院共建成教育部敦煌学重点研究基地，2003年人事部博士后科研流动站设立，这些都是敦煌学人才建设中的突破性发展，特别是兰州大学将敦煌学重点研究列入国家985计划建设平台——敦煌学创新基地得到国家财政部、教育部和学校的1000万经费支持，将在资料建设和学术研究上以国际研究中心为目标进行重建，为敦煌学重点研究基地走向国际创造物质基础。同时国家也在敦煌研究院加大资金和人力投入，经过学术队伍的整合和科研项目带动，敦煌学研究呈现出一个新的发展态势。随着国家资助力度的加大，敦煌学发展的步伐也随之加大。甘肃敦煌学发展逐渐与东部地区研究拉平，部分领域超过东部地区，与国外交流合作不断加强，研究水平不断提高，研究领域逐渐得到拓展。研究生的培养由单一模式向复合型模式过渡，研究生从事领域也由以前的历史文献学逐渐向宗教学、文学、文字学、艺术史等研究领域拓展，特别是为国外培养的一批青年敦煌学家也崭露头角，成果显著。我们相信在国家和学校的支持下，敦煌学重点研究基地一定会成为敦煌学的人才培养、学术研究、信息资料和国际交流中心。在2008年兰州"中国敦煌吐鲁番学会"

年会上，马世长、徐自强提出在兰州大学建立中国石窟研究基地，因各种原因没有实现，但是这个建议是非常有意义的，很有前瞻性。当然敦煌学在学科建设和人才培养中也存在问题，如教材建设就远远跟不上需要，综合培养中缺乏一定的协调。在国家新的"双一流"建设中，敦煌学和民族学牵头的敦煌丝路文明与西北民族社会学科群成功入选，是兰州大学敦煌学研究发展遇到的又一个契机，相信敦煌学在这个机遇中会得到巨大的发展。

第六，敦煌是丝绸之路上的一颗明珠，敦煌与吐鲁番、龟兹、于阗、黑水城一样出土了大量的文物资料，留下了很多文化遗迹，对于我们了解古代丝绸之路文明非常珍贵。在张骞出使西域之前，敦煌就是丝绸之路必经之地，它同河西、罗布泊、昆仑山等因中外交通而名留史籍。汉唐以来敦煌出土简牍、文书，保留下来的石窟和遗迹，是我们研究和揭示古代文明交往的珍贵资料，通过研究我们可以得知丝绸之路上文明交往的轨迹和方式。因此无论从哪个角度分析，敦煌学研究就是丝绸之路文明的研究，而且是丝绸之路文明研究的核心。古代敦煌为中外文化交流做出了巨大的贡献，在今天也必将为"一带一路"的研究做出更大的贡献。

由兰州大学敦煌学研究所资助出版的《敦煌与丝绸之路研究丛书》，囊括了兰州大学敦煌学研究所这个群体二十年来的研究成果，尽管这个群体经历了很多磨难和洗礼，但仍然是敦煌学研究规模最大的群体，也是敦煌学研究成果最多的群体。目前，敦煌学研究所将研究领域往西域中亚与丝绸之路方面拓展，很多成果也展现了这方面的最新研究水平。我们将这些研究成果结集出版，一方面将这个研究群体介绍给学术界，引起学者关注；另一方面这个群体基本上都是我们培养出来的，我们有责任和义务督促他们不断进行研究，力争研究出新的成果，使他们成长为敦煌学界的优秀专家。

郑炳林

前　言

一、敦煌写本宅经葬书的范畴及其价值

敦煌写本宅经葬书是指在中国甘肃敦煌莫高窟藏经洞发现的文书中有关宅经和葬书的文书，主要分为写本宅经和葬书。敦煌写本宅经包括敦煌写本五姓阴阳宅经、八宅经、一般宅经和护宅神历卷。五姓阴阳宅经类又有阴阳宅经、五姓宅经和五姓阴阳宅经杂抄类的区别。敦煌写本葬书包括葬书葬事、阴阳书葬事和山岗地脉。葬书葬事类又有葬书、阴阳书葬事和葬录的区分。初步统计，宅经有 24 件文书（包括护宅神历卷 3 件），葬书有 13 件文书，详见敦煌写本宅经葬书分类细说部分的分类表。

敦煌写本宅经葬书内容丰富，在诸多领域中有着多重的价值与意义，概略而言，主要体现在：

1. 敦煌写本宅经葬书保存并丰富了唐五代的风水文献。就相宅书而言，两唐书中仅见《五姓宅经》（《旧唐书·经籍志》著录为二卷，《新唐书·艺文志》作二十卷），然今已不传。而敦煌遗书就保存有大量与五姓相宅有关的内容。此外，还有阴阳宅经、阴阳五姓宅经、八宅经等，大大丰富了唐五代时期的风水文献。就葬书而言，两唐书著录《阴阳书》五十卷（吕才撰，旧作五十卷，新作五十三卷），其中有丧葬方面的内容，今也不传，敦煌卷子却保存了部分内容。

2. 敦煌写本宅经葬书可以填补传统风水及其著述流变过程中的空白点。通过对敦煌写本宅经葬书的研究，我们发现传统风水从汉代的图宅术，明显地经过五姓相宅、阴阳宅相宅，演变到唐宋时期的八宅相宅，与后来的玄空派等衔接，这样让我们对中国传统风水术的发展脉络看得更为清晰。

3. 敦煌写本宅经葬书为一些著述的个案研究提供了丰富的资料。在本书中，通过对敦煌写本宅经的研究，我们了解到曾有一个阴阳宅派，对阴阳宅的辰南戌北分界划分阴阳，以及阴阳宅的刑祸福德方等有较为深入的理解。尤其是我们看到了较为完整的五姓相宅术的内容，如五姓的划分，五姓宅图分为家宅图和人宅图，各有十二神，且如何通过五姓来断吉凶等一系列问题。通过对敦煌写本葬书的研究，我们了解到古人还有六甲八卦冢这样一种安排墓地的方法等。通过对这些个案的研究，我们可以更深入地了解唐五代风水方术文化及其民俗中的禁忌。

4. 敦煌写本宅经葬书对研究中国古代的建筑学、地理学、民俗学及社会心理等多门学科提供了丰富的资料，具有较高的学术价值。本书在第九章中对敦煌写本宅经葬书中的房屋修造风俗与丧葬风俗史料进行了较为全面的梳理，可以填补唐五代时期这一方面的风俗史料。本书对古人在建筑方面的民俗心理做了一定的探讨，对形法相宅中辨土质的方法以及建宅中的规定做了揭示，虽然其科学性有待进一步研究，但它也是中国古人对中国古代地理学的贡献之一。

5. 敦煌写本宅经葬书为我们更深刻地认识中国古代的天人合一（即天地人合一）的哲学观提供了更为丰富的资料。

6. 敦煌写本宅经葬书是隋唐五代时期敦煌地区的术士、学者吸取中原地区及其他地区的风水方术营养，是对认识环境、爱护环境、保护环境的知识总结。在现代全球环境污染的情况下，人们呼吁回归自然，敦煌写本宅经葬书的研究更能唤起人们对居住环境的保护意识，重视人类对"大地母亲"的依恋关系，我们还可以回过头来向古人学习，从敦煌写本宅经葬书中获取爱护环境、保护环境的宝贵财富。

二、敦煌写本宅经葬书的研究现状

（一）宅经研究方面

20 世纪 80 年代以来，中外学者对敦煌写本宅经展开了广泛的研究，并利用这类文书对诸多问题进行了有益的探讨，涌现出了一批具有开创性的研究成果。现简要回顾如下：

1. 法国学者茅甘（Garole Morgan）最早关注到"五姓堪舆"法，他在 1984 年巴黎出版的《敦煌学论文集》第 3 卷中发表了《敦煌写本中的"五姓堪舆"法》一文，根据包括宅经残卷在内的敦煌文书，指出在唐代曾经存在一个以五姓著称的堪舆宗派。1993 年 12 月，中华书局出版的《法国学者敦煌学论文选萃》收入了茅甘的这篇论文。而在此之前，国内学者对这一研究成果很少了解。他的论文主要有《敦煌写本中的五姓修宅》，载苏远鸣主编的《敦煌学论文集》第 3 卷，巴黎法兰西远东学院版，1984 年，第 255—256 页。载《敦煌的壁画与写本》，巴黎辛格 - 波利尼亚克基金会版，1984 年，第 121—122 页；《敦煌写本中的"五姓堪舆"法》，［法］谢和耐等著，耿昇译《法国学者敦煌学论文选萃》，北京：中华书局，1993 年，第 249—255 页；《唐代的堪舆，五行的理论和遗产》，载《唐研究》第 8—9 卷，1990—1991 年，第 45—76 页。

2. 高国藩在敦煌建筑、民俗和巫术方面的研究有丰硕的成果，主要有：《古敦煌民间建筑风俗》，《文史知识》1988 年第 8 期，第 59 页；《敦煌民俗学》，上海文艺出版社，1989 年；《敦煌古俗与民俗流变》，河海大学出版社，1989 年；《敦煌俗文化学》，上海三联书店，1999 年；《敦煌民俗资料导论》，敦煌学导论丛刊（8），台北新文丰出版公司，1993 年；《中国巫术史》，上海三联书店，1999 年；《敦煌巫术与巫术流变》，南京：河海大学出版社，1993 年，等等。高先生在敦煌建筑、民俗和巫术方面的探讨是有益的，成果丰富，是有目共睹的。

3. 日本学者在宅经占卜方面的研究主要有菅原信海《占筮书》，池田温编《敦煌汉文文献》(《讲座敦煌》5)，东京大东出版社，1992年，第448—449页；宫崎顺子《敦煌文书〈宅经〉初探》，《东方宗教》，1995年，第41—70页；菅原信海在《占筮书》一文，将 P.2615、P.2615v、P.3492、P.3507、P.2632v、P.2962v、P.3865、P.3281v、S.4534v 九件敦煌本宅经作为占筮书的一类，分别对之进行了介绍和比较。

4. 赵建雄的《宅经校译》(台湾云龙出版社，1996年)，着重对传世本宅经与敦煌 P.3865 宅经残卷进行互校和语译。

5. 2003年，兰州大学敦煌学研究所陈于柱的硕士学位论文《敦煌写本宅经研究》在前人研究的基础上，在以下几个方面做了有益的探讨：A.澄清敦煌写本宅经产生的基本历史背景；B.给宅经重新分类定名；C.以两唐书和《宋史·艺文志》中所著录的阴阳、五姓、八宅命名的宅经为学术研究背景，对敦煌写本宅经中的阴阳宅经、五姓阴阳宅、八宅经做了较深入的个案研究，探寻唐宋时期风水相宅文化。发表的论文主要有：陈于柱、魏万斗的《唐宋阴阳相宅宗初探——以敦煌写本宅经为考索》，《敦煌学辑刊》2002年第2期；陈于柱的《关于敦煌写本宅经分类问题的再讨论》，《敦煌学辑刊》2003年第2期。

(二)葬书研究

宿白的《白沙宋墓》(北京：文物出版社，1957年，2002年新版)首先揭橥宋王洙等纂《图解校正地理新书》之价值及源流，并论及敦煌文献 P.3647《相阴阳宅书》、S.2263《葬录》与《地理新书》之关系。该书新版第102、103页，用图、表、文字辨明了古代的贯鱼葬法。这对敦煌写本葬书的研究有很重要的借鉴作用。

徐苹芳的《唐宋墓葬中的"明器神煞"与"墓仪"制度——读〈大汉原陵秘葬经〉札记》，《考古》1963年2期，从考古的角度，利用《大汉原陵秘葬经》中内容解读唐宋墓葬中的"明器神煞"与"墓仪"制度，而《大汉原陵秘葬经》中的六甲八卦冢等可以解释敦煌写本葬书的某些内容，值得进一步研究。

（三）敦煌写本宅经葬书全面的介绍与研究

1.《敦煌学大辞典》有对敦煌写本宅经葬书的介绍、定名以及年代的断定等。

2. 黄正建的《敦煌占卜文书与唐五代占卜研究》，学苑出版社，2001 年 5 月。此书最早对敦煌写本宅经葬书残卷进行系统统计和分类定名，有助于学界从整体上对这类文献的认识和把握。此后，随着《俄藏敦煌文献》的陆续公布，黄正建《关于 17 件俄藏敦煌占卜文书的定名问题》一文对其中宅经类残卷进行了识别和更具体的归类定名。

3. 朱俊鹏硕士学位论文《敦煌风水类文献初探》，2002 年 5 月。偏重于民俗文化方面，没有进行方术层面的剖析。

三、本书的创新点

1. 给敦煌风水文献分类定名，在分类方面分出一个敦煌写本宅经中的五姓阴阳宅杂抄类，让读者更清楚地认识"杂抄类"的特性。

2. 解读阴阳宅相宅术，包括阴阳宅的辰南戌北斜分一界之图、阴阳宅的刑祸福德方、大道运行与阴阳宅修造吉日的关系、太岁与修造忌日的关系等，剖析当时流行的阴阳宅经的一整套相宅手法。

3. 在前人研究的基础上，对五姓宅、五姓阴阳宅派及其占断手法做全面深入的探讨。对五姓与五音的关系予以追本溯源，弄清来龙去脉；将原来的法藏、英藏图版文献中的五姓宅图一一转绘出来，使读者一目了然；对五姓宅图的名称、意义、绘图视图原则、干支八卦标示方位及图中神煞等做全面的分析，尽可能寻根究源。

4. 全面地研究八宅经，对八宅派从八宅经到《八宅明镜》的流变做一梳理，使读者对八宅派及其占断手法的发展脉络更为清晰。

5. 系统地解读和介绍敦煌写本宅经葬书中有关修造的诸神煞（如天道、太岁、土公、六壬十二天将和十二月将等），对黄黑道十二神的排列及其功用做了细致的分析，这样能较好地解读 P.2964 的"四邻造作"中的泥垒镇厌法。

6. 解读古人的所谓六甲八卦冢。利用宋王洙、金张谦《重校正地理新书》的内容解读六甲八卦冢。对六甲八卦冢的名称及其穴位所在予以解析，认为其名称与六十甲子和八卦有关，其墓穴要刚好放在满、成、定、开与麒麟、凤凰、章光、玉堂四吉神所在的位置上，这正是百姓所能用的人分四穴。

7. 对敦煌写本宅经葬书中的形法相宅、相墓归类总结，并联系汉代的图宅术和明代的《阳宅十书》中的宅外形，对传统的形法相地术做一个梳理，期望对传统的形法相地术及其流变有一个更为完整的认识。通过梳理，本书认为由汉代的图宅术，直到明清八宅明镜、三元派、玄空派等，是由阴阳宅派、五姓宅派、八宅派等串联起来的。

8. 全面梳理敦煌写本宅经葬书中的房屋修造风俗与丧葬风俗史料。

9. 深入剖析敦煌写本宅经葬书中的阴阳五行、天人合一哲理思想，揭示其中追求人类理想环境的深刻哲理与保护生态环境的智慧。

目 录

第一章　敦煌写本宅经葬书分类定名说 ················· 1

　　第一节　敦煌写本宅经葬书已有的分类及其缺陷 ········· 1

　　第二节　敦煌写本宅经葬书分类原则及其简表 ·········· 4

　　第三节　敦煌写本宅经葬书分类定名细说 ············ 7

第二章　敦煌写本宅经中的阴阳宅 ················· 29

　　第一节　阴阳宅概念 ····················· 29

　　第二节　阴阳宅的辰南戌北斜分一线为界 ············ 35

第三章　敦煌写本宅经中的五姓宅 ················· 45

　　第一节　五姓相宅源流 ··················· 45

　　第二节　敦煌写本宅经中的五姓宅图 ············· 62

　　第三节　五姓相宅术中的五姓作舍法 ············· 97

　　第四节　五姓宅中的五姓移徙和养畜宜忌 ··········· 102

　　第五节　五姓相宅之五姓 ·················· 111

　　第六节　五姓宅的建筑小品 ················· 114

第四章　敦煌写本八宅经和八宅派源流 ··············· 131

　　第一节　敦煌写本八宅经及其内容 ·············· 131

　　第二节　八宅派源流 ···················· 143

第五章　敦煌写本宅经葬书中的修造诸神煞 ············· 153

第一节 敦煌写本宅经葬书中的修造诸神煞 …………… 153

第二节 敦煌写本宅经 P.2964 的"四邻造作"与黄黑道十二神

………………………………………………………… 194

第六章 敦煌写本宅经葬书中的形法相宅相地 ………… 217

第一节 形法相宅溯源——秦汉时期的形法相宅相地 …… 217

第二节 敦煌写本宅经葬书中的形法相宅相地 ………… 228

第三节 敦煌写本葬书 P.4930 中的六对八将 ………… 248

第七章 敦煌写本葬书中的六甲八卦冢 ………………… 257

第一节 敦煌写本葬书中的六甲八卦冢 ………………… 257

第二节 敦煌写本葬书六甲八卦冢中的麒麟、凤凰、章光、玉堂

………………………………………………………… 270

第八章 敦煌建宅卜葬风俗 …………………………… 283

第一节 敦煌写本宅经中的敦煌建宅修舍风俗 ………… 283

第二节 敦煌写本葬书中的古代敦煌丧葬风俗 ………… 301

第九章 敦煌写本宅经葬书中的阴阳五行、天人合一与天人和谐

………………………………………………………… 313

第一节 敦煌写本宅经葬书中的阴阳五行及大地有机说 … 313

第二节 敦煌写本宅经葬书与天人合一及天人和谐 …… 340

第三节 中国古代建筑象天法地与通天 ………………… 348

参考文献 ……………………………………………… 363

后 记 ………………………………………………… 371

第一章　敦煌写本宅经葬书分类定名说

第一节　敦煌写本宅经葬书已有的分类及其缺陷

给敦煌写本宅经葬书分类，就是对每一卷写本宅经葬书做定性的分析，然后按其特性划分出大致的类别，以便于进一步细致地研究，有助于学界从整体上对这类文献的认识和把握。这里先回顾一下以往对写本宅经葬书的分类情况。

黄正建最先做了这一有益的工作，赠予我们一把深入认识敦煌写本宅经葬书的钥匙。

黄正建将敦煌写本宅经文献分为三类：

1. 五姓宅经类：P.2615、P.2632v、P.2962V、P.3492、P.3507、P.4667，共 6 件。

疑为五姓宅经者：P.3281v、P.3594、P.4522V、Дx.00476+Дx.06058+Дx.05937、Дx.01396V ＋ 01404V ＋ 01407V，共 5 件。

2. 其他宅经类：S.6196、P.2615V、S.4534、P.3865、Дx.01396 ＋ 01404 ＋ 01407，共 5 件。

3. 杂类：P.2630V、P.2964、P.3602，共 3 件[①]。

---

① 黄正建：《敦煌占卜文书与唐五代占卜研究》，北京：学苑出版社，2001 年，第 72—81 页。

陈于柱研究敦煌写本宅经后，认为黄正建的分类存在以下几点不足之处：

1. 一般完整的相宅书都有比较鲜明的分类方式作为其推演的基础，在不同分类方式下形成的宅经也迥异。如，P.2615b与P.3865就是分别以"八卦""阴阳"为基本分类方式的两种宅经，黄氏将两者都归于"其他宅经类"，这种粗化式的分类必将影响对传统中国八卦和阴阳相宅术的研究。

2. 归义军统治时期的敦煌，曾兴起一股编书热，对中原传入的典籍进行删选节略、编纂成书，从而形成各种具有合集性质的文献。敦煌本宅经也不例外，像P.2615a等就是以阴阳、五姓宅法为主，并集合其他相宅书形成的具有敦煌地方特色的一类宅经。在黄氏的分类中，却将此类宅经与具有明显分类方式的相宅书归为同类，如，P.2615a、Дx.00476＋05937＋06058就都被放到"五姓宅经类"中，而后者则是专论五姓宅的。毫无疑问，前者不仅合集的性质在这里被抹煞了，而且其中所包含的阴阳宅法也被掩盖。

3. 敦煌本宅经中还有一些可能是出于备急之用而将各种宅法混抄在一起的写卷，它没有主体性的内容，分类方式也不突出，不同于合集性质的宅经，像P.3281Vb就属于此类宅经。在黄氏的分类中却将它归入"五姓宅经"中，显然也是不妥的。[①]

陈于柱给敦煌写本宅经分类如下：

1. 五姓阴阳宅经：P.2615a、P.2632v、P.3492、P.3507、P.4667va，共5件。

2. 五姓宅经：P.2962V、Дx.00476+Дx.06058+Дx.05937、Дx.01396＋01404＋01407v、Дx.05448V，共4件。

3. 阴阳宅经：P.3865、Дx.01396V＋01404V＋01407，共2件。

---

①陈于柱：《敦煌写本宅经研究》，兰州大学硕士研究生论文，2003年。

4. 八宅经：P.2615b，只 1 件。

5. 宅经一卷：S.4534V，只 1 件。

6. 大唐新定皇帝宅经：S.6169，只 1 件。

7. 一般宅经：P.2630V0、P.2964、P.3281v0、P.3594、P.3602、P.4522Va、Дx.05448V，共 7 件。

陈于柱的分类纠正了黄正建的不足之处，但我们也看到几点不足之处：

第一，明明知道"归义军统治时期的敦煌，曾兴起一股编书热，对中原传入的典籍进行删选节略、编纂成书，从而形成各种具有合集性质的文献"。这些"合集性质"的宅经是杂抄性质的宅经，在分类时就没有顾及其杂抄性。如 P.2615a 就是最为典型的，既有五姓阴阳宅经，又有八宅经，且同类宅经中的文字还前后失类，文中前有"灶法"，后又有"灶法"，就是杂抄带来的结果。对同一问题做占断规定时，用上"一云"。"一云"的占辞，其实就是援引不同占法的占辞。这就是杂抄、混抄的东西，给读者辨别其占法造成很多的麻烦。如果我们对这一属性有一清醒的认识的话，就会少走弯路。

第二，分类过细。其 4、5、6 都是一种宅经分一类，其中的八宅经单独归为一类是对的，但 S.4534V 中的"置井法"虽与 P.2615a 不同，但标明出征井、商井等，就说明杂有五姓宅经，归为五姓阴阳宅经杂抄类较适宜。S.6169 不能明确归属时，不妨归入一般宅经，没有必要单独立为一类。这势必造成分类过细，至 7 类之多，给读者以纷繁的感觉。

第三，不分大小类，使得大类相同、小类有别的宅经不便交互引用。因为在分类上两者的属性不同，不能随便将不同类的宅经放在同一类中去说明问题。如 S.4534V 中的"置井法"即使有五姓宅经的占辞，就不能随意将这两件文书放在一起说明问题、解决问题。这就淹没了这两件文书的同一性。

黄正建将敦煌写本葬书分为 4 类：

1. 阴阳书葬事：P.2534。

2. 葬书：S.1456C、B，S.10639AV、P.2550V、P.2831、P.4930、S.2263、S.3877V、P.3647、Φ.279。

3. 葬录：S.2263V。

4. 山岗地脉类：S.5645、S.3877V。

黄正建的这种分类也是缺乏大小类的区分。

第二节 敦煌写本宅经葬书分类原则及其简表

一、敦煌写本宅经葬书分类原则

给敦煌风水文献分类之前，有必要为分类规定几点原则。

第一，严格按风水文献的占断方法分类。大类相同的文书尽量归为同一大类之下，若是无法归类的文书，又没有明显独特的占断方法，就归在一个"一般"类中，如宅经中的"一般"类就是。

第二，大类下分出小类。性质相同的文书归在同一大类，同一大类中有细微差别的分出不同的小类。这样，在以后的研究征引过程中，小类不同的文书，但大类相同就方便相互征引，说明问题，解决问题。如立五姓阴阳宅经为大类，其下分阴阳宅经类、五姓宅经类、五姓阴阳宅经杂抄类；并且五姓阴阳杂抄类下又分出五姓阴阳宅经类、五姓阴阳宅经杂抄类。阴阳宅经与五姓宅经很不同，但说它们截然不同也未必然，至少阴阳宅经中阴阳宅图的二十四路与五姓宅经的宅图的二十四路是相同的。并且，一方面阴阳宅经中说五姓，与 P.3865《阴阳宅经》相同的传世本《黄帝宅经》的阴阳宅图的解说文字中就有五姓的说明文字；另一方面五姓宅经中说阴阳，P.2615a 就有五姓的阴阳界的区分，还有"五姓阴阳宅同看用之吉之图"，所以，阴阳宅经和五姓宅经、五姓阴阳宅经有其内在的联系，归为一大类不会造成混乱。

第三，注意杂抄文书，特立一"杂抄类"。陈于柱说"归义军统治时期的敦煌，曾兴起一股编书热，对中原传入的典籍进行删选节略、编纂成书，从而形成各种具有合集性质的文献"。这些文书将各种宅经文书杂抄在一起，前后占辞矛盾重重，若特立一"杂抄类"，就好理解多了。在后续的研究工作中，在征引这些文书时注意其杂抄的特殊性，就不会迷失方向，许多矛盾的东西，细细地分开，就有可能得出正确的结论。

第四，敦煌写本宅经其实就只有五姓阴阳宅经类和八宅经两大类是明显不同的，所以，无法将这两类的宅经文书一并归"一般"类中。

二、敦煌写本宅经葬书分类简表

根据黄正建和陈于柱的研究，业已公布的敦煌文书中已经确认为宅经的文献共有 21 件，葬书文献共 13 件，另有 3 件护宅神历卷，一并归入宅经类，则敦煌写本宅经文献共有 24 件。其卷号分别是：

敦煌宅经文献卷号：P.2615a、P.2615b、P.2630V0、P.2632V0、P.2962V、P.2964、P.3281v0、P.3492、P.3507、P.3594、P.3602、P.3865、P.4522V、P.4667va、S.4534、S.6196、Дx.00476+Дx.06058+Дx.05937、Дx.01396 ＋ 01404 ＋ 01407、Дx.01396 ＋ 01404 ＋ 01407v、Дx.05448、Дx.05448V、P.3358、S.5775、S.5775V。

敦煌葬书文献卷号：P.2534、P.2550B、P.2831、P.3647、P.4930、S.1456C、B，S.2263、S.2263V、S.3877V/1、S.3877V/7、S.5645、S.10639AV、Φ279。

现将这些风水文献归类如表 1-1：

表 1-1 敦煌写本宅经葬书分类简表

宅经	阴阳五宅经	五姓	1. 阴阳宅经 P.3865《阴阳宅经》 Дx.01396V ＋ 01404V ＋ 01407《阴阳宅经》
			2. 五姓宅经类 P.2962V《宅经》 Дx.00476+Дx.06058+Дx.05937《宅经》 Дx.01396 ＋ 01404 ＋ 01407v《五姓宅经》 Дx.05448V《商姓人宅图占辞》

续表

宅经	五姓阴阳宅经	3. 五姓阴阳宅经杂抄 A. 五姓阴阳宅经类 P.2615a《□帝推五姓阴阳等宅图经》一卷 P.2632V0《五姓宅经》 P.3492《诸杂推五姓阴阳等宅图经》 P.3507《五姓宅经》 P.4667va《阴阳五姓宅图经》一卷
		B. 五姓阴阳宅经杂抄类 P.3281v0《宅庭梁屋法》 P.3594《宅经》 P.4522V《占镇宅法》 S.4534《宅经》一卷
	八宅经	P.2615b《八宅经》
	一般宅经	P.2630V0《宅经》 P.2964《四邻造作及自家泥垒犯触转为福法等》 P.3602《宅内伏龙法等》 Дx.05448《宅经》 S.6196《大唐新定皇帝宅经》一卷
	护宅神历卷	P.3358《护宅神历卷》 S.5775《护宅神历卷》 S.5775V《护宅神历卷》
葬书	葬书葬事	1. 葬书类 S.10639AV《阴阳书》 S.1456C、B《阴阳书》 P.2550B《阴阳冢墓入地深浅法五姓同用卌五家书第卅七》 P.2831《卜葬书》 P.3647《葬经》 P.4930《相冢书》 S.2263《葬录》卷上并序 S.3877V/7《葬经》 Ф279《卜葬书》
		2. 阴阳书葬事类 P.2534《阴阳书·葬事》
		3. 葬录类 S.2263V《葬录》
	山岗地脉	S.5645《司马头陀地脉诀》 S.3877V/1《葬经》

第三节　敦煌写本宅经葬书分类定名细说

一、五姓阴阳宅经

有关五姓阴阳宅经的文献有 15 件之多，占了整个敦煌写本宅经葬书卷数的将近一半。其中又可分为 3 小类：阴阳宅经、五姓宅经、五姓阴阳宅经杂抄。

（一）阴阳宅经类

阴阳宅经类文献有 2 件：P.3865 和 Дx.01396V ＋ 01404V ＋ 01407。

P.3865《阴阳宅经》，黄永武博士主编《敦煌宝藏》定名为《宅经》[1]。依据内容，陈于柱定名为《阴阳宅经》[2]为确。

该卷首尾残，研究者（赵建雄、黄正建、陈于柱等）都认为与传世本、旧题为黄帝撰《宅经》上卷基本相同。黄正建认为："宅经中对阴阳二宅的划分，以及宅的'五虚''五实'等，对当时和后代都有一定的影响。"[3]

该卷残存文字正是传世本（常见的有四库全书本、道藏本、古今图书集成本等）《黄帝宅经》的叙、总论与修宅次第法。其论述要点及层次是这样的：第一，有关"阴阳之枢纽，人伦之轨模"的五种占卜术中，只有宅法是真秘术。第二，在诸多宅经的基础上总结，认为"无出阴阳二宅"。第三，阴阳宅是"以辰南戌北分一条为界"，强调"阳不独王，以阴为德；阴不独荣，以阳为德"。第四，阴阳二宅的修造，在时间上"唯看天德、月德、天道到，即修之，不避将军、太岁、豹尾、黄幡、黑方及五姓宜忌，但随顺阴

---

①黄永武主编：《敦煌宝藏》第 131 册，台北：新文丰出版公司，1985 年，第 346 页。
②陈于柱：《敦煌写本宅经研究》，兰州大学硕士研究生论文，2003 年。
③黄正建：《敦煌占卜文书与唐五代占卜研究》，北京：学苑出版社，2001 年，第 72-81 页。

阳二气为正"。在方位上，加强福德方，使"刑祸之方缺伤（复）荒，福德之方连接张（长）"。第五，在修造的先后上，"先修刑祸，后修福德，吉。修阳宅从亥起功顺转，修阴宅从巳起功顺转，终而复初。刑祸方用一百功，即福德方用二百功以上，吉"。关于抄写年代，黄正建以为卷中列举了《李淳风宅经》《吕才宅经》，认为"应该是唐人的作品"①。《敦煌学大辞典》也认为 P.3865"书名中有'吕才宅经'和'李淳风宅经'，知此卷成于唐中叶或稍后"②。

Дx.01396V＋01404V＋01407《阴阳宅经》，首尾均残，存 26 残行，有一幅阴宅图。册中定名为《宅经》，依据内容，陈于柱认为应定名为《阴阳宅经》③。这是正确的。该卷残毁过甚，很多地方难以拼读，主要由 3 部分组成，第一，阴阳宅之间刑祸福德方的移徙往来及其吉凶。第二，天道、人道、岁德、月德、月空的运行方位，及其与阴阳宅的修造和移徙的关系。第三，保存了一幅残存的阴宅图，对研究传世本阴阳宅图很有价值。关于该卷的抄写年代，黄正建研究指出："文书中避'丙'，如'三月、九月、五月，德在景、空在景壬'，又避'虎'，写'白虎'为'白兽'。可知本件文书抄于唐代甚至可能撰于唐代。"④

（二）五姓宅经类

五姓宅经类主要有 4 件：P.2962V、Дx.00476+Дx.06058+Дx.05937、Дx.01396＋01404＋01407v、Дx.05448V 等。

P.2962V《宅经》，《敦煌遗书总目索引》《敦煌遗书总目索引新编》均将其定名为"星占书"，《敦煌遗书最新目录》则将其命名为"宅经"。该卷现存角姓人宅图、角姓家宅图和徵姓人宅图三幅图及其相关的占辞。P.2962v 图中的占辞与 P.2615a、P.2632v 基本相同，但在内容构成上不如这两卷完整。在 P.2615a 中，我们看到完整的五姓宅图都有 5 个相对独立的部分，即角宅

---

① ④ 黄正建：《敦煌占卜文书与唐五代占卜研究》，北京：学苑出版社，2001 年，第 72–81 页。
② ③ 陈于柱：《敦煌写本宅经研究》，兰州大学硕士研究生论文，2003 年。

图、徵宅图、宫宅图、商宅图、羽宅图及其相应的占断文字，而每一宅图及其文字又包含以下几方面内容：五姓人宅图、作舍法、五姓分类下的姓氏、五姓家宅图、五姓宅所适合的地形以及五姓移徙走向法等。而在 P.2962V 中缺少五姓的具体姓氏、五姓移徙法两项内容。从行文来看，书写也不严谨，人宅图与家宅图在图式中并不加以注明。黄正建认为此件写卷是"诸杂推五姓阴阳等宅图经"的一部分①，陈于柱因其内容与 P.2615a 的差异，又没有阴阳宅法综合于其中，因而将其归为"五姓宅经"②。该件正面为"张议潮变文"，而且，宅经中文字又不避"虎"字，所以 P.2962V 应抄写于晚唐五代归义军时期。

Дx.00476+Дx.06058+Дx.05937《宅经》，黄正建做了详细介绍，他说："文书由三号组成。第一号存 13 残行，如有'何以知人家贫［苦］''何以知人家宜子［孙］'等。下半皆残。孟列夫《俄藏敦煌汉文写卷序录》将其归入'佛家经典类'。此 13 行应该不是佛教经典，但也不能确认是《宅经》，存疑。第二号为 2 残片，存 9 残行，依十二支叙移徙的吉凶，如'移向子地害财物及长子，［凶］''向午地大富贵、宜六畜，吉'等。《俄藏敦煌文献》的编者错将向亥地的一张残片放在文书开头，是放错了，应放在最后，即在向戌地之后。第三号存 9 残行，并一残图。开头亦有'向寅地克败财物及六畜，凶''向辰地大富贵、食口卅，吉'等，最后有'宫姓图'字样。按这后二号似为一件文书，并似与'五姓宅经'相关。"并指出该卷后两号的内容分别是"商姓移徙法"和"宫姓移徙法"③。陈于柱认为残图是"商姓家宅图"，他说："诚如黄氏所言，Дx.00476+05937 + 06058 后两号的内容分别应是'宫姓移徙法'和'商姓移徙法'；至于后面的残图，我们看到其基本框架与 P.2615a、P.2632V、P.2962V 中的五姓宅图相同，其中还保存着部分地支对应的神煞，即：辰—勾陈、巳—司命、午—青龙、申—明堂。如果参

①③黄正建：《敦煌占卜文书与唐五代占卜研究》，北京：学苑出版社，2001 年，第 72–81 页。
②陈于柱：《敦煌写本宅经研究》，兰州大学硕士研究生论文，2003 年。

照一下 P.2615a 等宅经中的五姓宅图，就会发现这些地支、神煞及其对应关系，与角姓家宅图和商姓家宅图中黄、黑二道十二神的排列是一致的。因为残图是置于'商姓移徙法'下面，所以我们认为该图应是残损的'商姓家宅图'。"①

Дx.01396 + 01404 + 01407v《五姓宅经》由 3 个卷号组成，存 33 行左右。《俄藏敦煌文献》定名为"阴阳书"；黄正建拟名为《五姓宅经》②，他详细地分析说："内容似是依五姓顺序叙述移徙的宜忌。首是'商'姓的后半，然后是'羽'姓的前半，比较全。比如羽姓，先分单姓、复姓叙'羽'姓中含有哪些姓，然后说'羽姓移忌太岁在辰巳丑未，煞子孙，凶'等，然后叙十二月移徙的宜忌，并以五行生克理论说明之，如'十月十一月移，子孙兴盛。何以知？十月十一月子亥水，羽往归之，子孙兴盛'。然后依十二支叙移徙的吉凶，如'巳移至？青龙下，出公侯刺史二千石，乡党富贵'等。"③陈于柱还注意到该卷与 P.2615a 等五姓宅图的内容的细微差别，指出："第一，P.2615a、P.2632v 五姓宅图中五姓分类下的姓氏并没有注明单姓、复姓。第二，五姓宅图中五姓移徙的宜忌分空间和时间分别论述，这一点 Дx.01396+0l404+0l407v 是与之相同的，但 Дx.01396+0l404+0l407v 在叙十二月移徙宜忌时还用五行生克理论加以解释，这在 P.2615a、P.2632v 五姓宅图中则不见；又，在空间移徙方面，P.2615a、P.2632v 五姓宅图并不注明起始方位，目的方位则直接以十二地支来表示。Дx.01396+0l404+0l407v 则是以十二地支作为起始方位，而用六壬十二将作为目的方位，像其中的'青龙''天后''太常'等。这是值得我们注意的地方。"④关于该件的抄写年代，黄正建认为：该件正面似是《黄帝宅经》类，而"此件文书抄写时代晚于正面，例如'白虎'不写作'白兽'，又有'乡党富贵''亥移至大吉下，出明经大儒为国所征，拜侍中将军'等不见唐人的语言。故此宅经虽属'五姓宅

①④陈于柱：《敦煌写本宅经研究》，兰州大学硕士研究生论文，2003 年。
②③黄正建：《敦煌占卜文书与唐五代占卜研究》，北京：学苑出版社，2001 年，第 72–81 页。

经'类，但年代应该比较晚"①。朱俊鹏认为"估计在宋初"②。

Дx.05448V《商姓人宅图占辞》，前后均残，仅存 7 行文字，其"马一匹身着白衣"云云，不知其义。其余内容与 P.2615a 中"商姓人宅图"所述占辞基本相同，如"立亥，大富贵……立子，大富贵资财三百万……立丑，灭绝世……立未，先富后贫"，等等。所以，陈于柱认为 Дx.05448V 很可能是某幅"商姓人宅图"③中的占辞。这是正确的，P.2615a 中"商姓人宅图"中的"立亥""立子""立丑""立未"的占辞均与此相同或相近。

（三）五姓阴阳宅经杂抄类

五姓阴阳宅经杂抄类共 9 件，又可分为：A. 五姓阴阳宅经类 5 件：P.2615a、P.2632V0、P.3492、P.3507、P.4667va；B. 五姓阴阳宅经杂抄类 4 件：P.3281v0、P.3594、P.4522V、S.4534。之所以称"杂抄"，就是因为这些文献将五姓宅经与阴阳宅经以及其他宅经的内容抄撮在一起，有些地方整合得很好，基本上形成了系统的五姓阴阳宅经类，但有些地方相当杂乱，占辞前后矛盾，这就是该类的特性。认识这一特性，就便于我们从中去伪存真，辨别究竟哪些占辞是五姓宅经，哪些占辞是阴阳宅经，哪些是既讲阴阳又讲五姓的混合体，这对我们后续的研究大有益处。

1. 五姓阴阳宅经类

P.2615a《□帝推五姓阴阳等宅图经》一卷，是敦煌卷子写本宅经的第一长篇，也是所有写本宅经葬书中的最长的篇章，有 19 张图版之多，约 400 行。其中的 P.2615a 是较全面地阐述五姓阴阳宅的卷子。前残，《敦煌遗书总目索引新编》说该卷"每纸两面抄，粘其一端为册页装"④。菅原信海、《敦煌学大辞典》、黄正建对写卷内容都曾做过介绍。其中以黄正建的介绍较为详明，他说："卷子的前半与 P.3492 号文书完全相同，后半则有'推相土色轻

---

①黄正建：《敦煌占卜文书与唐五代占卜研究》，北京：学苑出版社，2001 年，第 72–81 页

②朱俊鹏：《敦煌风水类文书初探》，首都师范大学硕士研究生论文，2002。

③陈于柱：《敦煌写本宅经研究》，兰州大学硕士研究生论文，2003 年。

④施萍婷主编：《敦煌遗书总目索引新编》，北京：中华书局，2000 年，第 246 页。

重法'、'阡陌法'、'推泉源水出处及山宅庄舍吉凶法'等,并引有《阴阳宅书》《皇帝宅经》《三元宅经》。然后有一系列的宅图,包括有'角姓'一幅、'徵姓'二幅、'宫姓'一幅、'商姓'一幅、'羽姓'二幅,每姓下各有本姓的姓氏、地形、迁徙法等,又有'五姓阴阳宅图'。随后有开门、建灶、置井法,有镇宅、推土公伏龙、诸杂忌法等,内容十分庞杂。从它没有引《吕才宅经》看,这件卷子可能就是吕才(或托名吕才)编写的,是上述《诸杂推五姓阴阳等宅图经》的一个比较完整的版本。"[1]

陈于柱对该卷做了较深入的研究,他分析说:"从行文来看,全卷给人一种力图对诸种相宅书进行整合的感觉,像其中的'卜安宅决'就是'依诸家图抄说之';而且,P.2615a 很显然对《阴阳宅书》《皇帝宅经》《三元宅经》等相宅书也只是引用它们其中一部分内容。通观 P.2615a,全卷试图着重突出五姓、阴阳宅法,并综合了其他的相宅书,具有明显合集的特点和整合的趋势,这或许是营原信海先生为什么将 P.2615a 定名'新集推五姓阴阳等宅图经'的原因。"[2]这无疑是正确的。

通观 P.2615 全篇,题"吕才推卅六宅(残)并八宅阴阳等宅",则原本是综合各种宅的相宅文书,但其后的八宅经可以单独成卷,而前面的 P.2615a 五姓阴阳宅综合得相当紧密,可以说是融合成较全面的五姓阴阳宅书了。但内容仍有些杂乱失类,如前有"作灶法",后又有"灶法",这应该是该卷作者在抄撮其他相宅书时前后失类造成的。如果统观 P.2615a 部分,大致可以分为 3 大部分,第一部分从开头到祭宅文,专讲五姓阴阳宅的形法相宅,偏重于阴阳宅,包括宅外环境的宜忌、阴阳宅区的划分、刑祸福德方的规定、如何数宅等。第二部分从"角姓人宅图"到"五姓阴阳宅图同看用之",专讲五姓宅主体建筑的方位、建筑时间吉凶。第三部分从"山东山南为

①黄正建:《敦煌占卜文书与唐五代占卜研究》,北京:学苑出版社,2001 年,第 72-81 页。
②陈于柱:《敦煌写本宅经研究》,兰州大学硕士研究生论文,2003 年。

阳"开始，到"杂忌法"，讲五姓小件建筑或附属建筑如灶、井、栏屋、碓磨、厕等的吉凶宜忌，以及其他应注意的建筑神煞宜忌和建筑时日的宜忌等。

关于该件抄写年代，陈于柱分析后认为，该卷"应抄写于天复四年或八年之前的张氏归义军初期，是当时州学或州阴阳学教学的遗物"①。

P.2632V0《五姓宅经》，前后均残，黄正建介绍说："P.2632V 存徵姓、宫姓、商姓、羽姓的宅图，与 P.2615a 相同，后面图标的阴阳宅的福德刑祸，与 P.2615a 亦同；P.2632V 则仅存角姓和徵姓宅图，内容亦与 P.2632V 和 P.2615a 同。这两件文书应是《诸杂推五姓阴阳等宅图经》的一部分。"②至于两卷排列次序的不同，陈于柱提出了自己的说法，他说："诚如黄氏所言，P.2632V 同样主要以五姓宅和阴阳宅的图式占辞为主，不过从其内容排布来看，两者略有不同，即 P.2632v 把五姓宅图放在了阴阳宅图式之前，而 P.2615a 在此方面是与之相左的。这一现象的存在充分说明了阴阳宅与五姓宅及其各自宅法彼此是相对独立的，因而才能在位置上互换。此外，P.2615a 五姓宅图中的各姓移徙法在 P.2632v 中没有见到。"③P.2632V 正面有咸通十三年（872 年）《手决一卷》，所以高国藩先生与《敦煌学大辞典》均认为该卷抄写于唐末④。

P.3492《诸杂推五姓阴阳等宅图经》，现存 61 行，题为"诸杂推五姓阴阳等宅图经"，其内容与 P.2615a 前部分基本相同，由此可知 P.2615a 是这一"诸杂推五姓阴阳等宅图经"较为完整的抄本，而 P.3492 只是该抄本残存的一部分。与 P.2615a 相对照而言，则其题为"诸杂推五姓阴阳等宅图经"是正确的。黄正建介绍说："据 P.3492 号文书，这宅经的内容首先是讲何为阳宅，何为阴宅；然后讲阴阳二宅的'福、德、刑、祸'各在何方；然后推街

---

① ③ 陈于柱：《敦煌写本宅经研究》，兰州大学硕士研究生论文，2003 年。
② 黄正建：《敦煌占卜文书与唐五代占卜研究》，北京：学苑出版社，2001 年，第 72—81 页。
④ 高国藩：《敦煌民俗资料导论》，台北：新文丰出版公司，1993 年，第 143 页；季羡林主编：《敦煌学大辞典》，上海：上海辞书出版社，1998 年，第 624 页。

曲的吉凶；推地形，如说：'南高北下名徵地，宫居之吉'；然后是'安宅要诀'，说'凡宅，北高南下名韩地'，'居之长富，食口五十人'云云。"①卷首题为"诸杂推五姓阴阳等宅图经"，所谓"诸杂"即指该类文书的合抄。敦煌卷子时常有题为"诸杂"二字的，如"诸杂谢贺语"（P.2652vb）、"诸杂略要抄子"（P.2661v）等，郝春文曾就"诸杂斋文"做过探讨，他解释说："斋文在敦煌遗书中有的是独立成篇，但更多的是由数篇、十几篇乃至数十篇组成合集。"②P.2615本是阴阳宅经与五姓宅法以及八宅法等多种宅经抄撮而成的一个卷子，因而作为与此卷基本相同而残存的P.3492也是综合多种宅经抄撮而成的，题为"诸杂"是与其内容相符的。关于该卷抄写时间，《敦煌学大辞典》认为该卷末有《光启四年戊申岁具注历日》一段，应是唐末抄本③。

P.3507《五姓宅经》仅存16行，残存的内容与P.2615a前部分基本相同。该卷抄于"淳化四年癸巳岁（993年）具注历日简本"卷端，两者的字体大小不一，但从抄写笔迹和行文风格来看，两者应为同一人所书，因此，陈于柱认为，P.3507也应抄于宋初淳化四年（993年）左右④。

P.4667va《阴阳五姓宅图经》一卷，原件抄于藏文文件背面，残存文字的第35行处题有"阴阳五姓宅图经一卷"，因而，将此件归入五姓阴阳宅类。其实该卷子残存的内容不涉及五姓阴阳宅，主要是镇宅法以及佛教所用于镇宅的符咒，如"谨请东方提头赖吒天王护我居宅……谨请北方毗沙门天王护我居宅"即是请佛教护法神用语。值得注意的是，在所有敦煌写本宅经葬书中，请佛教崇信的东方提头赖吒天王、北方毗沙门天王护宅，这里是仅见的一件。

P.4667va抄写在藏文写本背面，与《益算经》连抄写在一起，《益算经》的抄写时间是"咸通六年（865年）七月五日"，因此，P.4667va也应抄在咸

---

① 黄正建：《敦煌占卜文书与唐五代占卜研究》，北京：学苑出版社，2001年，第72-81页。
② 季羡林主编：《敦煌学大辞典》，上海：上海辞书出版社，1998年，第458页。
③ 季羡林主编：《敦煌学大辞典》，上海：上海辞书出版社，1998年，第625页。
④ 陈于柱：《敦煌写本宅经葬书研究》，兰州大学硕士研究生论文，2003年。

通六年（865 年）前后。

2. 五姓阴阳宅经杂抄类

P.3281v0《宅庭梁屋法》，原卷正面为卜筮书，背面还有阎英达状、马通达状 3 件，《周公解梦书》一卷。无题款和撰人。《敦煌遗书总目索引》《敦煌遗书总目索引新编》均将其定名为"宅经"，《敦煌遗书最新目录》命名为"宅厅梁屋法"。陈于柱说："通观全卷可以看到，该卷是由诸种宅法混抄而成，这些宅法主要包括：宅厅梁屋法、凡人家作牛羊屋法、五姓安置场地法、初入宅法、占宅冈（形？）势法、占伤败、五姓移徙法、五姓同忌法等；此外还记有阴阳宅如何出入以及如何镇宅等内容。其中五姓安置场地法、占宅冈（形？）势法、占伤败、五姓移徙法、五姓同忌法与 P.2615a《诸杂推五姓阴阳等宅图经》中的记载基本相同。其余则在其他宅经文献中少有记载，如卷中记'凡阴宅随五姓便利南向出五重，东向出三重门大吉。阳宅法，向南出五重，东出四重门'，则不见于有关阴阳宅的其他宅经文献。这对阴阳相宅术的研究具有重要的补充作用。"①关于 P.328lvb 的抄写时间，郑炳林认为："就其抄写文字形式来说，与（同卷）《周公解梦书》相近，疑出一人之手。"并详细论证，指出《周公解梦书》是"归义军节度使张议潮在任或稍后时期的作品"②，那么 P.328lvb 宅经残卷也应是抄于这一时间，即大中五年（850 年）到咸通八年（867 年）。

P.3594《宅经》，《敦煌遗书总目索引》《敦煌遗书总目索引新编》《敦煌遗书最新目录》均有介绍，《敦煌遗书总目索引新编》将其定名为"阴阳书残卷"③。其实，该卷是一件宅经杂抄，既有阴阳宅的内容，又有五姓宅的内容。卷中子目在其他宅经卷子皆能找到出处。陈于柱分析说："这些子目及占辞在其他宅经文献中大部分都可见到，如'推五姓墓月法'是 P.2615a

---

①陈于柱：《敦煌写本宅经研究》，兰州大学硕士研究生论文，2003 年。

②郑炳林、羊萍编著：《敦煌本梦书》，兰州：甘肃文化出版社，1995 年，第 240–242 页。

③施萍婷主编：《敦煌遗书总目索引新编》，北京：中华书局，2000 年，第 288 页。

与 P.3281vb 所载'五姓同忌法'中的一部分；'推伏龙法'则是 P.2615a'伏龙法'中的一种；'用石镇宅法'，黄正建指出其'第一句与前述 P.4667《阴阳五姓宅图经》中的"镇宅法"第六中的一句大致相同，可见二者属同一性质。'所以该卷在性质上应属于宅经文献，与 P.328lvb 相类似，也是对各种宅法的混抄。"①其中的"九方色图"是其他宅经文献中没有的，图中的三震、四巽方色图残损严重，作者已据现代所用的紫白法推理补充完整。黄正建从占卜的角度分析，看到了该卷与 P.3602V 的联系。他说："要注意的是：一、第 5 项中画有一个'伏龙'。这个'伏龙'的形状与后述 P.3602V 中《伏龙法》中画的伏龙几乎完全一样。本卷中的'土公'图与 P.3602V 中的'土公'图也大致相同。可见本卷与 P.3602V 可能有着某种联系。"②关于该卷的抄写年代，《敦煌遗书总目索引新编》云："内有从开元十二年甲子入下元语，则应为晚唐著作。"③

P.4522V《推镇宅法》正面为《受八关斋戒文》。据残存内容，宜拟名为"推镇宅法"。陈于柱分析该卷说："P.4522va 仅存曰'推镇宅法第十'的子目和相关占辞。此镇宅法似乎对不同相宅术分类下的住宅都有效，如卷中所言：'凡人家虚耗，钱财失，家口不健，官职不迁，准九宫八宅及五姓宅阴阳等宅同用之，并得吉庆'。在 P.4522va'推镇宅法第十'两边还绘有若干幅头像画稿，这些画稿很可能是在宅经完成之后，穿插绘画于其中的。从头像所戴幞头来看，具有明显的晚唐风格。又，写本行文不避'虎'字，因此 P.4522va 大致为晚唐之抄本。"④

S.4534《宅经》一卷，《敦煌遗书总目索引新编》介绍说："此卷两面书写，而纸很薄，两面透字，因而难辨识者多。"⑤该卷分为两半，前半首题"宅经一卷"，其下残有若干子目，包括"安置法第一""宅神伏龙所在第

①④陈于柱：《敦煌写本宅经研究》，兰州大学硕士研究生论文，2003 年。
②黄正建：《敦煌占卜文书与唐五代占卜研究》，北京：学苑出版社，2001 年，第 72-81 页。
③施萍婷主编：《敦煌遗书总目索引新编》，北京：中华书局，2000 年，第 288 页。
⑤施萍婷主编：《敦煌遗书总目索引新编》，北京：中华书局，2000 年，第 141 页。

五""宅所以知法第七""治宅谢厌解法第八""宅□神异处法第十"，但不见相关占辞。后半内容较多，注明宅法的有"诸家起楼法"和"宅中置处所法"。诸家目录将后半拟名"阴阳书"，有一定道理，因为阴阳书在当时是一个大类，囊括了当时的修宅与安葬。若从宅经的角度分类的话，应该归为五姓宅经，虽然卷中内容大多不见于其他宅经，其"置井法"也与 P.2615a 不同，但标明为徵井、商井等，就是按五姓来占断井的吉凶的。陈于柱单独列为一类，我认为这将使宅经的分类更为纷繁，没有必要。

二、八宅经

八宅经就只有 P.2615b《八宅经》一卷，这是很明显与其他宅经有区别的一类。

P.2615b《八宅经》一卷，原件抄写在 P.2615a 之后，但卷中首题为"八宅经"，它实际上是单独成篇的，为了研究的方便，我们将它单独列出，称为 P.2615b。现存 45 行，首全而尾残。因抄在 P.2615a"诸杂推五姓阴阳等宅图经"之后，从书写笔迹来看，两者为同一人，即子弟董文员。黄正建认为该卷或与 P.3865 中提到当时流行诸家宅经中的《八卦宅经》有某种联系，并说："从此卷文书的内容来看，也与八卦有关。例如先讲某年生人属某宫，如'丑寅生人属艮宫'之类；然后讲某宫之人造宅的宜忌，如'戌亥生人属乾，作巽宅不出三年四年害长女小女，作离宅六年九年害中女'等，最后讲各宫做宅法，如'震宫人作宅法：先往兑离上便出，皈来入震，即下阴一爻，次立西舍，后立北舍，为离宅；次立东方，后立南，断手，即是震家生气'。"[1]

通观敦煌本"八宅经"的内容，可知这是一种以八卦为基本分类方式的相宅术，它将人的生年、住宅以及住宅的行年均归入八卦系统之中，构成以八经卦命名的 8 种命宫和 8 种住宅，但八卦宅本身仅作方位指示而用；各命

---

[1] 黄正建：《敦煌占卜文书与唐五代占卜研究》，北京：学苑出版社，2001 年，第 72—81 页。

宫人作八卦宅中的哪些为吉、哪些为凶，主要是以各八卦宅之八卦相对于命宫八卦在爻变上的专称而定，这些专称所具有的吉凶征示功能则来源于命宫八卦与八卦宅之八卦在五行上的相生同体或相克相制的关系。

关于"八宅经一卷"的抄写时间，根据对 P.2615a "诸杂推五姓阴阳等宅图经"的判断，亦应大致在张氏归义军初期。卷中运用了许多禄命知识，如"生气""祸害""绝命""五鬼""天医"等就是游年八卦中的术语。从隋萧吉《五行大义》来看，似乎隋时的游年八卦中还尚未出现"五鬼""天医"等专称，文中只提到"游年所至之卦，因三变之，一变为祸害，再变为绝命，三变为生气。生气则吉，祸害、绝命则凶。吉则可就其方，凶则宜避其所"。而"五鬼""天医"等直到晚唐五代的敦煌禄命类写卷中才多次见到。所以，"八宅经"的创制不会早于隋，应大致在隋唐之际。

考八宅类图书的著录，《宋史·艺文志》中记有《黄帝八宅经》一卷、《淮南王见机八宅经》一卷、黄石公《八宅》二卷，[①] P.2615b 可能是其中的一种。

三、一般宅经

所谓"一般宅经"，就是与上列阴阳宅经、五姓宅经、五姓阴阳宅经不同，又不能明确有什么明显的占断方法的宅经，有的甚至是一下子无法断定究竟是哪一类宅经，如 S.6196，这里就一并归入"一般宅经"。这类宅经有 4 件：P.2630V0、P.2964、P.3602、S.6196。

P.2630V0《宅经》，黄正建认为该卷应拟名为"宅经"，他说："原定为《星占书》，是不对的。查其照片，虽甚残并字迹不清，但内容大致有：1. 讲地形，如说'所谓还丘之地者，四方高而后下，□数宜□，出二千石，□后世食□五十人'；2. 叙太岁以下神之出游；3. 述禳法，如'舍东北角种□三根□□太阴以避□□'；4. 列某神某时在某等。大致都应是《宅经》的内

---

① ［元］脱脱等：《宋史·艺文志》，北京：中华书局，1977 年，第 5253、5258 页。

容。"①

P.2964《四邻造作及自家泥垒犯触转为福法等》,《敦煌遗书总目索引》《敦煌遗书总目索引新编》均将其定名为"残星占书";《敦煌遗书最新目录》命名为"星占书"。黄正建将其定名为"四邻造作及自家泥垒犯触转为福法等"。黄正建介绍该卷说:"有六张图,每两个月一张,在每张图上按十二地支画有青龙、白虎、司命、勾陈的位置,然后有文字说'凡四邻造作及自家泥垒'犯了青龙如何如何,犯了玄武如何如何,最后是触犯后'转为福法'。文字之后又有一张图,图分九格,正中坐一人,四方各有一个骑马的人。正中写有'土公位常在中庭',四方则写土公何日出游,比如南方写'□亥、戊戌、□酉、丙申、乙未、甲午,此六日南游。图下有十行字,大致讲土公出游日的宜忌。"②这一卷实际上是两幅图及其相关的说明文字,一份是四邻造作及自家泥垒犯触转为福法图(以下简称"四邻造作图"),另一份是土公出游图。四邻造作图是每两月一幅图,其中的正月、七月的图残损严重,作者据已有图中神煞的编排规律补充完整。陈于柱认为图中的十二神就是黄黑道十二神,这肯定是正确的。他说:"以'二、八月'图为例,它们分别是青龙、明堂、天刑、朱雀、金匮、大德、白虎、玉堂、天牢、玄武、司命、勾陈。这十二神是黄黑二道之神,《协纪辨方书》卷七引《神枢经》曰:'青龙、明堂、金匮、天德、玉堂、司命皆月内天黄道之神也,所值之日皆宜兴众物,不避太岁、将军、月刑,一切凶恶自然避之。天刑、朱雀、白虎、天牢、元(玄)武、勾陈者月中黑道也,所理之方,所值之日皆不可兴土工、营房舍、移徙、远行、嫁娶、出军。'其中'天德'在 P.2964 称作'大德'。图后的文字即是围绕上述图式而展开的,其文先讲泥垒黄道神所理之方位时,一般比较吉利;随后讲当犯触黑道神时如何进行解救。这些图文结合起来就是该卷第一行所说的'凡四邻造作及自家泥垒犯触转为福

①黄正建:《敦煌占卜文书与唐五代占卜研究》,北京:学苑出版社,2001 年,第 72—81 页。
②黄正建:《敦煌占卜文书与唐五代占卜研究》,北京:学苑出版社,2001 年,第 96 页。

法'。^①" 关于土公出游图，P.2615a《诸杂推五姓阴阳等宅图经》中有"土公移法"，P.2630V0 有土公出游的时间规定，P.3594 有"宅内土公法"图，P.3602 也有土公出游图，相对而言，P.2964 更详细些，并且有图，应该是土公出游图的完整表述。所以，该卷定名为"残星占书"或"星占书"，则嫌其类大，不确切。但定名为"凡四邻造作及自家泥垒犯触转为福法及土公出游法"，又嫌其标题太长，标作"四邻造作图等"应较为简洁些。

P.3602《宅内伏龙法等》正面为《庄子》释文残卷，背面还有《神龟推违失法》（首题）和《孟遇禄命》一部（首题）。据残存内容，应拟名为"宅内伏龙法、土公出游"。黄正建做了详细介绍，说：该卷"极不清楚，有图。一张图上画有灶、堂、伏龙等，并似有'宅内伏龙法'字样，又有'正月一日灶前六十日''六月十一日在东北二十日'等，可能讲的是伏龙何日在何处；另一张图也是一张九格图，正中画一人盘腿而坐，其他八格无画。其中四方各有'某日游''某日还'字样，比如南方写'甲午日南游'。此外东北格中写'右土公犯之家母凶'。与 P.2964 相比，出游日相同，因此这张图应该也是准备画土公出游图的，但没画完，或画时省略了许多。怀疑 P.3602v 也与《宅经》有某些关系"^②。

Дx.05448《宅经》，首尾残，现存八行。残存文字涉及住宅东西南北的长度与宽度、开门法、置井安灶的方位等。其中的"置井同在巳上吉安灶同在乙丙"，基本概念与 P.2615a 的部分内容相似。如 P.2615a 的"开井图"中说"宅内可食之井皆在巳吉"，又有"五姓置井合阴阳同在巳"；谈及安灶时有"安灶同在乙辰之间"。两者在性质上相近，因此 Дx.05448《宅经》也是宅经类文献。

S.6169《大唐新定皇帝宅经》一卷，原本附于佛经之后，但只有题款，没有正文。题款前面相同笔迹写有"大唐兵部法安吉宅从此入南龙兴寺沙门

---

①陈于柱：《敦煌写本宅经研究》，兰州大学硕士研究生论文，2003 年。

②黄正建：《敦煌占卜文书与唐五代占卜研究》，北京：学苑出版社，2001 年，第 96 页。

神智并写阴阳"诸字，可见这是一位寺院僧人的杂抄。黄正建介绍说："《皇帝宅经》的内容我们已经不知道了。在前引 P.2615 号文书中引了一点，例如说：'《皇帝宅经》云：……皇帝问地曹（典？）：何为青龙白虎……地曹（典？）曰：左有南流水为青龙，右有南行大道为白虎'等等，可知《皇帝宅经》是以皇帝与地典（此处之所以定为地典而不是定为地曹，是因为当时的诸家宅经中有《地典宅经》）的问答为主要内容的。"①《汉书·艺文志》兵阴阳家下载有《地典》六篇，班固即认为地典为黄帝时臣，盖为依托。②或与天老齐称，范晔《后汉书·张衡列传》卷五九载："方将师天老而友地典，与之乎高眺而大谈，孔甲且不足慕焉。"③天老、地典应该都是依托或传说的人物。P.2615 卷中所引《皇帝宅经》中提及的"青龙""白虎""朱雀""玄武"四象或四灵来源于我国古代天文学，即把天上二十八宿分成四组，每组都以动物神命名，称之为"四象"或"四灵""四兽"。将四象运用于相地，是三国时期管辂的发明，《三国志·魏书》卷二九《方技传》载："辂随军西行，过毋丘俭墓下，倚树哀吟，精神不乐。人问其故。辂曰：'林木虽茂，无形可久。碑诔虽美，无后可守。玄武藏头，苍龙无足，白虎衔尸，朱雀悲哭，四危以备，法当灭族。不过二载，其应至矣。'卒如其言。"④管辂就是运用四象的理论来判断毋丘俭墓的，那么《皇帝宅经》的创制再早也得要到三国之后，而《大唐新定皇帝宅经》应该是唐朝对传承下来的《皇帝宅经》予以重新整理的定本。

四、护宅神历卷

护宅神历卷也是相宅、镇宅方术中的一个重要组成部分。传世的《阳宅十书》卷一零整卷全是镇宅、护宅的神符。敦煌写本宅经葬书卷子

---

① 黄正建：《敦煌占卜文书与唐五代占卜研究》，北京：学苑出版社，2001 年，第 72-81 页。
② [东汉] 班固：《汉书·艺文志》卷三〇，北京：中华书局，1962 年，第 1760 页。
③ [宋] 范晔《后汉书·张衡列传》，北京：中华书局，1965 年，第 1906 页。
④ [晋] 陈寿：《三国志·魏书》卷二九，北京：中华书局，1959 年，第 825 页。

只有 P.3358、S.5775、S.5775V 三个卷子是集中绘有护宅神符的，其他的如 P.2615、S.P6 唐乾符四年丁酉岁（877 年）具注历日有"镇宅符"，P.4778+3868 有"神树符"，P.3281v0《宅经》有三段镇厌语，其中第三段提到以八符镇之，其符与镇法不得其详。敦煌写本护宅神历史卷是传世本《阳宅十书》等载有系统的镇宅神符的先声，卷中所提的各种护宅神以及对宅的门、床等方面的关注等涉及民俗及心灵的抚慰，有待于进一步研究。

敦煌卷子 P.3358《护宅神历卷》，首题"护宅神历卷"，首尾全，卷中绘有各种护宅神符。可辨名者计有镇宅四角符、管公明神符、门符、咸安心符、董仲（舒）神符、穴符、门符、床符、脚符、除噩梦符、地穴出口符、房舍符、神树符、树神符等。

S.5775《护宅神历卷》，末题"护宅神历卷"，但卷中内容皆为护宅神符，能辨其名者计有管公明神符、镇宅四角符、董仲舒神符、获身符、火怪符、小儿猪身符等。S.5775V 有董仲舒神符、树神符等。

五、敦煌葬书葬事类

敦煌写本葬书葬事类又可分为葬书类、阴阳书葬事类、葬录类等。

（一）葬书类

敦煌写本葬书的葬书类文献有 9 件，为 S.10639AV、S.1456C、S.1456B、P.2550B、P.2831、P.3647、P.4930、S.2263、S.3877V/7 等。

S.10639AV《阴阳书》仅残存 2 行，是一部阴阳书的目录，册中定名为《阴阳书》，应确。与 S.12456C、B《阴阳书》所列的目录参照，可合并出原目录的"卅二"至"五十八"。

S.1456C、B《阴阳书》，黄正建做了详细的介绍，他说："S.12456B、C 甚残，是一部《葬书》的目录。目录分三段排列，C 排在上，B 排在下。S.10639AV 也是这目录中的一部分，残存 2 行，只有 1 行看得清。将这 3 件残片拼合排列，可得到自'卅二'至'五十八'的目录，其中能完整辨认的有 15 条目录。例如：论六对伤败等法卅二，（论）龟甲取吉穴法卅四，论步阡陌取吉穴法卅五，论六甲八卦冢法卅七，论白埋权殡法第四十，论斩草仪法第四十三，论坟高卑等法五十二，论立铭□幡法五十八等等。"①黄正建还说："拿这份目录与后述《葬书》残卷对照，可能那些《葬书》残卷都与本目录所示的《葬书》有关。比如后述 P.2831+P.2550V 中提到了'六甲冢图'和'八卦冢图'，也提到了它的名字是《阴阳冢墓入地深浅法五姓同用冊五家书第卅七》，而此份目录中有'论六甲八卦冢法卅七'。或者 P.2831+P.2550V 就是 S.12456B、C 所示《葬书》中的第三十七章？又比如本目录中有'论六对''论八将'等，而后述 P.4930 中也有'六对八将'；目录中有'论白埋权殡法'，后述 P.3647 中也有相关内容。所以，S.12456B、C+S.10639AV 所示《葬书》可能是一部集大成的《葬书》，敦煌文书中的《葬书》残卷可能都与这部《葬书》有关。"②

黄正建所论极是，并且，如果将这份目录与宋王洙等纂、金人张谦编撰的《重校正地理新书》③对照，这些目录大多能到《重校正地理新书》中找到相对应的篇目，如表 1-2。

表 1-2　S.12456B、C 篇目与《重校正地理新书》篇目对照表

S.12456B、C 篇目	《重校正地理新书》的相应篇目
论步阡陌取吉穴法卅五	卷一三步地取吉穴
论天覆地〔载〕	卷一二天覆地载法
论六甲八卦冢法卅七	卷一二六甲置丧庭冢穴法
	卷一三张谦论六甲八卦冢法
论埏道	卷一四埏道命衹法
论明堂降神	卷一四明堂祭坛法
论斩草祭图法卅四	卷一四论斩草忌龙虎符入墓年月
论白埋权殡法第卅	卷一三野外权厝吉地法
论棺下六尺法卅六篇	卷一三八卦冢禽交棺下六尺法
论坟高卑等法五十二	卷一四封树高下法
论开故动尸法五十五	卷一五开故袝新法、改葬开墓法

①②黄正建：《敦煌占卜文书与唐五代占卜研究》，北京：学苑出版社，2001 年，第 83—87 页。

③〔宋〕王洙等纂，〔金〕张谦重校：《重校正地理新书》，《续修四库全书·子部·术数类》第 1054 册，上海：上海古籍出版社，1997 年。

因此，我们有理由认为敦煌写本葬书是一部集大成的《葬书》，并且也是宋人王洙等人编纂《地理新书》（最先称《乾坤宝典》）的渊源。

P.2550B《阴阳冢墓入地深浅法五姓同用卌五家书第卅七》，首尾残，前面有八卦冢的两幅图。每幅图都标明"×穴"、轀车行经的路线。如其中的一幅图标明行经路线说："至帐（魂帐）向景行，至此西行向庚，至此北回向壬行，至此回向庚行，至此入壬门。"黄正建分析说：该卷"有'十二袛? 法第廿''入地深浅法第廿一''造冢取土法第廿二''造冢□□法第廿三'等内容，最后有一行字为：'阴阳冢墓入地深浅法五姓同用卌五家书第卅七'。可知这是一种专门讲'阴阳冢墓'的书。这书是'五姓同用'的。而且有关的书有'四十五家'，此卷是该书的'第三十七'章或'三十七'家。可见吕才所说的葬书有'百二十家'并非虚言"[①]。黄正建又说："文中讳丙，将'丙'写作'景'。因此此图可能作于或抄于唐代。"[②]

P.2831《卜葬书》，首尾残，文字中插有5幅图。《敦煌学大辞典》研究了该件文书后，将其定名为《堪舆书》[③]。黄正建介绍该件文书说："五幅图都与墓葬取穴有关，其中可认出的图分别是取'甲穴'和'庚穴'，亦包括轀车的路线，也写'丙'作'景'，与P.2550V相近。本卷的文字部分，写有'六甲冢图第十八''[八]卦冢图第十九'，字迹亦与P.2550V相近，内容也相续，因此怀疑这两件文书本是一件，P.2831在前，P.2550V在后。《敦煌宝藏》定其名为'封冢图第十九'是错的，'封'字当为'卦'字。此件或也当定名为《阴阳冢墓入地深浅法五姓同用卌五家书第卅七》。"[④]这是非常正确的。

P.3647《葬经》，首残尾似全，是敦煌写本葬书中最长的文书。该卷似是同类卷子的类抄，如"葬得公曹下"就有前后两处，且各有差异。"衰殃"下3次注明"又一法"，这应该是同类文书的不同占法抄撮在一起的。卷中

---

①②④黄正建：《敦煌占卜文书与唐五代占卜研究》，北京：学苑出版社，2001年，第83–87页。
③季羡林主编：《敦煌学大辞典》，上海：上海辞书出版社，1998年，第625页。

除标明"推权殡法第二"外，没有"第三""第四"的字样，可见"尾似全"而不全。卷中有五姓墓葬法，如"宫姓土行""徵姓宜乾冢甲穴""商家车道出壬"等，应该是与六甲八卦冢相联系的，这与 P.2831、P.2550 卷子是同类文书。早在 20 世纪 50 年代，宿白就曾对该卷进行研究，他以宋王洙等纂《图解校正地理新书》参证该卷，首先揭橥 P.3647《葬经》与《地理新书》之关系①。

P.4930《相冢书》，首尾残，存 20 行。只有"入地深浅法"与"造冢墓取土及墓内尊卑法"两部分。黄正建介绍说："一部分讲'入地深浅法'，与上述 P.2550V 中的'入地深浅法第廿一'相近。另一部分是'造冢墓取土及墓内尊卑法第□'，其中讲到'宫姓取土'如何、'造冢'如何；'商姓取土'如何；等等，也是'五姓同用'，因此与《阴阳冢墓入地深浅法五姓同用卌五家书》虽非一书，但定是同类葬书无疑。"②

S.2263《葬录》，首尾残。黄正建介绍说："先有一张图，画墓内尊卑，然后是五姓取土之地，与 P.4930 为同类文书，应定名为《造冢墓取土及墓内尊卑法等》。'取土'之后，又有'置墓山道门起坟碑兽□法''起坟高下法''置人兽法'等文字。"③早在 20 世纪 50 年代，宿白就曾对该卷进行研究，他以宋王洙等纂《图解校正地理新书》参证该卷，首先揭橥 S.2263《葬录》与《地理新书》之关系④。日菅原信海《占筮书》也研究过该件文书，认为 S.2263 和 10639A+12456B+12456C 是一本书⑤，黄正建怀疑此说⑥。关于该卷的抄写年代，黄正建说："细观内容，此卷也可能作于唐代。理由有二：一，文中以'五品以上'和'六品以下'来区分上下，是唐代的习俗。二，文中写墓前石人等，有石碑、石

①宿白：《白沙宋墓》，北京：文物出版社，2002 年新版，第 102 页。
②黄正建：《敦煌占卜文书与唐五代占卜研究》，北京：学苑出版社，2001 年，第 83-87 页。
③⑥黄正建：《敦煌占卜文书与唐五代占卜研究》，北京：学苑出版社，2001 年，第 83-87 页。
④宿白：《白沙宋墓》，北京：文物出版社，2002 年新版，第 102 页。
⑤［日］池田温编：《敦煌汉文文献》，东京：大东出版社，1992 年，第 448-449 页。

羊、石柱、石人，没有石虎。但是如金制，'一品官石人四事，石虎、石羊、石柱各二事'①。墓前不置石虎，显然是避唐讳，应也是唐俗。"②黄正建的分析是正确的。

S.3877V/1《葬经》，首尾残，只有一张图，图前后的文字与图没有关系。图中画有墓地内的尊卑，与 S.2263 中的祖墓图的形式基本一样，只是稍简略些，缺少父墓，也没有标明二叔墓、三叔墓字样。但肯定两者是同类文书。

Φ279《卜葬书》，首尾残，《俄藏敦煌文献》第五册中定名为《卜葬书》，残存妨忌的文字，P.3647 有"十二时当体自妨忌"等，内容相似，可参阅。

（二）阴阳书葬事类

敦煌写本葬书的阴阳书葬事类文献只有 1 件：P.2534。

P.2534《阴阳书·葬事》，册内题为《阴阳书·葬事》，存 240 行，九月已前残，后题"《阴阳书》卷第一三葬事"，原本是《阴阳书》中有关葬事的篇章。该卷由三部分组成：即鸣吠日丧葬事宜吉凶、月建速查表、大祸灭门日速查表。其鸣吠日部分也是由六十甲子干支、建除十二神、丧葬事宜吉凶等组成。《旧唐书·吕才传》载："太宗以《阴阳书》近代以来，渐致讹伪，穿凿既甚，拘忌亦多，遂命才与学者十余人，共加刊正，削其浅俗，存其可用，勒成五十三卷，并旧书四十七卷，十五年书成，诏颁行之。"③罗振玉为该卷文书作叙录说："夫云《阴阳书》近代渐讹，则《阴阳书》自是六朝旧著，吕才虽奉诏撰定新书五十三卷，而旧书四十七卷亦并行不废。乃《隋书·经籍志》未著录，《唐书·艺文志》则于吕才《阴阳书》五十三卷外（《旧志》作五○卷，殆夺三字），别出《王璨新撰阴阳》三○卷（旧志作王粲撰）。王璨不知何人，而《新志》远列于吕才书之前（《旧志》列吕才书之

---

① ［日］仁井田陞：《唐令拾遗·金石例·碑碣制度》"丧葬令"二十附录"参考二"，长春：长春出版社，1989 年。
② 黄正建：《敦煌占卜文书与唐五代占卜研究》，北京：学苑出版社，2001 年，第 83–87 页。
③ ［后晋］刘昫等：《旧唐书·吕才传》卷七九，北京：中华书局，1975 年，第 2720 页。

后），殆为唐以前人。其书三〇卷，与《吕才传》所谓旧书四十七卷数不合，是各为一书，则在唐时《阴阳书》有三家矣。此卷不知出于何人，初疑为吕才书，乃审谛再三，书迹不类唐人，卷中不讳'丙'字，必唐以前人所作，其为王璨所著，抑为吕才传所谓旧书，盖不可漫定矣。"[1]［日］菅原信海《占筮书》也研究过该件文书，还认为 P.3647 所述为葬事也当属吕才的《阴阳书》[2]，P.2675V 等也是《阴阳书》。《敦煌学大辞典》研究了该卷，也认为 P.2675V 也是《阴阳书》[3]。我们认为 P.2534 的重要价值在于保存了我国唐代以前的，应该说是我国现存最早的鸣吠日和大祸灭门日的文字篇章，弥足珍贵。

（三）葬录类

敦煌写本葬书的阴阳书葬事类文献只有 1 件：S.2263V。

S.2263V《葬录》，黄正建介绍说："此件文书仅存 23 行，且开头几行与结尾几行雷同。中间写有'葬录卷上大唐归义军节度押衙兼参谋守州学博仕（士）将仕（士）郎张思贤集'字样。内容不详。此句之前有序言，其中有'集诸家诸册，……七十二条，勒成一部，上中下，为三事，无不尽理，无不穷后，……大唐乾宁三年五月日下记'字样。如果这序言尤是《葬录》序言的话，则知《葬录》是集录诸家诸说的著作，写作时间在唐末。"[4]这是对的。

六、山岗地脉类

敦煌写本葬书的山岗地脉类文献只有两件：S.5645、S.3877V/1。

S.5645《司马头陀地脉诀》，册子装，共 17 页，首全尾残，卷首标题为《司马头陀地脉诀》。黄正建介绍说："像这样篇幅较大，又有定名的卷子，

---

[1]黄永武编：《敦煌古籍叙录新编》，台北：新文丰出版公司，1986 年，第九册子部，第 1 页。

[2]［日］池田温编：《敦煌汉文文献》，东京：大东出版社，1992 年，第 448–449 页。

[3]季羡林主编：《敦煌学大辞典》，上海：上海辞书出版社，1998 年，第 621 页。

[4]黄正建：《敦煌占卜文书与唐五代占卜研究》，北京：学苑出版社，2001 年，第 83–87 页。

在全部葬书中极少见，因此非常珍贵。该卷内容讲到了地形地势，如'天门山千里万里来住，则出三品京官'，'平地覆捥堆罡，此地全无好势'，'卯地远有辰山，男女英雄聪惠（慧）'，'第一之地垣然，四面平起。第二之地东南倾，西北高。'卷子讲地势，似既包括阳宅，也包括阴宅。如说：'墓近大驿，男女宽弘，更有辛水东流，商贾甚多，宜利男女'，'居宅左青龙：东有南流水，是左青龙。右白虎：西有大道，是右白虎'等。最后是'寺观图记'，专讲僧尼。"①这是对的。

关于司马头陀其人，黄正建说："司马头陀相传是唐代有名的风水师（但是当时似没有风水师的称呼）。《古今图书集成·堪舆部》引《江西通志》说司马头陀在江西活动，时间是李景让当连帅的时候。查《旧唐书》卷一八七下《李景让传》，李只当过山南道的节度使，并没去过江西。可能由于江西是后代风水术中形势派的发源地，所以把司马头陀活动的舞台放在了江西。又，李景让当山南道节度使是唐宣宗时事，则司马头陀若实有其人，当也活动于那个时代。"②黄正建的考证与分析有助于对该卷的理解，可以参考。

S.3877V/1《葬经》，首尾残，只有一张大图，占用 6 个图版的篇幅，图中注明"抱子岗""散盖山岗""雄龙山岗"字样。有的图中还标有占断辞如"葬得此地，富贵不绝"，或"出二千石、令长""出方伯"等。在敦煌写本宅经葬书中，这是唯一一件画有山岗风水图的文献，十分珍贵，其内容还有待研究。

---

①黄正建：《敦煌占卜文书与唐五代占卜研究》，北京：学苑出版社，2001 年，第 83-87 页。
②黄正建：《敦煌占卜文书与唐五代占卜研究》，北京：学苑出版社，2001 年，第 83-87 页。

第二章　敦煌写本宅经中的阴阳宅

第一节　阴阳宅概念

一、敦煌写本宅经中有趣的阴阳宅现象

敦煌写本宅经中涉及一个有趣的阴阳宅现象，相关的宅经残卷有 P.2615a、P.2632v、P.3281、P.3492、P.3507、P.3865、P.4522、P.4667、Дx.01396+Дx.01404+Дx.01407 共 9 件。

关于这 9 件文书的介绍，陈于柱、魏万斗[1]在其论文中已有涉及，此不赘述。

最先接触敦煌写本宅经的法国学者茅甘最早注意到了敦煌写本宅经这种阴阳宅的划分[2]。后来黄正建也提出敦煌写本宅中的阴阳宅不含有阴间阳间的意思[3]。还有的学者认为宅经中的"阴阳宅"是"夫为阳，妻为阴组成

---

①陈于柱、魏万斗：《唐宋阴阳相宅宗初探——以敦煌写本宅经为考索》，《敦煌学辑刊》2002 年第 2 期，第 45 页。

②［法］谢和耐等著，耿昇译：《法国学者敦煌学论文选萃》之［法］茅甘：《敦煌写本中的"五姓堪舆法"》，北京：中华书局，1993 年，第 251 页。

③黄正建：《敦煌占卜文书与唐五代占卜研究》，北京：学苑出版社，2001 年，第 72 页。

的小型住宅"①，陈于柱对阴阳宅的问题予以全面的论述②，取得了可喜的成绩，尤其是将阴阳宅的残卷分为两组的做法，是我这里进一步研究的起点。

阴阳宅的概念可谓渊源有自，在魏晋南北朝至隋唐时期流行着以阴阳概念来划分居宅的现象。P.3281 载有"初入宅法"说："欲入宅，先以五谷遗户屋庭，宜子孙。入阴以寄（奇）月，入阳以隅（偶）月。第一，童女二人，一人擎水，一人魏（举）烛。童男三人，二人擎水，一人执烛。男入阴，女入阳。"其中的阴阳显然是指阴宅和阳宅。这种阴宅和阳宅的划分可以上溯到南朝梁《春秋内事》中的一段佚文，该文说："阴宅以日寄（奇），阳宅以月（日）偶，阴宅先内男子当令寄（奇），阳宅先内女子当令偶乃吉。阴宅内男子三人，阳宅内女子二人。"③这与 P.3281 所载的"初入宅法"的阴阳宅是相同的。

这种阴阳宅的划分到唐代还在运用。唐宣宗时（846—859 年），术士柴岳明精通阴阳术数，在公卿官僚中颇有名声。一次，宣宗欲为子孙建宅，请柴岳明为之相地。柴岳明说："人臣迁移不常，有阳宅、阴宅。入阴宅阳宅者，祸福刑克，师有传授。今陛下居深宫，有万灵护卫，阴阳二宅不言帝王家，臣不敢奉诏。"④此事在《资治通鉴》中也有详细的记载："上欲作五王院于大明宫，以处皇子之幼者，召术士柴岳明使相其地。岳明对曰：'臣庶之家，迁徙不常，故有自阳宅入阴宅，阴宅入阳宅。刑克祸福，师有其说。今陛下深拱法宫，万神拥卫，阴阳书本不言帝王家。'上善其言，赐束帛遣之。"⑤胡三省注曰："阴阳家所谓三刑，谓寅刑巳，巳刑申，丑刑戌，戌刑

①高国藩：《敦煌巫术与巫术流变》，南京：河海大学出版社，1993 年，第 90 页。

②陈于柱：《敦煌写本宅经》，兰州大学硕士研究生论文，2003 年；陈于柱、魏万斗：《唐宋阴阳相宅宗初探——以敦煌写本宅经为考索》，《敦煌学辑刊》2002 年第 2 期，第 45 页。

③［宋］李昉等：《太平御览》卷一八〇居处部八宅，北京：中华书局，1998 年，第 879 页。

④［唐］裴庭裕：《东观奏记》卷上"术士柴岳明不为宣宗相地"条，《历代史料笔记丛刊》，北京：中华书局，1997 年，第 95 页。

⑤［宋］司马光：《资治通鉴》卷二四八宣宗大中二年，北京：中华书局，1956 年，第 8033 页。

未，未刑丑；子刑卯，卯刑子；辰刑辰，午刑午，酉刑酉，亥刑亥。克，谓金克木，木克土，土克水，水克火，火克金。"胡三省所注三刑即古代术士所说的三刑之说，即子卯为一刑，寅巳申为二刑，丑戌未为三刑，合称三刑。星命家、堪舆家、选择家均认为犯三刑之位为凶。或谓子卯为无礼之刑，寅巳申为无恩之刑，丑戌未为恃势之刑。敦煌卷子 S.0612V"三刑法"为"子刑卯，卯刑子，丑刑戌，戌刑未，未刑寅，寅刑巳，辰午酉亥各自刑"，即指此三刑。阴阳宅所说的"刑克祸福"当指"刑德祸福"方吉凶，与胡三省所释之"三刑"之说应该是两回事。这说明胡三省自己并不明阴阳宅之说，更不明有什么阴阳宅的刑德祸福。也许是胡三省那个时代不再流行阴阳宅相宅术了，以致能明了方术中的"三刑"的大学者的胡三省还不知有刑德祸福。

不管怎么说，唐代的术士柴岳明能从阴阳宅之间"自阳宅入阴宅，阴宅入阳宅"，迁徙不常。这个阴宅就是与阳宅相对应的一种活人居住的住宅。由以上可知，至迟在南朝梁时就出现了阴阳宅的概念，后来渐渐流行起来。

二、五姓阴阳宅之阴阳界定

现在我们要阐明上述阴阳宅的概念却是一个很复杂的事情，以前的研究者做出了种种努力，取得了可喜的成绩，尤其是陈于柱的研究，分析详明。但作为一位普通的读者在读阴阳宅诸问题时，仍不免云里雾里。因为阴阳宅和五姓阴阳宅掺杂在一起，使得阴阳宅的概念繁杂并且相互矛盾，幸好陈于柱将这些敦煌卷子分成两组，这里的讨论就从他所说的这两组卷子开始。

陈于柱将 P.3281、P.4522、P.4667 除外的六件写本分为两组，第一组：P.2615a、P.2632v、P.3492、P.3507。第二组：P.3865、Дx.01396+Дx.01404+Дx.01407。这一分法是很有见地的，是正确的。这实际上是敦煌写本宅经分类的一部分，并且是理解阴阳宅的实质性的一部分。但他对第一组的认识在他的硕士论文第三章《关于敦煌写本宅经分类定名问题的再讨论》中归类为"五姓阴阳宅经"①，而问题是这些宅经应该归类为"五姓阴阳宅经杂抄"才恰当，因为这些宅经看似有系统的五姓阴阳宅的部分，归为五姓阴阳宅经是不错的，但实际上这些宅经是既有五姓宅经，又有阴阳宅经，还有其他宅经，如八宅经等，是大杂烩。以 P.2615a 最为典型，其标题称"□帝推五姓阴阳等宅图经一卷"，该卷第二行说："[朝散]大夫太常卿博士吕才推卅六宅（残）并八宅阴阳等宅。"这就是说该卷既有五姓宅经，又有阴阳宅经，还有八宅阴阳等宅经。并且卷中叙述的内容也有杂乱失类的现象，如前有"作灶法"，后又有"灶法"，这也就是陈于柱感觉到"这组写本对阴阳宅的记述显得较为凌乱不集中"的真正原因，而这部分宅经的阴阳宅概念实际上很多是矛盾的，因为它用了五姓宅经的规定，又加上阴阳宅经的规定，使得概念矛盾重重。不妨举一个例子来说明，如说："阳宅吉山东山南，水西水北，从乾坎艮震上移来，皆名阳宅。又云从西向东，从南向北为阳，此凶不居可（不可居）。阴宅吉山西山北，从巽离坤兑上移，皆名阴宅。一云从东来向西，从北来向南，皆名阴宅。"这里的"又云""一云"就是另一种部宅经的说法，前后的规定就不能统一。既然"山东山南"为阳宅，那么"从南向北为阳"就不能统一了。这也就是作者为什么将这一部分宅经归类时加上"杂抄"字样才觉得妥当的原因。

还是先来看看五姓阴阳宅之阴阳界定。

陈于柱所论第一组即五姓阴阳宅，其阴阳概念界定较为复杂。

首先，方位上言，P.2615a 说："乾法：乾坎艮震为阳，巽离坤兑为阴。"

其次，以地形地势而划分阴阳。P.2615a 说："地形高处为阳，下处为阴，见日多处为阳，见日少处为阴。"

再次，以山水地形为坐标而言，P.2615a 说："山东山南为阳，山西山北为阴。水东水南为阴。或府或成（城），或县或宫观，若居东及南为阳，居

---

① 陈于柱：《敦煌写本宅经》，兰州大学硕士研究生论文，2003 年；陈于柱：《关于敦煌写本宅经分类问题的再讨论》，《敦煌学辑刊》2003 年第 2 期，第 66 页。

西及北为阴。"

又次，里中住宅的阴阳划分，P.2615a、P.3492、P.3507 都有论述，但都残缺不全，通过相互拼补，我们从已知推未知，予以补充完整。现将其完整表述的文字及原出处列为下表 2-1：

表 2-1

东西南北的阴阳宅	资料出处
南行东入门为阳宅，西入门为阴宅。 ［南行东入门为阳宅］，西入门为阴宅。	P.2615a、P.3492 P.3507
北行西［入］门为阳宅，东［入］门为阴宅。	P.3507
东行［北］入门为阳宅，［东］行南入［门］为阴宅。	P.3492
西行南入［门］为阳宅，东行南入门为［阴］宅。 ［西行］南入门为阳宅，东行南［入］门［为阴宅］。	P.2615a P.3492

又次，移徙往来的阴阳宅规定，P.2615a 说："阳宅吉山东山南，水西水北，从乾坎艮震上移来，皆名阳宅。又云从西向东，从南向北为阳，此凶不居可（不可居）。阴宅吉山西山北，从巽离坤兑上移，皆名阴宅。一云从东来向西，从北来向南，皆名阴宅。"

又说："移徙：从北向南为阳，从西向东［为阳］；从东从（向）西，从南向北为阴。"

又，P.2615a 说："凡阳为表，阴为里，表以从甲数，阴从癸数。阳穷于戌，阴穷于巳大小。"

"从南极北龙，高而复直两边下，名曰地轴，居东曰阳，即当。居西曰阴，即贫寒。"

总之，矛盾较多，陈于柱认为阴阳相宅术（其实应该是"五姓阴阳宅"）的阴阳界定是以"多样性的方式"进行界定的，予以归纳如下：

1. 以山川的阴阳向背为参照，即将住宅放置于传统地理的阴阳观中来加审视。东汉许慎《说文解字》云："阴，暗也，水之南，山之北也。""阳，高明也。"阴阳相宅据此认为但凡处于高处而见日多的住宅和在山南山东、水北水西的住宅为阳宅，反之则为阴宅。

2. 以即成建筑物，如市、官府为参照。在古代城市建筑布局中，官治衙署、市作为一方行政中心和经济活动的主要载体，地位至关重要。五姓相宅术即把住宅处在官府门东及南、处在市外的归为阳宅，反之为阴宅。

3. 以路、巷、街、里之四肢、四方为参照。这里主要运用了后天八卦各方位的阴阳所属。以《二宅经》中的街的图式为例，当把后天八卦图分别置于街之四肢的各个中心位置时，每肢两边的住宅就与后天八卦中的 6 个方位产生了对应关系；由于在后天八卦中，乾将三男震、坎、艮为阳，坤为三女巽、离、兑为阴，因而与方位有对应关系的住宅也就具有了阴阳属性。

4. 以移徙方向为参照。从敦煌本宅经的记述来看，似乎当时在界定标准上出现了矛盾，有的是以起始方位的阴阳属性为标准；而有的则以目的方位的阴阳属性为标准。关于这一点还有待进一步考证。

最后，陈于柱认为："阴阳相宅术（当是'五姓阴阳宅'）在住宅的阴阳界定上，存在着多种判断标准，既以直观的山川地势、即成建筑物为参照，又充分利用了后天八卦方位的阴阳配属，同时还兼及移徙方向。具有具体与抽象、动态与静态相结合的特点。"[1]所以，多样性、多种判断标准就使杂抄类宅经所谈阴阳界的概念无法统一，无法定论；下文避开杂抄类所带来的这些纷繁的多样性，只就阴阳宅而论。

三、阴阳宅之阴阳界定

陈于柱所论第二组 P.3865、Дx.01396+Дx.01404+Дx.01407 则是纯粹的阴阳宅经，P.3865《宅经》对阴阳的分界做了较为详细的规定。

今采诸家秘验，分为二十四路，八卦九宫，配女男之位，定阴阳之界。考寻休咎，并无出阴阳二宅，此实养生灵之圣法也。太阴者，生化

[1]陈于柱：《敦煌写本宅经》，兰州大学硕士研究生论文，2003 年。

物情之母也，亦名老阴，踞（居）西南之坤位，将三女：巽离兑，即从巽至戌为阴明矣。太阴（阳）者，生化物情之父也，亦名老阳，踞（居）西北乾位，将三男：震坎艮，即从亥至辰为阴阳（阳明）矣。是以阳不独王，以阴为德；阴不独荣，以阳为德。位高壮蔼密即吉，重阴重阳即凶，以辰南戌北斜分一条为界也。

从这些文字中我们看到以下几个特点：

第一，"辰南戌北斜分一条为界"划分阴阳。划分的理论依据是文王后天八卦的乾坤老阳、老阴说，文中说："太阴者，生化物情之母也，亦名老阴，踞（居）西南之坤位，将三女：巽离兑，即从巽至戌为阴明矣。太阴（阳）者，生化物情之父也，亦名老阳，踞（居）西北乾位，将三男：震坎艮，即从元（乾）至辰（震）为阴阳（阳明）矣。"

第二，"阳气抱阴""阴气抱阳"：这是阴阳宅最为重要的理论，它强调阴阳的谐和，即阴中有阳，阳中有阴，"一阴一阳往来"。所以说："是以阳不独王，以阴为德；阴不独荣，以阳为德。"传世本《黄帝宅经》说："凡之阳宅，即有阳气抱阴。阴宅即有阴气抱阳。"这里的"阳气抱阴""阴气抱阳"说得更为形象，更为概括。

第三，阴阳位和阴阳宅：阴阳既定，则有阴位、阳位之别。街区的阴阳之位，文中说："不妨是阳位作阴宅，居之吉。街南街西为阴位，不妨作阳宅，吉。"阴阳宅中又分别各有其阴阳位，所以，阴阳宅各有刑德祸福方之分，这在以后引用传世本《黄帝宅经》的阴阳宅图中详细申说。既有阴位、阳位，作宅又分为阴宅、阳宅两大类。

第二节　阴阳宅的辰南戌北斜分一线为界

阴阳宅划分的辰南戌北斜分一线为界，既是阴阳宅又是阴阳区位的划分，所以，P.3685 接下来的文字还批评了以南北向的子午画线分阴阳的错误做法，说："或者取子午之位，分阴阳之界，误之甚也。"

依字面的意义，"辰南戌北"就是在辰的南面、戌的北面画一条线作为阴阳区位的分界线。但在翻检其他传世相宅典籍时，也有另一种画法，就是在辰的北面、戌的南面画一线作为划分阴阳的一条分界线。所以绘出：图2-1、图2-2予以区别。图2-1即是这里所说的"辰南戌北斜分一条为界"，该卷前面的文字也说得很清楚，"太阴者，生化物情之母也，亦名老阴，踞（居）西南之坤位，将三女：巽离兑，即从巽至戌为阴明矣。太阴（阳）者，生化物情之父也，亦名老阳，踞（居）西北乾位，将三男：震坎艮，即从亥至辰为阴阳（阳明）矣"，即"从巽至戌为阴"，而"从亥至辰为阳"。"即从巽至戌为阴明矣"与"即从亥至辰为阴阳（阳明）矣"原本是小字注文，并且还有一个漏洞，就是二十四路中，不论是阴（位）中，还是阳（位）中都没有包括乾。依原注的意思，应该是"从巽至戌为阴"，而"从乾（非亥）至辰为阳"。这就是图2-1的"辰南戌北分一界之图"了。传世本《黄帝宅经》说"阳宅龙头在亥，尾在巳；阴宅龙头在巳，尾在亥"卷下的阳宅图文字说明中又说，乾，天门，［阴极］阳首；巽，地户，"亦阳极阴首"。阴宅图的文字说明中，乾，天门，"阴极阳首"；巽，"亦名阳极阴首"。实际上是从乾至辰为阳十二路，从巽至戌为阴十二路。那么，图2-1的"辰南戌北

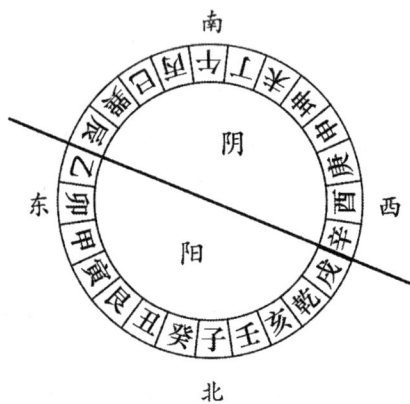

图 2-1　辰南戌北分界　　　　　　　　图 2-2　辰南戌北分界

斜分一条为界"就将八卦之一的乾卦所管的戌乾亥三路中的戌移给了阴，而将巽所管辰巽巳三路中的辰移给了阳。乾只取二十四路中的乾，巽也只取二十四路中的巽。所以在辰之南、戌之北划一线，以分阴阳。这是阴阳宅派的分法。

宋王洙等编，金张谦重校的《重校正地理新书》卷二"阴阳二宅吉凶图"①（图 2-3），比较明确地划分了"辰南戌北"，这实际上是图 2-1 的"辰南戌北分一界之图"。P.2615a 的阴宅吉图和阳宅吉图中的斜线也是这一分法。

阴阳宅的阴阳之界划分的理论是：太阴坤卦将三女巽离兑，太阳乾位将三男震坎艮，以此分男女，别阴阳。这一理论出自《易经·说卦传》。《易经·说卦传》第十章说："乾天也，故称父，坤地也，故称母；震一索而得男，故谓之长男；巽一索而得女，故谓之长女；坎再索而男，故谓之中男；离再索而得女，故谓之中女；艮三索而得男，故谓之少男；兑三索而得女，故谓之少女。"这是依后天八卦来排列的，这里绘出后天八卦图（图 2-4），

图 2-3　《重校正地理新书》辰南戌北

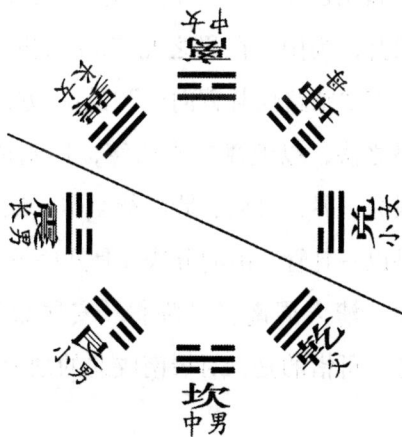

图 2-4　后天八卦图

---

① [宋]王洙等编，[金]张谦重校：《重校正地理新书》卷二"阴阳二宅吉凶图"，《续修四库全书》第 1054 册，上海：上海古籍出版社，1997 年，第 21 页。

再在每卦的方位加上男女，就很清楚地看出坤巽离兑为女位，乾震坎艮为男位。女位为阴位，男位为阳位。为了让大家看得清楚，再加上一斜线，这样就一清二楚了。每卦管三路，八卦共二十四路，其中，乾管戌乾亥，巽管辰巽巳。那么，戌属于乾这一方，属阳；辰属巽这一方，属阴。因此，准确地说，应该是图 2-2 是正确的"辰南戌北分一界之图"。所以，辰南戌北应该表述为"辰北戌南"才对，才不至于误导读者理解。而后来八宅派所用的正是这一阴阳界分法。

清人箬冠道人编著的《八宅明镜》卷下有"辰南戌北斜分一界之图"（图 2-5），[①]可参考。这就是图 2-2 所示的"辰南戌北分一界之图"。《八宅明镜》卷下"辰南戌北斜分一界之图"下的文字说明说："巽、离、坤、兑四卦属阴，一卦管三山，故辰字起，至辛字止，十二位为阴，在界之南。戌字起至乙字止，乃乾、坎、艮、震四阳卦，为阳，在界之北。"《八宅明镜》卷下"来路灶卦方向诀"说："方向来路之法，以地盘二十四字，辰南戌北

图 2-5 《八宅明镜》辰南戌北图

斜分一界，自辰、巽顺行至辛，属阴方；自戌、乾顺行至乙，属阳方。"[②]这是以一卦管三山的分法，是八宅派的分法。

清人周南、吕临辑《安居金镜》卷四也有此图（图 2-6）[③]，可供参考。可惜的是，对辰南戌北的划分不是很清楚，其分界线正对辰和戌。题为

---

① [清]箬冠道人：《八宅明镜》卷下，北京：华龄出版社，1995 年，第 117 页，有"辰南戌北斜分一界之图"。

② [清]箬冠道人：《八宅明镜》卷下，北京：华龄出版社，1995 年，第 120 页，有"辰南戌北斜分一界之图"。

③ [清]周南、吕临：《安居金镜》卷四，《续修四库全书》第 1052 册，上海：上海古籍出版社，1997 年，第 684 页。

图 2-6 　《安居金镜》辰南戌北图

图 2-7 　《八宅四书》辰戌为界南阴北阳图

［明］一壑居士撰的《八宅四书》卷三有"辰戌为界南阴北阳图"（图2-7）[①]，详细地标明了阴阳位，最为分明。

阴阳宅相宅术以斜分一线为界划分阴阳宅、阴阳位，是为其相宅过程中便于判断吉凶的。阴阳位和阴阳宅是以移来方位为评判准则的，不以街南、街东为阳。所以 P.3865 说："夫辩宅者，皆取移来相（向）数定之，不以街南、街东为阳。不妨是阳位作阴宅，居之吉。街南街西为阴位，不妨作阳宅，吉。凡移来，不勒远近，一里与百千里同，一步与百千步同。"又说："或者取子午之位，分阴阳之界，误之甚也。"由于是残卷，所说的"移来相（向）数"看不到更进一步的阐明，对照传世的《黄帝宅经》就能看到完整的意思，传世的《黄帝宅经》说："凡从巽向乾、从午向子、从坤向艮、从酉向卯、从戌向辰移。已上移转及上官所住，不计远近，悉入阳也。从乾向巽、从子向午、从艮向坤、从卯向酉、从辰向戌移。已上移转及上官，悉名入阴。"对照下面的"辰南戌北斜分一界之图"，所谓"从巽向乾、从午向子、从坤向艮、从酉向卯、从戌向辰移"，都是从阴位向阳位移，所以就都

①［明］一壑居士：《八宅四书》卷三"辰戌为界南阴北阳图"，《续修四库全书》第1052册，上海：上海古籍出版社，1997年，第489页。

叫"入阳"。而"从乾向巽、从子向午、从艮向坤、从卯向酉、从辰向戌移"又都是从阳位向阴位移，所以就可以都叫"入阴"。

在阴阳位和阴阳宅的评价方面，P.3865 说："是以阳不独王，以阴为德；阴不独荣，以阳为德。位高牝蔼密即吉，重阴重阳即凶。"又说："若三度入阳入阴，为之无魂，四入为之四［无］魄。魂魄既犯，即家破逃散，子孙绝嗣也。若一阴一阳往来，即合天道，自然吉昌之象也。设要重往即须逐道住四十五日或七十二日后往之，无咎。夫辩宅者，皆取移来相数定之，不以街南、街东为阳。不妨是阳位作阴宅，居之吉。街南街西为阴位，不妨作阳宅，吉。"

第一，传世本阴宅图与阳宅图。

其实敦煌卷子 P.3865《宅经》与传世的《黄帝宅经》的内容是一样的，只是残件而已，为了能更好地理解其阴阳宅的内容，我们有必要参考传世本《黄帝宅经》的阴宅图（图 2-8）和阳宅图（图 2-9）。传世的《黄帝宅经》有好几个版本，这里参考四库全书本、古今图书集成本、道藏本、增补四库全书未收术数类丛书本，图与说明文字相结合对勘，绘成如下两幅阴宅图和阳宅图：

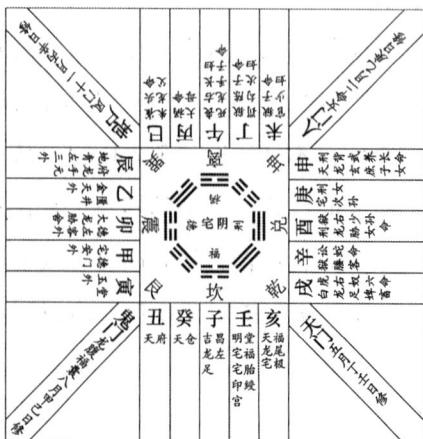

图 2-8　阴宅图

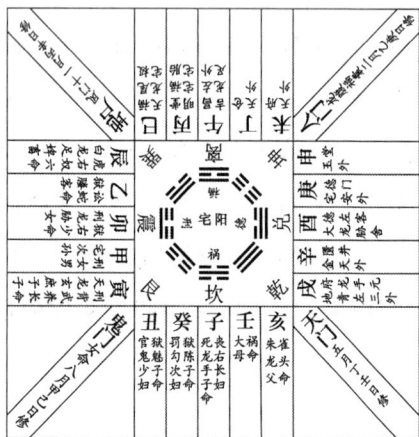

图 2-9　阳宅图

阴阳宅图校注：①道藏本与刘永明主编《增补四库未收术数类古籍大全》第六集《堪舆集成》（第27册，江苏古籍刻印社）13538、13544页图有中央的八卦符号和刑祸福德方的标示。②图中的龙腹、福囊，原作龙囊，依据《黄帝宅经》的文字说明改，地户中的"风门"依据《黄帝宅经》的文字说明补。鬼门中甲己原作甲巳，误，依太岁游图、天道运行改。阴宅丁方、阳宅癸方的勾陈也依据文字说明补，并对其名称排列的先后顺序作了调整。诸如此类，不一一说明。③阴宅图中天门方应标上"阴极阳首"，地户方应标上"阳极阴首"；阳宅图中天门应标上"阴极阳首"，地户方应标上"阳极阴首"；就能更好地理解图中表达的阴阳位的理念及修造起始方。

这对阴阳宅图的理解是很重要的。但是加上这几个字就与鬼门等方的文字不均衡，显得臃肿，原图也可能因这一原因而没有标示。

第二，敦煌卷子的阴宅图与传世本阴宅图比较。

敦煌卷子 Дx.01396+Дx.01404+Дx.01407 残存有一幅阴宅图，这极有利于我们进一步研究传世本阴阳宅图，现将该图转绘如下图2-10：

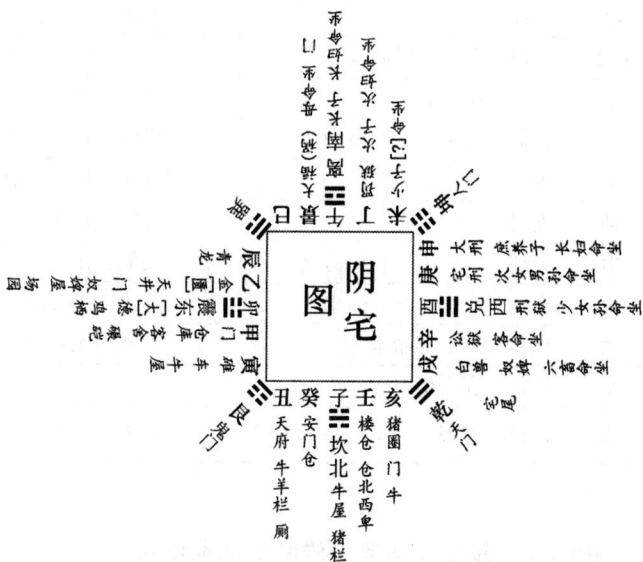

图2-10　俄 Дx.01396 阴宅图

Дx.01396+Дx.01404+Дx.01407 阴宅图与传世本《黄帝宅经》阴宅图各方位的神煞、宅神、命坐之人对照可列为下表 2-1：

表 2-1　敦煌写本与传世本阴宅图对照表

方位	Дx.01396+01404+01407 阴宅图	传世本《黄帝宅经》阴宅图
乾	天门	天门、五月丁壬日修
亥	猪圈、门、牛	天福、龙尾、宅极
壬	楼仓、仓北西卑	明堂、宅福、宅胎、印绶宫
子	牛屋、猪栏	吉昌、龙左足
癸	安门仓	天仓
丑	天府、牛羊栏、厕	天府
艮	鬼门	鬼门、龙腹、福囊、八月甲己日修
寅	碓、车、牛屋	玉堂外
甲	门、仓库、客舍、碾硙	宅德、安门外
卯	[大]德、鸡栖	大德、龙左胁、客舍
乙	金[匮]、天井、奴婢屋、场园	金匮、天井外
辰	青龙	地府、青龙左手、三元
巽	（残）	地户、风门、十一月丙辛日修
巳	（残）	朱雀、龙头、父命
景/丙	大福（祸）、母命坐、门	大祸、母命
午	长子、长妇命坐	死丧、龙右手、长子妇命
丁	罚狱、次子、次妇命坐	罚狱、勾陈、次子妇命
未	少子、[？]命坐	官狱、少子妇命
坤	人门	人门、女命、二月乙庚日修
申	天刑、庶养子、长妇命坐	天刑、龙背、玄武、庶养子、长女命
庚	宅刑、次女、男孙命坐	宅刑、次女孙
酉	刑狱、少女孙命坐	刑狱、龙右胁、少女孙命
辛	讼狱、客命坐	狱讼、螣蛇、客命
戌	白兽、奴婢、六畜命坐、宅尾	白虎、龙右足、奴婢、六畜命

相同点：残存的神煞与传世本基本相同。

不同点：一是敦煌本戌方标宅尾，传世本在亥方标宅极。二是敦煌本在亥、子、壬等方位上都没有标示神煞，如在亥位上标猪圈、门、牛，传世本却标天福、龙尾，这说明敦煌卷子的神煞系统还很不完善。三是从保存较完整的西方的神煞看，传世本有第二项神煞，在敦煌本残卷中都没有，比如申位有天刑，却没有龙背、玄武，说明它虽是传世本祖本，但没有完善，没有传世本那样复杂。传世本中的第二项神煞将龙的各部位标上去，有龙头、龙左手、龙右手、龙左胁、龙右胁、龙尾等，在敦煌卷子中都没有。传世本在壬位上标的明堂、宅福、宅胎、印绶宫，这些与官福相关的神煞在敦煌卷子中也没有。这些神煞很可能是与刑祸福德方配合后加上去的。这第二项神煞的出现，说明阴阳宅派也是由两三个支派重叠而成的。四是传世本四方四维的修造时间在敦煌卷的图中一个也没有。

第三章　敦煌写本宅经中的五姓宅

第一节　五姓相宅源流

中国历史上曾有一个五姓相宅的流派，依五姓的五行属性与宅的五行属性的相生相克的关系来判定宅的优劣，五姓相宅术应该源于汉代产生的图宅术，它的产生一方面与中国古代音乐学的音律学的五声或五音有关，另一方面主要与汉代普遍信仰的阴阳五行观念有关，这也是将姓氏五分化的实质所在。

一、五音与五姓原始

五音与五姓是紧密联系在一起的，五音在古代有两方面的意义，一方面是指传统的音韵学的五音，另一方面是古代的五声音阶。在音韵学上说，以"五声"与喉、齿、牙、舌、唇的不同发音部位相配，而借用"五音"之名。最早的文献见于《玉篇》，其"五音声论"曰："东方喉声，西方舌声，南方齿声，北方唇声，中央牙声。"①后来有以声音长短辨五音者，明代张介宾《类经附翼》所附"律原·五音五行清浊图"说："宫音，五音之首，其声极长，极下，极浊。徵音，宫所生，其声次短，次高，次清。商音，徵

_____

① ［清］张士俊：《宋本玉篇》，北京：中国书店，1983 年，第 540 页。

所生，其声次长，次下，次浊。羽音，商所生，其声极短，极高，极清。角声（音），羽所生，其声在长短高下清浊之间。"古代所谓五音，一般是与喉、齿、牙、舌、唇的不同发音部位相配，北宋司马光《切韵指掌图》卷三附"辨五音例"说："欲知宫，舌居中，喉音；欲知商，开口张，齿头正齿；欲知角，舌缩却，牙音；欲知徵，舌柱齿，舌头舌上；欲知羽，撮口聚，唇重唇轻。"[①]不过历代相配的方法不一，一般认可沈括《梦溪笔谈》所说的唇音宫、舌音商、牙音角、齿音徵、喉音羽的配法，比较符合口腔中的发音部位。《梦溪笔谈》卷十五"艺文二"说："切韵家则定以唇、齿、牙、舌、喉为宫、商、角、徵、羽。"[②]即是此论。但沈括就说："切韵之学，本出于西域。"[③]可见这是南朝刘宋时期的事，而五音五姓在东汉即成体系。那么汉代所说的五音应当与中国古代音律学中的五音有关。

中国古代音律学中有五音十二律，五音就是宫、商、角、徵、羽，十二律就是黄钟、林钟、太簇、南吕、姑洗、应钟、蕤宾、大吕、夷则、夹钟、无射、中吕等。五声音阶宫、商、角、徵、羽，相当于现代音乐的C、D、E、G、A五个音阶，简谱的1、2、3、5、6。后来才有变徵（4、F）、变宫（7、B）。（表3-1）

表 3-1

简谱	1	2	3	5	6
阶名	宫	商	角	徵	羽
唱名	do	re	mi	sol	la

《史记·律书》记载当时的五音与律数，说："九九八十一以为宫。三分

①［北宋］司马光：《切韵指掌图》，文渊阁《四库全书》第237册，上海：上海古籍出版社，1989年，第40页。
②③［北宋］沈括：《梦溪笔谈》，北京：团结出版社，1996年，第177页。

去一，五十四以为徵。三分益一，七十二以为商。三分去一，四十八以为羽。三分益一，六十四以为角。黄钟长八寸七分一（即 $8\frac{1}{7}$ 寸，以下类推），宫。大吕长七寸五分三分。太蔟长七寸分二，角。夹钟长六寸分三分一。姑洗长六寸分四，羽。仲吕长五寸九分三分二，徵。蕤宾长五寸六分三分。林钟长五寸分四，角。夷则长五寸（四分）三分二，商。南吕长四寸分八，徵。无射长四寸四分三分二。应钟长四寸二分三分二，羽。"[1]《淮南子·天文训》《汉书·律历志》等都将黄钟的管长定为九寸，与《史记》不同。其余十一律的管长，都依三分损一而下生、三分益一而上生的方法确定，这在律学中又称为"三分损益法"，如黄钟长九寸，则三分损一而下生林钟，长六寸，林钟又三分益一而上生太蔟，长八寸等。（表3-2）：

表3-2 十二律相生次序

律	黄钟	太蔟	姑洗	蕤宾	夷则	无射	
吕		林钟	南吕	应钟	大吕	夹钟	中吕
辰	子	未	寅	酉	辰	亥	午	丑	申	卯	戌	巳
今音	f1	c2	g1	d2	a1	e2	b1	#f1	#c2	#g1	#d2	#a1

《淮南子·天文训》说："黄钟为宫，宫者，音之君也，故黄钟位子，其数八十一，主十一月，下生林钟。林钟之数五十四，主六月，上生太蔟。太蔟之数七十二，主正月，下生南吕。南吕之数四十八，主八月，上生姑洗。姑洗之数六十四，主三月，下生应钟。应钟之数四十二，主十月，上生蕤宾。蕤宾之数五十七，主五月，上生大吕。大吕之数七十六，主十二月，下

---

① ［西汉］司马迁：《史记》，北京：中华书局，1959年，第1249页。

生夷则。夷则之数五十一，主七月，上生夹钟。夹钟之数六十八，主二月，下生无射。无射之数四十五，主九月，上生仲吕。仲吕之数六十，主四月，极不生。"[1]其三分损益的关系如下（表3-3）：

表3-3

黄钟之数	八十一	宫音之数	$9 \times 9 = 81$
林钟之数	五十四	徵音之数	$81 - 81 \times 1/3 = 54$
太簇之数	七十二	商音之数	$54 + 54 \times 1/3 = 72$
南吕之数	四十八	羽音之数	$72 - 72 \times 1/3 = 48$
姑洗之数	六十四	角音之数	$48 + 48 \times 1/3 = 64$
应钟之数	四十三		$64 - 64 \times 1/3 = 42.6 \approx 43$
蕤宾之数	五十七		$43 + 43 \times 1/3 = 57.3 \approx 57$
大吕之数	七十六		$57 + 57 \times 1/3 = 76$
夷则之数	五十一		$76 - 76 \times 1/3 = 51.3 \approx 51$
夹钟之数	六十八		$51 + 51 \times 1/3 = 68$
无射之数	四十五		$68 - 68 \times 1/3 = 45.6 \approx 45$
仲吕之数	六十		$45 + 45 \times 1/3 = 60$

《淮南子·天文训》说："黄钟为宫，太簇为商，姑洗为角、林钟为徵，南吕为羽。"[2]在音乐上，这种以黄钟为宫来构成的五声音阶，称为"黄钟宫调式"。同理，大吕、太簇等也可以作宫，分别构成不同的五声音阶。

《淮南子·天文训》论五星时，将五音与五方神灵编配在一起，这或许就是古人用五音占断吉凶信念所在，其文曰："东方，木也，其帝太皞，其佐句芒，执规而治春；其神为岁星，其兽苍龙，其音角，其日甲乙。南方，火也，其帝炎帝，其佐朱明，执衡而治夏；其神为荧惑，其兽朱鸟，其音

---

①②［汉］刘安：《淮南子注·天文训》卷三，《诸子集成》第 8 册，长沙：岳麓书社，1996 年，第 49 页。

徵，其日丙丁。中央，土也，其帝黄帝，其佐后土，执绳而制四方；其神
为镇星，其兽黄龙，其音宫，其日戊己。西方，金也，其帝少昊，其佐蓐
收，执矩而治秋；其神为，其兽白虎，其音商，其日庚辛。北方，水也，其
帝颛顼，其佐玄冥，执权而治冬；其神为辰星，其兽玄武，其音羽，其日壬
癸。"①下面将其编成一个五方五行五音相配的简表（表3-4）：

表 3-4　《淮南子·天文训》五方五行五音相配表

五行	木	火	土	金	水
五方	东	南	中	西	北
五帝	太皞	炎帝	黄帝	少昊	颛顼
五佐	句芒	朱明	后土	蓐收	玄冥
五器	规	衡	绳	矩	权
五神	岁星	荧惑	镇星	太白	辰星
五兽	苍龙	朱鸟	黄龙	白虎	玄武
五季	春	夏	四方	秋	冬
五音	角	徵	宫	商	羽
天干	甲乙	丙丁	戊己	庚辛	壬癸

《汉书·律历志》解释五声时说："商之为言章也，物成孰可章度也。
角，触也，物触地而出，戴芒角也。宫，中也，居中央，畅四方，唱始施
生，为四声纲也。徵，祉也，物盛大而繁祉也。羽，宇也，物聚臧，宇覆
之地。夫声者，中于宫，触于角，祉于徵，章于商，宇于羽，故四声为宫
纪也。协之五行，则角为木，五常为仁，五事为貌。商为金，为义，为言；
徵为火，为礼，为视；羽为水，为智，为听；宫为土，为信，为思。以君、
臣、民、事、物言之，则宫为君，商为臣，角为民，徵为事，羽为物。唱和

---

① [汉] 刘安：《淮南子注·天文训》卷三，《诸子集成》第8册，长沙：岳麓书社，1996年，第39页。

有象，故言君臣位事之体也。"①其配属关系如下（表3-5）：

表3-5 《汉书·律历志》五音相配表

五音	角	徵	宫	商	羽
五行	木	火	土	金	水
五常	仁	礼	信	义	智
五事	貌	视	思	言	听
五伦	民	事	君	臣	物

可见，《汉书》将五音的解释全面引向人事，五常、五事、五伦皆指人事而言。后来推演到万事万物都可以用这五行来概括，隋朝萧吉《五行大义》曰："夫五行者，盖造化之根源，人伦之资始，万品禀其变易，百灵因其感通。本乎阴阳，散乎精象。周竟天地，布极幽明。子午卯酉为经纬，八风六律为纲纪。故天有五度以垂象，地有五材以资用，人有五常以表德。万有森罗，以五为度，过其五者，数则变焉。"②《隋书·经籍志》曾予以简明的概括，说："五行者，金、木、水、火、土，五常之形气者也。在天为五星，在人为五藏，在目为五色，在耳为五音，在口为五味，在鼻为五臭。在上则出气施变，在下则养人不倦。故《传》曰：'天生五材，废一不可。'是以圣人推其终始，以通神明之变，为卜筮以考其吉凶，占百事以观于来物，观形法以辨其贵贱。"③随着五分化的演化，在五行包罗万事万物的同时，人们又将姓氏与五音联系起来，汉代人普遍认为姓也是吹律而定的，《白虎通论·姓》曰："古者圣人吹律定姓，以记其族。人含五常而生，正声有五：宫、商、

---

① ［东汉］班固：《汉书》，北京：中华书局，1962年，第958页。
② ［隋］萧吉：《五行大义》，载刘国忠《五行大义研究》附《五行大义序》，沈阳：辽宁教育出版社，1999年，第148页。
③ ［唐］魏徵、令狐德棻：《隋书·经籍志》，北京：中华书局，1973年，第1039页。

角、徵、羽。转而相杂，五五二十五，转生四时异气，殊音悉备，故姓有百也。"①《太平御览》卷十六引《易是类谋》曰："圣人兴起，不知姓名，当吹律听声，以别其姓。律者，六律也。"②又引《孝经援神契》云："圣王吹律定姓。"③卷三百六十二引《易是类谋》曰："黄帝吹律以定姓。"④汉代还有依据声律而自定姓的现象，《汉书·京房传》说："房本姓李，推律自定为京氏。"⑤汉代将万事万物五分化，就是为了便于占卜吉凶，因而形成五行家，《汉书·艺文志》所记五行家中有《五音定名》十五卷，⑥就是一部将姓氏五分化的专书，以资术士占卜时备查翻检之用。《汉书》还记下了当时用五音占卜的事例，地皇二年（21 年）"魏成大尹李焉与卜者王况谋，况谓焉曰：'新室即位以来，民田奴婢不得卖买，数改钱货，征发烦数，军旅骚动，四夷并侵，百姓怨恨，盗贼并起，汉家当复兴。君姓李，李者徵，徵，火也，当为汉辅。'"⑦王况通过李焉是李姓、李姓属徵，徵为火，所以李焉当为汉辅。王况的这一套占断就是利用五音五姓的五行属性来占断的。因为汉为土德，五行之中火土相生，所以，李为徵姓，属火，火土相生，因而当为汉辅。王况的姓氏划分方法很可能就是依据《五音定名》而来的。

本来将姓定为宫、商、角、徵、羽，就是牵强附会的东西，没有什么科学道理可言，它只是便于术士用来附会五行生克关系、判断吉凶的。换言之，五姓跟五行结合起来才有判断吉凶的意义，分为五姓只是以五行的生克关系来判断吉凶的一个道具，或者说是一个步骤。

---

① [东汉] 班固：《白虎通德论》卷四，上海：上海古籍出版社，1990 年，第 41 页。

②③ [宋] 李昉等编：《太平御览》，北京：中华书局，1960 年，第 79 页。

④ [宋] 李昉等编：《太平御览》，北京：中华书局，1960 年，第 1666 页。

⑤ [东汉] 班固：《汉书·京房传》，北京：中华书局，1962 年，第 3167 页。[宋] 谢维新编：《古今合璧事类备要》，文渊阁《四库全书》第 940 册，续集卷二九，上海：上海古籍出版社，1989 年，第 585 页，"京，东都，角姓"。[宋] 王洙等编撰、金张谦重校：《重校正地理新书》，《续修四库全书》第 1054 册，上海：上海古籍出版社，1997 年，第 12 页，"五姓所属"条下（见），李属徵音，京属宫音。京姓有宫角之异，李与京又有徵宫之异，显然都相互矛盾。

⑥ [东汉] 班固：《汉书》，北京：中华书局，1962 年，第 1769 页。

⑦ [东汉] 班固：《汉书》，北京：中华书局，1962 年，第 4166 页。

其实，将姓归纳为五姓，并且以口的张歙等来划分，其分类是不伦不类的。王充《论衡·诘术篇》就批评说："夫人之有姓者，用禀于天。天得五行之气为姓邪？以口张歙、声外内为姓也？如以本所禀于天者为姓，若五谷万物禀气矣，何故用口张歙、声内外定正之乎？"①王充认为姓本是有五行之气的，这五行之气是"禀于天"的，而不是以口的张歙来定姓的五行。王充进一步论证了姓氏的渊源，来支持其观点，他说："古者因生以赐姓，因其所生赐之姓也。……其立姓则以本所生，置名则以信、义、像、假、类，字则展名取同义，不用口张歙、〔声〕外内。调宫商之义为五音术，何璩见而用？"②后来东汉王符《潜夫论·卜列篇》对五音五姓也提出了批评意见，他说：当时"亦有妄传姓于五音，其为诬也甚矣。古有阴阳，然后有五行。五帝右据行气，以生人民，载世远，乃有姓名敬民。名字者，盖所以别众猥而显此人尔，非以纪五音而定刚柔也。今俗人不能推纪本祖，而反欲以声音言语定五行，误莫甚焉。"③又曰："俗工又曰：'商家之宅，宜西出门。'此复虚矣。五行当出乘其胜，入居其隩乃安吉。商家向东入，东入反以为金伐木，则家中精神日战斗也。五行皆然。又曰：'宅有宫商之第，直符之岁。'既然者，于其上增损门数，即可以变其音而过其符邪？今一宅也，同姓相代，或吉或凶；一官也，同姓相代，或迁或免；一宫也，成、康居之日以兴，幽、厉居之日以衰。由此观之，吉凶兴衰不在宅明矣。"④认为宅的兴衰由人，与宅无关，与五姓宅就更无关了。

及至唐代，太宗、高宗朝专司阴阳历算之职的吕才也提出了对五姓的批评，《旧唐书·列传第二十九》吕才传收录了其《叙宅》的篇章，其文曰："《易》曰：'上古穴居而野处，后世圣人易以宫室，盖取诸大壮。'迨

---

① ［东汉］王充：《论衡》，《诸子集成》第 9 册，长沙：岳麓书社，1996 年，第 218 页。
② ［东汉］王充：《论衡》，《诸子集成》第 9 册，长沙：岳麓书社，1996 年，第 219 页。
③［东汉］王符：《潜夫论·卜列篇》，见［清］汪继培笺、彭铎校正：《潜夫论笺》，北京：中华书局，1979 年版，第 296 页。
④［东汉］王符：《潜夫论·卜列篇》，见［清］汪继培笺、彭铎校正：《潜夫论笺》，北京：中华书局，1979 年版，第 298 页。

于殷、周之际，乃有卜宅之文，故《诗》称'相其阴阳'，《书》云'卜惟洛食'，此则卜宅吉凶，其来尚矣。至于近代师巫，更加五姓之说。言五姓者，谓宫、商、角、徵、羽等。天下万物，悉配属之，行事吉凶，依此为法。至如张、王等为商，武、庚等为羽，欲似同韵相求。及其以柳姓为宫，以赵姓为角，又非四声相管。其间亦有同是一姓，分属宫商，后有复姓数字，徵羽不别。验于经典，本无斯说，诸阴阳书，亦无此语，直是野俗口传，竟无所出之处。唯《堪舆经》，黄帝对于天老，乃有五姓之言。且黄帝之时，不过姬、姜数姓，暨于后代，赐族者多。至如管、蔡、郕、霍、鲁、卫、毛、聃、郜、雍、曹、滕、毕、原、酆、郇，并是姬姓子孙；孔、殷、宋、华、向、萧、亳、皇甫，并是子姓苗裔。自余诸国，准例皆然。因邑因官，分枝布叶，未知此等诸姓，是谁配属？又检《春秋》，以陈、卫及秦并同水姓，齐、郑及宋皆为火姓，或承所出之祖，或系所属之星，或取所居之地，亦非宫、商、角、徵，共相管摄。此则事不稽古，义理乖僻者也。"①吕才认为五姓之说"事不稽古，义理乖僻"，是无稽之谈，他说"验于经籍，本无斯说；阴阳诸书，亦无此语；直是野俗口传，竟无所出之处；唯按《堪舆经》，黄帝对于天老，乃有五姓之说"。还批评说："至如张、王等为商，武、庚等为羽，欲似同韵相求。及其以柳姓为宫，以赵姓为角，又非四声相管。其间亦有同是一姓，分属宫商，后有复姓数字，徵羽不别。"也就是说五姓的分类矛盾百出，经不起推敲。

五姓的分属本来就有许多矛盾之处，对其来源也是莫衷一是，宋王洙等编撰、金张谦重校的《重校正地理新书》在"五姓所属"中给予详细的论述，可以说是集中谈论这一问题的代表。现作为资料转录如下：

按《风俗通》，人得姓者九，一曰氏于号，唐虞商周是也。二曰氏于谥，文武宣穆是也。三曰氏于国，楚宋齐鲁是也。四曰氏于家，孟仲季

---

① [后晋] 刘昫等：《旧唐书》，北京：中华书局，1975 年，第 2720 页。

是也。五曰氏于爵，公王侯伯是也。六曰氏于官，司空、司徒是也。七曰氏于事，青牛、白马是也。八曰氏于居，城郭门苑是也。九曰氏于职，巫、卜、陶匠是也。黄帝时见书传者，姓氏尚少，自后赐族益多，以至于十姓八族。或谓黄帝配五姓者，盖假讬耳。或谓五姓者，五帝之裔，以其继五运而相配，如太昊以木德王天下，其后尽为角姓欤？以类推之则炎帝后属徵，黄帝后属宫，少昊后属商，颛顼后（原本作"移"，非）属羽。而五帝子孙，音姓交互，如吕则炎帝之裔，今为羽音矣。李则颛顼之裔，今为徵音矣。

若以文字，止于四声之用，以五音为王，则平声之中合口呼者为宫，开口呼者为商，上声属徵，去声属羽，入声为角，而朱姚周毛俱是平声配入角音矣，蒋耿贾左乃是上声配入商音矣。

若以五姓皆因口势呼而配之，口势隆穹者为宫音，口良昌者为商音，口撲捉者为角音，舌抵齿者为徵音，口偻窭者为羽音，则吴卢平声同韵，口势则近于偻窭，卢乃属商，吴乃属羽矣。贾马俱是上声同韵，口势近于良昌，贾则属商，马则属羽矣。

或以为辨五味定五音者，非舌不决。夫五音发舌，舌居中者为宫，土位在中也。音发而微下者为商、金，性阴沉也。音发而起曲者为角、木，性曲直也。音发而舌上者为徵、火，性炎上也。音发而舌下勾者为羽、水，性润下也。此则舌定五音，自然之理。

以音配姓，则龃龉难安。至于羊则叔虞之后，合属徵音。阳则黄帝别族，合属宫音。又杨则汉太尉之后，合为商音。又如豆则前汉之别族，有将军代田，合属商音；窦则夏后之裔，合属角音，亦作徵音。又田年同用舌势，田为徵音，年为羽音。又有覆姓，取上字者则东方属商，东门属宫，东郭属羽，公西属商，公丘属徵，公门舌宫。用下字者，则间丘属宫，高丘属徵。毋丘属羽，上下字配之，皆不相入也。

或曰音之所兴，先因于律，故孔父吹律，知是商人之后；京房吹律，自知其姓所由，或因于此乎？然江南刘为角，淮北刘为宫，岂以南北地殊，音律异乎？徐则或羽或商，刘则或宫或角，两呼之姓，百有余家。虽宣父、京房亦何为也？五姓非古也。今士大夫悉皆用之，盖阴阳书非理人之法，士大夫罕知其吉凶，不免询于巫者。

或问夫人生则卜其所居，死则卜其宅兆。如无五姓，将何以定？答曰：家宅，人之大事，其来久矣。若所居则有阴阳二宅，刑祸福德，岁月吉路。若宅兆则有山冈胜负，三鉴覆临，六道抵向。三鉴者，天鉴、地鉴、人鉴也。六道者，天道、地道、人道、鬼道、死道、兵道是也。又曰：山冈有胜负，敢问八将六对，地法何也？答曰：八将者，四维四干是也。六对者，十二辰是也。假令角音青龙在卯，白虎在酉，为一对；天仓在辰，天牢在戌，为二对；功曹在巳，传送在亥，为三对；冠带在午，伏尸在子，为四对；大墓在未，小墓在丑，为五对；沐浴在申，胎生在寅，为六对也。丙为官国，一将也；壬为金匮，二将也；庚为勾陈，三将也；甲为谷将，四将也；坤为死气，五将也；艮为生气，六将也；巽为朱雀，七将也；乾为玄武，八将也。

《拔地经》朱雀宜高，玄武宜下，其地形西北低下，东南仰高。而吕才云：乾地低下，法主短寿，官禄破败。郭氏说以为水向乾逆流，子孙为盗，及吊死者、火灾，何不利于角家也。又《五音经》云：东高西下为之角地，徵羽亦可居之。南高北下，为之徵地，角姓亦可居之。今郭氏经及吕才并云：东高西下，南高北下，并主门户灭绝、孤寡，何不辨于五姓哉！此盖言逆其阳气也。若顺五音即不然。凡五姓与礼经人事乖背者，宜舍而不取。婚书云：子午生女，利六月、十二月嫁。若商角二姓，则嘉会之礼阙焉。又若大夫三月而葬，岂缘墓月？若先期而葬，谓之不怀；后期而葬，谓之怠礼也。与《阴阳书》协同者，顺俗可也。假令阳宅西南移入，福德乡造阳宅者，便云徵羽宫利在西南。若三鉴吉路在西北者，便云商角所宜是也。其有吴楚音，从其土地所用及依上望，即祸福无疑。①

《重校正地理新书》一方面怀疑批判五姓，另一方面则是全面总结，将五姓广泛应用于相宅、卜葬。

二、五姓相宅原始：汉代的图宅术

五音五姓之用于相宅，现在可翻检到最早的文献是王充的《论衡·诘术篇》，该篇提到汉代有一种图宅术，说："图宅术曰：'宅有八术，以六甲之名数而第之；第定名立，宫商殊别。宅有五音，姓有五声，宅不宜其姓，姓与宅相贼，则疾病死亡，犯罪遇祸。'""数宅既以甲乙，五行之家数日亦当以甲乙。甲乙有支干，支干有加时。支干加时，专比者吉，相贼者凶。""五音之家，用口调姓名及字，用姓定其名，用名正其字。口有张歙，声有外内，以定五音宫商之实。""图宅术曰：'商家门不宜南向，徵家门不宜北向。'则商金，南方火也；徵火，北方水也。水胜火，火贼金，五行之气不相得，故五姓之宅，门有宜向。向得其宜，富贵吉昌；向失其宜，贫贱衰耗。""日廷图甲乙有位，子丑亦有处，各有部署，列布五方，若王者营卫，常居不动。"②

从以上这些文字可以看出：第一，依方位将宅编成甲乙名数，依宅的甲乙名数分成宫商角徵羽五类，因分类不同，所以各宅之间"宫商殊别"。另一方面，住宅的宅主依其姓的发声，也可以分成宫商角徵羽五类。以此来占断吉凶。第二，宅的名数的编排是以干支六甲来编的。③第三，五姓的分类原则是"用口调姓名及字，用姓定其名，用名正其字。口有张歙，声有外内，以

---

① [宋]王洙等编撰、[金]张谦重校：《重校正地理新书》，载《续修四库全书》第1054册，上海：上海古籍出版社，1997年，第12页。

② [东汉]王充：《论衡》，《诸子集成》第9册，长沙：岳麓书社，1996年，第43页。

③ 关于图宅术中宅的编排，应该是六十甲子与五行相配的，究竟是如何编排的，陈于柱推定是依六甲纳音来编排的，这有一定的道理，六甲纳音的简表有两个，其实性质一样，只是一个只标金木水火土五行，另一个则标明"海中金"等，详细区别五行中的细微差别，现附载如下：

六十甲子纳音表 1

（见邓文宽《敦煌天文历法文献辑校》附录一二，南京：江苏古籍出版社，1996年5月，第747页）

甲	乙	丙	丁	戊	己	庚	辛	壬	癸
甲(木)子(水)金	乙(木)丑(土)金	丙(火)寅(木)火	丁(火)卯(木)火	戊(土)辰(土)木	己(土)巳(火)木	庚(金)午(火)土	辛(金)未(土)土	壬(水)申(金)金	癸(水)酉(金)金
甲(木)戌(土)火	乙(木)亥(水)火	丙(火)子(水)水	丁(火)丑(土)水	戊(土)寅(木)土	己(土)卯(木)土	庚(金)辰(土)金	辛(金)巳(火)金	壬(水)午(火)木	癸(水)未(土)木
甲(木)申(金)水	乙(木)酉(金)水	丙(火)戌(土)土	丁(火)亥(水)土	戊(土)子(水)火	己(土)丑(土)火	庚(金)寅(木)木	辛(金)卯(木)木	壬(水)辰(土)水	癸(水)巳(火)水
甲(火)午(金)金	乙(土)未(金)金	丙(金)申(火)火	丁(金)酉(火)火	戊(土)戌(木)木	己(水)亥(木)木	庚(水)子(土)土	辛(土)丑(土)土	壬(木)寅(金)金	癸(木)卯(金)金
甲(土)辰(火)火	乙(火)巳(火)火	丙(火)午(水)水	丁(土)未(水)水	戊(金)申(土)土	己(金)酉(土)土	庚(土)戌(金)金	辛(水)亥(金)金	壬(水)子(木)木	癸(土)丑(木)木
甲(木)寅(水)水	乙(木)卯(水)水	丙(土)辰(土)土	丁(火)巳(土)土	戊(火)午(火)火	己(土)未(火)火	庚(金)申(木)木	辛(金)酉(木)木	壬(土)戌(水)水	癸(水)亥(水)水

六十甲子纳音表 2

（见李顺祥《四柱玄机——命理推断详解》，乌鲁木齐：新疆人民出版社，2004年9月，第54页；又洪丕谟 姜玉珍《中国古代算命术》增补本，上海：上海人民出版社，1989年5月，第47—52页有介绍）

干支	纳音	干支	纳音	干支	纳音	干支	纳音	干支	纳音
甲子乙丑	海中金	丙子丁丑	涧下水	戊子己丑	霹雳火	庚子辛丑	壁上土	壬子癸丑	桑柘木
丙寅丁卯	炉中火	戊寅己卯	城墙土	庚寅辛卯	松柏木	壬寅癸卯	金箔金	甲寅乙卯	大溪水
戊辰己巳	大林木	庚辰辛巳	白蜡金	壬辰癸巳	长流水	甲辰乙巳	覆灯火	丙辰丁巳	沙中土
庚午辛未	路旁土	壬午癸未	杨柳木	甲午乙未	沙中金	丙午丁未	天河水	戊午己未	天上火
壬申癸酉	剑锋金	甲申乙酉	泉中水	丙申丁酉	山下火	戊申己酉	大驿土	庚申辛酉	石榴木
甲戌乙亥	山头火	丙戌丁亥	屋上土	戊戌己亥	平地木	庚戌辛亥	钗钏金	壬戌癸亥	大海水

定五音宫商之实"。第四，判断五姓宅的吉凶主要是依据其大门的朝向，因为五姓宅的大门各有宜忌，大门要与各姓的"五行之气"相得（相生）为宜。第五，运用六壬术来判定吉凶，所谓"专比""相贼"以及"支干加时"的"加"皆六壬术用语。这一占断手法与后来的《地理新书》所用的手法完全相同。这与汉代出土的六壬占盘（如东汉王盱墓出土的六壬式盘，附图见图3-12）可以相互印证。第六，为相宅，当时都绘有"日廷图"之类的图。这也许就是"图宅术"这一名称之由来吧。

《诘术篇》中说："图宅术曰：'商家门不宜南向，徵家门不宜北向。'则商金，南方火也；徵火，北方水也。水胜火，火贼金，五行之气不相得。"对于朝向占断，图宅术是以门为依据的。这里的门指大门，或称院门。古代对门户的概念是有严格区分的，单扇为户，两扇为门。户是大门以外的旁

对六甲纳音的来由，沈括有一个论述，有一定道理，不妨转载如下："六十甲子有纳音，鲜原其意。盖六十律旋相为宫法也。一律含五音，十二律纳六十音也。凡气始于东方而右行，音起于西方而左行；阴阳相错，而生变化。所谓气始于东方者，四时始于木，右行传于火，火传于土，土传于金，金传于水。所谓音始于西方者，五音始于金，左旋传于火，火传于木，木传于水，水传于土。纳音与《易》纳甲同法：乾纳甲而坤纳癸，始于乾而终于坤。纳音始于金，金，乾也；终于土，土，坤也。纳音之法，同类娶妻，隔八生子，此《汉志》语也。此律吕相生之法也。五行先仲而后孟，孟而后季，此遁甲三元之纪也。甲子金之仲，黄钟之商。同位娶乙丑，大吕之商。同位，谓甲与乙、丙与丁之类。下皆仿此。隔八下生壬申，金之孟。夷则之商。隔八，谓大吕下生夷则也。下皆仿此。壬申同位娶癸酉，南吕之商。隔八上生庚辰，金之季。姑洗之商。此金三元终。若只以阳辰言之，则依遁甲逆传仲孟季。若兼妻言之，则顺传孟仲季也。庚辰同位娶辛巳，中吕之商。隔八下生戊子，火之仲。黄钟之徵。金三元终，则左行传南火也。戊子娶己丑，大吕之徵。生丙申，火之孟。夷则之徵。丙申娶丁酉，南吕之徵。生甲辰，火之季。姑洗之徵。甲辰娶乙巳，中吕之徵。生壬子，木之仲。黄钟之角。火三元终，则左行传于东方木。如是左行至于丁巳，中吕之宫，五音一终。复自甲午金之仲，娶乙未，隔八生壬寅，一如甲子之法，终于癸亥。谓蕤宾娶林钟，上生太簇之类。自子至于巳为阳，故自黄钟至于中吕皆下生；自午至于亥为阴，故自林钟至于应钟皆上生。予于《乐论》叙之甚详，此不复纪。甲子乙丑金，与甲午乙未金虽同，然甲子乙丑为阳律，阳律皆下生；甲午乙未为阳吕，阳吕皆上生。六十律相反，所以分为一纪也。"沈括认为六甲纳音与中国古代乐律有关，是十二律与五音的关系演生出来的。（［北宋］沈括《梦溪笔谈》卷五"乐律一""论纳音之由来"，北京：团结出版社，1996年12月，第59页。）敦煌文书中保存有六甲纳音的残卷，P.2255v、P.3175、P.3984、P.4711、S.3724v、S.6258、S.8350、S.11415等。说明唐宋时期普遍地采用了六甲纳音来占卜吉凶。王爱和博士认为六十甲子纳音性行的占法"唐中期以前的文书中也没有该方面的内容，所以推测它的产生在唐五代之际。"（王爱和博士论文《敦煌占卜文书研究》兰州大学研究生论文，2003年5月，第484页），四柱八字算命术是在唐时李中虚开端，逐渐完善的，所以，"海中金"的说法必定是后来才产生的，由此看来，图宅术是否是采用六十甲子纳音来"第定名宅"，暂时没有直接的史料，还不能骤然断定，只能待日后的史料来补充。

门、偏门。设置在建筑区或建筑群出入口的两扇对开的才称为门。门在传统居住观念中占有重要的地位，它象征建筑的属有权和文化功能。对住宅来说，门就代表着家的范围和家的境况。古代五祀（户、灶、中霤、门、井）中，"门"就是其中一祀。就后来风水意义而言，大门是气流动的枢纽，是迎纳吉气的关键所在。

当然以大门的朝向来判定吉凶，本身就是不科学的，东汉王充就给予了批判。中国的地理环境是地处北半球，西北高，东南低，一般的房屋都是坐北朝南，以利于采光，接纳日照。针对"商家门不宜南向，徵家门不宜北向"的说法，王充指出："姓有五音，人之性亦有五行。五音之家，商家不宜南向门，则人禀金之性者，可复不宜南向坐、南行步乎？一曰：五音之门，有五行之人。假令商姓口食五人，五人中各有五色，木人青，火人赤，水人黑，金人白，土人黄。五色之人，俱出南向之门，或凶或吉，寿命或短或长。凶而短者未必色白，吉而长者，未必色黄也。五行之家，何以为决？南向之门，贱商姓家，其实如何？南方，火也，使火气之祸，若火延燔，径从南方来乎？则虽为北向门犹之凶也。火气之祸，若夏日之热，四方洽浃乎，则天地之间皆得其气，南向门家何以独凶？南方火者，火位南方，一曰其气布在四方，非必南方独有火，四方无有也，犹水位在北方，四方犹有水也。火满天下，水辨四方。火或在人之南，或在人之北。谓火常在南方，是则东方可无金，西方可无木乎？"王充就看到五音别姓辨吉凶的矛盾、不规范之处。

总之，在图宅术看来，五姓宅的吉凶与门的方向、数量增损有关。汉代的图宅术是我们现今见到的最早的五姓相宅术。

三、五姓相宅的盛衰

在隋唐时期，五音、五姓之说广泛运用于各类占卜术之中。《隋书·经籍志》中，仅五音、五姓相宅的卜葬的著述，就收录有《五姓墓图》《五音相墓书》五卷，《五音图墓书》九十一卷，《五姓图山龙》等。两唐书的《经籍志》和《艺文志》中收录有《五姓墓图要诀》《玄女弹五音法相冢经》《五音地理经》等。在相宅方面，则出现了专以五姓命名的相宅著述《五姓宅经》，《旧唐书·经籍志》记为二卷，《新唐书·艺文志》记为二十卷。

前述唐代太宗、高宗朝专司阴阳历算之职的吕才对五姓提出批评，正是五姓普遍运用于相宅的反映，《资治通鉴》卷一九六"太宗贞观十五年"吕才叙《宅经》文下，胡三省注曰："近世相传以字学分五音，只在唇舌齿调之，舌居中者为宫，口张者为商，舌缩者为角，舌拄齿者为徵，唇撮聚者为羽。阴阳家以五姓分属五音，说正如此。"①从敦煌写本阴阳书可知当时的阴阳家有相宅卜葬的职能，这说明五姓相宅之流行。

《旧唐书·方伎传》记有严善思五姓占卜的事迹，说："严善思，同州朝邑人也。少以学涉知名，尤善天文历数及卜相之术。初应消声幽薮科举擢第。则天时为监察御史，权右拾遗、内供奉。数上表陈时政得失，多见纳用。稍迁太史令。圣历二年，荧惑入舆鬼，则天以问善思。善思对曰：'商姓大臣当之。'其年，文昌左相王及善卒。"②

敦煌文书中涉及五姓宅及五姓的主要有P.2615a、P.2630V0、P.2962V、P.3281v0、P.3492、P.3507、P.3594、P.4522、P.4667va、S.4534、Дx00476+Дx06058+Дx05937、Дx01396+Дx01404+Дx01407V、Дx05448V十三件，这些写本基本上抄写于晚唐五代时期，其中以P.2615a的内容最为集中，另外十一件中只有P.4522、Дx01396+Дx01404+Дx01407V与P.2615a在内容上有部分不同，其余残卷的内容均与P.2615a相同或相似。敦煌文书的遗存为我们了解和廓清五姓及其相宅术留下了丰富的资料。

吕才之后，僧一行撰《五音地理新书》三十卷，据南宋晁公武《读书后志》载，其书"以人姓五音，验八山三十八将吉凶之方，其学今世不行"③，

---

① [北宋] 司马光：《资治通鉴》，北京：中华书局，1956年，第6166页。
② [后晋] 刘昫等：《旧唐书》，北京：中华书局，1975年，第5102页。
③ [南宋] 晁公武：《郡斋读书后志》，文渊阁《四库全书》第674册，上海：上海古籍出版社，1989年，第368页。

则仍主五音姓利说。晁公武所谓"今世不行"之说只是晁本人一孔之见，未免有一叶障目、不见泰山之嫌。因为一行之说在北宋仁宗命王洙编纂《地理新书》为地理官书之前，极为流行，北宋王朝的几个皇帝都是按照五音姓利说来择取陵地的。杨宽先生在考察宋代皇陵时说："当时看风水，流行把姓氏分归五音（宫、商、角、徵、羽），再按'音'选定吉利方位的办法。宋代皇帝姓赵，属于'角'音，利于壬、丙方位。乾兴元年（1022 年）举行真宗葬礼，八月六日司天监上言：'按经书（指讲阴阳堪舆之术的经书），壬、丙二方皆为吉地，今请灵驾（指载运棺椁的车驾）先于上宫神墙外壬地新建下宫奉安，俟十月十二申时发赴丙地幄次，十三日申时掩皇堂。'"（《宋会要辑稿》礼二九之二七。）①

考为晚唐之作的敦煌《相阴阳宅书》残卷，宋初钦天监杨惟德撰进给宋仁宗的《茔原总录》以及见载于《宋史·艺文志》的诸多风水书，如《五音地理诗》《五音地理经决》《五音三元宅经》《五姓合诸家风水地理》等，皆涉及五音姓利说。

五音相宅在宋时得到了系统地总结，出现了《地理新书》，其书最初的书名叫《乾坤宝典》，到金朝时张谦再行编辑校正，定名为《重校正地理新书》，书中收录了大量的五姓相宅的占断方法，书中有五音三十八将、五音男女位、五音山势、五音向尚、五音所宜、五音地脉、五音大利向、五音小利向、五音自如向、五音粗通向等篇目，其"五姓所属"（《续修四库全书》第 1054 册，第 12 页）对五姓作了系统的、详尽的分类。

在金朝，《金史·海陵纪》载："天德三年四月丙午，诏迁都燕京。辛酉，有司图上燕城宫室制度，营建阴阳五姓所宜。"②说明金朝也盛行依五姓营建住宅宫室。《续修四库全书》收录的《类编历法通书大全》（元宋鲁珍《通书》何士泰《历法》，明熊宗立《类编》）有"五姓姓氏门"的专门五姓

---

①杨宽：《中国古代陵寝制度史研究》，上海：上海人民出版社，2003 年，第 65 页。
②［元］脱脱等：《金史·海陵纪》卷五，北京：中华书局，1975 年，第 97 页。

篇章。①收录在《永乐大典》中的明朝张景文《大汉原陵秘葬经》有"定五姓法篇"，对五姓定姓给出了一个简便的方法，其文曰："凡阴阳师定五姓正真，不只有姓难定，俗人声音亦难定。欲得商，舌梁张。欲得徵，舌主齿。欲得角，舌缩壳；欲得宫，舌隆中。以切韵定五音，喉音宫，齿音商，牙音角，舌音徵，唇音羽，百中定五音也。"②清缪之晋《大清时宪书笺释》有五姓修宅的专门篇章，③为了避免五姓分属的纷繁混杂，在每个姓氏下都详注郡望，如宫姓下的"孙乐安、冯始平、沈吴兴、严天水"等，即指乐安郡的孙姓、始平郡的冯姓、吴兴的沈姓、天水的严姓。这些都说明明清时期作为占卜手段的五姓在相宅、修造方面仍有一定影响。但总的来说，明清时期五姓相宅法逐渐势微了。

综上所述，通过敦煌写本宅经与传世文献的梳理，我们理解了五姓与五音五行占断的关系，明显地看到汉朝图宅术作为五姓相宅术的兴起到唐宋时期的五姓相宅术兴盛的演变。但是五姓相宅术只是风水堪舆方术发展演变过程中的一个链节，在五姓相宅术盛行之时八宅派兴起，至北宋逐渐完善，有渐次取代五姓相宅术之势。明清时期八宅派著作繁盛，八宅派形成完整的体系，八宅派将一宅之主划归为八个命宫是以其出生的十二地支年而定的，弥补和避免了五姓划分的诸多矛盾，使得相宅术更能自圆其说。这应该是五姓相宅逐渐势微的一个重要原因。

第二节　敦煌写本宅经中的五姓宅图

敦煌写本宅经的五姓相宅法中的五姓宅图，是五姓相宅的重要组成部分，

---

① [元]宋鲁珍：《通书》，何士泰：《历法》，[明]熊宗立：《类编》，《类编历法通书大全》第1062册，《续修四库全书》，上海：上海古籍出版社，1997年，第683页。

② [明]张景文：《大汉原陵秘葬经》，《永乐大典》八一九九卷，北京：中华书局，1986年，十册精装本第4册第3817页。

③ [清]缪之晋：《大清时宪书笺释》，《续修四库全书》第1040册，上海：上海古籍出版社，1997年。

对这些宅图作详细的剖析，有助于我们了解五姓相宅法的手法。

前文《敦煌写本宅经葬书分类定名说》中将五姓宅经分为五姓宅经类、五姓阴阳宅经杂抄两小类，而这两小类中的宅图基本相同，没有本质的区别，可以相互印证，订正文字讹误。在 P.2615a 中这些宅图及其文字说明占了近一半的篇幅，此外在 P.2962v、P.2632V0、Дx.00476+Дx.06058+Дx.05937 等宅经的残卷中也有部分五姓宅图，这里且作一个简明的宅图统计表于后（表 3-6）。从表中可以看到 P.2615a 的宅图基本上是完整的，只有宫姓的人宅图残损。P.2632V0 卷中也有好几姓宅图是保存完整的，这里就以 P.2615a 为主来讨论五姓宅图诸问题，现转录 P.2615a 的五姓人宅图和五姓家宅图于后。

表 3-6　敦煌写本宅经五姓宅图统计表

残全情况＼宅图　卷号	五姓人宅图					五姓家宅图					五姓阴阳宅同看图
	角姓	徵姓	宫姓	商姓	羽姓	角姓	徵姓	宫姓	商姓	羽姓	
P.2615a	全	全	残	全	全	全	全	全	全	全	残
P.2632V0	×	残	全	全	全	×	全	全	全	全	×
P.2962v	残	残	×	×	×	全	×	×	×	×	×
Дx.00476+Дx.06058+Дx.05937	×	×	残	×	×	×	×	×	×	×	×

注：× 表示没有该图。

五姓宅图由角宅图（图 3-1，图 3-2）、徵宅图（图 3-3，图 3-4）、宫宅图（图 3-5，图 3-6，图 3-7）、商宅图（图 3-8，图 3-9）、羽宅图（图 3-10，图 3-11）五组图及其说明文字组成。每一组五姓宅图又分为人宅图和家宅图两种宅图，图中都有说明文字，围绕宅图的说明文字又包括作舍法、五姓分类下的姓氏、五姓移徙法、移徙延向道法等。

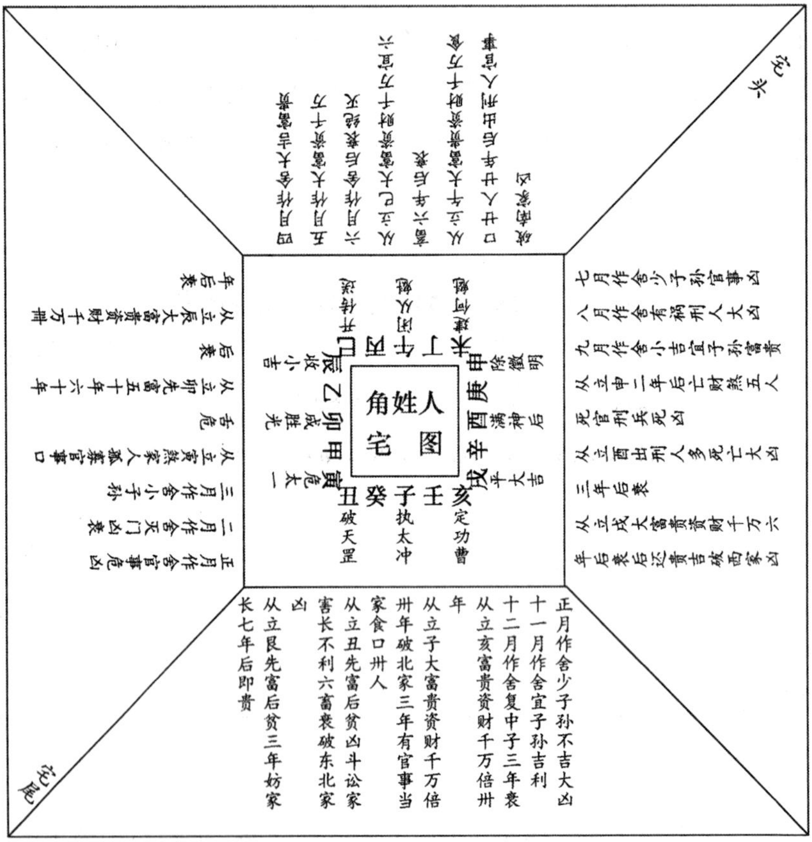

角姓人宅图

图 3-1　P.2615a 的角姓人宅图

图 3-2　P.2615a 的角姓家宅图

图 3-3　P.2615a 的徵姓人宅图

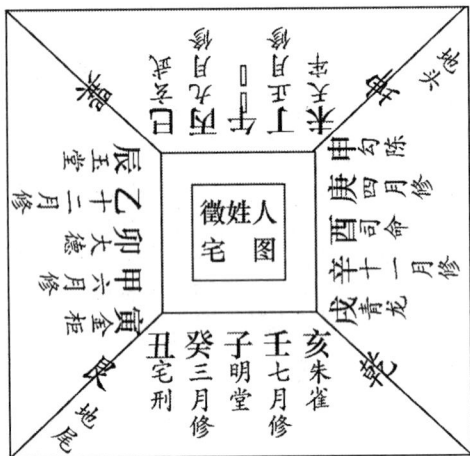

图 3–4 P.2615a 的徵姓家宅图

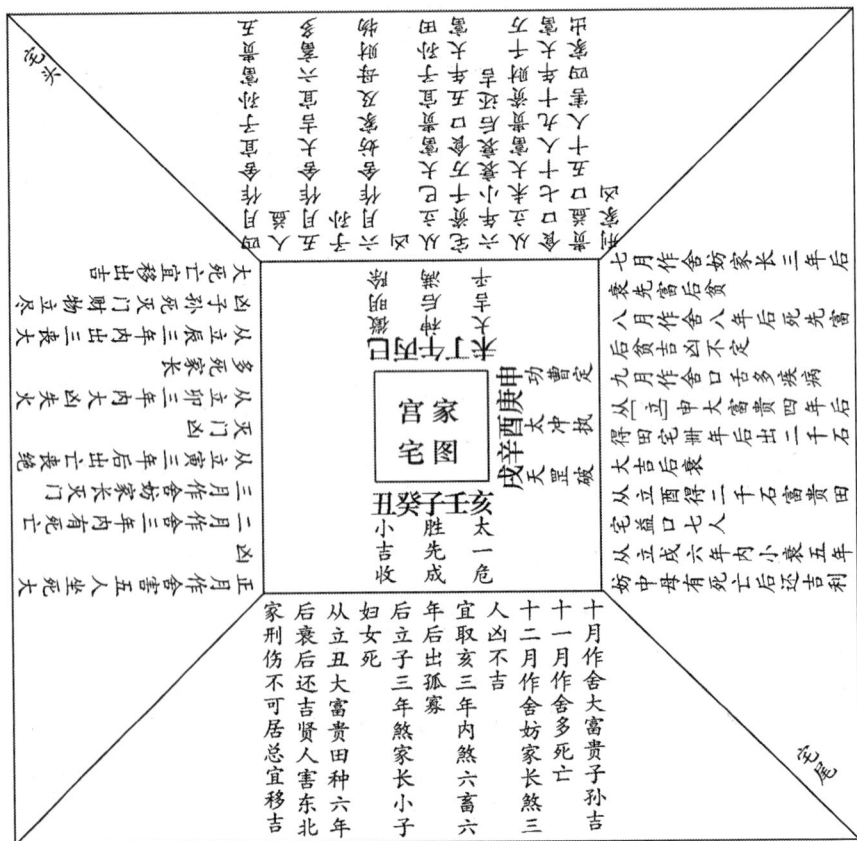

图 3–5 P.2615a 的宫姓人宅图

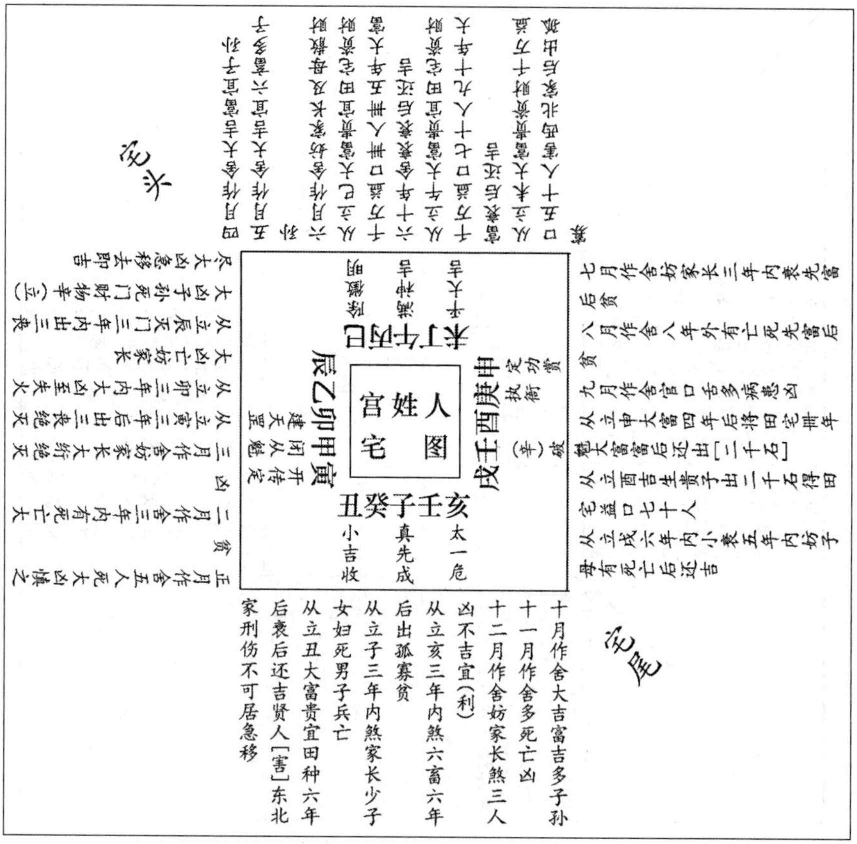

图 3-6　P.2632V0 的宫姓人宅图

图 3-7　P.2615a 的宫姓家宅图

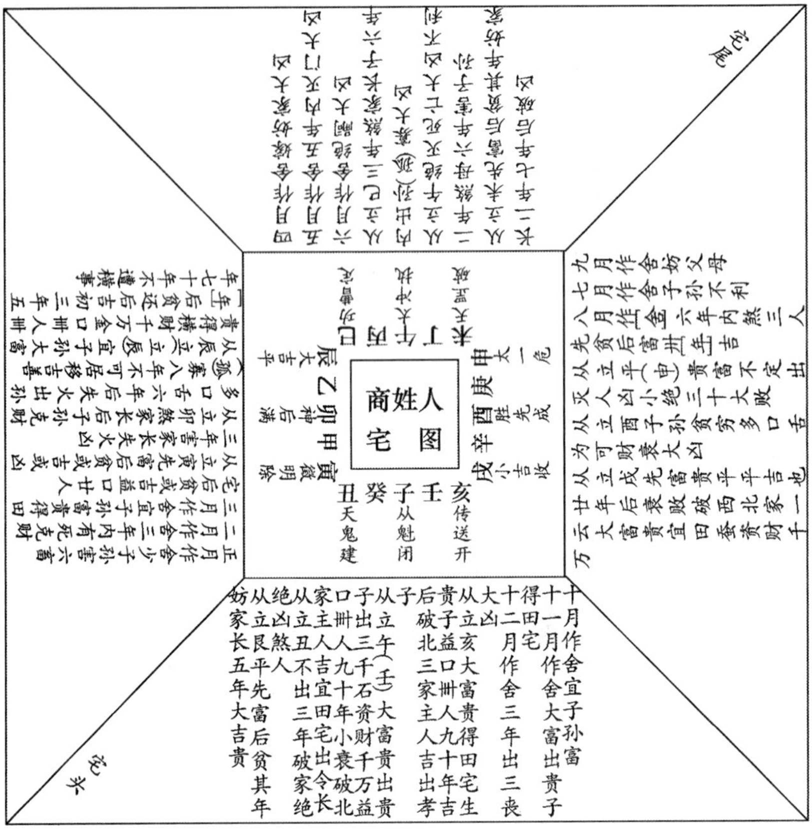

图 3-8　P.2615a 的商姓人宅图

图 3-9　P.2615a 的商姓家宅图

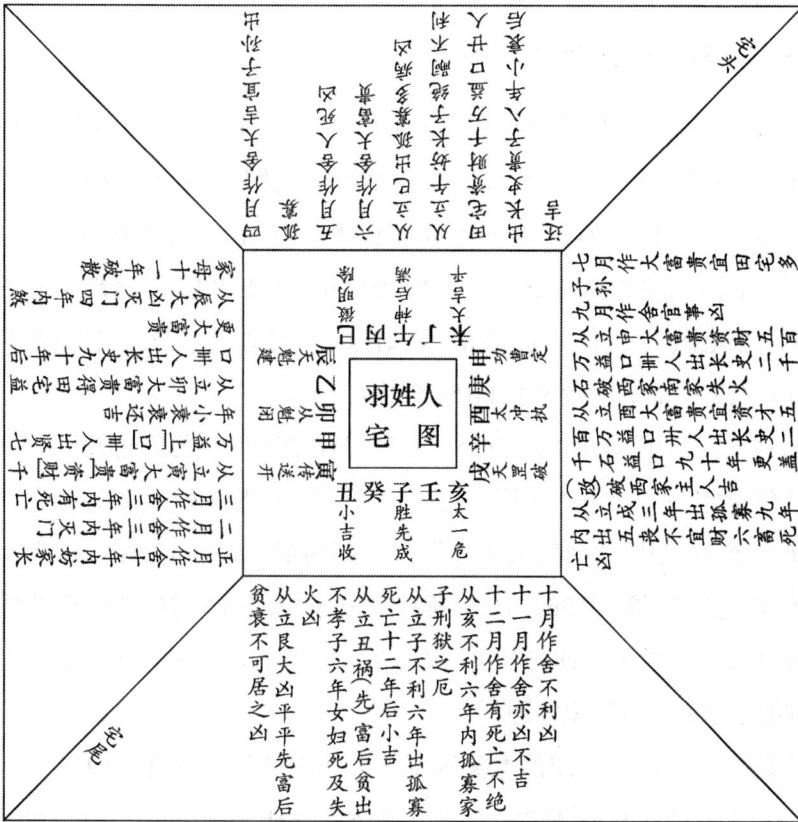

图 3-10　P.2615a 的羽姓人宅图

图 3-11　P.2615a 的羽姓家宅图

一、宅图名称及其意义

依陈于柱说，这些宅图统称为人宅图和家宅图。[1]称"人宅图"是因为 P.2615a 中明确标明为"角姓人宅图""徵姓人宅图""商姓人宅图""羽姓人宅图"等。只是由于抄写者的疏忽或是笔误的原因，P.2632V0 同类宅图则又标成"商宅图""羽姓人宅法"等，甚至于出现像 P.2615a"宫姓人宅图"上标为"宫家宅图"，而"宫家宅图"上则标为"宫姓人宅图"，名称互混的现象。五姓人宅图的式样参见 P.2615a 角姓人宅图。

而称"家宅图"是因为 P.2615a、P.2962V0 都标为"角家宅图"，P.2632V0标为"徵家宅图""商家宅图"等，但 P.2615a 又将这种家宅图标为"徵姓人宅图""商姓宅图""羽姓人宅图"等，颇为混淆。而 P.2962v 标为"角宅图""徵姓宅图"等，P.2632V0 又称作"宫家十二神安置""商家宅图安置十二神出入""羽姓十二神安置法"等。我们这里概将这种标为青龙、朱雀等十二神的宅图称作五姓家宅图。

我们推测这两种宅图的意义区别，人宅图应是在五姓人同住一个大宅院时，五姓各自选取自己建宅的方位和修造时日所用。如 P.2615a"商姓人宅图"就有"正月作舍，少子孙，不吉，大凶"等，"从立子，大富贵，资财千万倍"等。就是说商姓人在五姓人同住的大宅院中，宅舍建在子的方位（正北方），将"大富贵，资财千万倍"；而在正月建宅筑舍，则不宜。相对而言，家宅图则是五姓人建宅筑舍时，具体宅舍十二神的宜忌方，一年十二月修造的宜忌，建筑小品依十二神宜忌如何布局。

二、上南下北的绘图视图原则

要看懂这些五姓宅图，首先必须了解古人作图视图的原则多是背北

---

[1]陈于柱：《敦煌写本宅经研究》，兰州大学硕士研究生论文，2003 年。

面南，即图的上面是南面，下面是北面，符合帝王将相以北为尊，坐镇朝堂、镇抚宇内、俯瞰天下之势。P.2615a 中在"皇帝推风后不整宅图"下注曰"右已上十九宅图，面南须看之，即知何辰地不足"，所谓面南，就是面对图纸，上南下北。李零研究中国早期的地图标示方法后，指出："例如平山战国中山王墓出土的《兆域图》、马王堆汉墓帛书《阴阳五行》和《禹藏图》，都是标明为上南下北。所以，情况好像中国早期地图都是上南下北，晚期才变为上北下南。"[①]他详细排列对比有关早期地图的传世文献和出土实物的方位后说："似乎上北下南主要是天文、时令所用，上南下北主要是地形所用，二者都有很早的来源，只是后来才合而为一。"[②]而敦煌写本宅经所绘宅图，不论是五姓宅图，还是阴阳宅图，都是上南下北，是所谓面南而视的宅图。

三、干支四维标方位法

五姓人宅图是由八天干、十二地支来标示方位的，这种方法可谓是渊源有自、流传久远了。西汉刘安《淮南子·天文训》曰：

斗指子，则冬至，音比黄钟。

加十五日指癸，则小寒，音比应钟。

加十五日指丑，则大寒，音比无射。

加十五日指报德之维，则越阴在地，故曰距日冬至四十六日而立春，阳气冻解，音比南吕。

加十五日指寅，则雨水，音比夷则。

加十五日指甲，则雷惊蛰，音比林钟。

加十五日指卯中绳，故曰春分则雷行，音比蕤宾。

①李零：《中国方术考》，北京：东方出版社，2001 年，第 135 页。
②李零：《中国方术考》，北京：东方出版社，2001 年，第 139–140 页。

加十五日指乙，则清明风至，音比仲吕。

加十五日指辰，则谷雨，音比姑洗。

加十五日指常羊之维，则春分尽，故曰有四十六日而立夏，大风济，音比夹钟。

加十五日指巳，则小满，音比太蔟。

加十五日指丙，则芒种，音比大吕。

加十五日指午，则阳气极，故曰有四十六日而夏至，音比黄钟。

加十五指丁，则小暑，音比大吕。

加十五日指未，则大暑，音比太蔟。

加十五日指背阳之维，则夏分尽，故曰有四十六日而立秋，凉风至，音比夹钟。

加十五日指申，则处暑，音比姑洗。

加十五日指庚，则白露降，音比仲吕。

加十五日指酉中绳，故曰秋分雷臧，蛰虫北向，音比蕤宾。

加十五日指辛，则寒露，音比林钟。

加十五日指戌，则霜降，音比夷则。

加十五日指蹄通之维，则秋分尽，故曰有四十六日而立冬，草木毕死，音比南吕。

加十五日指亥，则小雪，音比无射。

加十五日指壬，则大雪，音比应钟。加十五日指子。故曰：阳生于子，阴生于午。[①]

这段文字是说明当时天文学（星占术）以斗杓所指以建时节，十五日为一节，一节对应圆周 360° 的 15°。王振铎研究汉代的占盘后，指出："以

[①] ［东汉］王充：《论衡》，《诸子集成》第 9 册，长沙：岳麓书社，1996 年，第 52 页。

地盘论之，四钩、四维、四仲、八干、二十四位之距离，亦应分度相等，即各位之间，当为十五度。""总之二十四向，以《淮南·天文训》及《周髀算经》证之，其代表之意义，为二十四个方位，斗杓之指建，表影之移袭，盖有所标准。《葬经宅经》以二十四向八干，十二支，四维以为定向者，盖从出于此。宋以来罗经盘以二十四位定向之制亦渊源于此，知所从来古矣。"①

蔡邕《月令章句》云："大挠采五行之情，占斗机所建也。始作甲、乙以名日，谓之干；作子丑以名月，谓之支。有事于天则用日，有事于地则用辰。"②《淮南子·天文训》说："甲乙寅卯，木也；丙丁巳午，火也；戊己四季，土也；庚辛申酉，金也；壬癸亥子，水也。"③以十干配四方、中央，遂成东方木，南方火，西方金，北方水，中央土。先秦两汉之际盛行天圆地方之说，认为"子午卯酉为二绳。丑寅、辰巳、未申、戌亥为四钩。东北为报德之维也，西南为背阳之维，东南为常羊之维，西北为蹄通之维。"④子、午、卯、酉表示四正方，丑寅、辰巳、未申、戌亥表示四维。这样，十天干用八干表四方，戊己表中央，十二地支和四维表示古今所谓"地方"的二十四个方位。二十四方位中的十二地支，不仅具有方位上的意义，而且还代表着一年的十二月，蕴藏着万物春生、夏长、秋收、冬藏的规律。

四、八卦表方位

与五姓人宅图不同的是，五姓家宅图和阴阳宅经的阴阳宅图都采用了乾艮坤巽表示四维。敦煌写本 P.3865《阴阳宅经》曰："今采诸家秘验，分为二十四路，八卦九宫，配女男之位，定阴阳之界。"传世本《黄帝宅经》说得更详细，曰："二十四路者，随宅大小，中院分四面，作二十四路。十干

①王振铎：《司南指南针与罗经盘》，《中国考古学报》第 5 册，北京：商务印书馆，1951 年，第 101–176 页；又载《科技考古论丛》，北京：文物出版社，1989 年，第 120 页。

②［隋］萧吉：《五行大义》，刘国忠《〈五行大义〉研究》，沈阳：辽宁教育出版社，1999 年，第 152 页。

③④［东汉］王充：《论衡》，《诸子集成》第 9 册，长沙：岳麓书社，1996 年，第 42 页。

十二支，乾艮坤巽，共为二十四路是也。"Дx.01396+Дx.01404+Дx.01407
《阴阳宅经》残存的阴宅图有完整的乾艮坤巽表示四维。这都是采用八卦表
示方位的做法。

《周易》中的八卦本来是著筮记数用的卦画，后来才有卦的名称。因为
八卦不是专用于占方位的，所以八卦原本并没有方位的概念。乾卦有星占
辞，说："乾是北斗，天庭位于西北昆仑"，似乎牵涉到方位，但这一说法是
后人对《易传》作的解释，也并非经意中原本有的。

八卦表方位之说始于《易·说卦》，其第五章说："帝出乎震，齐乎巽，
相见乎离，致役乎坤，说言乎兑，战乎乾，劳乎坎，成言乎艮。万物出乎
震，震，东方也。齐乎巽，巽，东南也。齐也者，言万物之絜齐也。离也
者，明也，万物皆相见，南方之卦也。圣人南面而听天下，向明而治，盖取
诸此也。坤也者，地也，万物皆致养焉，故曰：致役乎坤。兑，正秋也，万
物之所说也，故曰：说言乎兑。战乎乾，乾，西北之卦也，言阴阳相薄也。
坎者，水也，正北方之卦也，劳卦也，万物之所归也，故曰：劳乎坎。艮，
东北之卦也，万物之所成，终而所成始也，故曰：成言乎艮。"①以八卦配四
时、八方，将一年分为八个季节，一个季节四十五天。所谓帝出乎震之帝，
指位于北极圈内的帝星。按岁差推算，帝星在北极圈内时，正是上古尧至周
时的天文现象，距今三千年左右；时至距今一千五百年左右的隋唐，则是天
枢星在北极圈内，现在是勾陈在北极圈内，再过五万年帝星又会回至北极圈
内。帝星是不动的，代帝星外出临制四方的是北斗，即所谓"斗为帝车，运
于中央，临制四乡，分阴阳，建四时，均五行，移节度，定诸纪。"②

后来《易纬·乾凿度》及郑玄注提出了八卦卦位排列，对《周易·说
卦》"帝出乎震"一章予以补充和发挥。《周易乾凿度》说："震生物于东方，
位在二月；巽散之于东南，位在四月；离长之于南方，位在五月；坤养之于

---

①吴兆基编译：《周易》，长春：时代文艺出版社，2001年，第276-277页。
②［西汉］司马迁：《史记》，北京：中华书局，1959年，第1291页。

南方，位在六月；兑收之于西方，位在八月；乾制之于西北方，位在十月；坎藏之于北方，位在十一月；艮终始之于东北方，位在十二月。八卦之气终，则四正四维分明，生长收藏之道备，阴阳之体定，神明之德通，而万物各以其类而成矣，皆易之所包。"①八卦各据自己方位，主持四时变化，周行一遍当三百六十日，每卦主四十五日。八卦方位又配以五常，震为仁，离为礼，兑为义，坎为信，中央为智。五行五方配五常，引申到了人事，便于方术占卜，却走向了神学目的论。

北宋邵雍倡先后天八卦方位图，《周易·说卦传》"帝出乎震"一节遂至转称为"后天八卦"或"文王八卦"，邵雍《观物外篇》说："起震终艮一节，明文王八卦也；天地定位一节明伏羲八卦也。"②又说："至哉，文王之作易也，其得天地之用乎？故乾坤交而为泰，坎离交而为既济也。乾生于子，坤生于午，坎终于寅，离终于申，以应天之时也。置乾于西北，退坤于西南，长子用事，而长女代母，坎离得位，兑震为隅，以应地之方也。王者之法，其尽于是矣。"③认为文王八卦为地道，是由先天八卦或者说伏羲八卦天道发展而来。后天八卦反映了万物春生、夏长、秋收、冬藏的规律。每周天 360 日有奇，后天八卦以顺时针方向排列，每卦各主 45 日，其转换点表现为四正四隅八节上。每卦三爻，八卦共二十四爻，主二十四节气。如仅中八节而言，则震主春分，离主夏至，兑主秋分，坎主冬至，乾主立冬，艮主立春，巽主立夏。

先天和后天八卦之说始于宋代易学，实际上，后天八卦比先天八卦要早，在汉后期就可以找到实例，所以，风水术中传习已久的主要是后天八卦说，宋代产生的先天八卦说只是作为一种理论构架的摆设而已。

---

① ［西汉］郑玄注：《周易乾凿度》卷上，文渊阁《四库全书》第 53 册，上海：上海古籍出版社，1989 年，第 867 页。

② ［北宋］张行成：《皇极经世观物外篇衍义》卷六、卷五，文渊阁《四库全书》第 804 册，上海：上海古籍出版社，1989 年，第 147 页。

③ ［北宋］张行成：《皇极经世观物外篇衍义》卷六、卷五，文渊阁《四库全书》第 804 册，上海：上海古籍出版社，1989 年，第 127 页。

东西南北四仲卦

东西南北四仲卦的布列与五行、五方、四季相关。震为木，木在东方，东方主春，所以震位于东方主春季。以此类推，则有离南方主夏、兑西方主秋、坎北方主冬。四仲蕴藏了万物春生、夏长、秋收、冬藏的规律，包含四季兴衰、消长、刑德的意义。与四维卦出入生死一样，都是事物发展的过程。

乾坤艮巽四门

五姓家宅图都标有乾坤艮巽四维，而"五姓阴阳宅图同看用之"之图还清楚地标明有"乾，天门""坤，人门""艮，风门""巽，鬼门"，关于四门的说法，现在可以看到较早的文献是易纬《乾坤凿度》，其"立乾坤巽艮四门"条曰：

乾为天门，圣人画乾为天门，万灵朝会众生成，其势高远，重三三而九，九为阳德之数，亦为天德，天德兼坤数之成也。成而后有九，《万形经》曰：天门辟，元气易始于乾也。

坤为人门，画坤为人门，万物蠢然俱受荫育，象以准此，坤能德厚迷远，含和万灵，资育人伦，人之法用万门起于地利，故曰人门。其德广厚，迷体无首，故名无疆。数生而六，六者，纯阴怀刚杀，德配在天，坤形无德，下从其上，故曰顺承者也。

巽为风门，亦为地户。圣人曰：乾坤成气风行，天地运动由风气成也。上阳下阴顺体入也。能入万物，成万物，扶天地，生散万物，风以性者，圣人居天地之间，性禀阴阳之道，风为性体，因风正圣人性焉。《万形经》曰：二阳一阴，无形道也。风之发泄由地出处，故曰地户。户者，牖户，通天地之元气。天地不通，万物不蕃。

艮为鬼冥门，上圣曰：一阳二阴，物之生于冥昧，气之起于幽蔽。《地形经》曰：山者，艮也。地土之余，积阳成体，石亦通气。万灵所止，起于冥门，言鬼其归也。众物归于艮，艮者，止也。止宿诸物，大齐而出，出后至于吕申。艮静如冥，暗不显其路。故曰鬼门。庖牺氏画四象，立四隅，以定群物发生门，而后立四正。四正者，定气一，日月出没二，阴阳交争三，天地德正四：已上四正八象中，四正于气也，正天地不差忒，定三万六千五百二十五分秒出没者，昏明一万一千一百一十一交争，一万八千一百六十二分秒，德正四象气满。①

说明四门各有讲究，意义深远。

五、建除与十二神的固定搭配

五姓人宅图在子丑寅等表方位的字下排列有建除十二辰和相应的十二神，这十二神与建除十二辰和十二地支有固定的搭配，其关系可列为下表3-7：

表3-7　五姓人宅图中的建除与十二神相配表

五姓 十二神	角姓人宅		徵姓人宅		宫姓人宅		商姓人宅		羽姓人宅	
寅	太一	危	功曹	定	传送	开	徵明	除	传送	开
卯	胜先	成	太冲	执	从魁	闭	神后	满	从魁	闭
辰	小吉	收	天罡	破	何魁	建	大吉	平	何魁	建
巳	传送	开	太一	危	徵明	除	功曹	定	徵明	除
午	[从]魁	闭	胜先	成	神后	满	太冲	执	神后	满
未	何魁	建	小吉	收	大吉	平	天罡	破	大吉	平
申	徵明	除	传送	开	功曹	定	太一	危	功曹	定
酉	神后	满	从魁	闭	太冲	执	胜先	成	太冲	执
戌	大吉	平	何魁	建	天罡	破	小吉	收	天罡	破
亥	功曹	定	徵明	除	太一	危	传送	开	太一	危
子	太冲	执	神后	满	胜先	成	从魁	闭	胜先	成
丑	天罡	破	大吉	平	小吉	收	河魁	建	小吉	收

注：本表主要根据 P.2615a 的 "五姓人宅图" 编制，其中宫姓人宅图所缺寅卯辰三辰所对应的建除十二神，据 P.2632v0 补充。

---

① [西汉] 郑玄注：《乾坤凿度》卷上，文渊阁《四库全书》第53册，上海：上海古籍出版社，1989年，第829，830页。

表3-7中所列建除十二辰，又称建除十二客，《史记·日者列传》中记有建除家，其十二辰是建、除、满、平、定、执、破、危、成、收、开、闭，取前二辰为名，称为建除。早在秦简中就已有建除的记载，[①]天水放马滩秦简《日书》甲种曰："正月：建寅，除卯，盈辰，平巳，定午，执未，彼申，危酉，成戌，收亥，开子，闭丑。"又曰"建日，良日矣，可为啬夫，可以祝词，可以畜六生。不可入黔首。除日，逃亡，不得。瘅疾，死。可以治啬夫，可以瘦言，君子除罪。盈日，可筑间牢，可入生，利筑宫室、为小啬夫。有疾，难疗。平日，可取妻、祝词、赐客，可以入黔首。作事吉。平旦生女，日出生男，凤食女，莫食男，日中女，日西中男。定日，可以臧、为府，可以祝词。昏则女，日下则男，日未入女，日入男，昏女，夜莫男，夜。执日，不可行，行远必执而于公。开日，逃亡，不得。可以言盗，盗必得。彼日，毋可以有为矣。虽利彼水。未中女，夜中男，夜过中女，鸡鸣男。危日，可以责人及执人、系人、外政。闭日，可以决池，入人奴妾。成日，可以谋事，可起众，及作有为矣。皆吉。收，可以民马牛畜生尽可，及人禾稼可以居处。"天水放马滩秦简《日书》甲种中，满作盈，破作彼，名称稍有点不同。《汉书·王莽传》曰："十一月壬子，直建冬至"，"以戊辰直定。"[②]即是用建除法。

建除十二辰与十二地支相配，各有所司，最初主要用于表示月建，《淮南子·天文训》曰："太阴所建，蛰虫首穴而处，鹊巢乡而为户。太阴在寅，朱鸟在卯，勾陈在子，玄武在戌，白虎在酉，苍龙在辰。寅为建，卯为除，辰为满，巳为平，主生。午为定，未为执，主陷。申为破，主衡。酉为危，主杓。戌为成，主少德。亥为收，主大德。子为开，主太岁。丑为闭，主太阴。"[③]与十二地支相配关系表如下：

---

① 何双全：《天水放马滩秦简编述》，《西北史研究》第二辑，2002年，第511页。
② ［东汉］班固：《汉书》，北京：中华书局，1962年，第4093–4095页。
③ ［汉］刘安：《淮南子注·天文训》卷三，《诸子集成》第8册，长沙：岳麓书社，1996年，第50页。

表 3-8

月份	寅	卯	辰	巳	午	未	申	酉	戌	亥	子	丑
建除	建	除	满	平	定	执	破	危	成	收	开	闭

表 3-8 中所列十二神与六壬十二神有关。十二神的名称多与北斗有关。[1]北宋沈括作过详明的解释，他说：

六壬天十二辰之名，古人释其义曰："正月阳气始建，呼召万物，故曰徵明。二月物生根魁，故曰天魁。三月公叶从根而生。故曰从魁。四月阳极无所传，故曰传送。五月草木茂盛，逾于初生，故曰胜先。六月万物小盛，故曰小吉。七月百谷成实，自能任持，故曰太一。八月枝条坚刚，故曰天罡。九月木可为枝干，故曰太冲。十月万物登成，可以会计，故曰功曹。十一月月建在子，君復其位，故曰大吉。十二月为酒醴，以报百神，故曰神后。"此说极无稽。

据义理，余按：徵明者，正月三阳始兆于地上，见龙在田，天下文明，故曰徵明。天魁者，斗魁第一星也，斗魁第一星抵于戌，故曰天魁。从魁者，斗魁第二星也，斗魁第二星抵于酉，故曰从魁。斗杓一星建方，斗魁二星建方，一星抵戌，一星抵酉。传送者，四月阳极将退，一阴欲生，故传阴而送阳也。小吉，夏至之气，大往小来，小人道长，小人之吉也，故为婚姻、酒食之事。胜先者，王者向明而治，万物相见乎此，莫胜莫先焉。太一者，太微垣所在，太一所居也。天罡者，斗刚之所建也。斗杓谓之刚，苍龙第一星亦谓之刚，与斗刚相直。太冲者，日月五星所出之门户，天之冲也。功曹者，十月岁功成而会计也。大吉者，冬至之气，小往大来，君子道长，大人之吉也，故主文武大臣之

---

①李零：《中国方术考》，北京：东方出版社，2001 年，第 123-125 页。

事。十二月子位，并方之中，上帝所居也。神后，帝君之称也。天十二辰也，故皆以天事名之。①

这六壬十二神又称十二神、十二月将，是指六壬占术中的十二支神。《六壬大全·十二神释》云：一、登明，亥，正月将；二、河魁，戌，二月将；三、从魁，酉，三月将；四、传送，甲，四月将；五、小吉，未，五月将；六，胜光，午，六月将；七、太乙，巳，七月将；八、天罡，辰，八月将；九、大冲，卯，九月将；十、功曹，寅；十月将；十一、大吉，丑，十一月将；十二、神后，子，十二月将。②出土的汉魏六朝的六壬式盘的天盘中正有这六壬十二月将（见本节附图）。

建除十二辰在五姓人宅图中的排列是遵循一定规律的，这个规律就是"五音建除法"，敦煌卷子 S.0612v 载有"五音建除法表"，③现转录如下（表3-9）：

表 3-9　S.0612v 五音建除法表

	平	定	执	破	危	成	收	开	闭	建	除	满
宫姓	六	七	八	九	十	十一	十二	正	二	三	四	五
商姓	三	四	五	六	七	八	九	十	十一	十二	正	二
角姓	九	十	十一	十二	正	二	三	四	五	六	七	八
徵姓	十二	正	二	三	四	五	六	七	八	九	十	十一
羽姓	六	七	八	九	十	十一	十二	正	二	三	四	五

注：表中所列正、二、三等表示月份，意指建除十二神在五姓一年十二月中的分布。五姓人宅图中的建筑月份的排列就是按照这一规律编排的。

在五姓家宅图中，子丑寅等方位上也有相对应十二神，这十二神与十二

① ［北宋］沈括：《梦溪笔谈》，北京：团结出版社，1996年，第72页。
② 《六壬大全》，文渊阁《四库全书》第808册，上海：上海古籍出版社，1989年，第500页。
③ 王爱和：《敦煌占卜文书研究》，兰州大学博士研究生论文，2003年。

地支也组成相应的固定的搭配关系（表 3-10）：

表 3-10　五姓家宅图中的十二神

	寅	卯	辰	巳	午	未	申	酉	戌	亥	子	丑
角姓	白虎	天牢	勾陈	司命	青龙	朱雀	明堂	刑上	金匮	大德	玉堂	玄武
徵姓	金匮	大德	玉堂	玄武	白虎	天牢	勾陈	司命	青龙	朱雀	明堂	刑上
宫姓	勾陈	司命	青龙	朱雀	明堂	刑上	金匮	大德	玉堂	玄武	白虎	天牢
商姓	白虎	天牢	勾陈	司命	青龙	朱雀	明堂	刑上	金匮	大德	玉堂	玄武
羽姓	玉堂	玄武	白虎	天牢	勾陈	司命	青龙	朱雀	明堂	刑上	金匮	大德

注：本表主要根据 P.2615a 的"五姓家宅图"编制，其中宫姓家宅图所缺辰方所对应的青龙神，据 P.2632v0 补充。

据陈于柱研究，表中所列十二神就是黄黑道十二神。[1]关于这十二神的名义，《协纪辩方书》卷七《义例五·黄道、黑道》引曹震圭曰：

"此天黄道也。盖天者，万物之主；黄者，中央之色；道者，乃天皇居九重之内，出入所履之道也。故名曰天黄道。其神逐年、月、日，各有所主。《易传》云：乾为天，为君，为父。是天皇之位也，主御群灵，司万物生死，故曰司命。亦能掌握万物，故又名曰天符，今皆作天府。此乾卦之主也。初行其道起于戌，是乾之世爻纳甲也。其对冲巽宫为明堂，是天皇治事之宫也。圣人南面而听天下，故以巽为明堂，又名曰执储。是天皇所操执以除暴虐也，故曰齐乎巽。初行其道起于丑，是巽之初爻纳甲也。其明堂之左有青龙，宰相之象，是震宫也，震为雷，为龙，故曰青龙，又名曰雷公。初行其道起于子，是震之初爻纳甲也。其明堂之

---

①陈于柱：《敦煌写本宅经研究》，兰州大学硕士研究生论文，2003 年。

前有朱雀，是离宫也，又曰飞流。故离为火，朱雀，飞流之象。初行其道起于卯，是离卦初爻纳甲也。其明堂之右有白虎，将军之象。又曰天棒，是天皇之先驱也。又曰天马，是天皇之所乘也。初行其道起于午，是震卦外体之纳甲也。谓震为大臣之象，向外则为将军也。其天皇之右有玉堂，是天皇寝安之宫，天后之位是坤宫也。又曰天玉，是天皇宠爱之所。初行其道起于未，是坤之初爻纳甲也。天皇之左有金匮，是宝藏之府库，艮之位也。又曰天宝。初行其道起于辰，是艮卦初爻纳甲也。天皇右旁有天德兑也，是天皇施仁布德、喜乐之宫。又曰天对，是天皇纳谏、听政、论道经邦之所。初行其道起于巳，是兑之初爻纳甲也。天左旁有天刑坎也，劳卦也，是掌刑罚之所。又曰蚩尤，蚩尤者，虐民之神。初行其道起于寅，坎之初爻纳甲也。白虎、天棒之后有天牢，又曰天狱，是囚禁之所也。配之朱雀、明堂之间，盖使刑禁明而无私也。初行其道起于申，是坎之外体纳甲也。故云劳乎坎也。天皇、天牢之间有玄武，又曰阴私，是邪妄之臣。故论正道必有谗言，举正直则邪妄亦进，《易》卦爻辞半君子半小人，则天下之道然也。初行其道起于酉，是离卦外体纳甲也。故离为朱雀飞流，皆小人之辈也。中宫之位有勾陈，是天皇嫔妃之位，天帝之所居也。初行其道起于亥，是乾宫之阴辰、兑宫之外体纳甲也。盖兑者说也，是天皇喜悦之宫也，故用配马。又曰：青龙即雷公，明堂即执储，金匮即天宝，天德即天对，玉堂即天玉，司命即天府，天刑即蚩尤，朱雀即飞流，白虎即天棒，天牢即天岳，玄武即阴私，土勃即勾陈。"[1]

根据曹震圭所论，黄黑道十二神有几套名称，各神有不同的功用，可以列表 3-11 如下：

---

①[清]梅毂成等：《协纪辩方书》，李零主编：《中国方术概观》选择卷上册，北京：人民中国出版社，1993 年，第 252 页。

表 3-11　黄黑道十二神表

黄黑道十二神 黄道	黑道	别名	八卦	位置与功用	起始日或方	纳甲
司命		天符 天府	乾	天皇之正位。 御群灵，司万物生死；掌握万物。	戌	乾之世爻纳甲
明堂		执储	巽	天皇治事之宫。 天皇所操执以除暴虐。	丑	巽之初爻纳甲
青龙		雷公	震	宰相之象	子	震之初爻纳甲
	朱雀	飞流	离	飞流之象	卯	离卦初爻纳甲也
	白虎	天棒 天马		将军之象，大臣之象，向外则为将军。 天皇之先驱， 天皇之所乘。	午	震卦外体之纳甲
玉堂		天玉	坤	天皇寝安之宫，天皇宠爱之所	未	坤之初爻纳甲
金匮		天宝	艮	宝藏之府库。	辰	艮卦初爻纳甲
天德		天对	兑	天皇施仁布德、喜乐之宫，天皇纳谏、听政、论道经邦之所。	巳	兑之初爻纳甲
	天刑	蚩尤	坎	虐民之神，掌刑罚之所。	寅	坎之初爻纳甲
	天牢	天狱 天岳		囚禁之所。 使刑禁明而无私。	申	坎之外体纳甲
	玄武	阴私		邪妄之臣，小人之辈。 举正直则邪妄亦进。	酉	离卦外体纳甲
	勾陈	土勃	中宫	天皇嫔妃之位，天皇喜悦之宫。 天帝之所居。	亥	乾宫之阴辰、兑宫之外体纳甲

　　关于黄黑道十二神的功用，《协纪辩方书》卷七《义例五·黄道、黑道》引《神枢经》曰："青龙、明堂、金匮、天德、玉堂、司命，皆月内天黄道之神也。所值之日皆宜兴众务，不避太岁、将军、月刑，一切凶恶自然避之。天刑、朱雀、白虎、天牢、玄武、勾陈者，月中黑道也。所理之方、所值之日皆不可兴土功、营室舍、移徙、远行、嫁娶、出军。"①就是说，每月中，青龙、明堂、金匮、天德、玉堂、司命所值之日为所谓的黄道吉日。古

---

　　①[清]梅瑴成等:《协纪辩方书》，李零主编:《中国方术概观》选择卷上册，北京: 人民中国出版社，1993 年，第 252 页。

人还为选择黄黑道十二神编有歌诀，敦煌文书 P.3803 咏黑黄道诀说："合神用加月建时，酉下青龙卯下离，神后所言朱雀位，胜先玄武得无疑，徵明本自天形墨，传道勾陈恨无欺，此个六神为黑道，犯之殃祸不轻微。""魁下明堂对玉堂，小吉金柜对金囊，功曹本言为大德，太一天牢是吉昌，此之相配对黄道，万般凶祸不为殃。凡欲出军并嫁娶，或为修造或迁移，但承黄道皆福利，不避将军及岁支。"

六、五姓人宅图建宅修舍十二月和十二方修造宜忌

五姓人宅图的第四层主要规定五姓人在一年十二个月中的修宅立舍的宜忌，和作舍立宅方位的宜忌，这里分别列出五姓人宅图建宅修舍十二月宜忌表 3-12 和十二方修造宜忌表 3-13。

表 3-12　五姓人宅图十二月修造吉凶表

	宫姓	商姓	角姓	徵姓	羽姓
正月	A.正月作舍，害〔五〕人坐死，大凶。B.正月作舍，五人死，大凶，慎之，贫。	A.正月作舍，少子孙，害六畜。B.正月作舍，少子孙，伤财，害六畜。	A.正月作舍，官事，危，凶。C.正月作舍，官事，丧，凶。	正月作舍，宜子孙，大富贵。	正月作舍，十年内妨家长。
二月	二月作舍，三年内有死亡。	A.二月作舍，三年内有死，克财。B.二月作舍，五年内有死亡，克财。	A.二月作舍，灭门，凶衰。C.二月作舍，灭门，衰，厄。	二月作舍，宜父母，富贵，大吉。	二月作舍，三年内灭门。
三月	A.三月作舍，妨家长，灭门。B.三月作舍，妨家长，大绗绝灭。	A.三月作舍，宜子孙，富贵，得田宅，后贫或吉，益口廿人。B.三月作舍，宜子孙，大富贵，得田宅，益口卅人。	A.三月作舍，小（少）子孙。C.三月作舍，出不吉。	三月作舍，妨父母，凶。	A.三月作舍，三年内有死亡。B.三月作舍，年有死亡。
四月	四月作舍，宜子孙，富贵，五人益（益口五人）。	四月作舍，嫁妨家〔长〕，大凶。	四月作舍，大吉，富贵。	四月作舍，伤家长及母子。	四月作舍，大吉，宜子孙，出孤寡。

续表

	宫姓	商姓	角姓	徵姓	羽姓
五月	五月作舍，大吉，宜六畜，多子孙。	五月作舍，五年内灭门，大凶。	五月作［舍］，大富，资千万。	三、五月作［舍］，妨父母。	A.五月作舍，人死，凶。 B.五月作舍，害人，大凶。
六月	六月作舍，妨家［长］及母、财物，凶。	六月作舍，绝嗣，大凶。	六月作舍，大凶，绝灭。	六月作舍，宜子孙，富贵，吉利。	A.六月作舍，大富贵。 B.六月作舍，官事，庶母。
七月	A.七月作舍，妨家长，三年后衰，先富后贫。 B.七月作舍，妨家长，三年内衰，先富后贫。	A.七月作舍，子孙不利。 B.七月作舍，煞小子，不利平平，先吉后凶，值财。	七月作舍，少子孙，官事，凶。	A.七月作舍，贫穷，一人坐。 C.七月作舍，三人坐去。	七月作［舍］，大富贵，宜田宅，多子孙。
八月	八月作舍，八年后死，先富后贫，吉凶不定。	A.八月作［舍］，六年内煞三人，先贫后富，卅［年］吉。 B.八月作舍，六年内煞三人，常贫。	八月作舍，有祸刑人，大凶。	八月作舍，不利，凶，源之。	B.八月作舍，害三人。
九月	九月作舍，口舌，多疾病。	A.九月作舍，妨父母。 B.九月作舍，妨父母，大凶，先贫后富，廿年吉。	九月作舍，小吉，宜子孙，富贵。	九月作舍，不利，失火，穷。	九月作舍，官事，凶。
十月	十月作舍，大富贵，子孙吉。	十月作舍，宜子孙，富。	A.正（十）月作舍，少子孙，不吉，大凶。 C.十月作舍，子孙不利，凶。	七（十）月作舍，五人坐。	十月作舍，不利，凶。
十一月	十一月作舍，多死亡。	十一月作舍，大富，出贵子，得田宅。	十一月作舍，宜子孙，吉利。	十一月作舍，官事。	十一月作舍，亦凶，不吉。
十二月	十二月作舍，妨家长，煞三人，凶，不吉宜（利）。	十二月作舍，三年出三丧，大凶。	十二月作舍，复中子，三年衰。	十二月作，宜子孙。	十二月作舍，有死亡不绝。

注：本表主要据 P.2615a 录出，其他文书凡有与 P.2615a 占辞不同或 P.2615a 缺者，分别以 A、B、C 标出，A 为 P.2615a，B 为 P.2632v0，C 为 P.2962v。而 P.2615a 占辞完整，其他文书占辞不全者，不一一列出。

表3-13 五姓人宅图十二方修造宜忌表

	宫姓	商姓	角姓	徵姓	羽姓
寅	A.从立寅，三年后出亡丧，绝灭门，凶。 B.从立寅，三年后出三丧，绝灭。	从立寅，先富后贫，或吉或凶，三年害家长，失火，凶。	A.从立寅，煞家人，孤寡、官事、口舌、危。 C.从立寅，煞一人，孤寡、官事、厄。	A.从立寅，得田宅，富贵足财，八年后衰。从寅卯，吉。	从立寅，大富贵，[资财]千万，益上（口）卅人，出贤。七年小衰，衰[后]还吉。
卯	A.从立卯，三年内大凶，失火，多死家长。 B.从立卯，三年内大凶，至失火，大凶亡，妨家长。	从立卯，煞家长，后子孙克财，多口舌，六年后失火，出孙（孤）寡，八年不可居，移，吉善。	A.从立卯，先富五十年，六十年后衰。 C.从立卯，先富后贫，二年。	A.从立卯，宜富贵。田宅千万倍，食口廿五人，廿年后小衰。 B.从立卯，富贵，田宅千万倍，食口廿五人，六年后小衰。 C.从立卯，大富贵，宜子孙。	从立卯，大富贵，得田宅，益口卅人，出长史，九十年后更大富贵。
辰	从立辰，三年内出三丧，大凶，子孙死，灭门，财物立尽，大死亡，宜移出吉。	A.从辰立（立辰），宜子孙，大富贵，得横财千万金，[益]口卅人，卅[年]后贫，还после（后还）吉，初三年五年七十年不遭横事。 B.从立辰，宜子孙，大富贵，得散财三万，益口卅人，卅年后贫，后还吉。	从立辰，大富贵，资财千万，卌年后衰。	A.从立辰，大凶，煞一人，三年后衰，死亡，十三年绝灭，凶。 B.从立辰，大凶，煞一人，三年后衰亡死，十二年绝灭。	A.从[立]辰，大凶，灭门，四年内煞家母，十一年破散。 B.从立辰，大凶，灭门，四年内贫家，卅一年内，破尽。
巳	A.从立巳，大富贵，宜子孙，田宅资千万，食口卅人，[卅]五年大富，六[十]年小衰，衰后还吉。	A.从立巳，三年煞家长子，六年内出孙（孤）寡，大凶。	A.从立巳，大富，资财千万，宜六畜，六年后衰。	从立巳，大富贵，资财千万，卌年后衰，六十年破后还吉，东家凶。	从立巳，出孤寡，多病，凶。
	B.从立巳，大富贵，宜田宅，资财千万，益口卅人，卅五年大富，六十年舍衰，衰后还吉。	B.从立巳，三年内煞长子，三年出孤寡夫。	C.从立巳，大富贵，宜六畜，合得官，六年后衰		

续表

	宫姓	商姓	角姓	徵姓	羽姓
午	B.从立午，大富贵，宜田宅，资财千万，益口七十人，九十年大富，衰后还吉。	从立午，绝灭，死亡，大凶，不利。二年煞母，六年害子孙。	从立午，大富贵，资财千万，食口廿人，廿年后出刑人，官事，破南家，凶。	从立午，不利，三年后衰，出丧亡，不宜田苗，六年不可居。	A.从立午，妨长子，绝嗣，不利田宅。B.从立午，妨长子，绝后。不宜田宅，煞六畜，凶。
未	A.从立未，大富贵，资财千万，食口七十人。九十年大富贵，益口五十人，害四家，出刑家，凶。B.从立未，大富贵，资财千万，益口五十人，害西北家，后出孤寡。	从立未，先富后贫，其年妨家长。二年、七年后破，凶。	C.从立未，灭门大凶，□年后破家，男女刑人狱，妇人犯法。死亡不止，大凶。	从立未，大富贵卅［年］，吉。家出将军，破南家，即至大吉，后兴盛。	A.［从立未，宜田宅］，资财千万，益口廿人，出长史，［生］贵子，八年小衰，后还吉。B.从立未，宜田宅，资财千万，益口廿人，出长史，生贵子，六年后小衰，后还吉。
坤		B.从立坤，大富贵，宜子孙，世世吉。			
申	A.从［立］申，大富贵，四年后得田宅，卅年后出二千石，大吉，后衰。B.从立申，大富，四年后得田宅，卅年大富，富后还出［二千石］。	A.从立平（申），贵富不定，出灭（贼）人，凶，小绝，三十［年］大败。B.从立申，平平，贫富不定，宜人，出贼人，凶。	从立申，二年后亡财，煞五人死，官刑，兵死，凶。	从立申，六年后衰，出刑人，兵死；十二年后更。	A.从立申，大富贵，资财五百万，益口卅人，出长史、二千石，破西家，南家失火。B.从立申，得四宅，大富贵，资财五百万，益口卅人，［出］长史、二千石，破西家，南家失火。

续表

	宫姓	商姓	角姓	徵姓	羽姓
西	A.从立酉，得二千石，富贵，田宅，益口七人。 B.从立酉，吉，生贵子，出二千石，得田宅，益口七十人。	A.从立酉，子孙贫穷，多口舌为可，财衰，大凶。 B.从立酉，子孙不利，贫穷，多口舌、官事，财衰，凶。	从立酉，出刑人，多死亡，大凶。三年后衰。	A.从立酉，不利，三年出孤寡，妇女多死，不宜田种，六畜死亡。 C.从立酉，不利三年，田蚕不利，凶。	A.从立酉，大富贵，宜田宅，资才（财）五百万，益口卅（卅）人，出长史、二千石，益口，九十年更盖（改），破西家，主人吉。 B.从立酉，大富贵，[宜]田宅，资财五百万，益口卅（卅）人，出长史、二千石，九[十]年长益（更改），破西家，生贵人，吉。
戌	从立戌，六年内小衰，五年妨中（子）母，有死亡，后还吉利。	从立戌，先富贵平平，吉也。廿年后衰败，破西北家，一云大富贵，宜田蚕，资财千万。	从立戌，大富贵资财千万，六年后衰，后还贵吉，破西家，凶。	从立戌，灭门凶，不出年必家破，失火，狱讼，凶。	A.从立戌，三年出孤寡，九年内出五丧，不宜财，六畜死亡，凶。 B.从立戌，三年出孤寡，九[年]内出五丧，不宜财，官事当死，大凶。
亥	A.取（从立）亥，三年内煞六畜，六年后出孤寡。 B.从立亥，三年内煞六畜，六年后出孤寡，贫。	A.从立亥，大富贵，得田宅，生贵子，益口卅人，九十年吉。后破北三家，主人吉，出孝子。 B.从立亥，大富，得田宅，生[贵]子，益口卅人，九年吉后衰，破北家二十一人，大吉。	A.从立亥，富贵，资财千万倍卅年。 C.从立亥，富贵，三年十六。	从立亥，二（不）利，贫穷，二年出三口舌，失火，凶。	从[立]亥，不利，六年内孤寡、家子刑狱之厄。

续表

	宫姓	商姓	角姓	徵姓	羽姓
子	A.从立子，三年煞家长、小子，妇女死。 B.从立子，三年内煞家长、少子，女妇死，男子兵亡。	从立午（子），大富贵，出贵子，出三（二）千石，资财千万，益口卅人，九十年小衰，破北家，主人吉，宜田宅，出令长。	A.从立子，大富贵，资财千万倍，卅年破北家，三年有官事，当家食口卅人。 C.从立子，大富贵，财千万，食卅人。[卅]破北家，二[年]有官事。	A.从立子，六年失火，兵死凶。 C.从立子，六年火灾，灭门。	A.从立子，不利，六年出孤寡、死亡，十二年后小吉。 B.从立子，不利，六年出孤寡，死破。三年内移小吉。
丑	从立丑，大富贵，[宜]田种，六年后衰，后还吉。贤人，害东北家，刑伤不可居，总宜移，吉。	A.从立丑，不出三年破家，绝绝凶，煞人。 B.从立丑，不出三年破家，灭门。	从立丑，先富后贫，凶。阙讼，家害长（害家长），不利。六畜衰，破东北家，凶。	从立丑，大富贵，得田宅，资财千万，食口卅人，卅年后衰，又后且吉。	从立丑，祸（先）富后贫，出不孝子，六年女妇死及失火，凶。
		A.从立艮，平，先富后贫，其年妨家长，五年大吉，贵。 B.从立艮，平平，先富后贫，其年破家长，五年后还吉也。	A.从立艮，先富后贫，三年妨家长，七年后即贵。 C.从立寅（艮），先富后贫，三年妨家长，七年后衰，凶。	A.从立艮，大吉，宜富，资财盈益，大吉。 C.从立艮，大富贵，资财千万，大吉。	A.从立艮，大凶，平平，先富后贫衰，不可居之，凶。 B.从立艮，大凶。平平，先富五年后衰，不可居，凶。

注：[1]本表主要据 P.2615a 录出，其他文书凡有与 P.2615a 占辞不同或 P.2615a 缺者，分别以 A、B、C 标出，A 为 P.2615a，B 为 P.2632v0，C 为 P.2962v。而 P.2615a 占辞完整，其他文书占辞不全者，不一一列出。[2]在图中的标示中，十二方实际上是十三方，即寅、卯、辰、巳、午、未、申、酉、戌、亥、子、丑，加上艮方（五姓中只有宫姓没有艮方的占辞），P.2632v0 的商姓还特别有坤方，若加上坤方，即为十四方。

敦煌占卜文书 S.0612 有"推修造月法"，其文曰："宫家四月、五月、七月大吉，八月、十一月小吉。商家三月、七月、十一月大吉，四月、十月小吉。角家四月、五月、七月大吉，三月、十一月小吉。徵家正月、五月、六月大吉，四月、七月小吉。羽家正月、七月、八月大吉，五月、十一月小吉。"若与 P.2615a 所载十二月修造吉凶相比，宫姓四、五月为大吉月相同，七月不应为大吉月。商姓大吉月中三、十一月相同，七月则不为大吉月；十月为小吉月，两者相同；四月则各异。角姓四、五月为大吉月，两者相同；七月不为大吉月；十一月为小吉月，两者相同；但三月不为小吉月，而 P.2615a 增九月为小吉月。徵姓正月为大吉月两者相同，五、六月则不是大吉月；但 P.2615a 规定二月为大吉月；小吉月的规定各不相，P.2615a 规定六、十二月为小吉。羽姓 P.2615a 规定四、七为大吉，六月吉凶，两说不同。这些相异之处说明敦煌占卜文书 S.0612 与 P.2615a 等写本宅经虽同用五姓法，但占断法各有不同，没有统一。

五姓家宅图也有五姓十二月修治宜忌（表 3-14）：

表 3-14　五姓家宅图十二月修治方表

修治月	角姓	徵姓	宫姓	商姓	羽姓
甲	正月修	六月修	十一月修	二月修	十月修
乙	六月修	十二月修	六月修	七月修	六月修
丙	九月修	九月修	（缺）	十月修	正月修
丁	七月修	正月修	九月修	九月修	九月修
庚	四月修	四月修	（缺）	四月修	四月修
辛	二月修	十一月修	二月修	（缺）	十二月修
壬	三月修	七月修	三月修	七月修	八月修
癸	十一月修	三月修	七月修	三月修	七月修

注：本表主要根据 P.2615a 的 "五姓家宅图" 编制，其中角姓家宅图所缺癸方，据 P.2962v "十一月修吉" 补。

五姓人宅图所追求的是对时日、方位的选择，其吉凶的判定与建除、六壬十二神在各姓图式中的位置和相应的地支有关，王充《论衡·难岁篇》云："或上十二神，登明、从魁之辈，工伎家谓之皆天神也。常立子、丑之位，俱有冲抵之气，神虽不若太岁，宜有微败。"[1]登明、从魁正是我们在五姓人宅图中所见的十二神；依王充之言，当它们分布于子、丑等十二位上时，因"俱有冲抵之气"而"有微败"。十二神立子丑之位应该是动态的，正如所见到汉魏时期的六壬占盘中天盘上标示的十二神一样（见后附图），《汉书·艺文志》曾提到有《转位十二神》二十五卷，将其归入五行部下；李零认为"转位十二神"疑即六壬式所谓十二神，[①]是有道理的。《汉书·艺文志》所提到的《转位十二神》应是敦煌写卷 S.0612"推五音建除法"的祖本，王充所言之十二神具有的征败功能也应在其转位中实现。

《资治通鉴》唐德宗建中元年（780 年）条载："九月，壬午，将作奏宣政殿廊坏，十月魁冈，未可修。上曰：'但不妨公害人，则吉矣。安问时日！'即命修之。"胡三省注曰："阴阳家拘忌，有天冈、河魁。凡魁冈之月及所系之地，忌修造。"[②]《重校正地理新书》卷十"论魁刚同旬立成法"列有大祸、灭门简表。关于大祸、灭门日的排列，该书规定："推魁罡六壬式，阳岁月以大吉、阴岁月以小吉加岁月建，天刚前三辰为大祸，后三辰为灭门，皆须合枝干而言之。在一旬之内，即是灭其旬者，为单枝，不能为咎。假令太岁在甲子，是阳岁，以大吉加岁建，天刚临二月，二月建丁卯；河魁临八月，八月建癸酉；此同在甲子旬，用之大凶，天刚主死亡，河魁主贼盗，主人年命在魁刚下者不可临丧。又假令太岁在乙丑，是阴岁，以小吉加岁建，河魁临三月，三月建庚辰；天刚临九月，九月建丙戌；此即不同甲子旬，是名单枝不能为咎。"[③]所谓"大祸、灭门日"，就是六壬式盘十二月将中的大凶煞天罡、河魁所加临（前三辰、后三辰）的日子。《重校正地理新书》中的大祸、灭门日是说丧葬，但其说魁冈之日、魁冈之方位，其理相同。古代的历法书对魁冈都有标示，以示不可触犯。敦煌卷子 P.3284v［唐咸通五年甲申岁（864 年）具注历日］就标明："三月大，建戊辰。天道北

---

①　李零：《中国方术考》，北京：东方出版社，2001 年，第 113 页。

②　［北宋］司马光：《资治通鉴》，北京：中华书局，1956 年，第 7289 页。

③　［宋］王洙等编撰、［金］张谦重校：《重校正地理新书》，载《续修四库全书》第 1054 册，上海：上海古籍出版社，1997 年，第 72 页。

行，宜修北方。……天罡未，河魁在（丑）。"① "天罡未，河魁在（丑）"
应指（三月）在未方和丑方。敦煌写本 P.2623 后周显德六年己未岁（959
年）具注历日序曰："今年三月天罡，九月河魁。魁、罡者切须禁忌修造。
若固（故）犯违者，国及家大凶。"②

五姓人宅图中除魁罡以外的十神所临之月和所系之地的宜忌则不像魁罡
那样确定。这不仅与建除十二辰、六壬十二神自身的吉凶有关，而且可能与
五姓人所属之五行，以及建除十二神与所临之月、所临之地的十二地支间的
刑克冲化有关系。清人梅毂成等撰《协纪辨方书》在"建除十二神"（此指
建除十二客）下加按语说："自建至闭十二神，其辰皆由建改而递更，古今
论说纷纭，吉凶不一。夫止以建除论吉凶，未甚彰显著明也，此建则彼除，
十二辰自然轮转耳。迨夫参以万事，错以二气、五行，然后吉凶生焉。"

由此可见，五姓人宅图是以古人象征宇宙模式的占盘中的天盘为时空坐
标，为五姓人修宅造舍选择最佳的时间和最佳的方位。择时择地的判断依建
除十二客、六壬十二神在时空的分布而定。

五姓家宅图中突出十二神在居宅中的方位，与中国传统的宅神禁忌有一
定的联系。王充《论衡·解除篇》说：

> 世信祭祀，谓祭祀必有福。又然解除，谓解除必去凶。解除初礼，
> 先设祭祀。比夫祭祀，若生人相宾客矣。先为宾客设膳，食已，驱以刃
> 杖；鬼神如有知，必恚止战，不肯径去；若怀恨，反而为祸；如无所知，
> 不能为凶，解之无益，不解无损。且人谓鬼神何如状哉？如谓鬼有形象，
> 形象生人；生人怀恨，必将害人。如无形象，与烟云同，驱逐云烟，亦
> 不能除。形既不可知，心亦不可图。鬼神集止人宅，欲何求乎？如势欲
> 杀人，当驱逐之时，避人隐匿；驱逐之止，则复还立故处。如不欲杀人，

①邓文宽：《敦煌天文历法文献辑校》，南京：江苏古籍出版社，1996 年，第 184 页。
②邓文宽：《敦煌天文历法文献辑校》，南京：江苏古籍出版社，1996 年，第 507 页。

寄托人家，虽不驱逐，亦不为害。贵人之出也，万民并观，填街满巷，争进在前。士卒驱之，则走而却，士卒还去，即复其处；士卒立守，终日不离，仅能禁止。何则？欲在于观，不为壹驱还也。使鬼神与生人同，有欲于宅中，犹万民有欲于观也；士卒驱逐，不久立守，则观者不却也。然则驱逐鬼者，不极一岁，鬼神不去。今驱逐之，终食之间，则舍之矣。舍之鬼复还来，何以禁之？[①]

综合五姓人宅图和五姓家宅图，我们可以看出，五姓人宅图排列的是六壬十二神／月将，五姓家宅图排列的是黄黑道十二神，五姓人宅图只列有亥壬子癸等二十个方位，五姓家宅图则在二十个方位的基础上增加了乾艮巽坤四维的标示。若与汉魏时期的六壬式占盘（其占盘示意图 3–12，图 3–13，图 3–14，图 3–15，图 3–16 附在文后）相比较的话，我们可以看出，五姓人宅图是用汉魏时期占盘中的天盘，五姓家宅图则是用汉魏时期占盘中的地盘。五姓人宅图是用六壬十二神占示，五姓家宅图是用黄黑道十二神占示。五姓人宅图中五姓十二月修造吉凶也是依据六壬十二神／月将占断的，而五姓家宅图中的十二月修方则是依据黄黑道十二神来占断宜忌。因此，我们也应该将五姓人宅图和五姓家宅图结合起来相对照进行研究，才更能显示两者既有各自侧重点的不同，又存在着占断吉凶方面的相互倚重的关系。

---

① ［东汉］王充：《论衡》，《诸子集成》第 9 册，长沙：岳麓书社，1996 年，第 219 页。

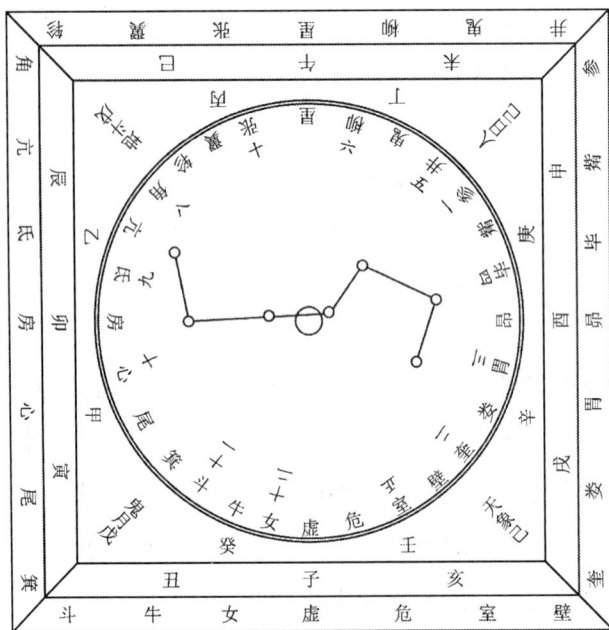

图 3-12 西汉髹漆木胎六壬式盘

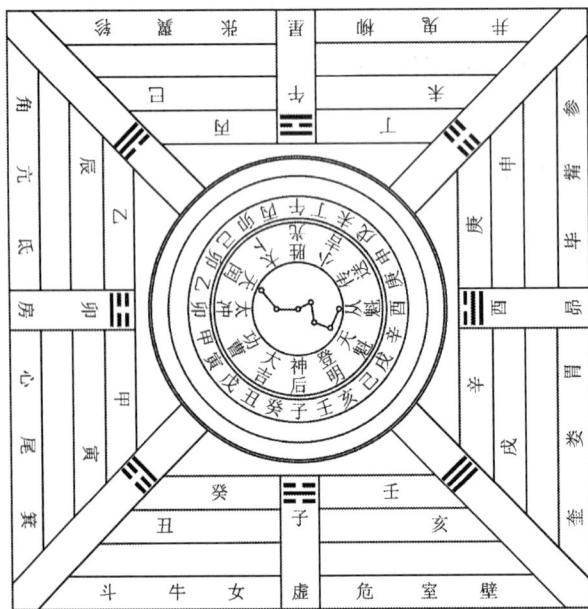

图 3-13 东汉木制六壬式盘（王盱墓出土）

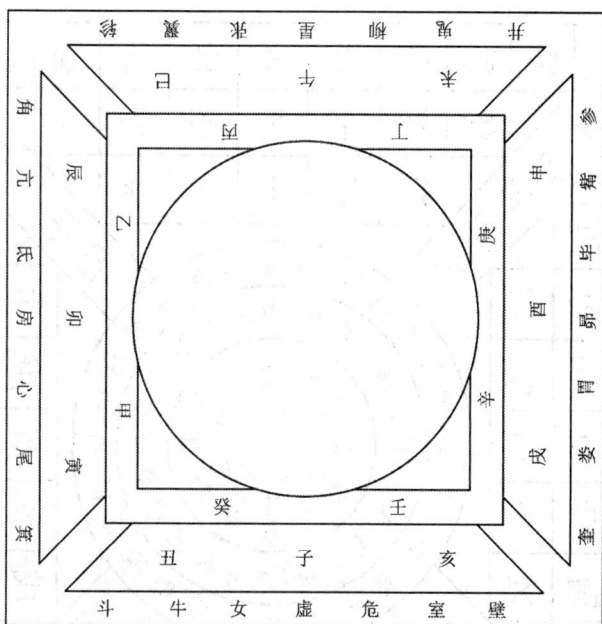

图 3-14 东汉铜制六壬式地盘

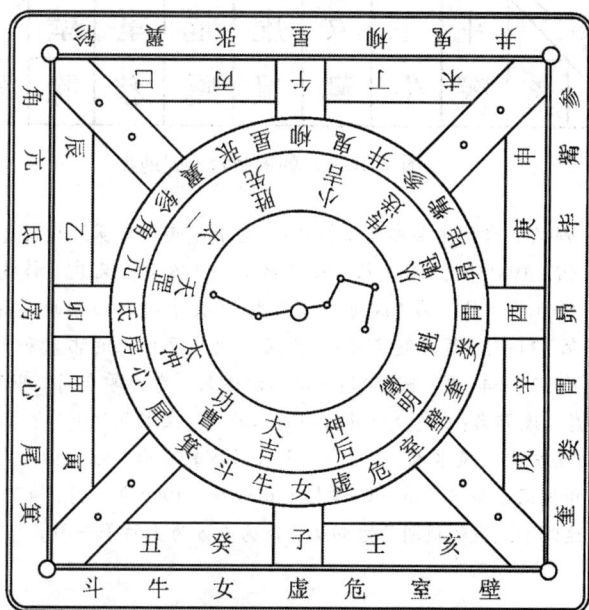

图 3-15 东汉髹漆木胎六壬式盘

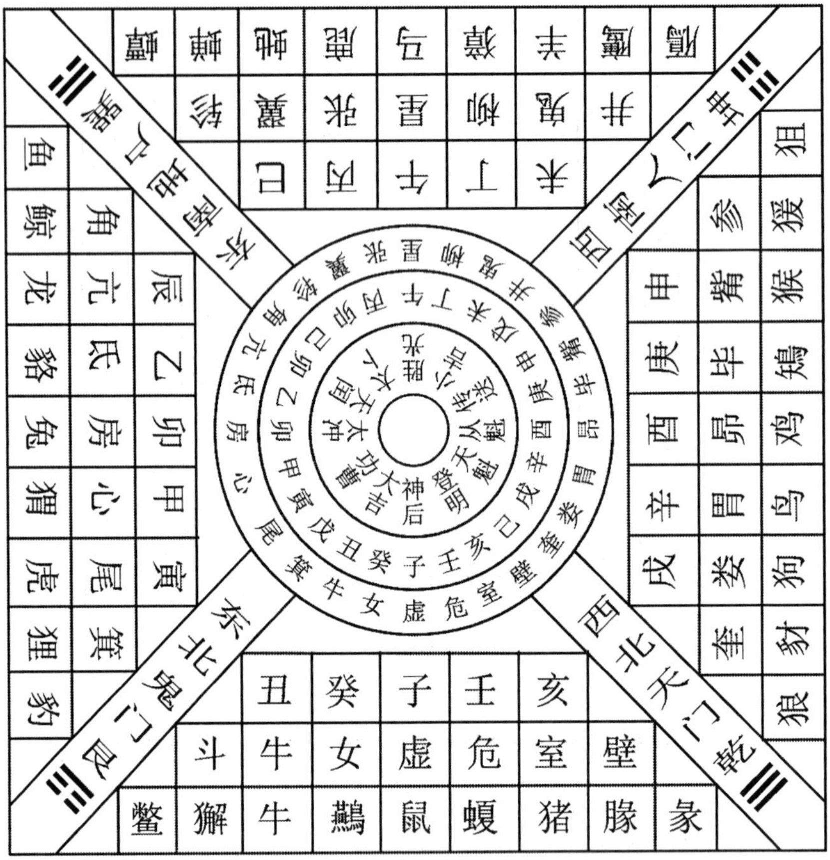

图 3-16 六朝铜制六壬式地盘

注：以上所绘式盘图主要参见王振铎：《司南指南针与罗经盘》，《中国考古学报》，北京：商务印书馆，1951 年 12 月，第 5 册，第 101-176 页；又载《科技考古论丛》，北京：文物出版社，1989 年 7 月，第 108 页。严敦杰：《关于西汉初期的式盘和占盘》，《考古》，1978 年 5 月，第 334-337 页。殷涤非：《西汉汝阴片墓出土的占盘和天文仪器》，《考古》，1978 年 5 月，第 338-343 页。陈梦家：《汉简缀述》，《考古学专刊》甲种第十五号，中华书局 1980 年 12 月。连邵名：《式盘中的四门与八卦》，《文物》，1987 年第 9 期，第 33-36，40 页。蔡达峰：《历史上的风水术》，上海：上海科技教育出版社，1994 年 12 月，第 145-148 页。程建军《中国风水罗盘》江西科学技术出版社，1999 年 4 月，第 3、5 页。为便于视图对比，作者将这几个式盘的视图的方向统一改为南方为上的子午向。

第三节　五姓相宅术中的五姓作舍法

P.2615a 五姓人宅图之后都有一个五姓作舍先后次序的规定，P.2632V0、P.2962v 也有类似的规定，只是其位置并不一定在人宅图之后，而是写在各姓家宅图后面，与五姓居宅地形混抄在一起。P.2962v 中的角姓作舍法还在人宅图之后和家宅图之后两次出现。这五姓作舍法在文中位置的灵活性正好说明五姓作舍法（表 3–15）是独立于五姓人宅图和五姓家宅图的一项，是专门用于指导五姓人建宅立舍的方位次序的一项规定。

表 3–15　五姓作舍顺序图表

五姓	五姓作舍顺序图	五姓作舍顺序规定	资料出处
角姓	角姓图	作舍法：先起西墙，次起南墙，其利三倍，伤南家每（母），益口一人，次要（起）东墙，其起，伤西家父，得田宅，三年食口三人，大富贵。后起北墙，断乎其利百倍。	P.2615a
		起舍：先起四（西）墙，次起南墙，其利三倍，伤南家每（母），益口一人。次口起东东墙，[其起]，伤西家父，得田宅，三年食口三人，大富[贵]。后起北墙，断乎其[百倍]。 作宅，先起西墙，次起南墙，其利三倍，商（伤）南家母，益口一人。次起东墙，其利，伤西家父，得田宅，三年益口三人，大富贵。后起北墙，断乎其[利]百倍。其宅门外下迟高，宜财，富贵。	P.2962v
徵姓	徵姓图	作舍，先北墙，次起西墙，次起南墙，后起东墙，断乎其利百倍，益口三人，伤南家家长，自得田宅，吉。	P.2615a
		作舍，先北墙，次西墙，屋（次）起南方，次起东墙，断[乎]其利百倍，益口三人，伤南家与长，吉，得田宅。	P.2632v0

续表

五姓	五姓作舍顺序图	五姓作舍顺序规定	资料出处
宫姓	④南 / 东①—宫姓—南③ / 北②	作舍，先起东墙，次起北墙，次起西墙，后起南墙，断乎其上利三倍，益口卅人，破南家，后得田宅。	P.2615a
		作屋，先起[东墙，次起]北墙，次起西屋，后起南屋，断乎其利三倍，益口三人，破南家，得田宅。	P.2632v0
商姓	①南 / 东②—商姓—南④ / 北③	作舍，先起南墙，次起东墙，次起北墙，次起西墙，断乎西家妨父，北家妨中男。	P.2615a
		作舍，先起南[方]，次起北方，次起西方，断乎西家[妨]父，北家妨丈[夫]。	P.2632v0
羽姓	①南 / 东③—羽姓—南④ / 北②	作舍，先起南墙，次起北墙，其利百倍，煞北家父及长子，得田宅，三年内益口三人，增财，加六畜。次起东墙，害东家子母。后起西墙，断乎其利三倍，得田宅，[益口]二人。	P.2615a
		作舍，先起南方，次起北方，其利百倍，煞北家父及长子，得田宅，三年内益口三人，增财，加六畜。次起东方，害[东]家子母。起西方，利三倍，得田宅，益口三人。	P.2632v0

注：本表中的五姓作舍顺序图是依据五姓作舍顺序的规定绘制的，将它放在作舍顺序规定的文字之前是便于制表。

从图表中我们看到五姓作舍法主要有两个方面的内容：其一，作舍起墙或起屋时在东南西北4个方向或方位上的先后顺序；其二，五姓在各方位起墙的宜忌及其对邻家的影响。

五姓起墙或起屋的顺序，一般是以东南西北四方中的某一方作为起始点，然后再按照逆时针或交叉的方向逐次确定其他3个方向的修造次序。

建宅作舍择向的习俗在我国早已有之，睡虎地秦简《日书》甲种载："春三月毋起东乡（向）室，夏三月毋起南乡室，秋三月毋起西乡室，冬三月毋起北乡室。有以者大凶，必有死者。"研究者认为这是避旺的禁忌观，依阴阳五行理论，春三月旺于东方，夏三月旺于南方，秋三月旺于西方，冬三月旺于北方，各忌于其方修造，是尊崇天时，故不敢犯也。[①]这种避旺的禁忌观在当时是比较普遍的，如在出行的方向上规定："凡春三月己丑，不可东。夏三月戊辰，不可南。秋三月己未，不可西。冬三月戊戌，不可北。"

所谓"旺"就是五行四时旺、相、休、囚、死五种状态之中的一种状态，指五行中当令的一行的状态，如春天木当令，此时木就是旺。其余四种状态则与旺有相生相克的关系，如相就是五行中当令一行所生的一行的状态，如春天木王，木生火，火就是相；死指五行中当令一行对其有克制作用的一行的状态，如春天木旺，木克土，土就是死；囚指五行中克制当令一行的状态，如春天木旺，金克木，金就是囚；休指五行中对当令一行有生成作用的一行的状态，如春天木旺，水生木，水就是休。隋萧吉《五行大义》曰："休王之义，凡有三种，第一辨五行体休王……五行体休王者，春则木王，火相，水休，金囚，土死；夏则火王，土相，木休，水囚，金死；六月则土王，金相，火休，木囚，水死；秋则金王，水相，土休，火囚，木死；冬则水王，木相，金休，土囚，火死。"[②]为了配五行，分成春、夏、季夏、秋、冬五季，组成四时休王关系，可列为下表（表3-16）：

表 3-16　五行四时旺相表

五行		五季				
		春	夏	季夏	秋	冬
角	木	旺	休	囚	死	相
徵	火	相	旺	休	囚	死
宫	土	死	相	旺	休	囚

---

① 管仲超：《从秦简〈日书〉看战国时期的择吉民俗》，《武汉教育学院学报》1996年第5期，第84、85页。

② ［隋］萧吉：《五行大义》，刘国忠《〈五行大义〉研究》，沈阳：辽宁教育出版社，1999年，第180页。

续表

五行		五季				
		春	夏	季夏	秋	冬
商	金	囚	死	相	旺	休
羽	水	休	囚	死	相	旺

表3-17　五行旺相图表

春	夏	季夏	秋	冬
木	火	土	金	水
角	徵	宫	商	羽
火相 木旺 土死 金囚 水休	火旺 木休 土相 金死 水囚	火休 木囚 土旺 金相 水死	火囚 木死 土休 金旺 水相	火死 木相 土囚 金休 水旺

将五姓作舍顺序图表与五行旺相图表（表3-17）相对照，我们看到，五姓作舍的起始方多是以五姓对应五季中的所因的一方。如，角姓作舍"先起西墙"（P.2615a），角姓对应的是春东方木旺，西方是金囚；徵姓作舍"先起北墙"（P.2615a），徵姓对应的是夏南方火旺，北方为水囚；宫姓作舍"先起东墙"（P.2615a），宫姓对应的是季夏中央土旺，东方木囚；商姓作舍"先起南墙"（P.2615a），商姓对应的是秋西方金旺，南方火囚；羽姓作舍"先起南墙"（P.2615a），羽姓对应的是冬北方水旺，中央为土囚，而起墙只以四方的任一方起始，故用南方火死。P.2632v0载宫姓作舍顺序作"先起北墙"，宫姓北墙为水死方，这与其他四姓所遵循的作舍顺序的原则相违背，应是抄写者的疏忽所致。对照P.2615a，中间应脱"东墙，次起"四字。

五姓作舍为何用所因的一方为起始方呢，因为"囚"既是旺的终点，也是其起始点。萧吉《五行大义》"论四时休王"引赵怡云："五行之位，得其方为盛，得其所畏为终"，其"所畏"就是所因之行，五行中以木为例，"木畏金，甲以女弟乙妻庚，庚得木气，故木胎于金乡，而生于水中，盛于其方，衰于火乡，火中有生金，故终于未，至西方而木终。以金王（旺）也。"①可见，木胎于金，又终于金。所以，从五姓对应五季中的所囚一方开始作舍，既可以避免与旺气相冲，又蕴含了顺行五行之气的理念。

在五行避旺思想指导下的五姓作舍顺序，其吉凶宜忌总会产生两种结果，一方面是对五姓人或五姓家自己有利趋吉的结果，如角姓会"得田宅，三年食口三人，大富贵"（P.2615a）；徵姓会"断乎其利百倍，益口三人""自得田宅"（P.2615a）等。另一方面是妨害邻家，如角姓作舍会"伤南家每（母），益口一人""伤西家父"（P.2615a）；徵姓会"伤南家家长"等。

自家建宅而妨及邻家的观念是传承久远的，王充《论衡·谰时篇》曾论及此事曰："世俗起土兴功，岁月有所食，所食之地，必有死者。假令太岁在子，岁食于酉，正月建寅，月食于巳，子、寅地兴功，则酉、巳之家见食矣。"②王充对此提出质疑说："起功之家，当为岁所食，何故反令巳酉之地受其咎乎？"③也就是说汉朝人认为自家建宅伤及邻家是由岁月所食而引起的，而五姓作舍则与五行旺相有关，因为所祅及之家大部分是处在五姓对应的四时休旺顺序的王或相的方位上，而王和相正是五行之气最盛之时。如角姓作舍法中规定"伤南家家长"（P.2615a），徵姓为南方火旺，北方水相；宫姓作舍法规定"破南家"（P.2615a），宫姓是中央土旺，但土寄王于火乡（向），所以，宫姓作舍"破南家"是顺理成章的事；商姓作舍法规定"断乎西家妨父，北家妨中男"（P.2615a），商姓是西方金旺，北方水相；羽姓作舍法规定"煞北家父及长子""害东家子母"，羽姓是北方水旺，东方木相。五姓中只有角姓的规定可能有疑问，值得讨论。角姓作舍法规定"伤南家每（母）""伤西家父"（P.2615a）；角姓是东方木旺，南方火相，所以，角姓作舍"伤南家每（母）"还是不违背角姓的旺相方妨害禁忌的。只是"伤西家

①［隋］萧吉：《五行大义》，刘国忠：《〈五行大义〉研究》，沈阳：辽宁教育出版社，1999年，第182页。

②［东汉］王充：《论衡》，《诸子集成》第9册，长沙：岳麓书社，1996年，第206页。

③［东汉］王充：《论衡》，《诸子集成》第9册，长沙：岳麓书社，1996年，第206页。

父"不好理解，但我们具体体会一下文意，就会看到，角姓作舍法是这样规定的："次要（起）东墙，其起，伤西家父。"依照角姓旺相方妨害禁忌，角姓为东方木旺，应该是伤东家父，所以，陈于柱怀疑是抄写者将"伤东家父"误抄成"伤西家父"，是有道理的。①P.2962v 角姓作舍法规定的"伤西家父"也同样是抄写错误，而没有仔细辨别。

由上述可知，五姓作舍法规定了五姓作舍在四方的先后顺序及其对自家及邻家的影响，这些观念源于秦汉时期的"避旺（王）"禁忌，反映了我国古代敬天顺时的择吉民俗的重要特质。与秦简《日书》相比较，五姓作舍法没有季节的限制，操作起来更具有灵活性，只是在起墙的次序上还保持有避旺（王）的禁忌。

第四节　五姓宅中的五姓移徙和养畜宜忌

敦煌文书五姓阴阳宅经中，每一姓中都有专论谈及移徙法，并且将养畜宜忌写在一起。这里兼而论之。五姓阴阳宅经中的移徙法可径称"五姓移徙法"，五姓究竟如何移徙，值得总结归纳一下。敦煌文书中论及五姓移徙的文书主要有 P.2615a《□帝推五姓阴阳等宅图经一卷》、P.3281v0《宅经》、Дx01396+Дx01404+Дx01407V《阴阳书》、Дx00476+Дx06058+Дx05937《宅经》等，还有其他文书的一些散论。我们可以将这些五姓移徙归纳为以下几个方面：

一、五姓移徙吉凶方

古人移徙、远行及修宅建舍都很重视方位，敦煌写本宅经就对宅舍移徙的方位有较为详细、繁杂的规定，我们可以将敦煌写本五姓宅经中的五姓移徙的方位等排列成如下的几个表（表 3-18 ~ 表 3-21）：

---

① 陈于柱：《敦煌写本宅经研究》，兰州大学硕士研究生论文，2003 年。

表3-18　宫姓移徙方位表

吉凶条目	内容	资料出处
吉方	向丑地，宜子孙，食口卅人。 向寅地，宜财，富贵，后世大吉。 向午，大富贵，宜子孙，大富贵，食口卅人。 向申地，大富贵，宜子孙，食口卅人。 向酉地，大富贵，生贵子，吉。 向未地，资财三百万，食口六十人。	P.2615a
	向丑地，宜子孙，食口卅（卅）人。 向寅地，宜财，富贵及后世［大吉］。 向午地，大富贵，宜六畜吉。 向未地，资财三百万，食口六十人。 向申地，大富贵，宜子孙，食口卅（卅）人。 向酉地，大富贵，生贵子。	P.3281
	向寅地，宜财，富贵，后世［大吉］。 向午地，大富贵，宜六畜，吉。 向未地，资财三百万，食口六十人。 向申地，大富贵，子孙，食口卅人。 向酉地，大富［贵］，生贵子。	Д х 00476+Д х 06058+ Д х 05937
凶方	向子地，害［财］物及六畜、长子。 向卯地，害物及小口，大凶。 向震（辰）地，不宜田蚕，破散，凶。 向巳地，害六畜，妨产妇，凶。 向戌，灭门，先害父母。 向亥地，不宜田蚕，虚耗，大凶。	P.2615a
	移向子地，［害］财物及六畜、长子。 向卯地，害财物及小口，大凶。 向辰地，不宜田蚕，破散，凶。 向巳地，害六畜，妨产妇，凶。 向戌地，灭门先害父母。 向亥地，不宜田蚕，虚耗，凶。	P.3281
	（前残）向亥地，不宜田蚕，虚耗，凶。 移向子地，害财物及［六畜］、长子。（残） 向卯地，害财物及小口，凶。 向辰地，不宜田蚕，破败，凶。 向巳地，害六畜，妨产妇，凶。 向戌地，灭门，先害父母。（后残）	Д х 00476+Д х 06058+ Д х 05937
吉日	宜用正月、□月、四月、七月、八月吉，及（乃）可。	P.3281
	三月移，害财及小口。九月移，凶。六月、十二月移，破散，凶。	P.2615a

续表

吉凶条目	内容	资料出处
凶日	三月移，害财及小口。九月［移］凶，六月、十二月破败，凶。	P.3281
	［三月移，害财及小口。九月移，凶］。六月、十二月破败（散），［凶］。	Дх00476+Дх06058+Дх05937
移徙延向法	移甲向庚，从乙向辛，从丙向［壬］（从壬向丙），从癸向丁，从艮向坤，并宜，富贵，子孙传世，大吉。 从甲向庚，从申向乙，从丙向壬，从丁向癸，并有非祸、口舌，财物耗亡，子孙不利。西北、东南、东北三维，并凶。	P.2615a

表 3-19 商姓移徙方位表

吉凶条目	内容	资料出处
吉方	移向子地，大富贵。 向辰地，大富贵，食口卅人。 向巳地，先富后贫。 向戌地，大富贵，吉利，生贵子。 向亥地，大富贵，出贵子。	P.2615a
	商人移向子地，大富贵长。 向辰地，大富贵，食口［卅］人。 向戌地，大富贵，吉利，生贵子。 向亥地，［大富贵，出贵子］。	P.3281
	向辰地，大富贵，食口卅［人］。 向［西］地，大富贵，吉利，生贵子。（残）	Дх00476+Дх06058+Дх05937
凶方	向丑地，灭门。 向寅地，克财物及六畜。 向卯地，害财物，不可居。 向午地，害财物及六畜，小凶。 向未地，害财及六畜，大凶。 向申地，破败，不宜子孙，凶。 向酉地，先富后贫，凶。	P.2615a
	移丑地，灭门，大凶。 向寅地，克败财物及六畜，凶。 向卯地，害财物，不可居。 向巳地，先富后贫，凶。 向午地，害财物及六畜，小凶。 ［向未地，害］财物及六畜，大凶。 向申地，破败，不宜子孙，凶。 向酉地，先富后贫，凶。	P.3281
	向寅地，克败财物及六畜，凶。 向巳地，先富后贫。 向午地，害财物及小口，凶。 向申地，破败，不宜子孙，凶。	Дх00476+Дх06058+Дх05937

续表

吉凶条目	内容	资料出处
吉日	宜用七、八、十月、正月、二月。	P.2615a
	宜用［七月、八月、十月、正月、二月。	P.3281
凶日	六月移，害六畜。七月移，灭门。三月、九月亦凶。	Д x 00476+Д x 06058+Д x 05937
	六月移，害六畜。七月移，灭门。三月、九月亦凶。	P.2615a
	十二月灭门，凶，三月、九月亦凶。	P.3281
	六月移，害六畜。七月移，灭门。三月、九月亦凶。	Д x 00476+Д x 06058+Д x 05937
移徙延向法	从丙向壬，从乙向辛，从乾向巽，从巽向乾，并富贵，宜子孙，大吉。 从壬向丙，从辛向乙，从甲向庚，从丁向癸，从癸向丁，并有口舌，非横祸、县官、口舌，物耗亡，子孙不利。 东北、西南二维，并凶。	P.2615a

表 3-20　羽姓移徙方位表

吉凶条目	内容	资料出处
吉方	向寅地，大富贵，宜人，吉。 向丑地，大富贵，宜人，吉。 ［向］酉地，宜子孙，食口卌人，吉。 ［向］亥地，害财物，大吉利。	P.2615a
	向寅地，大富贵，宜人，吉。 ［向丑地，大富贵，宜人，吉］。 向酉地，宜子孙，食口卌人，吉。 向亥地，害财物，大吉利。	P.3281
	已移亟（在）青龙下，出公侯、刺使（史）、二千石，乡党富贵。 亥移亟（在）天舌下，出明经大儒，为国□。所徵拜侍中、将军、公侯，授刺使（史）、二千石，累世富贵，印授（绶）丞相，子孙兴盛，食口六十人，资财千万。 寅亟太常、（残）为国职名，封公侯相，子孙兴盛。 子移亟太阴下，出明（残）国徵二千石、刺使（史）、侯伯，兴及四世。 未后乃六合下，出刺使（史），［□□□□］兴盛，慈孝敬顺。	Д x 01396+Д x 01404+Д x 01407V

续表

吉凶条目		内容	资料出处
凶方		移向子地，自如，先富后贫。 向辰地，不宜财，破散，凶。 向巳地，害廿人及六畜。 向卯地，先富后贫。 向午地，不宜六畜，害廿口，凶。 向未地，先富后贫。 向申地，先害家长，灭门，凶。 向戌地，先富后贫，生贵子。	P.2615a
		移向子地，自如，先富后贫。 向卯地，先富后贫。 向辰地，不宜财，破败，凶。 向巳地，害廿口及六畜。 向午地，不宜六畜，害廿口，凶。 向未地，先富后贫。 向申地，先害家长，灭门。 向戌地，先富［后贫］，生贵子。	P.3281
		卯徙白虎下，出丘（兵）刀死，伤财物，大凶，不可（残）。 酉徙亟腾蛇下，出癫狂，子惊恐，大凶。 申徙亟朱雀下，遭悬宫（县官），频失火。 午徙亟勾陈下，格［狱］讼相争，大凶，不可居。 丑徙亟玄武下，出盗贼，□□□人频（残）饥不可（后残）	Д х 01396+Д х 01404+Д х 01407V
吉日		宜用四、五、七、八、九、正月乃可移。	P.2615a
		宜用四月、五月、七月、八月、九月、正月，及（乃）可移。	P.3281
		正月、二月移，大富贵，子孙顺。正月、二月建寅？，（残） 以妇子在，有扶待之道，是知忍（仁）孝。 七月、八月移，大（残），何以知？七月、八月建申酉， 金生水，羽姓水，□妇有父子合会之□，□□□ 十月、十一月移，子孙兴盛，何以知？十月、十一月子 亥水，羽往归之，子孙兴盛。	Д х 01396+Д х 01404+Д х 01407V
凶日		九月移，［破败］财物，凶。三月［移］，灭门。六月、 十二月亦凶。	P.2615a
		九月移，破败［财物］。三月移，灭门。六月、十二月凶。	P.3281
		羽姓移，已（以）太岁在辰巳丑未，煞子孙，凶。 四月移徙，猪不产。何以知？四月、五月巳午火，火羽， 水克火，夏火克水，水往克之，消人精，以此言之。	Д х 01396+Д х 01404+Д х 01407V
移徙延向法		从丙向壬，从甲向庚，从庚向甲，从乙向辛，从丁向癸， 益口，富贵，子孙大吉。 从壬向丙，从辛向乙，从癸向丁，并有疾病、盗贼、耗 虚散财。	P.2615a

表 3-21 角姓、徵姓移徙方位表

	角姓	徵姓
吉方	移向子地，生贵子，大富贵。 向辰地，大富，六畜。 向辰巳地，宜人，万事吉。 向午，宜后世、田蚕。 向戌地，宜贵，宜田蚕。 向亥地，封侯、二千石，吉。	向丑地，富贵，令人安和，吉。 向寅地，大富贵，出贵子。 向卯地，宜财，食口卅人，吉。
凶方	向丑地，煞六畜及产妇凶。 向寅地，害财物，不可。 向卯地，先富后贫。 向未地，害方物、父母及产妇，凶。 向申地，不宜小口，破财凶。 向酉地，害财物及小口，凶。	移向子地，灭门，先害父母。 向辰地，不宜用田蚕，先害长子。 向巳地，害财物及小口，凶。 向午地，害六畜及小口，凶。 向未地，先富后贫，凶。 向甲地，食口卅人。 向酉地，害物，破散，大凶。 向戌地，害父母，灭门，凶。 向亥地，不宜六畜，害妻、子。
吉日	宜用十月、十一月、四月、五月可移，吉。	宜用七月、五月、正月。
凶日	十二月移，害家长。六月移，灭门，凶。 三、九月移亦凶。	三月移，害六畜。九月移，灭门，凶。六月、十二月亦凶，败散。
移徙延向法	从壬向丙，从丙［向］壬	从壬向丙，从癸向丁，从辛向乙，从南向甲，从坤向艮，从艮向坤，宜田蚕，大富贵，后世子孙兵，大吉。 从丙向壬，从丁向癸，从乙向［辛］。从甲向庚，逢县官、口舌、疾病。居辰未，安；西北、东南二维，大凶。

　　一般来说，我们在上列各表中看到的就是五姓移徙在空间方位上的宜忌，以子丑寅卯等十二地支标示方位，详细规定了五姓移向这些地支方位的吉凶。古人很重视宅居的迁徙，早在秦汉时期就有关于宅居移徙宜忌的记载，[①] 马王堆帛书中就有关于移徙宜忌的记载，王充《论衡·难岁篇》中也专门谈到了移徙法，其辞曰："《移徙法》曰：'徙抵太岁，凶；负太岁，亦凶。'抵太岁名曰岁下，负太岁名曰岁破，故皆凶也。假令太岁在甲子，天

---

① 刘玉堂，刘金华：《马王堆帛书〈式法〉"徙""式图"篇讲疏》，《江汉考古》2002 年第 4 期，第 26 页。

下之人皆不得南北徙，起宅嫁娶亦皆避之。其移东西，若徙四维，相之如者皆吉。何者？不与太岁相触，亦不抵太岁之冲也。"①所谓"徙抵太岁"，就是朝太岁运行相同之方位移徙；"负太岁"就是朝与太岁运行相背之方位移徙。这是秦汉时期人们对移徙避太岁的民俗心理。古代建筑也要尽量避忌，敦煌文书 S.2404［后唐同光二年甲申（924 年）具注历日并序］就说："若（太岁、太阴）所游之方，不得修造动土。若犯太岁，妨家长；犯太阴，妨家母。"②敦煌具注历都标注了每年太岁所在方位，提醒大家避忌。敦煌写本宅经葬书 Дх01396+Дх01404+Дх01407V、P.3594 中依然还保存对太岁的避讳。敦煌文书 P.3594《宅经》说："［太］岁在中宫，不移徙，可西向，不□□害，吉。"Дх01396+Дх01404+Дх01407V《五姓宅经》说："羽姓移，巳（以）太岁在辰巳丑未，煞子孙，凶。"除此之外，还要注意避忌土公。敦煌文书 P.2964 说："［土公］出游之方不得起土造作、移徙、嫁取（娶）、修门户，百事皆须避之，大吉，向之者凶。"

二、移徙的其他问题

（一）阴阳方位

五姓的移徙有个阴阳的问题，就是从阴方位移徙到阳方位或从阳方位移向阴方位的吉凶问题。敦煌文书 P.2615a 阐明"移徙"时说："从北向南为阳，从西向东，从东从西，从南向北为阴。"并说："乾坎艮震为阴，巽离坤兑为阳。"也就是说乾、坎、艮、震四个卦的方位为阴，巽、离、坤、兑四个卦的方位为阳。

（二）刑祸福德方位

P.2615a"杂忌法"说："其移徙室（屋）向刑祸者，客（克）其命坐人，疾病衰耗、口舌、县官，大凶。其室（屋）而福德者，五谷满食，增财益

---

①［东汉］王充：《论衡》，《诸子集成》第 9 册，长沙：岳麓书社，1996 年，第 215 页。

②邓文宽：《敦煌天文历法文献辑校》，南京：江苏古籍出版社，1996 年，第 375 页。

口，大吉。”

（三）黄黑道

移徙应该从黄向黄，大吉昌，这是移徙向黄黑道十二神的问题。敦煌文书 P.2615a 说：“凡移徙、远行、出入、迎医、避病、卖田宅、兴版起土、修造、簇蚕等，皆须从黄向黄，大富贵，吉昌，一切诸神不能为害。从黑向黑，所求不得。从黑向黄，中吉。从黑向黄，中凶。审看用之，即知吉凶处。”

敦煌文书 P.3594《宅经》“推移徙黄黑徒”说：“与前厌壤（禳）法同。正月七亥子、□□、酉戌等地黑。丑辰巳未地黄。二月、八月，辰巳戌亥子丑寅等地黑，午未申酉卯地等黄。三月、九月，甲寅卯辰午未戌地里（黑），巳申酉子亥地［等］黄。四月、十月，寅卯辰巳午申酉子等黑，未戌亥丑等黄。五月、十一月，寅辰巳午未申戌等黑，子丑卯酉等黄。六月、十二月，丑辰未甲酉戌等地并黑，寅卯巳午亥子等黄。□□月逆病、兴贩、买田宅及奴婢、起生（土）修造、立舍、簇蚕等皆昌。徒（从）黄向黄，大富，吉昌。一切诸神不能为殃，大吉和。从黑向黄，中吉。从黄向黑，中凶。从黑向黑，百事皆凶。”

关于黄黑道十二神功用，《协纪辩方书》卷七《义例五·黄道、黑道》引《神枢经》曰：“青龙、明堂、金匮、天德、玉堂、司命，皆月内天黄道之神也。所值之日皆宜兴众务，不避太岁、将军、月刑，一切凶恶自然避之。天刑、朱雀、白虎、天牢、玄武、勾陈者，月中黑道也。所理之方、所值之日皆不可兴土功、营室舍、移徙、远行、嫁娶、出军。”[1]就是说，每月中，青龙、明堂、金匮、天德、玉堂、司命所值之日为所谓的黄道吉日，可以兴功动土。敦煌文书 P.3803 咏黑黄道诀说：“合神用加月建时，酉下青龙卯下离，神后所言朱雀位，胜先玄武得无疑，徵明本自天形墨，传道勾陈恨无欺，此个六神为黑道，犯之殃祸不轻微。”“魁下明堂对玉堂，小吉金柜对金囊，功曹本言为大德，太一天牢是吉昌，此之相配对黄道，万般凶祸不为

---

① 黄黑道的问题参见拙文《敦煌写本宅经 P.2964 的“四邻造作”与黄黑道十二神》一文。

殃。凡欲出军并嫁娶，或为修造迁移，但承黄道皆福利，不避将军及岁支。"

（四）五姓移徙宜忌日

古人很重视吉日的选择，宅舍移徙这样重大的事也不例外。敦煌文书 P.2615a "五姓杂修造日法" 说："移徙，乙丑、壬辰日。" 敦煌文书 P.3281 说："移徙，甲子、乙丑、丁卯日吉。" 敦煌文书 P.2630V0《宅经》说："[太] 岁日：月一日、七日、十三日、十九日、廿二日移徙安置，大 [吉]，[宜] 子 [孙]，□□□百（残）。太阴□□一日、十四日、廿八日移徙□宅，不吉。每月三日、九日、十五日（残）移徙安宅，大富 [贵]，□孙□矣，百事吉尼（利）。天常日：月五日、十日、十七日、廿三、廿九日移徙安宅神，大富，宜子孙，九年大吉。（残）天□□□十日、十一日、廿四日、卅日移徙安宅神，宜子孙。七十年大吉（残）将相不法。避月煞、日煞东南角。" 敦煌文书 P.2630V0《宅经》对移徙吉凶日的规定是很详细的，在上列各表中可以直接查出各姓移徙的宜忌日。

三、五姓养畜宜忌

关于五姓养畜宜忌如下（表 3-22）：

表 3-22　宫姓养畜宜忌表

	养畜宜忌	资料出处
宫姓	若养六畜，宜黄赤色，番息上好。	P.3281
	若养六畜，宜 [黄赤色，番息上好]。	Д x 00476+Д x 06058+Д x 05937
商姓	若养六畜，宜黄、伯（白）、黑色，番息上好。	P.2615
	若养六畜，宜黄、伯（白）、黑色，番息上好。	P.3281
	[若养六畜]，宜养黄、伯（白）、黑色，番 [息上好]。	Д x 00476+Д x 06058+Д x 05937
羽姓	若养六畜，宜紫乌色，番息上好。	P.2615
	若养六畜，宜白、紫马赤色，番息上好。	P.3281

续表

	养畜宜忌	资料出处
角姓	六畜宜养青赤乌色者，番息上好。	P.2615
徵姓	养六畜宜黄、青、仓、赤色者，上好番息。	P.3281

五姓养畜宜忌也是据五姓五行属性的生克关系来编排的。如宫姓属土，养畜宜黄赤色。黄色是土的本色，赤色为南方火的颜色，因为火生土，所以宫姓养畜亦宜赤色。商姓属金，养畜宜黄白黑色，白色是西方金的本色，黄色土生白色金，故亦宜养黄色畜；又金生水，故可以养属北方水的黑色牲畜。其他可概见，总之是牲畜的颜色要与五姓的五行属性相生才宜养。

第五节　五姓相宅之五姓

从王充到吕才，在谈及五音、五姓相宅的论述中无不涉及五音定姓的问题，前论已说五音定姓原本就是个矛盾重重的问题，这样五姓分类下的姓氏究竟如何，就更是复杂了。宋仁宗命王洙编纂《地理新书》，其条目"五姓所属"编定了详细地五姓分类及其具体姓氏，见后面的附录。现在我们可以看到宋谢维新编的《古今合璧事类备要续集》就对姓氏进行了五姓的分类，[①]可见宋朝已普遍对五姓进行了五姓的分类，并且《地理新书》的"五姓所属"就是朝廷认可的五姓分类。清缪之晋编《大清时宪书笺释》列有"五姓修宅"一条，[②]列举的五姓的具体姓氏下还附上郡望。在姓氏下附郡望的做法可能是继承了元宋鲁珍《通书》、何士泰《历法》，明熊宗立类编的《类编历法通书大全》中所列的"五音姓氏门"，[③]该书即是如此。从《地理新书》到

---

　①［宋］谢维新编：《古今合璧事类备要》，文渊阁《四库全书》第940册，上海：上海古籍出版社，1989年，第463、585页等。

　②［元］宋鲁珍：《通书》，何士泰：《历法》，［明］熊宗立：《类编》，《类编历法通书大全》第1062册，《续修四库全书》，上海：上海古籍出版社，1997年，第704页。

　③［元］宋鲁珍：《通书》，何士泰：《历法》，［明］熊宗立：《类编》，《类编历法通书大全》第1062册，《续修四库全书》，上海：上海古籍出版社，1997年，第704页。

《类编历法通书大全》，再到《大清时宪书笺释》，五姓的具体姓氏虽是传承有绪，但各不相同，敦煌写本宅经葬书中五姓姓氏可以给我们提供早期五姓分类的具体姓氏的情况。

敦煌写本宅经葬书中涉及五姓的具体姓氏的文献主要有 P.2615a、P.2632V、Д x 01396+Д x 01404+Д x 01407V 等写本宅经和 P.3647《葬经》。其中 Д x 01396+Д x 01404+Д x 01407V 和 P.3647 都是残存了羽姓下的姓氏。Д x 01396+Д x 01404+Д x 01407V 清楚地标明为羽姓，只是 P.3647《葬经》没有标明，但从所列的具体姓氏后小字一云商、一云徵、一云宫、一云角中，我们就可以断定此处所列的具体姓氏是羽姓，所谓"一云"就是说该姓又可列入其他姓中。因为有一云商、一云徵、一云宫、一云角说字样，唯独没有说一云羽，所以说此处是羽姓无疑。

法国学者茅甘先生曾根据 P.2632V，对除角姓之外的其他四姓分类下的姓氏进行了录文。他认为徵姓下大约有 65 姓，宫姓下有 72 姓，商姓下有 58 姓，羽姓下有 46 姓。但茅甘先生限于所利用的材料，没有注意到 P.2615a 和 Д x 01396+Д x 01404+Д x 01407V 中包含的姓氏内容，并且其录文还有不少错漏的地方。陈于柱给敦煌写本宅经葬书中五姓列出了详细的姓氏表，相当清楚，现参考其表 3-23，并补入 P.3647《葬经》中所列姓氏的内容。列为下面的五姓姓氏表。值得注意的是，P.2615a 说："合诸胡姓相商勾，更有杂姓或问主人不知音属，忽入商姓用之。"即是说诸胡姓入商姓，其他知音属之姓的杂姓亦入商姓算。

表 3-23　敦煌写本宅经葬书中五姓姓氏表

宫姓	A：阴、华、整、冯、阚、廉、阎、任、祝、严、邯、益、刘、孔、蔺、郑、史、米、□、孙、审、仇、屈、我、和、苗、牛、宿、游、宿、后、曲、咸、鲍、幸、兰、亥、满、司徒、柳、陆、宫、沙、中、要、伏、谈、雄、南、宗、业、□、九、冬、郫、丰、门、季、季仲、隗、氾、慑、摄。
	B：阴、采、氾、冯、阚、廉、阎、任、□、祝、严、邯、益、刘、孔、孙、审、仇、屈、我、和、苗、牛、宿、明、富、陵、曲、谢、门、熊、峦、褪、簸、汲、封、甘、咸、鲍、幸、苩、彦、满、司徒、柳、陆、宫、秕、问、求、梧、舍、泳、中、要、伏、谈、雄、南、莱、牟、□、九、冬、郫、丰、门、季、季仲、舟、隗、宋、左。

续表

商姓	A：张、王、梁、唐、阳、索、礜、何、荆、左、程、风、路、埊、上、管、庄、□、□、康、郎、扈、威、克、仓、处、向、党、章、广、尚、赏、桑、业、贺、车、掌、令狐、强、长、馨、丁、蒋、石、颜、雷、安、山、邢、兰、卢、景、韩、谢、郝、唉、付、裹、伤、白、英、桐、会、庆、庆、菊、房、剧、羌方、庆展、展、西即、藉、屠、裴、夏、井、南、家、传、成、黄。
	B：王、梁、唐、阳、索、巽、常、荆、左、程、风、路、姚、上官、庄、康、郎、扈、威、仓、向、章、尚、桑、贺、掌、强、长、赏、葵、将、石、颜、安、卢、景、韩、郝、唉、裹、白、頂、度、削、庆、展、展、藉、葛、緊、屠、裴、夏、井、南、家、传、成、合、诸、制、商、勾。
角姓	A：庞、翟、窦、公孙、沐、卫、毛、侯、董、只、所、孔、华、门、毕、钟、蒋、管、五经、巢、禹、玉、西郭、院、陈?、赵、曹、进乐、红、雍、周、娩?、崔、古、囊?、祋、高、妻、器、坎、官、须、成、车、左、向、萧、尧、廉、银、兵、刀、邵、卜（仆）固、粟、曲、随、原、涿、行、尚、牛、屈、东方、富、劳、烛、蒙、竺、贵、笃、漏、沙。
徵姓	A：李、史、陈、田、郭、郑、綦母、贾、丁、秦、登、麴、申、甯、载、薪、辛、鲁、齐、邵、尹、改、应、礼、直、己、伏、苟、薛、万、觜、利、尔、滕、己、费、晋、柴、采、六、时、岐、伊、见、支、施、师、单、荀、西方、功、革、言、知、弦、娲、子、士、咸、诸、律、质、宁、列、报、生、习、密、班、筵、宰、解。
	B：李、史、渫、田、郑、基（綦）母、贾、丁、秦、邓、麴、申、宁、载、薪、辛、鲁、齐、邵、尹、殷、应、礼、直、绝、伏、苟、薛、万、觜、利、余、滕、己、赍、晋、柴、奚、六、时、岐、伊、兒、友、施、师、单、荀、西方、粟、功草（曹）、言、知、弦、娲、子、士、咸、诸、律、质、宁、列、报、生、习、密、班、堊、宰、解。
羽姓	A：吴、吕、袁、彭、马、孟、贾、曲、淳于、燕、褚、黄、荣、郭、曾、牟、巫、平、邴、楚、步、虞、徐、盈、武、温、胡、霍、藕（苏）、扈、潘、卜、欧、汤—云商、鲍、阅、鱼、受、如、汝、皮、侯、纬。
	B：吴、吕、袁、彭、马、孟、贾、淳于、燕、褚、黄、荣、郭、鲁、牟、巫、平、楚、步、虞、徐、盈、武、温、胡、霍、藕（苏）、扈、潘、卜、欧、阳、鲍、于、阅、菓、浸、如、汝、皮、何、员、夏侯、卫。
	C：尽、所、许、吕、胡、郭、查、足、开、武、禹、传、袁、阿、术、年、平?、解、彭、徐、潘、流、扈、睹、皮、首、爵、居、灶、茂、注、及、处、曲、直、歴、寄、出、仪、卫、遐、棋?、江、温、霍、逷、区、福、采、如、风、阻、禅、尼、殒、有、育、女、令、□、局、马、勉、土、门、泪、部、莅、右、葬、聊、楮、吴、满、远、明、代、昝、已上单姓。 鲜于、淳于、母亦、司马、虞丘区、北门、北宫、清年、杨闻、五丘、北郭、郎里、司徒、司空、司寝、武阳、西城、良□、伏长、伏台、日东、□□、胡母、东郭、比于、牟於、东宫、白马、已上复姓。
	D：武、许、吕、传—云商、余、郎、马、于、韦、仵、褚、吴、卫、郭、臣、虞、邹、扈、袁—云商、辅、俱、固、温—云宫、蒲、步、祖—云商、—云商、—云徵、睚—云商、冐—云商、霍—云角、母。

　　注：本表主要据 P.2615a、P.2632v0 等录出，分别以 A、B、C、D 标示，A 为 P.2615a，B 为 P.2632v0，C 为 Дx01396+Дx01404+Дx01407V，D 为 P.3647。

第六节　五姓宅的建筑小品

一、五姓门法

（一）五姓开门方位吉凶

1. 开门方位吉凶

敦煌文书 P.2615a "五姓开门户法" 说："门在宅建上，多口舌，出孤寡。在除上，家虚，亡耗财。在满上，大吉，宜六畜、五谷。在平上，利人。在定，家多病。在执，多口舌，孤寡。在破上，不利，出死亡。在危，大吉。在成上，虎食六畜。在收，大利，宜财。在开，大利廿年，出病人。在闭，大吉。"这是建除十二神方位说，满、平、危、收、闭吉，建、除、定、执、破、成凶，唯开吉凶参半，既"大利廿年"，又"出病人"。据 P.2615a 所述，只有五姓人宅图配有建除十二辰。而五姓所配建除各有变动，因而其开门的吉凶方位也各不相同。

为了形象地解说五姓开门方位，P.2615a 还绘有五姓开门户法图，如图 3-17，现转录如下：

这个五姓开门图中南北方的五姓是对称排列的，依次是巳亥徵、丙壬羽、子午宫、丁癸角、丑未商。依此类推，东西方也应该是对称排列的，但我们看到卯酉并不对称，卯为角门，酉为宫门；依南北对称例，酉应该也是角门，才相对称，可能为抄写错误所致。这个图与上述建除定吉凶方似乎不相关联。

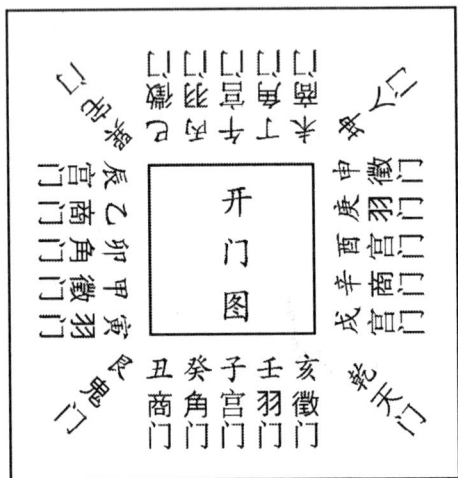

图 3-17　P.2615a 五姓开门护法图

敦煌文书 P.2615a 又说："门［在］堂若无扇，令人家衰。门当户，家多病。门在青龙，吉。三门相当，失小口。门当屋屋梁，吊死，兵死。门在刑上，不利父母。门［在］白虎上，数逢盗贼。门在午上，少子孙。玄武上，数逢贼。"所谓门在青龙、在刑上、在白虎上等，是五姓家宅图中十二神定置的方位。

敦煌文书 P.2615a "五姓开门户法"又说："门当四仲，食常不足。门当大小墓，妨家长，多死亡。""门在宅口相当，凶，破家贫穷。门在祸害上，多官事。门在本姓刑上，凶。"

此外还有许多吉凶的方位规定，如敦煌文书 P.2962V 说：角姓"大门南出丙地，大富贵。西出庚，北出于癸，小吉"。敦煌文书 P.2615a 说："凡宅当风门，子孙衰弱。风门者，谓南出门及巷冲谷口是也。"敦煌文书 P.2615a 说：角姓"大门出向丙地，大富贵。西出庚，北出癸地，善"。敦煌文书 P.2615a 说：徵姓"大门南出丁地，大富贵，西出［辛］，小吉。北出［癸］贵人，凶。东出辰甲地，吉"。敦煌文书 P.2962V 说：徵姓"大门南出丁，大富贵。西出辛，小吉。北出癸，凶。壬，凶"。敦煌文书 P.2615a 说：宫姓"［门欲南出午，西出庚］酉，大富贵，吉。［出］二千石。东出乙，小吉。北出［东出］，凶，不利"。敦煌文书 P.2962V 说：宫姓"门欲南出午，西出庚酉，大吉，富贵，二千石。门出东甲，小吉。次北及东出作门不利"。敦煌文书 P.2615a 说：商姓"大门北出壬，小吉。西出庚［壬］，大富贵，一云二千石。南出丙，小吉"。敦煌文书 P.2962V 说：商姓"大门出北（北出）［壬］，次西庚壬上，大富，二千石。［南］出丙，小吉"。敦煌文书 P.2615a 说：羽姓"大门北出壬，西出庚辛，吉，宜人。南出丙，小吉"。敦煌文书 P.2962V 说：羽姓"大门出壬庚辛，大吉，宜人。出丙，小吉"。等等。

2. 五姓内外门

敦煌文书 P.2615a "五姓开门户法"说："门，外宫内羽，贫，致口舌。外宫内商，富贵。外宫内角，贫。外商内徵，富。外角内商，宜贫。外角内宫，子孙刑，凶。外角内徵，富贵。外角内羽，亦富贵。外徵内宫，宜六畜。外徵内商，少子孙，兵死。外徵内羽，兵，暴死。外徵内角，富贵。外羽内角，大富贵。外羽内徵，贫，暴死。外羽内宫，多官［事］，乳死。外羽内商，宜子孙。"这段文字应该是针对"五姓开门户法图"做的进一步的解说，是对所有五姓人家而言的。

3. 重作门

敦煌文书 P.2615a "五姓开门户法"对重作五姓门也作了规定，说："又门法，重作宫门，大吉。重作商门，宜子孙。重作角门，先富后贫。重作徵门，宜士官。重作羽门，大吉。"敦煌文书 P.3281V0 还有"五姓阴阳宅重门法"，规定："凡阴宅随五姓便利，南向出五重，东出三重门，大吉。""阳宅法：向南出二重，东出四重门，阳合阳。阴屋向癸地上吉利，宜子孙，长富贵，吉昌。"

4. 门有无扇、罗

敦煌文书 P.2615a "五姓开门户法"对门是否有门扇等作了规定，说："凡门无扇，令人家贫。大门无罗，绝灭小子孙。""凡宅内外房舍无扇，凶。虚，不利。""门［在］堂若无扇，令人家衰。"扇本义为竹或苇编的门扇，泛指门扇。有门无扇，不能关门，不能有效地保护家宅，当然会"令人家贫"。罗本为捕鸟用的网。《尔雅·释器》曰："鸟罟谓之罗"即此。大门安罗，也许是用绫罗做的门帘。

（二）五姓进出五姓门吉凶

1. 五姓进出五姓门吉凶

敦煌文书 P.2615a "五姓开门户法"对五姓进出五姓门吉凶作了详细的规定，说：

> 凡角出角［门］，□鱼余，虽得贱（钱）财，随手用便出，先富后贫，凶。角出徵门，生贵子，先贫后富。角出羽门，相生吉，资财千万，大吉，富贵。门外出徵，大富。门外出羽，先富后贫。角出宫门，□□□□招祸殃。角出商门，相克伤，□祸事聚，多盗，富，出贫，耗财，多病人。

徵出徵门，（残）外门还出徵，大富贵，宜为，使人令□□入徵地官门，大富贵，资财千万。外□□吉，富贵，宜子孙，多六畜。徵出商门，主刑伤、耗财钱之殃。外出商，先富后贫。长子丘（兵）亡。徵出羽，必祸灭门，凶。外出羽，兵死，独坐一世孤。

宫出角门，相克伤，非为吉也。外出角，衰耗财物。宫用徵，大富，益口。宫出宫，财食自如。外出宫，大富贵，吉。宫出羽，相克，凶。外出羽，贫而多死。

商出角，相克，凶。外出角，兵死，兵长。商出徵，绝灭，凶。外出徵，先富后贫。商出宫，富贵，宜子孙富，生贵子。外出宫，大富贵，资财千万廿年。商出商，无余粮，衣食恒不足。外出商，富利二千石。商出羽，大富贵。资财千万，吉。外出［羽］，富贵，吉。

羽出角，宜钱财，生贵子。外出角，大富贵，煞女妇。羽出徵，相克亡，出刑徒。外出徵，大贫，多死亡。羽出商，招祸殃兵。外出宫，多殃咎，大凶。羽出商，安乐富昌，子孙寿命，至老长。外出商，大吉良。羽出羽，大富贵，子孙多死病殃。外出羽，大富贵。

这里所谓"角出徵门，生贵子"等是按照五行相生相克关系判定吉凶的，因为角为木，徵为火，木生火，故吉。"角出商门，相克伤"，是因为商为金，角为木，金克木，所以有"克伤"。

据陈于柱研究，五姓人外出五姓门如何占辞，与唐五代敦煌特定的居住格局环境有关。[①]敦煌卷子中记载有许多是同院居住两家乃至多家共井水、共大门的情况。如敦煌卷子 P.3744 "年代未详（840 年）沙州僧张月光兄弟分书"中记载："大门道及空地车敝并井水，两家合。"[②] P.3394 "唐

①陈于柱：《敦煌写本宅经研究》，兰州大学硕士研究生论文，2003 年。

②唐耕耦、陆宏基编：《敦煌社会经济文献真迹释录》第二辑，北京：书目文献出版社，1986 年，第 147 页。

大中六年（852 年）僧张月光、吕志通易地契"也谈到"并墙及井水，门前（残）张日兴两家合同共出入，至大道。"①S.3877\2V"唐乾宁四年（897 年）张义全卖宅舍地基契"记道："永宁坊巷东壁上舍内东房子一口并屋木，……又门道地，南北二尺，东西三丈六尺五寸。其大门道三家共合出入。"②S.1285"后唐清泰三年（936 年）杨忽律哺卖宅舍地基契"亦记载："修文坊西壁上舍一所，内堂西头一片，……又院落地一条，东西一丈四尺，南北并基五尺，东至井道，西至邓坡山及万子，北至薛安升及万子，又井道四家停支出入不许隔截。"③后面签字画押的人，除了卖主之外，还有"同院人邓坡山，同院人薛安升"。

从这些记载中我们看到，同一院落内往往住有若干户，而非一院一户。从修文坊、永宁坊的记载来看，当时规划出了许多坊巷，居民居住在坊巷中，必然会共用通向街道的大门及共用同一口水井的情况。而"五姓安门开户法图"及以下的"五姓开井法图"正是关于五姓人外出五姓门、同院居住的五姓人共用大门和水井的规定。而这些规定也是按五姓的五行属性的相生相克关系而定的，如说"角出羽门，相生吉，资财千万，大吉，富贵"，"宫出角门，相克伤，非为吉也"即是。

2. 五姓阴阳门法

敦煌文书 P.2615a 载有"五姓合阴阳门法"，曰："《三元经》云：北以南方为向阳为上，商角二姓大门利在丙，合阳宅法；小门利在壬，合阴宅法。宫徵羽三姓大门［利］在丁，合阳（阴）宅法；小门［利］在癸，合阳宅法。若东开门者，商角二姓在乙辛，乙门合阳宅法；［辛门合阴宅法］。宫徵羽三姓利在甲庚，甲门合阴宅法，庚门合阳宅法。五言（姓）诸门汪（旺）

---

① 唐耕耦、陆宏基编：《敦煌社会经济文献真迹释录》第二辑，北京：书目文献出版社，1986 年，第 2 页。

② 唐耕耦、陆宏基编：《敦煌社会经济文献真迹释录》第二辑，北京：书目文献出版社，1986 年，第 5 页。

③ 唐耕耦、陆宏基编：《敦煌社会经济文献真迹释录》第二辑，北京：书目文献出版社，1986 年，第 9 页。

在十二神上者，是风角法，虽有善语，终不可用，为其吉凶相离故也。五姓之利在所生，羽姓生于申，利在庚。徵生于寅，利在甲。徵羽二姓欲启于甲庚开门，亦是其便。"这里是五姓相宅法之外的五姓阴阳宅法，根据其文字，似是五姓分为两组，商角二姓为一组，宫徵羽三姓为另一组，当商角利在丙合阳宅法时，宫徵羽三姓大门［利］在丁，合阳（阴）宅法。商角二姓的小门利在壬，合阴宅法；宫徵羽三姓小门则在癸，合阳宅法。

（三）五姓修门日、门祀等

敦煌文书中对修门选择吉日很重视，P.2615a"五姓杂修造日法"说："修门，甲子、午日。"P.3281V0 说得更清楚，规定"修门，甲子、甲午日吉。"又说："治门良日：丙午、丁巳、甲午、乙巳、丙寅、丁卯、丙辰，此八日大吉。治东门良日：丙辰、丙寅、乙卯、乙巳、甲午、乙丑、乙酉、壬午，已上日大吉。"P.3281V0 对做门的忌日也有详细的规定，说："治门忌日：庚辛不治东门，丙丁不治北门，壬癸不治南门，甲乙不治西门。治门忌日：庚辛、申未治东门，丙丁不治北门，丑癸不治南门，甲乙不治西门。"P.2615a 和 P.3281V0 都规定甲子、甲午日是修门的吉日，除此之外其余的吉凶日则各不相同。

另外，做门还有一些禁忌，如 P.3281V0 载"门木作枉，不宜蚕"，"治门户井灶必伤胎"；P.2615a"五姓开门户法"说："九月九日炊黍门祀，宜田蚕。"可见，做门与养蚕有一定的关系。

（四）五姓开门吉凶占词分类

开门吉凶宜忌的占词可以归为吉利和凶两大类：

吉利赞词有：宜六畜、五谷，大利、宜财，资财千万，富贵、大富、大富贵，财食自如，生贵子、益口，宜子孙、利人，安乐富昌，子孙寿命，大吉良。

凶的占断词有：家虚、家贫、贫穷、大贫，食常不足、无余粮、衣食恒不足，亡耗财、耗钱财、家衰、破家，多官事、多口舌，妨家长、不利父母，孤寡，多病、子孙多病殃，数逢盗贼，多盗，虎食六畜，招祸殃、多殃咎、祸事聚，出刑徒、刑伤，煞女妇，失小口，独坐一世孤等，最严重的是：多死亡、暴死、吊死、兵死、乳死，绝灭小子孙、灭门等。

从这些占词，我们看到门的吉利与否关系到一家的兴衰，门对一家来说确实是"事关重大"。

二、五姓开井法

（一）五姓造井方位

五姓相宅法对凿井的方位有具体地规定，但所见两段文字各不相同。敦煌文书 S.4534 载"宅中置处（井）所在法第三，甲徵井，乙商井，丙羽井，丁宫井，庚商井，辛羽井，壬角井，癸商井，子徵井，丑宫井，寅羽井，卯［角］井，辰宫井，巳角井，午徵井，未宫井，申角井，戌宫井。"P.2615a 有"五姓开井图"（见附图 3-18），S.4534 宅中置井所在法与 P.2615a 五姓开井图相比，有如下不同见表 3-24：

图 3-18　P.2615a 五姓开井图

表 3-24　S.4534 与 P.2615a 五姓开井图对比表

	丁	庚	辛	壬	癸	子	未	申
S.4534	宫井	商井	羽井	角井	商井	徵井	宫井	角井
P.2615a	商井	羽井	角井	徵井	角井	角井	商井	商井

（二）五姓开井方位宜忌

P.2615a 曰："凡井在子地，出不孝子。在丑上，不利家。在寅，少子孙。在卯，不宜人。在辰，大吉。在巳亦吉。在午，出贵子。在未，疾病，刑人。在申，多多病。在酉，不宜子孙。在戌，多变开。在亥上，不利井，不得，故令人失明。"若凿井的方位不对，多与疾病有关，易犯失明、腹病等。按东南西北四方而言，只有在南方的巳、午、未方位上吉，此方位凿井，井本是水，南方为火，以水克火，故吉。其他方位皆不吉利。P.2615a又说："井在刑上，溺死。九月动井，凶。井在勾陈上，出狂。七月井在灶北，出贫子。井在白虎上，家长腹病，见血。井去院墙一步，出孤寡。井上不安火炉，井上不种桃树，多不祥。井上种菜，莫无病明目。"刑上、勾陈、白虎等是黑道神，故凶。

　　P.2615a又曰："宫羽二姓安井吉地：宫羽二姓申子辰地吉。商角二姓辰戌丑未地吉。徵姓寅午戌地吉。"这是按照五行生克关系，以及与地支的三合组成生克关系。申子辰为三合水局，寅午戌为三合火局，辰戌丑未为土。宫羽二姓，土克水，申子辰为水局。商角二姓为金克木，辰戌丑未为土，木克土。徵姓为火，寅午戌为三合火局，火火并旺。

　　（三）五姓食五姓井的吉凶

　　五姓凿井有方位之分，五姓人食五姓井的水也有很大的不同。P.2615a曰："宫食宫井，食常不足。食徵井，生子八人，大富贵。食角井，大凶。食商井，生子八人，大吉。食羽井，煞三人。商食商井，食常不足。食角井，初利后凶。食宫井，生子七人，大富。食徵井，大凶。食羽井，生子五人，大富。角食角井，[食]常不足。井（食）宫井，先富后贫。食商井，初利后凶。食徵井，相生，吉。食羽井，生子五人，大富贵。徵食徵井，食常不足。食角井，生子九人，大吉。食商井，初利后凶。食羽井，出孤寡，病死。羽食羽井，食常不足。食角井，生子五人，吉。食宫井，出孤寡。食商井，生子四人，大富。食徵井，初利，无子孙。五音并风角法，吉凶相乱，事与门司命，宅内可食之井，皆在巳吉。余杂法正可溉灌。"敦煌文书S.4534曰："宫食羽井，贫微□死人。宫食宫井，少子病伤、恶疮。"这是按照五行的生克关系编排规定的，"宫食徵井，生子八人，大富贵"，因为宫属土，徵为火，火生土，故吉。"（宫）食角井，大凶"，是因为角为木，木克土，故大凶。"（宫）食商井，生子八人，大吉"，是因为商为金，土生金，故大吉。"食羽井，煞三人"，是因为羽为水，土克水，故凶，煞三人。一般地说，食本行井的水是"食常不足"，没有生克关系。

（四）造井吉日

五姓相宅法对凿井吉日也有详细的规定。P.2615a "五姓杂修造日法"曰："修井，甲子、乙巳日。"又曰："五姓置井合阴阳同在巳。"P.3281V0 说："穿井，甲子、壬午日吉。"

五姓相宅法还对井上种树作为规定。P.2615a "卜种树法"说"苿莫（茛）者，百［木］之贤，种之井上，除温病，吉"。又曰："井上不种桃树，多不祥。"

三、五姓灶法

（一）安灶方位

五姓相宅法对造灶的方位有详细的规定。P.2615a "灶法"说："灶在子，有祸，无子孙。在丑，不宜牛羊，煞奴婢。在寅，吉。在卯，多子孙。在辰，生贵子。在巳，多口舌。在午，有官事。在未，宜女妇，不宜男，失火。在申，宜子孙，贫。在酉，不宜子孙，癫病，兵死。在戌，憎开净。在亥，有官事。灶在五姓大得（德）上，出贵子。灶在五姓天牢上，大吉，富贵。天牢卯在五姓司命上，多子孙。在五灶（灶在五）姓明堂，出明经□子。在五姓金柜上，得横财物。灶在井相当，来口舌。灶在五姓刑上，出火烧死，不利父母。灶当门，大多中口舌、小鬼。在堂上，妨子。灶在五姓青龙上，家破寒。灶燃桃木祭祀祭神，鬼不尚飨。西家灶，当夹自家，门户失火。灶处烧摩？草，家出痴子。灶上安刀，有官事。灶口向北开，家在（灾）祥。治送灶，不用井上土及沟井泥，大凶。凡灶门向西，益财，口舌，吉。向东门，多疾病。向南开，来口舌。向北开，散财物。门向□角开，灭门，大凶。"又说：五姓"安灶同在乙辰之间。"又引《三元宅经》云："安灶，五姓皆宜辰巳地，吉。乙卯淮南王。"

敦煌文书 P.2615a 说"厕在（与）灶相连，内有恶名。"敦煌文书 P.2615a 有"八不可居"说："七曰星宿殒堕之所，宇煞之所，除土囚之所，旧灶、旧侧（厕）之所，并不可居。"

（二）作灶式

五姓相宅法对作灶的大小式样等都有详细的规定。P.2615a"作灶法"说："宜长七尺，阔四尺，高三尺。口阔一尺二寸。实大八寸，博土并须辛净，子孙贵吉。勿用破壁，凶。作灶当日成，大吉。灶及治福德上土，宜取上三寸，取在净土。用重火和作涂残灶者，不得余用。五姓灶口皆须宜向开，灶口不得共井相对及相见，又不用当门。"敦煌占卜文书 P.2661V 也说："[灶]宜长七尺，阔四尺，高三尺。各不如法，神不居也，致虚耗。"可见，隋唐时期人们对灶很重视，一方面，灶要做得中规中矩，规定"长七尺，阔四尺，高三尺"，另一方面规定灶一定要用干净的土，不能用破壁旧土，要当日完成，灶的方位要在宅的福德方位上，五姓灶口都要向"开"的方位，但又不能正对着门、井的方位。

（三）修灶日法

五姓相宅法对作灶、修灶的日期予以详细的规定，P.2615a"修灶日法"说："甲子、乙丑、己巳、乙未、己酉、甲寅、乙卯。忌卯巳、亥巳、未乙酉、乙酉。"其"治故灶日法"说："甲子、丁丑、丁卯、辛巳、丁未、丙寅、己未、庚子、庚人午右休除日吉。"又说："修灶，乙亥、乙酉日。"P.3281V0《宅经》说："作灶，乙巳、乙亥、丙午日吉。"

（四）灶与诸事物占法

1. 灶与井

P.2615a"作灶法"说："五姓灶口皆须宜向开，灶口不得共井相对及相见，又不用当门。"P.2615a曰："灶在井相当，来口舌。"北宋王洙编纂，金人张谦重校正的《重校正地理新书》卷二"宅居吉［凶］"说："凡井灶相见，主淫泆及斗折。"又曰："凡相宅，入门见灰粪、见井灶者，主贫及病寒

热。" ①

2. 灶与诸杂事物的禁忌

与灶相关的禁忌很多，P.2615a"修灶灶法"说："凡灶上不得安鸡毛、狗骨，及烧之，有飞祸。灶上不得安刀铁，家有官事、口舌。凡灶前不得唱歌，令人多病。凡灶下灰不积丧门。凡灶下不得燃烧薪，令人绝后，凶。凡燃火著水中，令人小鬼？头上生疮小发。凡家不和，为用上（土）泥涂灶，大凶。凡作灶，博士物著人傍，令人家衰耗，宜羞（修）宅外丙丁地，如离宅分灰。凡作灶余泥、凡灶中灰，须多小去之，勿出者，前令人家不利。凡人不得以脚进火，令人体上生疮。"又说："故灶处不得安床怅（帐），凶。"

灶与灶上釜的关系最为重要，P.2615a"修灶灶法"说："凡人宅内有釜鸣，咒曰：时加正阳，万事吉昌。釜鸣千岁，世世无殃。家口慈七目，作者康强。延年益寿，福禄永长。子孙万岁，无有凶殃。总如律令。"

敦煌占卜文书 P.2661V 说："灶在司命上，令人大宜子孙。灶在明堂上，令人出贵，门户同。故灶安仓库，大吉、富贵也。灶在金柜上，令人横得财物，门户同。"

敦煌文书 P.3281V0《宅经》说："故灶地安床，合（若）家有任（妊）身妇，治门户井灶必伤胎。"

四、五姓厕法

五姓相宅术对厕的修建也有许多规定，厕也是一个宅舍的重要组成部分。P.2615a"厕法"专论厕的方位及其禁忌，其文曰："厕近坎，坎水为水，至秽浊，故可造厕。令宅内厕在癸，厕在子，害家长及二人。在丑，为鬼所害。在寅，吉。在卯辰地，数病。在巳见血。在午，害家长。在未，多官事，贫。在申，令人腹痛。在酉，不吉。在戌，吉。在亥，吉。厕在青龙

---

① ［宋］王洙等编纂，［金］张谦重校：《重校正地理新书》，载《续修四库全书》第1054册，上海：上海古籍出版社，1997年，第20页。

上，妨家长，衰小。鬼胎及人发在厕内，家不利。厕在东南角，出暴死人。厕在玄武上，不利小鬼。厕在（与）灶相连，内有恶名。入门见厕，凶。厕内著灰，淋病。厕在西角，妨子孙。厕上种树，出兵死人。厕在五月、六月，伏龙故也。"这些规定似是对五姓都同样有效。也就是说，厕修建在坎、癸等十二方位的吉凶对五姓是一样的；修建在刑上、青龙等方位上则可依五姓而吉凶不同。P.2615a 在论说有八不可居时，其七曰"旧灶、旧侧（厕）之所，并不可居"。可见厕对一家的重要。

五姓相宅术中对厕修建方位有规定外，还对厕修建的吉日也有规定，P.2615a"五姓阴阳同看用之图"中二十四方中的乙方为茅厕之方，其文曰："乙，十二、六月修之吉，厕门。"又曰："丙，二、七月修治，门厕，大吉，母命。""丁，门厕，四月、七月修吉，六月亦得，亦得，中女 [命]。""壬，三、九、十一月丁壬修吉，厕，其堂种榆六根。""癸，三月、七月戊癸日 [修] 吉。厢厕，中子命。"P.2615a"五姓杂修造日法"说："作厕，丙子、丁卯日。"又说：五姓"厕同在丑癸之间"。可知厕一般修在乙、丙、丁、壬、丑、癸方，而修在某一方时又有相应的修建吉日的规定。如"乙，十二、六月修之吉"等。

五、五姓碓硙法

碓硙是古代自给自足经济下的农家生活中不可或缺的东西，因为五谷都要用碓硙才能冲出可供食用的米来。所以，五姓相宅术对碓硙予以高度关注，对碓硙的修建方位和修建吉日都有规定。

1. 碓硙方位

P.3281V0《宅经》说："碓在午，岁岁刑罚。碓在勾陈及刑上，不宜牛马。碓在酉上，丘死乳死，用婢作妇，出孤寡。用车卖钱，买牛在圹野，亦贫。"这是安碓硙的凶位的规定。P.2615a 说：五姓"安碓硙在寅甲之间"。进而对其方位还作了相应的分析，P.2615a"碓磨法"说："碓磨在艮震之间。艮为石，主田。震为木，主杵。令在宅令在宅甲寅之甲间，其杵头东并吉。

硙在子，被盗，不宜小口。碓在丑，失火。碓在寅，吉。在卯，出温病。在辰，不宜奴婢。在巳，出刑徒人。碓在午，不宜小口，兵死乳死。在未，不宜牛羊。在申，令人腹痛。在酉，不宜鸡，兵死。在戌，不宜男女。在亥，不吉。在玄武，多逢盗贼。入门见碓，出癫狂病人。磨在刑上，六畜死。磨在勾陈上，吉。磨在辰上，数病。"

S.4534v《宅经》说："碓有楼，大祸入门。"

2. 修碓硙日

敦煌文书 P.2615a 说"修碓硙日，甲子、甲戌日。"敦煌文书 P.3281V0《宅经》说："碓硙，甲戌、壬戌日大吉。"

六、五姓栏枥法

古代自给自足经济下的农家生活中，马牛羊鸡犬豕为六畜，马牛的生长又受天时地利等环境因素的影响，家畜的瘟死等是对一家财产的重大损失，因此，六畜对一家而言是至关重要的，喂养六畜的栏枥的修建也就显得至关重要了，五姓相宅术予以高度重视。下面分成几个方面剖析。

1. 马枥

P.2615a《□帝推五姓阴阳等宅图经一卷》"栏历（枥）法"说："马近坤易曰北地类行，地无墙，令宅内马历西南，吉。马历在勾陈上，不宜马。马历在青龙上，出贵子。"又说：五姓"马厩同［在］申未之间"。勾陈为凶神，所以"不宜马"，但敦煌占卜文书 P.2661V 说："马枥在勾陈上，宜牛马，大吉"，恐误。P.2661V 又说："库舍、马枥在青龙、朱雀，出贵人。"这与 P.2615a 所说"马历在青龙上，出贵子"相同。

2. 牛栏

P.2615a 说：五姓"牛羊同在酉"。P.3281V0《宅经》有"杨（扬）州刺史安羊法"说："暴是赤牛马、黑牛马者，程（甄）别取其活色石如五升，棁许（杵）者牛马颜色埋著兰（栏）前，大吉利，中（终）身不绝。六畜大小累尽若黄教云，甚有验。"又说"凡人家作牛羊屋法：依在（左）后行、东北行作者，安七梁，不安霍梁，如有者，牛羊猪狗不聚漕，堕落坑井，走失。黄神文舍宅无有缺伤，六畜反番息安隐（稳）是也。"规定栏枥安七梁，可见对栏枥的重视。

3. 羊枥

P.2615a"栏历（枥）法"说："羊栏主兑，兑主有羊，安，吉。鸡栖在司命上，吉利，羊亦吉。栏在白虎上为凶。"又说：五姓"牛羊同在酉"。

4. 猪栏

P.2615a"栏历（枥）法"说："猪栏在西南角，疾病，多痛。猪栏西北角，数病多。在亥地，吉。在酉，不吉。"又说：五姓"猪栏同在亥酉之间"。

5. 鸡栖

P.2615a"栏历（枥）法"说："鸡栖在□，数遭飞阳，鸡喜惊。栖在辰，鸡不鸣数，鸡惊，当户亦示？鸡栖在勾陈上，吉。在明堂上，不吉。"

七、五姓楼台、场地法

1. 五姓安楼台

P.2615a载："五姓安楼台地：楼台各依大姓，明堂、玉堂、金匮、大德、天牢、司命上宜安，吉。"S.4534v《宅经》有"诸家起楼法"，载："欲得在少阴东，名日照武王地，名王台，盗贼不入，楼取（起）得成。天不足西北戌起处，□□富贵，宜六［畜］。□尝西连于堂，名［曰］辅槐在，大吉。楼在太阳未□，宜□□，□筑六十尺，金尺，□□□寿命长，口数众多，蒙无逸暴死，来富。外皆凶。楼在东西且人剩，楼在南海西，使一生日剩。楼在雀西，六天仓，大富贵，宜子孙。楼高三丈五尺，并在北大赤门，人家不得无何，造楼，大凶。甚须师占得所楼当门，害后□。□安门上，妇守孤□。碓有楼，大祸入门。楼与园厕连，煞牛马。楼连堂，子孙死交。功曹柱，出淫妇。例柱伤胎，奴婢卧东南，不利子孙。舍形祸上起楼，煞人；欲得二阳，子孙富昌，主者谓（残）名三杨之宅，后有戌口，前正平，流水如清，右长左短，不邪倾在申，有即柯（疾疴）。诸起大墟，无南方、北方，西行凶。为天逆舍梁头长出垣外，令人贫穷亡去。"

2. 五姓安场地法

P.2615a 说："场在子，出将军、二千石。在丑，出都慰（尉），一云煞六畜。在寅地，出刑后。在卯，煞家长。在辰巳，出孤寡。在午，耗五谷。〔一云〕六百石。在未，多狱讼，伤长子。在申，宜益田宅，出圣人。酉地宜五谷，一云六百石。戌，富贵，宜田蚕，出贵子。在亥，宜五谷。不□□万斛。"P.3281 "五姓安置场地法"略有不同，说："在子，出将军、二千石。在丑，出都慰（尉），一云煞六畜。〔在〕寅，出刑徒。在卯，煞家长，大凶。在辰，出孤寡。在午，耗五谷，一云二（六百）石。在未，多狱讼，伤长子。在申，富贵，盖（益）田宅，出圣人。在酉，宜五谷，一云六百石。在戌，富贵，宜田蚕，出鬼（贵）子。在亥，宜五谷，木耕长万亩。"

3. 五姓安仓库法

P.2615a "五姓合阴阳置仓库法"说："商角羽仓库在庚，奴婢在辛，合阴宅法。宫徵仓库在丁，奴婢在辛，合阳宅法。商角宫仓库在辛，奴婢在乙，合阴宅法。徵羽仓库在甲，奴婢在乙，合阴宅法。凡仓在金柜、勾陈、明堂上，并吉。凡仓在乾宝玉吉。"

占卜文书 P.2661V 说："仓库在金柜、勾陈、明堂上，大吉昌。""库舍、马枥在青龙、朱雀，出贵人。"

八、五姓安佛囊地法

五姓相宅术对宗教生活也予以关注。P.2615a "五姓安佛囊地法"说："徵姓寅卯辰申酉地安置吉，角宫二姓亥子壬午巳地吉，商姓辰戌未寅申巳亥地吉，商角二姓辰戌丑未地吉，徵姓寅午戌地吉。"

九、五姓门井灶综论

除了上引写本宅经中五姓相宅法的门、井、灶等的规定外，敦煌占卜文书也对门、井、灶等有综合规定。如属占卜文书的 P.2661V 说："灶当户舍，令人失火，凶。碓在酉上，令人出兵死，凶。门在青龙上，令人不吉利。除灰溜中，令人财淋，又令人家贫。井与刑合，出溺死人，凶，不利不吉。门在玄武上，令人数被贼盗。□□门在未地，令人患足不利。屋梁当户令人出兵死。入门见□□□人生颠狂人，不利。故灶处安床，令人子孙不利。庭中多树木，出孤寡妇，不利。屋柱到竖，出逆子，不利。井灶相当，令人数有口舌，不利。灶与天牢并，令人烧死，不利。沸□□□，令人多温病，不利。灶前浴小儿，令隆残，不利。碓碍在辰巳午未，无子孙，不利。水流从大门出，令人贫，不利。鸡栖在刑上，令人数逢祸，凶。丑日作窗，令人不利兄弟，凶。凡作灶砖土，如着人傍，令人家衰耗，宜着宅外丙丁地。如离宅分灰，凡作灶余涂，凡灶中灰，随多少，去之，勿出着前，令人家不利。"这些规定相当细致，门灶井都有规定，应该是在写本宅经的基础上提炼出来的。

敦煌文书中的具注历也对五姓建筑小品门灶井等有规定，肯定是在大量的五姓相宅术文献中归纳总结出来的。如 S.P6/2 唐"乾符四年丁酉岁（877年）具注历日"记有"五姓安置门户井灶图"（表 3-25），现转录如下：

表 3-25 S.P6/2 五姓安置门户井灶图

	宫	商	角	徵	羽
大门	丁	庚	丙	丁	甲
便门	庚	乙	甲	甲	庚
井	巳	巳	辰	酉	酉
灶	酉	子	子	辰	子
佛堂	酉	酉	酉	丑	酉
碓	甲	甲	寅	庚	寅
仓	辛	辛	申	辛	申

续表

	宫	商	角	徵	羽
厕	亥	壬	壬	亥	壬
马	巳	午	丁	申	申
牛	癸	申	庚	申	子
羊	癸	癸	癸	癸	癸
猪	亥	亥			

S.P6/2 唐"乾符四年丁酉岁（877 年）具注历日"中的"五姓安置门户井灶图"应该是五姓相宅术中建筑小品方位的一个代表。

综上所述，敦煌写本宅经葬书中的五姓相宅术对建筑小品予以高度重视，对门、井、灶、栏枥、场地、佛囊等予以关注，并做了详细的规定。这些规定一般均按五姓五行属性的相生相克关系定吉凶，只偶尔加入八卦等予以占断吉凶。这与后来八宅派等的占断手法大不相同。但这些对建筑小品的关注及其吉凶的规定逐渐传承下来，为后来相宅文献所继承，如清代吴鼒所写的《阳宅三要》就对门、井、灶予以特别的关注，认为是宅舍建筑的重中之重。

第四章　敦煌写本八宅经和八宅派源流

第一节　敦煌写本八宅经及其内容

一、敦煌写本八宅经简介

敦煌写本宅经中有《八宅经》一卷，附抄在 P.2615a《□帝推五姓阴阳等宅图经》卷后，该卷说"［朝散］大夫、太常卿、博士吕才推卅六宅（残）并八宅阴阳等宅"。黄正建最先给予注意，陈于柱作了较深入的研究。P.4522va 在"推镇宅法第十"中提到"凡人家虚耗，钱财失，家口不健，官职不迁，准九宫八宅及五姓宅、阴阳等宅同用之，并得吉庆"。说明当时八宅派的宅经和阴阳五姓宅的宅经同时并行。

P.2615b《八宅经》一卷，原件抄在 P.2615a"诸杂推五姓阴阳等宅图经"之后，从书写笔迹来看，两者为同一人，即子弟董文员。黄正建认为该卷或与 P.3865 中提到当时流行诸家宅经中的《八卦宅经》有某种联系，并对其内容作介绍说："从此卷文书的内容来看，也与八卦有关。例如先讲某年生人属某宫，如'丑寅生人属艮宫'之类；然后讲某宫之人造宅的宜忌，如'戌亥生人属乾，作巽宅不出三年四年害长女小女，作离宅六年九年害中女'等，最后讲各宫作宅法，如'震宫人作宅法：先往兑离上便出，皈来入震，即下阴一爻，次立西舍，后立北舍，为离宅；次立东方，后立南，断手，即是震家生气。'"①

通观敦煌本《八宅经》的内容，可知这是一种以八卦为基本分类方式的相宅术，它将人的生年、住宅以及住宅的行年均归入到八卦系统之中，构成以八经卦命名的八种命宫和八种住宅，但八卦宅本身仅作方位指示而用；各命宫人作八卦宅中的哪些为吉、哪些为凶，主要是以各八卦宅之八卦相对于命宫八卦在爻变上的专称而定，这些专称所具有的吉凶征示功能则来源于命宫八卦与八卦宅之八卦在五行上的相生同体或相克相制的关系。

关于《八宅经》一卷的抄写时间，根据对 P.2615a "诸杂推五姓阴阳等宅图经"的判断，亦应大致在张氏归义军初期。卷中运用了一些禄命知识，如"生气""祸害""绝命""五鬼""天医"等就是游年八卦中的术语。从隋萧吉《五行大义》来看，似乎隋时的游年八卦中还尚未出现"五鬼""天医"等专称，文中只提到"游年所至之卦，因三变之，一变为祸害，再变为绝命，三变为生气。生气则吉，祸害、绝命则凶。吉则可就其方，凶则宜避其所。"而"五鬼""天医"等直到晚唐五代的敦煌禄命类写卷中才多次见到。所以，《八宅经》的创制不会早于隋，应大致在隋唐之际。

敦煌写本《八宅经》一卷，可分为三方面的内容，一是八卦宅法，某年生人属某宫，宅在某年有灾害；二是某年生人属某卦，宜作某宅，不宜作某宅，用大游年爻变法，套上九星判定吉凶；三是作宅法，取家长本宫生气方，依太岁所在及行年神吉凶以及二十八宿的吉凶。

二、八种命宫与灾祸年份

《八宅经》第一部分是根据人生年的八卦属性来推定其宅居何年有灾祸。其文曰：

---

① 黄正建：《敦煌占卜文书与唐五代占卜研究》，北京：学苑出版社，2001 年，第 77 页。

丑寅生人属艮宫，宅以辰巳年有小灾，[害] 小男。

卯生人属震宫，以酉年有灾，害长男、小女。

辰巳生人属巽宫，宅以寅年灾，害小女。

午生人属离宫，宅以戌年有灾，宫（害）中女。

申未生人属坤宫，宅以子 [年] 有灾，害家母。

酉生人属兑宫，宅以卯年有灾，害中男、中女。

戌亥生人属乾宫，宅以午年有灾，害家长。

子生人属于坎宫，宅以申未年有灾，害小男。

右八卦宅法。依住灾厄，如当此色者，可向天医、大德避之，祸害皈，吉。

　　某年生人属某宫，宫以八卦命名，共八宫。《八宅经》实际上是依人的生年将人的命分成八种命宫，这与算命术、星命术中的"命宫"所指不同，陈于柱已予以指出。[①]

　　生年如何与八宫相配，可以由图 4-1 标示，这实际上是秦汉至魏晋南北朝以来八卦八风编排的运用，《淮南子·天文训》中说："子午卯酉为二绳。丑寅、辰巳、未申、戌亥为四钩。东北为报德之维也，西南为背阳之维，东南为常羊之维，西北蹄通之维"。[②]子、午、卯、酉表示四正方，丑寅、辰巳、未申、戌亥表示四维。王振铎、陈梦家、连邵名等人都予以关注与论述。[③]

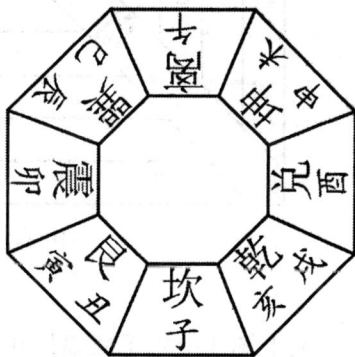

图 4-1　生年与命宫配合示意图

①陈于柱：《敦煌写本宅经研究》，兰州大学硕士研究生论文，2003 年。

②张双棣：《淮南子校释》，北京：北京大学出版社，1997 年，第 295 页。

③王振铎：《司南指南针与罗经盘》，《中国考古学报》第 5 册，北京：商务印书馆，1951 年，第 101-176 页；又载《科技考古论丛》，北京：文物出版社，1989 年，第 112 页。陈梦家：《汉简缀述》，《考古学专刊》甲种第 15 号，北京：中华书局，1980 年。连邵名：《式盘中的四门与八卦》，《文物》1987 年第 9 期，第 33-36，40 页。

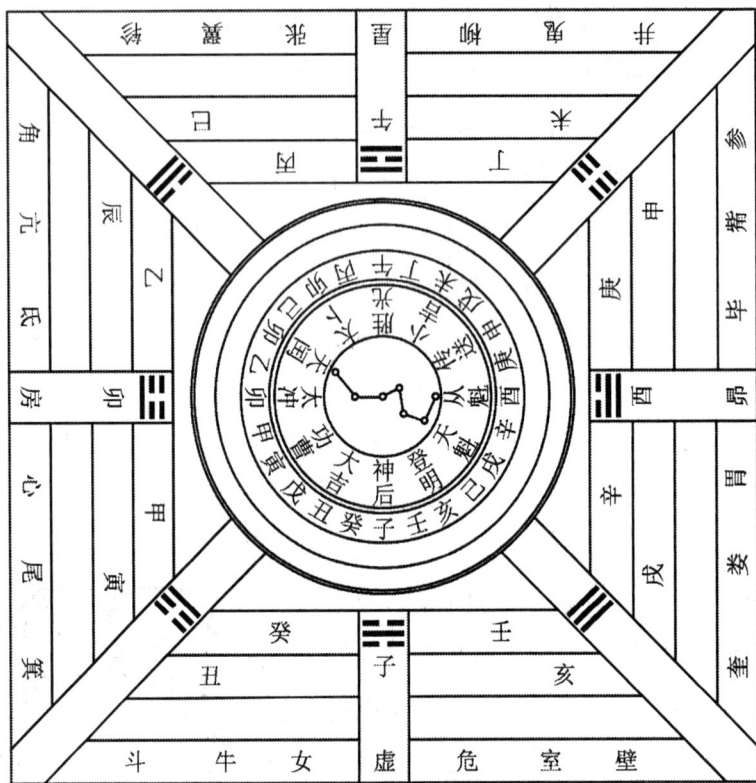

图 4-2 东汉木制六壬式盘图[①]

从上图 4-2 六壬式盘图中可以看到：古人用这个中间可以旋转的圆盘作天盘，象征天体的运行；下面托着圆盘的正方形盘作地盘，象征地面，天盘上标有北斗七星、十二神、十二辰、十干；地盘上标有八干、十二支、二十八宿等。所以，《八宅经》用八卦表示方向、方位并与人的生年相配是当时中国勘天舆地的一个特色，用圆盘和方盘象征天圆地方，这是中国古人的宇宙思维模式的物质化、具体化、形象化。《淮南子·天文篇》说"天

---

①朝鲜乐浪遗址王盱墓出土，参见王振铎：《司南指南针与罗经盘》，载《科技考古论丛》，北京：文物出版社，1989 年，第 108 页；蔡达峰：《历史上的风水术》，上海：上海科技教育出版社，1994 年，第 145 页。

道曰圆，地道曰方"，"天圆地方，道在中央。"①式盘是用于占时日的吉凶
的。《史记·日者列传》说："今夫卜者必法天地，象四时，顺于仁义，分
策定卦，旋式正棋，然后言天地之利害、事之成败。"《索隐》说："按式即
栻也，旋，转也。栻之形，上圆象天，下方法地，用之则转天纲，加地之
辰，故云旋式。"②某年生人属某宫，在某年何以有小灾呢？这是以命宫为基
础，运用五行生克来判定吉凶的。据《京氏易传》载，八卦的五行属性分别
是：乾兑属金，坤艮属土，震巽属木，坎属水，离属火。据研究，这种配法
出自《说卦》。京氏云："阴阳运行，一寒一暑。五行互用，一吉一凶，以通
神明之德，以类万物之情，故易所以断天下之理，定之以人伦而明王道。八
卦建五气，立五常，法象乾坤，顺于阴阳，以正君臣父子之义。故易曰'元
亨利贞'。夫作易所以垂教，教之所被，本被于有无，且易者包备有无，有
吉则有凶，有凶则有吉，吉凶之义，始于五行，终于八卦。"③因而，八宫卦
与宅行年的八宫卦之间，就可以用五行生克关系来判定吉凶，确定何年有灾
祸。如说："丑寅生人属艮宫，宅以辰巳年有小灾，[害]小男"。因为辰巳
属巽宫，巽属木；又丑寅生人属艮宫，艮属土；木克土，所以宅在辰巳年有
灾。又如规定"卯生人属震宫，以酉年有灾，害长男、小女"。因为酉属兑
宫，兑属金；卯生人属震宫，震属木，金克木，所以宅在酉年会有灾祸。其
余的灾祸年依此理类推。

某年的妨害，或害家长、家母，或害小男、小女，这也是依据《周
易·说卦传》乾坤生六子的思想来设定的。《说卦传》第十章说："乾，天
也，故称父；坤，地也，故称母；震一索而得男，故谓之长男；巽一索而
得女，故谓之长女；坎再索而得男，故谓之中男；离再索而得女，故谓之
中女；艮三索而得男，故谓之少男；兑三索而得女，故谓之少女。"④隋萧

①张双棣：《淮南子校释》，北京：北京大学出版社，1997年，第318页。
②[西汉]司马迁：《史记》，北京：中华书局，1959年，第3218页。
③[西汉]京房：《京氏易传》卷下，文渊阁《四库全书》第808册，上海：上海古籍出版社，1989年，第467页。
④吴兆基编译：《周易》，长春：时代文艺出版社，2001年，第279页。

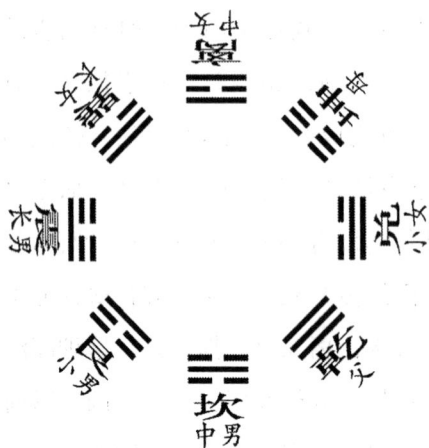

图4-3 后天八卦图

吉《五行大义》也说："乾为父，坤为母，共有六子，故云：'乾将三男：震、坎、艮；坤将三女：巽、离、兑。阴阳相生，故就乾索女，就坤索男。所以乾一索而得巽，曰长女；再索而得离，曰中女；三索而得兑，曰少女。坤一索而得震，曰长男；再索而得坎，曰中男；三索而得艮，曰少男。'"[1]如后天八卦图（如图4-3）所示：

艮宫为少男，所以，丑寅生人属艮宫，宅在辰巳年有小灾时，受祸者即为家中少男。

同理，卯生人属震宫，震宫为长男，宅在酉年有灾时，害长男。

辰巳生人属巽宫，巽宫为长女，宅在寅年有灾，害长女。而《八宅经》中写成"害小女"，误。

同理，午生人属离宫，离宫为中女，所以《八宅经》说"以戌年有灾，害中女"。

申未生人属坤宫，坤称乎母，因而宅在子年有灾时，害家母。

酉生人属兑宫，兑宫是小女宫，所以，宅在卯年有灾时就害小女。《八宅经》写成"害中男、中女"，误。

戌亥生人属乾宫，乾称乎父，所以宅在午年有灾时，是害家长。

坎宫为中男，"子生人属坎宫，宅以申未年有灾，害小男"，依理，小男应为中男。

总之，生年宫卦与宅行年宫卦相克时，受灾祸者是依据乾坤生六子的模

---

[1]［隋］萧吉：《五行大义》，刘国忠：《〈五行大义〉研究》，沈阳：辽宁教育出版社，1999年，第165–166页。

式来设定的，只是抄者笔误，或不经意，才出现宫卦与乾坤六子的对应关系不是那样的严谨。

三、八宫之人作宅宜忌

《八宅经》的第二部分主要规定八种命宫之人作宅的宜忌。这八种命宫的先后次序是先从坎宫开始，依次为艮宫、震宫、巽宫、离宫、坤宫、兑宫、乾宫。这一顺序的排列包含了古人遵循天道运行而办事行政的思想。《五行大义》云："因八方之通八风，成八节之气故卦有八。"[①]又引《易通卦验》云："艮，东北，主立春；震，东方，主春分；巽，东南，主立夏；离，南方，主夏至；坤，西南，主立秋；兑，西方，主秋分；乾，西北，主立冬；坎，北方，主冬至。"[②]总之，这八个命宫的排列顺序体现了古人顺行节令、应天顺物的思想。中国早有依天时物候办事行政的思想，对八风、八节、物候、时令及历忌等方面都有详细的配属关系，如《太平御览》卷九引《易通卦验》曰："冬至，广莫风至，诛有罪，断大刑。立春，条风至，赦小罪，出稽留。春分，明庶风至，正封疆，修田畴。立夏，清明风至，出币帛，礼诸侯。夏至景风至，辩大将，封有功。立秋，凉风至，报土功，祀四乡。秋分，阊阖风至，解悬垂，琴瑟不张。立冬，不周风至，修宫室，完边城。八风以时，则阴阳变化道成，万物得以育生。王当顺八风，行八政，当八卦也。"[③]

值得注意的是在宜忌评价体系中使用了五鬼、生气、天医、大德、祸害等概念，这是九星卦变在八宅吉凶判断中的运用，现以震宫为例予以说明。其文曰："卯生人属震宫，宜作离宅，不过四年害小男、小女。作坤宅，二年害长母。作乾宅，六、八年家长亡。作艮宅，是五鬼，入家五年即病。坎宅是天医，有病人入家即差（瘥），大德。"

---

①②［隋］萧吉：《五行大义》，刘国忠：《〈五行大义〉研究》，沈阳：辽宁教育出版社，1999 年，第 247 页。

③［北宋］李昉等：《太平御览》卷九引《易通卦验》，北京：中华书局，1960 年，第 43 页。

依宋韶光《阳宅真经与风水》①列出震宅卦变如下（表4-1）：

表4-1　震宅卦变表

九星	贪狼	廉贞	武曲	文曲	禄存	巨门	破军	辅弼
游年	生气	五鬼	延年	六煞	祸害	天医	绝命	伏位
卦变	☲	☰	☴	☶	☷	☵	☱	☳
	离	乾	巽	艮	坤	坎	兑	震

　　宋韶光表中说："震卦一变为离。离震为太阳所生，先天之合。故为生气。第一吉星。""二变为乾。乾金，震木，金克木，以阳克阳，故为五鬼，第二凶星。""三变为巽。震巽卦体，奇偶相对，后天之合。故为延年，第三吉星。""四变为艮。艮土，震木，木克土，故为六煞。第三凶星。""五变为坤，震木，坤西南申位，申金克木，故为祸害。第四凶星。""六变为坎，震木，坎水，水生木五行之合，故为天医。第二吉星。""七变为兑，震木。兑金，金克木，故为绝命。第一凶星。""八变为震，归元卦，故为伏位。第四吉星。"②就是说震变第一爻为离，也就是说，震最上面的一爻本为阴爻，变为阳爻，震卦就变为离卦了。又因离震皆为太阳所生，故离为震卦的生气位。其余类推。敦煌写本《八宅经》说："作艮宅，是五鬼"，依理应为六煞。全篇中的应为六煞的位置基本上都写成了五鬼，而没有六煞的星位，这是《八宅经》与后世八宅派著作不同的地方。八宅配九星时，生气、天医、延年、伏位方为吉方，而五鬼、绝命、祸害、六煞等四方为凶方。这正与宋韶光《阳宅真经与风水》所说的第一凶星、第二凶星、第一吉星、第二吉星相同。《八宅经》中有大德一方，艮宫大德在兑，离宫坎宅大德，坤宫乾宅大德，兑宫艮宅是大德，乾宫坤宅大德，这也是《八宅经》与后世八宅派著作不同的地方。

---

①②宋韶光：《阳宅真经与风水》，呼和浩特：内蒙古人民出版社，1998年，第18页。

《阳宅十书》和《八宅明镜》都载有大游年歌诀，这个歌诀就是八宅变卦后方位的排列，其辞曰："乾六天五祸绝延生，坎五天生延绝祸六，艮六绝祸生延天五，震延生祸绝五天六，巽天五六祸生绝延，离六五绝延祸生天，坤天延绝生祸五六，兑生祸延绝六五天。"宋昆、易林《阳宅相法简析》将大游年歌诀列为简表4-2[①]，正与《八宅经》作宅宜忌编排的规律相合，现转录如下：

表 4-2　大游年歌诀表

	乾☰	坎☵	艮☶	震☳	巽☴	离☲	坤☷	兑☱
乾☰	伏	六	天	五	祸	绝	延	生
坎☵	六	伏	五	天	生	延	绝	祸
艮☶	天	五	伏	六	绝	祸	生	延
震☳	五	天	六	伏	延	生	祸	绝
巽☴	祸	生	绝	延	伏	天	五	六
离☲	绝	延	祸	生	天	伏	六	五
坤☷	延	绝	生	祸	五	六	伏	天
兑☱	生	祸	延	绝	六	五	天	伏

据清代的《协纪辨方书》所载，游年有小游年变卦和大游年变卦之分，"小游年变卦，《青囊经》谓之九曜，亦名翻卦。从乾卦翻者为天父卦，从坤卦翻者为地母卦，皆由天定卦翻变而出。地理家之净阴净阳、三吉六秀、八贵十二吉龙皆本于此。后世借以为男女生命合婚之用，故名游年。因阳宅又有游年变卦之法，故此为小游年。""大游年变卦相宅家用之，选择有以宅长

---

①宋昆、易林：《阳宅相法简析》，载王其亨主编：《风水理论研究》，天津：天津大学出版社，1992年，第78页。

行年配合修造之说，故名游年。因地理亦有游年变卦之法，故此名大游年，小阴而大阳也"[1]。八卦变第二、三爻即"天医"者为小游年变爻；变第一、二爻即"天医"者为大游年变爻。显然，《八宅经》中的"天医"取用大游年变卦，这也说明，唐代业已有了大小游年的区分。我们看到明朝一壑居士《八宅四书》中的七煞图正与《协纪辨方书》的大游年一一对应，[2]现列简表如下（表4-3）：

表4-3 《八宅四书》七煞图与《协纪辨方书》大游年对照表

爻变图				
七煞图名称	先天生气图	先天天医图	先天延年图	先天绝命图
《协纪辨方书》名称	大游年生气吉	大游年天医吉	大游年延年吉	大游年绝命凶
爻变图				
七煞图名称	先天五鬼图	先天祸害图	先天六煞图	
《协纪辨方书》名称	大游年五鬼凶	大游年祸害凶	大游年六煞凶	

由此可见，八宅派从敦煌写本到明朝《八宅四书》，直至清朝《八宅明镜》都沿用大游年变卦变爻来判定宅舍方位的吉凶。

将九星变卦用之判定吉凶，早在隋代就有了，隋萧吉《五行大义·论

---

[1]［明］一壑居士集：《八宅四书》，《续修四库全书》子部·术数类第1052册，上海：上海古籍出版社，1997年，第448-450页。

诸人》"论人游年年立"条说："游年所至之卦，因三变之，一变为祸害，再变为绝命，三变为生气。生气则吉，祸害、绝命则凶。吉则可就其方，凶则宜避其所。祸害者，以其相克害也。"①用游年八卦来推定人的命运吉凶，敦煌卷子中有四件文书，它们分别是 P.2830《推人游年八卦图》、Д x .02800+Д x .03183《推人游年八卦图》、S.5772《推人游年八卦图》、P.3066《推年立算厄、游年八卦命书》。王爱和博士有介绍，②认为这些文书均属于同一个版本，并认为"该卜法的产生可能在唐世，之后大盛，并与九宫等结合"。S.6164《三元九宫行年》说："上元甲子从兑宫起七，中元甲子从坎宫起一，下元甲子从巽宫起四。"这与八宅派所用三元法相同。王爱和说"该卜术是以文王八卦方位为背景，来卜人无论男女，均一岁从正南离卦起数，之西南坤、正西兑、西北乾、正北坎、东北艮、正东震、东南巽，在文王八卦方位上顺时针数岁，数至来卜人实年即止，然后以实年所止方位所在的卦及其游变断吉凶宜忌。"③这与八宅派用福元论宅的吉凶的道理类同。说明隋唐之世人们将游年八卦用之断人的吉凶祸福，也用之于相宅。

四、《八宅经》的作宅法

《八宅经》第三部分是作宅法的规定，八宫命中唯兑宫残缺。先有总论说："凡欲便出入法：先取家长本宫生气，如意消息，去就彼生，须案太岁所在及行年神吉凶。宜审寻验，掺后有宜，若有犯角、牛，当有凶耗。"由此可知，作宅应取家长本宫生气方，须依太岁所在及行年神吉凶，又不能犯角、牛。本宫生气方见前论八卦游年变卦方位吉凶，太岁所在及行年神吉凶在阴阳宅经、五姓宅经中也有同样的规定，应是修造动土普遍遵循的神煞。前文《敦煌写本宅经中的阴阳宅修造吉日》中已有论列，这里不赘。这

---

①［隋］萧吉：《五行大义》，刘国忠：《〈五行大义〉研究》，沈阳：辽宁教育出版社，1999年，第290页。

②③王爱和：《敦煌占卜文书研究》，兰州大学博士研究生论文，2003年。

里说不能犯角、牛，所谓角、牛，应该是二十八宿中的角星和牛星，所见到的八宅派著作中唯有《八宅四书》有"论二十八宿临宫"，可以参考，其文曰："自巽宫起角，逆行二十四位，其四维各管二宿，支干止管一宿，周于四面，乃为政。"并有"二十八宿临宫图，"①现转绘如图4-4：

此图的最早蓝本应是《淮南子·天文训》的附图，据此图，可知角、牛位于巽、艮方，即东南、东北方。在葬书中规定葬龙角为大忌。《晋书·郭璞传》载："[郭]璞尝

图4-4 《八宅四书》二十八宿临宫

为人葬，帝微服往观之，因问主人：'何以葬龙角，此法当灭族。'主人曰：'郭璞云：此葬龙耳，不出三年当致天子也。'"②武则天时，侍中郝处俊因曾极力反对高宗逊位于武则天，遭到武氏冷落。郝死后，有一懂风水的书生经过郝的墓地，感叹说："葬压龙角，其棺必斫。"③《全唐诗》卷880-19引《葬书》语曰："葬压龙角，其棺必斫。""安龙头，枕龙角。不三年，自消铄。"④这些龙角应该是角星方位。《史记·天官书》北斗七星条下说"杓携龙角"，《正义》案："角星为天关，其间天门，其内天庭，黄道所经，七

---

① [明]一蜇居士集：《八宅四书》，《续修四库全书》子部·术数类第1052册，上海：上海古籍出版社，1997年，第488页。

② [唐]房玄龄等：《晋书·艺术传》，北京：中华书局，1974年，第1909页。

③ [北宋]李昉等：《太平广记》卷三八九冢墓一郝处俊条，北京：中华书局，1961年，第3108页。

④ 《全唐诗》卷八八〇——一九引《葬书》，北京：中华书局，1960年，第9958页。

耀所行。左角为理，主刑，其南为太阳道；右角为将，主兵，其北为太阴道
也。"①龙角左角为理主刑，右角为将主兵，皆为天子左右大臣，故不可触
犯。普通人用了龙角就是犯上，因此"法当灭族"。《史记·天官书》南斗条
下说"牵牛为牺牲"。②可能因为牺牲之故，因而为凶。

《八宅经》中规定：各宫人在宅内外如何移动，以及阴爻与阳爻在这种
方位移动中的变化；然后是房屋在四方上起立的先后顺序。至于这些作宅步
骤所体现的术数思维和趋吉思想如何，目前尚难做出合理的判断。这些做法
在传世八宅派著作中没有传承下来。

第二节　八宅派源流

一、八宅派源流

为了说清敦煌写本《八宅经》，这里有必要对八宅派的源流作一贯通古
今的考察。前面已经讨论过《八宅经》创制的时间，认为当在隋唐之际，敦
煌写本宅经 P.3865 中提到有"八卦宅经"和"六十四卦宅经"，说明以八卦
为基本分类方式的相宅著作在晚唐五代之际已经流行，著作也并非一种。

此前，以八卦相宅判定吉凶之事在史书中也有记载，如《晋书·艺术
传》载：

上党鲍瑗家多丧病贫苦，或谓之曰：'淳于叔平，神人也，君何不
试就卜，知祸所在？'瑗性质直，不信卜筮，曰：'人生有命，岂卜筮所移！'
会智来，应詹谓曰：'此君寒士，每多屯虞，君有通灵之思，可为一卦。'

---

① ［西汉］司马迁：《史记·天官书》，北京：中华书局，1959 年，第 1292 页。
② ［西汉］司马迁：《史记·天官书》，北京：中华书局，1959 年，第 1310 页。

智乃为卦，卦成，谓瑗曰：'君安宅失宜，故令君困。君舍东北有大桑树，君径至市，入门数十步，当有一人持荆马鞭者，便就买以悬此树，三年当暴得财。'瑗承言诣市，果得马鞭，悬之三年，浚井，得钱数十万，铜铁器复二十余万，于是致赡，疾者亦愈。①

淳于智以演卦的形式推断出鲍瑗丧病贫苦的原因是因为安宅失宜，并指出了镇厌的方法，只是其演卦之法现在不得而闻。若从鲍瑗所言"人生有命，岂卜筮所移"的话判断，当时人对演卦来预测和改变命运是并不十分信任的。

此后至隋朝建大兴城就是按八卦中乾卦的卦理规划的，《隋书》卷68《宇文恺传》载："及迁都，上以恺有巧思，诏领营新都副监。高颎虽总大纲，凡所规画，皆出于恺。"②关于大兴城的规划，张礼《游南城记·永乐坊》载之较详，描述道："宇文恺城大兴，以城中有六大岗，东西横亘，象乾之六爻，故于九二置宫室，以当帝王之居；九三置百司，以应君子之数；九五贵位不欲常人居之，故置玄都观、大兴善寺以镇之。玄都观在崇业坊，大兴善寺在靖善坊，其岗与永乐坊东西相直。"③乾卦的卦理如何呢? 且看下面简表（表4-4）：

表 4-4

乾卦原文	白话文译释
用九 九五 九四 九三 九二 初九	

① [唐]房玄龄等：《晋书·艺术传》，北京：中华书局，1974年，第2478页。
② [唐]魏徵、令狐德棻：《隋书》卷六八《宇文恺传》，北京：中华书局，1973年，第1587页。
③ [宋]张礼：《游南城记·永乐坊》，文渊阁《四库全书》第593册，上海：上海古籍出版社，1989年，第4页。

续表

乾：元，亨，利，贞。 初九：潜龙，勿用。 九二：见龙在田，利见大人。 九三：君子终日乾乾，夕惕若，厉无咎。 九四：或跃在渊，无咎。 九五：飞龙在天，利见大人。 上九：亢龙有悔。 用九：见群龙无首，吉。	乾：象征天的纯阳至健的性质，特点是元始、发展、成熟和收藏。 初九：龙潜在水底养精蓄锐，暂时不能有所作为。 九二：龙出现在田地上，有利于见王公贵族。 九三：君子整天勤奋努力，夜晚随时警惕着，这样即使遇到危险，终究不会有灾难。 九四：龙或腾跃而起，或退居于深渊，均没有灾祸。 九五：龙飞到天空，有利于见王公贵族。 上九：龙飞到极高之处，将会有灾祸之困。 用九：出现群龙谁也不愿为首的现象，是很吉利的。

　　大兴城的布局在唐代仍为时人所关注，《旧唐书》卷170《裴度传》记："明年正月，度至，帝礼遇隆厚，数日，宣制复知政事。而逢吉党有左拾遗张权舆者，尤出死力。度自兴元请入朝也，权舆上疏曰：'度名应图谶，宅据冈原，不召自来，其心可见。'先是奸党忌度，作谣辞云：'非衣小儿坦其腹，天上有口被驱逐。''天口'言度尝平吴元济也。又帝城东西，横亘六岗，合《易象》乾卦之数。度平乐里第，偶当第五岗，故权舆取为语辞。昭愍虽少年，深明其诬谤，奖度之意不衰，奸邪无能措言。"①《资治通鉴》卷243宝历二年条亦载其事曰："春正月，壬辰，裴度自兴元入朝，李逢吉之党百计毁之。先是民间谣云：'绯衣小儿坦其腹，天上有口被驱逐。'又，长安城中有横亘六冈，如乾象，度宅偶居第五冈。张权舆上言：'度名应图谶，宅占冈原，不召而来，其旨可见。'"②元胡三省注曰："六冈横亘，如乾卦六画之象。裴度平乐里第偶居第五冈。程大昌曰：宇文恺营隋都也，曰：朱雀街南北尽郭，有六条高坡，象乾卦六爻，故于九二置宫殿以当帝王之居，九三立百司以应君子之数，九五贵位，不欲常人居之，故置玄都观及兴善寺以镇其地。刘禹锡《看花诗》即此也。裴度在朱雀街东，自北而南则为第四

---

①［后晋］刘昫等：《旧唐书》卷一七〇《裴度传》，北京：中华书局，1975年，第4427页。
②［宋］司马光：《资治通鉴》卷二四三宝历二年，北京：中华书局，1956年，第7847页。

坊，名永乐坊，略与玄都观东西相对，而其第之比观基，盖退北两坊，不正相当也。"①若只从字面上谈乾卦卦理，难以说清九五贵位的问题，不妨看下面的大兴城布局示意图4-5，也许能更加明白其旨意。

从以上的鲍瑗之宅和大兴城的布局的事例中，我们看到与它们传世八宅派著作的相宅作

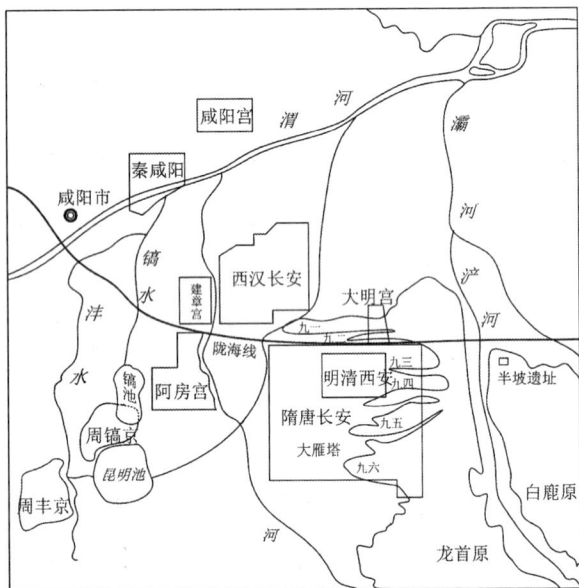

图4-5 长安历代城址变迁示意图②

法不同，只用八卦推断吉凶，换言之，就是只就乾卦卦理附会，简单直观。后来，有所谓帝王为"九五之尊"的说法，就是据乾卦阳爻第五爻而来的。乾卦六爻，自下而上，初爻、二爻代表民，三爻、四爻代表臣，五爻、上爻代表君。君爻中五爻为奇数，六爻为偶数，古代以女为阴为偶为第六爻，以男为阳为奇数为第五爻，所以阳爻的第五爻为古代男性君王之象，即"九五之尊"，又取乾卦"飞龙在天"之义，所以，至今我们可以看到紫禁城中的太和殿以及天安门城楼上的房间都是东西长九间，南北深五间，以附会帝王"九五之尊"之数。

后世八宅派著作套上九星以定吉凶，相比较而言就更为复杂，且组成一个一环套一环的占断吉凶的系统。现在考八宅类图书的著录，《宋史·艺文志》中记有《黄帝八宅经》一卷、《淮南王见机八宅经》一卷、黄石公《八

---

① [宋] 司马光：《资治通鉴》卷二四三宝历二年，北京：中华书局，1956年，第7847页。
② 佟裕哲：《中国景园建筑图解》，北京：中国建筑工业出版社，2001年，第85、86页。

宅》二卷，[①] P.2615b 可能是其中的一种。现在可见到的有关八宅派的著作主要有：

明代周继《阳宅真经》，《续修四库全书》子部·术数类，第 1052 册，上海：上海古籍出版社，1997 年。有明万历丁酉年（1597 年）题记。

明代一壑居士集《八宅四书》，《续修四库全书》子部·术数类，第 1052 册，上海：上海古籍出版社，1997 年。明万历辛丑年（1601 年）题记。

清代《古今图书集成》中收录的明代青社惠王君荣纂辑的《阳宅十书》，有"万历丁酉冬……王君荣书"字。

清代周南、吕临辑《安居金镜》，《续修四库全书》子部·术数类，第 1052 册，上海：上海古籍出版社，1997 年。有乾隆四十五年（1780 年）序。

清代有箬冠道人撰的《八宅明镜》，李非注评，华龄出版社 1995 年 8 月。有乾隆五十五年（1790 年）顾吾庐序。

清代赵九峰《阳宅三要》，赵金声白话评注本，中州古籍出版社 1996 年 12 月。

清代吴鼒《阳宅撮要》，有借月山房汇钞第十二集，泽古斋重钞第十集两个丛书本子，[②]收载于《阴阳宅大全》（中州古籍出版社 1996 年 2 月）。有刘铁冷禹历丙寅岁序。

清代张觉正（佩鸣）《阳宅爱众篇》，清光绪六年版。[③]

当代宋韶光《阳宅真经与风水》，内蒙古人民出版社 1998 年 12 月。

依一丁先生《中国古代风水与建筑选址》第 306 页的介绍，高濂著《阳宅八山断诀》抄本 1 册，黄石公著《八宅断诀》抄本 1 册，也应该是八宅派著作。

八宅派的代表作应该是明代王君荣纂辑的《阳宅十书》和清代题为箬冠道人撰的《八宅明镜》，《阳宅十书》是明代宅经的集成，不仅集中了八宅

---

① ［元］脱脱等：《宋史·艺文志》，北京：中华书局，1977 年，第 5253、5258 页。

② 一丁：《中国古代风水与建筑选址》，石家庄：河北科学技术出版社，1996 年，第 308 页。

③ 一丁：《中国古代风水与建筑选址》，石家庄：河北科学技术出版社，1996 年，第 306 页。

派的内容，还收揽了宅内外形法、选择、符咒等多方面的内容。《八宅明镜》又叫《八宅周书》，则专讲八宅的内容。八宅派的著作现在可见的最早的应该是敦煌写本 P.2615b《八宅经》，所以说八宅派不是汉代最为流行，应该是隋唐发轫，五代宋时期流行，到明清最为兴盛。

二、八宅派相宅的特点

（一）大游年法。

九星飞宫法，八门套九星以定吉凶。三吉星，五凶星，建宅在三吉星方位上。

宋昆、易林《阳宅相法简析》，亢亮、亢羽编著《风水与建筑》有介绍。[①]一般认为八宅派用的九星出自北斗七星及其旁左辅、右弼两颗小星，这九星又各有阴阳、五行属性及吉凶的不同，还各有别名，即生气贪狼、天乙巨门、延年武曲、绝命破军、五鬼廉贞、六煞文曲、祸害禄存、左辅、右弼，以伏位、生气、五鬼、延年、六煞、祸害、天医、绝命论吉凶，伏位、生气、延年、天医为吉，五鬼、六煞、祸害、绝命为凶。宅门坐宫的卦位为伏位，依大游年歌有八卦命名组成的八组宅位关系，每一卦命组中的某一方位与其他七个方位的关系又是由八卦的爻变产生的。

（二）主人年命，三元，《阳宅十书》才有福元、三元甲子福德宫定局等。

八宅派强调主人年命与宅的关联。时下一般的算命术称人的命运由四柱八字的五行生克造成的，所以又称人的命运为八字，即指人出生的年、月、日、时的四个干支所组成的八个字。在八宅派来说，则只强调了宅主人生年这一对干支，将这一对干支配入八卦，所有的人就由这八卦命名的命组成，即乾命、坤命、坎命、巽命、震命、离命、艮命、兑命。因而宅字是个双关语，既作宅院讲，也作宅命讲。又进而分为东四和西四两组不同的宅命，不

---

①宋昆、易林：《阳宅相法简析》，载王其亨主编：《风水理论研究》，天津：天津大学出版社，1992 年，第 70 页；亢亮、亢羽编著：《风水与建筑》，天津：百花文艺出版社，1999 年，第 94 页。

得混淆。巽、离、坤、兑为东四命一组，乾、坎、艮、震为西四命一组。

为了推算人的宅命，提出了福元说，或说三元命。用中国古代甲子纪年法，六十年一个花甲子，为一元，由三个六十花甲组成上中下三元，共一百八十年，这样每个人必定是上中下三元中的某一元的宅命。

（三）有动静变化宅，用穿宫九星法、截路分房法。

为了推算多层楼房和多座房屋的吉凶关系，八宅派又用上静宅、动宅、变宅、化宅等概念。对静宅、动宅、变宅、化宅等概念，分别用穿宫九星法来推定吉凶。另外还有多组院落错落有致排列的组群宅院，就用截路分房法来判断吉凶。

（四）强调门、灶方位的吉凶。有火奄说／歌。

八宅派认为门为一家之气神，灶为一家之食神，无生气入门，则为死宅，无食神降临，则为死人。因此，门的朝向一定要与宅中主人的东、西年命相合。每个宅院中都有四个吉方和四个凶方，门和灶应该朝向吉方，镇压凶方。

（五）强调婚姻和子息。

一般相宅都注意田产、资财、寿命、疾病等，而八宅派却特别强调婚姻和子息，这是中国传统的易学思想的影响，易学强调生生不息，《易经·系辞上传》第五章说："生生之谓易，成象之谓乾，效法之谓坤，极数知来之谓占，通变之谓事，阴阳不测之谓神。"[1]因而只有好的婚姻才可能多子多福，儿孙满堂，家业传承有绪，代代兴旺发达。

（六）宅的移徙方向有"元（玄）空装卦诀"。

对房屋的移徙方位的吉凶的判断，八宅派提出了元（玄）空装卦诀。以辰南戌北斜分一界，东北为阳，西南为阴，八卦所主八方中，巽、离、坤、兑为四阳方，乾、坎、艮、震为四阴方。移徙后宅的吉凶方位改变了，宅中的门、灶的方向也要相应的改变，才能化凶为吉。

---

① 吴兆基编译：《周易》，长春：时代文艺出版社，2001年，第247页。

（七）《阳宅十书》中有宅外形、宅内形、动工的吉时良辰的选择、放水等，以及符镇法等方方面面，比较全面，而《八宅明镜》则舍弃其余，只注重占断方位的吉凶，也就是说只讲理气，不及形势，更能代表成熟时期的八宅派的趋势。

与传世的八宅派著作相比，敦煌写本八宅经有些不同，陈于柱已指出了三大点不同之处，这是对的。[①]

第一，在人的命宫归属方面，《八宅经》是以表示宅主生年的十二地支在方位上的与后天八卦的配属关系来确定，其凶祸也只是依五行生克推断，操作起来比较简单直观；后世多采用三元的方法来确定宅主的命卦，而且男、女命又各不相同；加之套用九星变卦占断吉凶，这就使命宫的确定复杂了许多，使初次接触者炫惑难通。

第二，住宅方位的八卦所属相对于命宫八卦在爻变的名称上，两者也不同，前已论及，主要是一般八宅派作六煞的，《八宅经》作五鬼，现列表如下（表4-5）：

表4-5　游年八卦爻变名称对照表

爻变	变第一爻	变第二爻	变第三爻	变第一、二爻	变第一、三爻	变第二、三爻	三爻全变	三爻不变
《八宅经》的名称	祸害	绝命	生气	天医	五鬼	（无）	大德	
八宅明镜等的名称	祸害	绝命	生气	天医	六煞	五鬼	大德	伏位
吉凶标示	凶	凶	吉	吉	凶	凶	吉	

第三，后世在游年八卦变爻的基础上提出了"东四命""西四命"和"东四宅""西四宅"之说，将人之生年分属离、震、巽、坎东四命，乾、兑、

[①] 陈于柱：《敦煌写本宅经研究》，兰州大学硕士研究生论文，2003年。

艮、坤西四命，东四命住离、震、巽、坎东四宅，西四命人住乾、兑、艮、坤西四宅两不相混。

第四，后世八宅派提出了静动变化宅的概念，相应地使用穿宫九星法、截路分房法；宅的移徙方向有"元（玄）空装卦诀"等，都是《八宅经》中所没有的。后世八宅派特别强调婚姻和子息，而《八宅经》在占断凶祸方面却只是害家长、家母，或家中长、中、小男女，或疾病，吉的方面只有延年益寿等占辞。

通过对敦煌写本《八宅经》的解析，我们看到一种以八卦为基本分类方式的相宅术，它将人的生年、住宅的行年以及住宅等归入到八卦系统中，构成以八经卦命名的八种命宫和八种住宅；这样就形成了对住宅灾祸年和对各命宫人作宅吉凶宜忌的两个并列的评价体系，从而我们可以看到《八宅经》有如下的特点：

其一，住宅灾祸年的判定。用人出生的十二地支年表示人的生年，套上表示方位的后天八卦，加上宅的行年，然后看人生年所属的八宫卦与宅行年所属八卦在五行属性上的生克关系，来确定各命宫何年有灾祸。

其二，八种命宫人作宅吉凶宜忌的评价。以八卦命名的各命宫人分别对应于以八卦命名的八种宅，至于作何宅为吉，作何宅为凶，主要看各八卦宅之八卦相对于命宫八卦在爻变上的关系，在五行上相生则吉，相克则凶。

其三，在占断方法方面，《八宅经》与后世八宅派都用大游年八卦爻变来占断吉凶，这是其相同相通之处，即以生气、天医、大德、祸害、绝命、五鬼等占断吉凶。只是后世八宅派五鬼位作六煞，大德位作延年，名称有变易而已。

通过对敦煌写本《八宅经》的解析，我们可以看到，隋唐时期以八卦为基本分类方式的相宅术以及著述虽非仅一种，但也并不多，延及五代、宋之后以"八宅"命名的相宅书逐渐多了起来，一直到明清，八宅派的著作逐渐成为相宅的主流。隋宇文恺以乾之六爻来布局大兴城，只是简单直观地以地形山岗的象征意义来占断、规划城区的吉凶宜忌，敦煌写本《八宅经》则不用关注地形地势，抛弃了形法相宅相地的做法，直接地运用命宫、生年、行年、游年八卦等禄命术的理论，这反映了唐宋社会变迁之际人们对个人禄命的重视。《旧唐书·经籍志》《新唐书·艺文志》《宋史·艺文志》中禄命类著作日益增多，也反映了这种发展趋势，《八宅经》正是顺应社会思想趋势的产物，是后世八宅派著作偏向理气，走向繁盛的序曲。相对后世特别是明清时期的游年八卦相宅术，敦煌写本《八宅经》还只是刚开始运用游年八卦，手法简单，占法直观，没有后世那样炫目，还是刚发芽的嫩苗。

通过对八宅派的追本溯源，我们基本上弄清了八宅派的源流，八宅派相宅的基本特点，这有助于我们更深刻地认识敦煌写本八宅经，弄清八宅经与八宅派的关系。八宅派发轫于隋唐，流行于五代宋时期，鼎盛于明清，清至近现代三合、玄空渐兴，以至八宅派有被湮没的趋势。

第五章　敦煌写本宅经葬书中的修造诸神煞

第一节　敦煌写本宅经葬书中的修造诸神煞

敦煌写本宅经葬书牵涉到许多的吉神凶煞以及诸多的禁忌等，这里先就其修造的神煞专列一小节予以关注。这些神煞及其相类的知识对古人而言原本都是耳熟能详的，下面就分为吉神、凶煞等几个方面介绍。

一、吉神

（一）天德、天道及其运行

P.3865《阴阳宅经》说："又此二宅修造，唯看天德、月德、天道到，即修之，不避将军、太岁、豹尾、黄幡、黑方及五姓宜忌，但随顺阴阳二气为正。此诸福煞，依阴阳而立，故不能若为灾，避之亦不妨。"

天德又称"天德贵人"，是阴阳家所称的贵神，与月德合称"天月德"，又称"二德"。以月干配合日干而定。《协纪辩方书》卷五《义例三·天道（天德）》引《乾坤宝典》曰："天德者，天之福德也。所理之方，所直之日，可以兴土功，营宫室。"又作按语说："天道即是天德，专言其方则曰天道，兼日干与方向言之，则曰天德，其实一也。"关于天德的运行方位，该书引《堪舆经》曰："天德者，正月丁（南）、二月坤（西南）、三月壬

（北）、四月辛（西）、五月乾（西北）、六月甲（东）、七月癸（北）、八月艮（东北）、九月丙（南）、十月乙（东）、十一月巽（东南）、十二月庚（西）。"敦煌卷子 S.0612V "天道德例"为"丁正、坤二、壬三、辛四、乾五、申六、癸七、庚八、丙九、乙十、巽十一、庚十二，已上天德用时，孟月甲庚丙壬，仲月乾巽坤艮，季月乙辛丁癸"。①两者相同，而后者还道出了排列方位的原则。

天道运行的方位是阴阳宅修造所遵循的方位，所以它是阴阳宅有关修造的最重要的神。清人梅毂成等奉敕撰的《协纪辩方书》卷五《义例三·天道（天德）》引《乾坤宝典》曰："天道者，天之元阳顺理之方也。其地宜兴举众务，向之上吉。"关于天道运行的方位，该书引《广圣历》曰："天道正月、九月在南方，二月在西南方，三月、七月在北方，四月、十二月在西方，五在西北方，六月、十月在东方，八月在东北方。十一月在东南方也。"敦煌文书 P.2842V《推人九天宫法》推天道的运行作："正月、九月、十一月天道南行，六月、八月、十月东行，二月、四月、十二月西行，三月、七月、五月天道北行。"②敦煌卷子 S.0612V "天道例"为"正丁二老母，三壬四主辛，五乾六在甲，七癸八东北，九丙十归乙，十一巽宫排，十二还居兑，唯此是真裁。"③所谓"老母"是指坤西南方。

邓文宽研究敦煌具注历后，认为敦煌历日在将近二百年时间中所采用术数书籍并非一贯，在天道运行的方位方面，既有用四方与四维的运行方位的，也有只用四方方位的。④具体而言，敦煌文书 986 年历日中就有四个月，二、五、八、十一月的天道为四维，《敦煌天文历法文献》P118、P145、P165、P172、P182、P189 等就不用四维。⑤邓文宽所指这几卷分别为 P.3900 唐元和四年己丑岁（809 年）具注历日、P.2765 唐大和八年甲寅岁（838 年）

---

①②③王爱和：《敦煌占卜文书研究》，兰州大学博士研究生论文，2003 年。
④邓文宽：《敦煌具注历日与〈四时纂要〉的比较研究》，《敦煌研究》2004 年第 1 期，第 62 页。
⑤邓文宽辑校：《敦煌天文历法文献》，南京：江苏古籍出版社，1996 年，第 238 页。

具注历日、S.1439 背唐大中十二年戊寅岁（858 年）具注历日、P.3284 唐咸通五年甲申岁（864 年）具注历日等。

（二）岁德

岁德，阴阳家语。Дx. 01396V ＋ 01404V ＋ 01407S 说："甲己之岁德在甲，乙庚在庚，丁壬在壬，景辛在景，戊癸在戊。并如甲岁。"所谓德在甲即指岁德而言。《协纪辩方书》卷三《义例一·岁德》引《曾门经》曰："岁德者，岁中德神也。十干之中五为阳，五为阴。阳者君道也，阴者臣道也。君德自处，臣德从君也。所理之地万福咸集，众殃自避，应有修营，并获福祐。"关于岁德的方位，该书引《广圣历》曰："甲德在甲，乙德在庚，丙德在丙，丁德在壬，戊德在戊，己德在甲，庚德在庚，辛德在丙，壬德在壬，癸德在戊。"敦煌文书 P.3647 作"甲己之岁得（德）在甲，乙庚之岁得（德）在庚，丙辛之岁德在丙。丁壬之岁德在壬，戊癸之岁德在戊，已上为岁得"，两者相同。《协纪辩方书》又引《考原》申述说："律吕六阳当位自得，六阴则居其冲。岁德则五阳干当位自得，五阴干则取其合。盖阳以自得为德而阴以从阳为德也。"敦煌卷子 S.0612V "岁德例"为"阴即取阳辰合为德，岁在丁乙已巳辛癸，阳年自处；甲丙戊庚壬，已上岁德是吉辰。"[1]即与此相合。

（三）月德

月德：月事吉神。《协纪辩方书》卷五《义例三·月道》引《天宝历》曰："月德者，月之德神也。取土、修营宜向其方，宴乐、上官利用其日。"关于其运行方位，该书引《历例》曰："月德者，正、五、九月在丙，二、六、十月在甲，三、七、十一月在壬，四、八、十二月在庚。"又引曹震圭曰："月德者，月中之阳德也。故干为尊，枝为卑，是臣求君德也。以三合五行阳干为德。假令寅、午、戌三合为火，以丙为德，是各求自旺之干为应助也。余仿此。"Дx.01396+Дx.01404+Дx.01407《阴阳宅经》论及月德

---

[1] 王爱和：《敦煌占卜文书研究》，兰州大学博士研究生论文，2003 年。

时也说："正月、九月、五月，〔月〕德在景，……二月、六月、十月，德在甲，……三月、七月、十一月德在壬，……四月、八月、十二月德在庚，……"《协纪辩方书》与 Дx.01396+Дx.01404+Дx.01407《阴阳宅经》所论的月德运行是一致的。敦煌卷子 S.0612V"月德例"为"丙正、甲二、壬三、庚四、丙五，甲六、壬七、庚八、丙九、甲十、壬十一、庚十二，已上月德是吉辰。庚戌、辛庚、壬子、癸丑，已上吉日用百事吉。"[①]

（四）月德合

敦煌文书 P.3492 唐光启四年戊申岁（888 年）具注历日说：十一月小，建甲子，"天德在巽，月德在壬，合德在丁，丁壬上取土吉及宜修造。"[②]所说的"合德"就是月德合，《协纪辩方书》卷五《义例三》月德合条引《五行论》曰："月德合者，五行之精符会为合也。所理之地众恶皆消，所值之日百福并集，利以出师命将、上册受封、祠祀星辰、营建宫室。"又引《历例》曰："月德合者，正、五、九月在辛，二、六、十月在己，三、七、十一月在丁，四、八、十二月在乙。"

（五）月空

敦煌文书 Дx.01396V ＋ 01404V ＋ 01407《阴阳宅经》说："正月、九月、五月，德在景，空在景壬。二月、六月、十月，德在甲，空在甲庚。三月、七月、十一月德在壬，空在□景壬。四月、八月、十二月德在庚，空在甲庚。凡移徙氏（抵）一向，皆取岁、月德、天道、人道及□□□□空俱舍者吉，其十二辰道不得注吉凶。"所说"空在景壬"，就是指月空。月空是献计的奏书之神。《协纪辩方书》卷五《义例三·月空》引《天宝历》曰："月中之阳辰也。所理之日宜设筹谋、陈计策。"又引《历神原始》曰："月德自南而东丙、甲、壬、庚，月空自下而上北而西壬、庚、丙、甲，乃天德之冲神也。而曰宜设筹谋、陈列计策者，贵人之对名曰天空，宜上书陈言，故

---

① 王爱和：《敦煌占卜文书研究》，兰州大学博士研究生论文，2003 年。
② 邓文宽辑校：《敦煌天文历法文献》，南京：江苏古籍出版社，1996 年，第 375 页。

天空即奏书也。此对月德之神亦名之下以空，而日月空，故利于上表章也。"奏书之神月空是太岁四维之一，太岁四维居古代年神方位图之四角。其神煞为奏书、博士、力士、蚕室所居之四方。《协纪辨方书·义例一》奏书条引《广圣历》曰："奏书者，岁之贵神也，掌奏记，主伺察。所理之地，宜祭祀求福，营建宫室，修饰垣墙。"又博士条"博士者，岁之善神也。掌案牍，主拟议。所居之地，利于兴修。"有关月德、月空的运行方位，敦煌文书 P.2842V《推人九天宫法》月德法作："正月德在丙，空在壬。二月德在甲，空在庚。三月德在壬，空在丙。四月德在庚，空在甲庚。五月德在丙，空在壬。六月德在甲，空在甲庚。七月德在壬，空在丙。八月德在庚，空在甲庚。九月德在丙，空在壬。十月德在甲，空在甲庚。十一月德在壬，空在丙。十二月德在庚，空在甲庚。"①《协纪辨方书》和 P.2842V 的月空都只作一方，《协纪辨方书》还作按语解释说："月德丙则月空壬，则是凡为月空皆与月德为仇、为敌者也。"也就是说，当月德为丙时，月空就是月德的对冲方壬。其他类推。而 Дx.01396+Дx.01404+Дx.01407《阴阳宅经》中的月空都是作两方（如景壬），不得其解。敦煌卷子 S.0612V "月空例"为"壬正、庚二、丙三、甲四、壬五、庚六、丙七、甲八、壬九、庚十、丙十一、甲十二，已上月空是神，向此方取土吉，月空方产生，大吉。"②

（六）天恩

P.2615a《□帝推五姓阴阳等宅图经》说："五姓杂修造日法：修宅，甲子、甲午日。起土，天恩、母仓日。"天恩是施德宽下之辰，故可以动土兴功。《协纪辨方书》卷五义例三"天恩"条引《天宝历》曰："天恩者，施德宽下之辰也。天有四禁，常开一门，甲为阳德，配己成养育之功，故甲配子，己配卯、酉，各五日而为恩也。万物非土不生，故以己土配甲成功。其日可

---

①②王爱和：《敦煌占卜文书研究》，兰州大学博士研究生论文，2003 年。

以施恩赏、布政事、恤孤茕、兴宴乐。"又引《历例》曰："常以甲子至戊辰，己卯至癸未，己酉至癸丑，凡一十五日。"敦煌卷子 S.0612V "天恩吉日"为"甲子、乙丑、丙寅、丁卯、戊辰、己卯、庚辰、辛巳、壬午、癸未、己酉"十一日。①

（七）母仓

母仓：《协纪辩方书》卷五义例三"母仓"条引《天宝历》曰："母仓者，五行当王，所生者为母仓，如遇土王后则以巳午为之。其日宜养育群畜、栽植种莳。"又引《历例》曰："春亥子，夏寅卯，秋辰戌丑未，冬申酉，土王后巳午。"又按曰："母仓者，种植、畜牧、纳财等事之吉辰也。春木以亥子为母，木者亥子之所生，水至木成则休矣，母老则待养于子也，故以仓为名。又木生于水，木之所以能旺于春者由水生之，则木固由水而得养也，故以母为名。"敦煌卷子 S.0612V "母仓吉日"为"春亥子，夏寅卯，秋辰戌丑未，冬申酉，并土王前用之。季用巳午，并土王后用之。凡辰戌丑未月，并用巳午□母仓。已上吉日，百事大通。"②

（八）天赦

敦煌卷子 S.0612V "天赦吉日"为"春戊寅，夏甲午，秋戊申，冬甲子。已上日起用兴功宜当日了。"③说明天赦日也是动土兴功的吉日，只是要当日完成为好。

二、凶神、凶煞

（一）太岁

P.3865《阴阳宅经》说："又此二宅修造，……不避将军、太岁、豹尾、黄幡、黑方及五姓宜忌，但随顺阴阳二气为正。此诸福煞，依阴阳而立，故不能若为灾，避之亦不妨。"将军、太岁等凶煞是古代修造最注意避忌的。

---

①②③王爱和：《敦煌占卜文书研究》，兰州大学博士研究生论文，2003 年。

太岁是阴阳家术语。古代以岁星（木星）十二年一周天，因将黄道分为十二等分，以岁星所在部分为岁名，称"岁阴"。又以岁阴配以十岁阳，为六十干支。术数家认为太岁有岁神，其所在的方位及与之相反的方位，均为凶方，不得兴造土木、迁徙、嫁娶等。东汉王充《论衡·难岁》说："方今行道路者，暴病仆死，何以知非触遇太岁之出也？""且太岁天别神也，与青龙无异。"[1]《协纪辩方书·义例一·太岁》载："太岁，人君之象，率领诸神，统正方位，斡运时序，总成岁功。以上元阏逢困敦之岁起建于建，岁徙一位，十二年一周，若国家巡狩省方、出师略地、营造宫阙、开拓封疆，不可向之。黎庶修宫宅舍，筑垒墙垣，并须回避。《黄帝经》曰：太岁所在之辰，必不可犯。"《协纪辩方书·义例一·太岁以下神煞出游日》条引《历例》曰："太岁出游日者：甲子日东游，己巳日还位。丙子南游，辛巳日还位。戊子日游中宫，癸巳日还位。庚子日西游，乙巳日还位。壬子日北游，丁巳日还位。共出游二十五日。"敦煌卷子 P.3594 文书有"推太岁游图法"，有太岁游图，敦煌卷子 S.8350 有"推太岁等神出游日"，均可参考。

（二）岁刑、岁破、岁煞

岁刑是阴阳家、堪舆家所用术语，指与岁支相刑之辰。《协纪辩方书》卷三《义例一·岁刑》引《曾门经》曰："巳酉丑金之位，刑在西方，言金恃其刚，物墓与对。寅午戌火之位，刑在南方，言火恃其强，物墓与对。亥卯未木之位，刑在北方，言木恃荣华，故阴气刑之，使其凋落。申子辰水之位，刑在东方，言水恃阴邪，故阳气刑之，使不复归。所以子刑卯，丑刑戌，寅刑巳、卯刑子，巳刑申，未刑丑，申刑寅，戌刑未，辰、午、酉、亥为自刑也。"又引《广圣历》曰："岁刑之地，攻城、战阵不可犯之，动土、兴工亦须回避，犯之多斗争。"古有三刑之说，子卯为一刑，寅巳申为二刑，丑戌未为三刑，合称三刑。星命家、堪舆家、选择家均认为犯三刑之位为

---

① ［东汉］王充：《论衡·难岁篇》，《诸子集成》第 9 册，长沙：岳麓书社，1996 年，第 216 页。

凶。或谓子卯为无礼之刑，寅巳申为为无恩之刑，丑戌未为恃势之刑。《新唐书·吕才传》引吕才《论禄命》："长平坑降卒，非俱犯三刑；南阳多近亲，非俱当六合。"①盖此之谓。亦是对三刑说的批评。

岁破是阴阳家、堪舆家所用术语，为最凶之神煞。太岁为岁之凶神，其所在之方为凶方；与太岁相反之方为岁破，亦为凶方。汉王充《论衡·难岁》："《移徙法》曰：'徙抵太岁凶，负太岁亦凶。'抵太岁名曰岁下，负太岁名曰岁破，故皆凶也。"②《协纪辨方书》卷三《义例一·岁破（大耗）》引《广圣历》曰："岁破者，太岁所冲之辰也。其地不可兴造、移徙、嫁娶、远行，犯者主损财物及害家长，惟战伐向之吉。"又引《明时总要》曰："岁破者，子年在午，顺行十二辰是也。"

岁煞是阴阳家、堪舆家所用术语，为凶煞。《协纪辨方书》卷三《义例一·岁破（大耗）》引《神枢经》曰："岁煞者，阴气尤毒谓之煞也，常居四季，谓四季之阴气能游天上。"又引《广圣历》曰："岁煞之地不可穿凿、修营、移徙，犯之者伤子孙、六畜。"又引李鼎祚曰："寅午戌煞在丑，巳酉丑煞在辰，申子辰煞在未，亥卯未煞在戌。"

（三）大将军、太阴、黄幡、豹尾

以上介绍的太岁、岁破、岁刑、岁煞，加上将军、太阴、黄幡、豹尾，古代选择家、星相家、堪舆家称之为八将军。八将军所在的方位时日，修造均须避忌。P.3865《阴阳宅经》说到的"将军、太岁、豹尾、黄幡"就都属于八将军之凶煞。P.3865说："又此二宅修造，……不避将军、太岁、豹尾、黄幡、黑方及五姓宜忌，但随顺阴阳二气为正。此诸福煞，依阴阳而立，故不能若为灾，避之亦不妨。"其中的"将军"，当指大将军，是选择家、星相家术语。常居于四正之位，三年一迁。如寅、卯、辰岁在东方，则居正北；巳、午、未岁在南方，则居正东；申、酉、戌岁在西方，则居正南；亥、

---

① ［后晋］刘昫等撰：《旧唐书·吕才传》卷七九，北京：中华书局，1975年，第2721页。
② ［东汉］王充：《论衡·难岁篇》，《诸子集成》第9册，长沙：岳麓书社，1996年，第216页。

子、丑岁在北方，则居正西。《协纪辨方书》卷三《义例一·大将军》引《神枢经》曰："大将军者，岁之大将也。统御威武，总领战伐，若国家命将出师，攻城战陈（阵），则宜背之。凡兴造皆不可犯。"又引《考原》曰："大将军者，统御武臣之职，有护卫虎贲之象，故居四正之位而从岁君之后。如寅卯辰岁在东方，则居正北；巳午未岁在南方，则居正东；申酉戌岁在西方，则居正南；亥子丑岁在北方，则居正西也。"又引李鼎祚曰："孟岁（寅申巳亥）以胜光（午），仲岁（子午卯酉）以小吉（未），季岁（辰戌丑未）以传送（申），加岁枝上逢天罡（辰）为大将军。"

太阴是阴阳家、堪舆家术语，为岁后二辰。《文选》扬雄《甘泉赋》曰："诏摇与太阴兮。"李善注："太阴，岁后二辰也。"[1]《协纪辨方书》卷三《义例一·太阴（吊客）》引《神枢经》曰："太阴者，岁后也。常居岁后二辰。所理之地不可兴修。"又引曹震圭曰："后妃所居者，后宫也。后宫之星在帝后二星（紫微垣北极五星第二为帝星、第四为后宫），故太阴常居太岁后二辰。子年起戌，顺行十二辰。如子年则在戌，丑年则在亥，寅年则在子是也。"《史记·白圭传》曰："太阴在卯，穰，明岁衰恶；至午，旱，明岁美；至酉，穰，明岁衰恶；至子，大旱，明岁美，有水；至卯，积贮率数倍。"张守节《正义》曰："岁后二辰为太阴也。"[2]又《吴越春秋》载计倪曰："太阴所居之岁，恶息三年，贵贱见矣。"[3]《越绝书》载计倪曰："从寅至未，阳也，太阴在阳，岁德在阴，岁美在是。圣人动而应之，制其收发。"[4]可见，古人很早就注意到了太阴的变化对年岁丰歉的影响，并用于占验。《协纪辨方书》按曰："然则太阴之神为年谷丰歉、水旱之占也。今历家

---

　　①扬雄：《甘泉赋》，［梁］萧统编，［唐］李善注：《文选》，长沙：岳麓书社，2002 年新 1 版，第 217，220 页。

　　②［西汉］司马迁：《史记·货殖列传》，北京：中华书局，1959 年，第 3259 页。

　　③［东汉］赵晔：《吴越春秋》，张觉译注：《吴越春秋全译》，贵阳：贵州人民出版社，1993 年，第 352 页。

　　④［东汉］袁康、吴平辑录：《越绝书》，上海：上海古籍出版社，1985 年，第 32 页。

谓修造等事不宜抵向，其说不符于古，然或别有所自来，未可遽以为非。"

黄幡，阴阳家术语，属于太岁神煞系统。《协纪辨方书》卷三《义例一·黄幡》引《乾坤宝典》曰："黄幡者，旌旗也。常居三合墓辰。所理之地不可开门、取土、嫁娶、纳财、市买及有造作，犯之者主有损亡。"又引《广圣历》曰："黄幡者，寅午戌岁在戌，申子辰岁在辰，亥卯未岁在未，巳酉丑岁在丑。"又引曹震圭曰："黄幡者，岁君安居之位华盖也，故取三合五行墓辰。墓者，土也，故言其黄。"

豹尾，阴阳家术语，属于太岁神煞系统。《协纪辨方书》卷三《义例一·豹尾》引《乾坤宝典》曰："豹尾者，亦旌旗之象。常居黄幡对冲。其所在之方不可嫁娶、纳奴婢、进六畜及兴造，犯之者破财物、损小口。"又引曹震圭曰："豹尾者，虎贲之象，先锋之将也。故常与黄幡相对，是置于华盖之前也。"《协纪辨方书》卷三《义例一·黄幡、豹尾总论》说："黄幡者，三合之季，象华盖也。与黄幡相对者为豹尾，其喜忌亦相同。盖皆岁君之卤薄大驾以见不可犯之意耳。寅申巳亥年，豹尾在前，黄幡在后；子午卯酉年，豹尾在后，黄幡在前。曹震圭以豹尾为先锋之将而置于华盖之前则非也。又按：子午卯酉年，黄幡即是官符，豹尾即是吊客。寅申巳亥年，黄幡即是白虎，豹尾即是丧门。辰戌丑未年，黄幡即是太岁，豹尾即是岁破。然则黄幡、豹尾二神固虚设也。以其无甚悖理，仍存其旧名。"

P.3403 宋雍熙三年丙戌岁（986年）具注历日并序载："今年太岁在丙戌，大将军在午，太阴在申，岁刑在未，黄幡在戌，豹尾在辰，岁煞在丑，岁破在辰，害气在亥，九卿在亥，力士在乾，九卿食舍在子，三公在丑，畜官在寅，博士在艮……"[1]可见敦煌民俗中对太岁等凶煞的避忌。

（四）土公、伏龙、飞廉、地囊等

土公、伏龙、飞廉、地囊皆为土忌。P.2615a 有一个专门的"推宅内土

---

①邓文宽辑校：《敦煌天文历法文献》，南京：江苏古籍出版社，1996年，第376页。

公、伏龙、飞廉、地囊日法"，说：

> 土公移法：春在灶，夏在门，秋在井，冬在宅。土公日遊出：甲子北遊，庚午还。戊寅日东遊，甲申日还；甲午日南遊，庚子还。土公本位常在中庭。
>
> 伏龙法：正月、二月、八月在灶，四月、五月在大门，六月、七月在墙离（篱）。九月在房，十月在台，十一、十二月在堂。
>
> 又一法：伏龙一年之中移经八处，每正月一日庭中起，周而复始。伏龙正月移在中庭去堂六尺六十日，三月一日移在堂门内一百日，六月十一日移在东垣六十日，八月十一日移在西隅一百日，十一月廿日移在灶内卅日，周还。正月一日在堂也。
>
> 飞广（廉）法：正月在戌地，二月巳，三月午，四月未，五月寅，六月卯，七月辰、八月亥，九月子，十月丑，十一月申，十二月酉。
>
> 推地囊日：正月庚子、庚戌，二月癸未、癸酉，三月甲子、甲寅、四月己卯、己丑，五月戊辰、戊午，六月己巳、己未，七月丙申、丙寅，八月丁卯、丁巳，九月戊午、戊辰，十月庚午、庚戌，十一月辛未、辛酉，十二月乙未、乙酉。
>
> 右已前公土（土公）、伏龙、飞廉、地囊所在之处，不得动土修造，切忌之。

可见，土公、伏龙、飞廉、地囊等是修造动土的大忌。我们先看土公。

1. 土公

P.2964《四邻造作及自家泥垒犯触转为福法等》说：

> ［土公］出游之方，不得起土造作、移徙、嫁取（娶）、修门户，百事皆须避之，大吉，向之者凶。……又土公在日亦不得起土，大忌。取满日家（？）收开除，此日大吉，余皆凶。土为（公）四月在子，取［其］土，家长死；取戌土，大富［贵］。正月戌北动［土］，凶。二

月在巳，取其土，长子死；取中上土，宜田蚕，富贵。三月在酉，土［宜］用子上土，宜五谷。三月用戊寅土，父母凶。四月寅，取其土，中子死，用忌。四月戊戌动土，煞死人。五月在戌，取其土，煞中妇。用申上土，宜奴婢吉。六月贤（闲）卧。七月［在］卯，取其土，煞长女；用亥土，宜六畜。七月癸卯凶。八月取未土，煞人，凶。每月三、七、十九、廿七、十五、廿二，已上三图用行大吉。

P.2964 土公游图 5-1 中的原文为：

甲子、乙丑、丙寅、丁卯、戊辰、己巳，此六日北游。

庚午、辛未、壬申、癸酉、甲戌、乙亥、丙子、丁丑，此八日［东北游］。

戊寅、己卯、庚辰、辛巳、壬午、癸未，此六日东游。

甲申、乙酉、丙戌、丁亥、戊子、己丑、庚寅、辛卯、壬辰、癸巳，此十日在［东南］。

甲午、丙申、丁酉、戊戌、己亥，此六日南游。

庚子、辛丑、壬寅、癸卯、甲辰、乙

图 5-1　P.2964 土公游图

巳、丙午、丁未，此八日［西南游］。

戊申、己酉、庚戌、辛亥、壬子、癸丑，此六日西游。

甲寅、乙卯、丙辰、丁巳、戊午、己未、庚申、辛酉、壬戌、癸亥，此十日［西北游］。

P.2630VO《宅经》说："土公：（残）十一月在乙，十二月在亥（残）三月甲寅□□，此日皆得（残）公日者，正月（残）卯，七月（残）此日皆是元火向江（残）门□有其善（残）。"

P.3594 也有一个土公出游图 5-2，现转绘如下。

S.2404 后唐同光二年甲申（924年）具注历日并序："凡土公，常以甲子北遊，庚午日还；戊寅日东遊，甲申日还。甲午日南遊，庚子还；戊申日西游，甲寅日还。"[1]

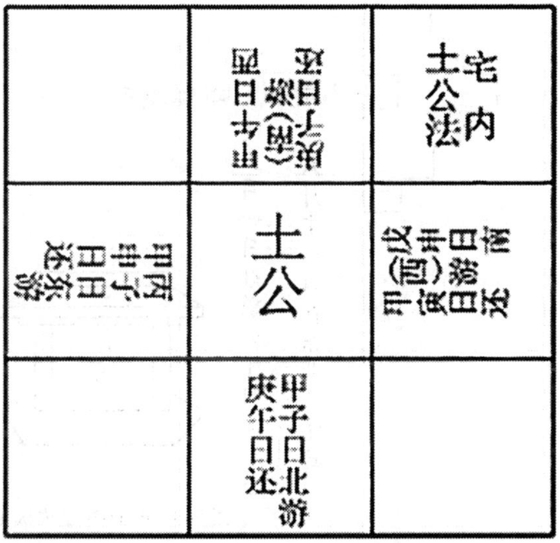

以上可见，隋唐时期敦煌地区民间在修造民舍时非常重视犯不犯土公出游日。

图 5-2　P.3594 土公出游图

2. 伏龙法

伏龙是中国传统修造禁忌中的神煞，在敦煌写本镇宅文和建宅文中屡屡提及，如 S.8682"押衙存庆镇宅文"云："后触玄武，左件青龙，右秽白虎，或犯伏龙、土府。"S.12609"建宅文"中亦记"五土地神、青龙、白虎、朱雀、玄武、六神、土尉、伏龙，一切鬼魅皆悉隐藏远，不敢为害"。敦煌写本宅经中多次

①邓文宽辑校：《敦煌天文历法文献》，南京：江苏古籍出版社，1996年，第519页。

看见有土公、伏龙的占辞条目，P.2615a 就专设有"推宅内土公、伏龙、飞廉、地囊日法"条，其"伏龙法"说："正月、二月、八月在灶，四月、五月在大门，六月、七月在墙离（篱）。九月在房，十月在台，十一、十二月在堂。又一法：伏龙年年之中移经八处，每正月一日庭中起，周而复始。伏龙正月移在中庭去堂六尺六十日，三月一日移在堂门内一百日，六月十一日移在东垣六十日，八月十一日移在西隅一百日，十一月廿日移在灶内卌日，周还。正月一日在堂也。"其具体规定与 P.3602v 非常相近。P.3602v 有"宅内伏龙法"，且附有图 5-3，现转绘如下：

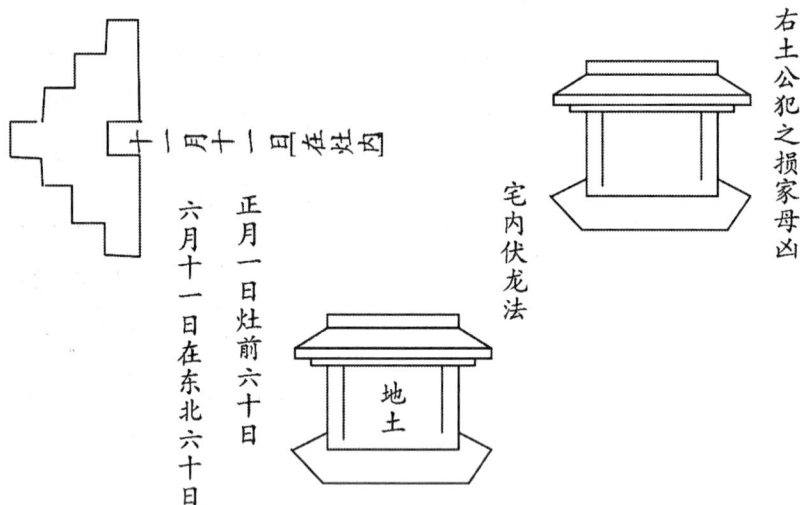

图 5-3　P.3602v 宅内伏龙法图

S.2404 后唐同光二年甲申（924 年）具注历日并序也提及宅内伏龙法，说："凡宅内伏龙游法：正月一日在中庭，去堂六尺，六十日；三月一日移在堂门内，一百日；六月十一日移在东垣，六十日；八月十一日移在西隅，一百日；十一月廿一日移在灶内，卌日。伏龙所在之处，不可动土穿地，若犯者，则伤家长。"[①]S.0612 宋太平兴国三年戊寅岁（978 年）应天具注历

———————————

①邓文宽辑校：《敦煌天文历法文献》，南京：江苏古籍出版社，1996 年，第 180–191 页。

日说："宅龙：正月、二、三、八月在灶，四月、五月在大门，六月、七月在墙，九月在房，十月在室，十一月、十二月在堂。右件宅龙所在，切宜回避，吉。"①P.3594《宅经》载有"推伏龙法"说："正月一日［庭］中伏六十日，三月一日堂中伏一百日，六月十一日东北伏六十日，八月十一日西南伏一百日，十一月廿一日灶下伏卅日。右犯之灭门，慎之。"总之，敦煌写本宅经及具注历等均关注宅内伏龙法，将它看成是修房建舍的大忌，P.3602v 宅内伏龙法图配合文字说明，生动形象，读者一览便知。

　　3. 飞廉法

　　这是阴阳家、堪舆家所用术语，为"大煞"凶神。《协纪辩方书》卷三义例一"飞廉"条引《神枢经》曰："飞廉者，岁之廉察使君之象，亦名大煞。所理之方不可兴工、动土、移徙、嫁娶，犯之主官府口舌、疾病、遗亡。"又引《广圣历》曰："子年在申，丑年在酉，寅年在戌，卯年在巳，辰年在午，巳年在未，午年在寅，未年在卯，申年在辰，酉年在亥，戌年在子，亥年在丑也。"盖此为年法，与此处所用之月法不合。该书按曰："飞廉者，力士也，事纣以善走名。古之力士多矣，而取象于飞廉者，喻恶煞也。"又曰："夫顺天者以德，逆天者以力，此岂非恃力德之象乎，故以飞廉喻之，又名大煞者，在岁名飞廉，在月名大煞，变其名使不紊也。"又卷六义例四"大煞"条引《神枢经》曰："大煞者，月中廉察也。所值之日忌出军征讨，嫁娶纳财、竖柱上梁、移徙置室。"引李鼎祚语曰："大煞者，正月在戌地，二月在巳，三月在午，四月在未，五月在寅，六月在卯，七月在辰、八月在亥，九月在子，十月在丑，十一月在申，十二月在酉。"又引曹辰圭语曰："东方之位生育万物，南方之位成熟万物，西方之位杀伐万物，北方之位收藏万物。大煞者，月中廉察也。子、丑、寅月历西方申、酉、戌者，盖谓阳气将出，万物将生，故巡察西方，无以妄杀也。卯、辰、巳月历南方巳、

---

①邓文宽辑校：《敦煌天文历法文献》，南京：江苏古籍出版社，1996 年，第 180–191 页。

午、未者，谓万物生长之时，故巡察南方，使有成熟也。午、未、申月历东方寅、卯、辰者，谓万物成熟，宜在养育也。酉、戌、亥月历北方亥、子、丑者，谓万物收成，使有敛藏也。"可见，在年为飞廉，月则为大煞，忌竖柱上梁、移徙置室等。敦煌文书 P.2859《五兆要诀略、逆刺占》说："推大煞法：正月戌，二月巳，三月午，四月未，五月寅，六月卯，七月辰、八月亥，九月子，十月丑，十一月申，十二月酉。"①敦煌文书 S.8716DV《五兆要诀略》说："大煞法：正月戌，二月巳，三月〔午，四月未，五月寅，六月卯，七月辰〕、八月亥，九月子，十月丑，十一月申，十二月〔酉〕。"②敦煌卷子 S.0612V "飞廉恶煞"为"正戌四未七在辰，十丑厌会动伤人，二巳五寅八亥处，三午六卯九子傍，十一逆行申上住，飞廉十二在西方，其神性恶憎人触，若犯移名八鬼乡。飞廉与大煞同行，宜避之"③。

4. 地囊

地囊也是修造应避忌的凶煞。P.2615a 有"推地囊日"说："正月庚子、庚戌，二月癸未、癸酉，三月甲子、甲寅，四月己卯、己丑，五月戊辰、戊午，六月己巳、己未，七月丙申、丙寅，八月丁卯、丁巳，九月戊午、戊辰，十月庚午、庚戌，十一月辛未、辛酉，十二月乙未、乙酉。"《协纪辩方书》卷六义例四"大煞"条引《历例》曰："地囊者，正月庚子、庚午，二月癸未、癸丑，三月甲子、甲寅，四月己卯、己丑，五月戊辰、戊午，六月癸未、癸巳，七月丙寅、丙申，八月丁卯、丁巳，九月戊辰、戊子，十月庚戌、庚子，十一月辛未、辛酉，十二月乙酉、乙未。"敦煌写本有几处不同，六月癸未、癸巳，敦煌写本作"六月己巳、己未"；又二月癸未、癸丑，敦煌写本作"二月癸未、癸酉"；又正月庚子、庚午，敦煌写本作"正月庚子、庚戌"；又"九月戊辰、戊子，十月庚戌、庚子"，敦煌写本作"九月戊午、戊辰，十月庚午、庚戌"。《协纪辩方书》卷十《宜忌·土符地囊》说："忌

---

① 王爱和：《敦煌占卜文书研究》，兰州大学博士研究生论文，2003 年。

②③ 王爱和：《敦煌占卜文书研究》，兰州大学博士研究生论文，2003 年。

营建宫室、修宫室、缮城郭、筑堤防、兴造动土、修仓库、修置产室、开渠穿井、安碓硙、补垣、修饰垣墙、平治道涂、破屋坏垣、栽种、破土。与德合、赦愿并，犹忌。"其中"破土"一项与丧葬有关。P.3647《葬经》"凡推地囊日：正月甲申、庚午，二月癸亥、辰酉，三月甲子、甲寅，四月己丑、己卯，五月戊辰、戊午，六月己巳、己未，七月丙辰、丙寅，八月丁巳、丁卯，九月戊辰、戊午，十月庚午、庚戌，十一月辛丑、辛亥，十二月己丑、己卯。""又一法，地囊：正月壬，二月癸，三月甲，四月乙，五月戊，六月巳，七月丙，八月丁，九月庚，十月辛，十一月壬，十二月癸。右动土一尺煞一人，大凶，忌之"。

《杨公安葬日课通书》"破土斩草宜忌例"（表 5-1）就有一栏是讲地囊日的。[1]

表 5-1　破土忌日表

月令\神煞	正	二	三	四	五	六	七	八	九	十	十一	十二
地囊日	庚子	癸丑	壬午	己酉	壬戌	丙辰	丁巳	丙申	辛未	戊申	辛卯	癸酉
	庚午	乙未	甲子	己卯	甲辰	丙戌	丁亥	丙寅	辛丑	戊寅	辛酉	乙卯

P.3284V 唐咸通五年甲申岁（864 年）具注历日所载地囊日为：正月廿三庚戌，二月廿六癸未，三月八日甲午，四月廿九乙酉，五月十八癸卯。盖每月只有一个地囊日。[2]

P.3403 宋雍熙三年丙戌岁（986 年）具注历日并序载："地囊日不动土，灭没日不涉深水及行船，魁罡日不举百事"。载地囊日为：正月一日庚午，二月廿六日甲子，三月廿一己丑，五月一戊辰，六月卅日丙寅，八月廿

①杨救贫：《杨公安葬日课通书》，武陵出版社，2002 年，第 81 页。

②邓文宽辑校：《敦煌天文历法文献》，南京：江苏古籍出版社，1996 年，第 592 页。

一丁巳。

5. 土符

土符也是修造应避忌的凶煞。敦煌文书 P.328lvb《宅庭梁屋法》说："正月土符在丑，二月土符在巳，取申上土吉。三月土符在酉，取壬上土吉。四月土符〔在〕寅，取庚上土吉。五月土符在午，取亥上土吉。六月土符在戌，取甲上土吉。七八月土在卯未，取庚上土小吉。九月土符在亥，取丙上土吉。十月土符在辰，取甲上土吉。十一月土符在申，取壬上土吉。十二月土符在丑（子），取庚上土吉。已上土符在处不可取土，凶。"《协纪辩方书》卷六义例四"土符"条引《总要历》曰："土符，土神也。其日忌破土、穿土、开渠、筑墙。"又引《历例》曰："土符者，正月丑，二月巳，三月酉，四月寅，五月午，六月戌，七月卯，八月未，九月亥，十月辰，十一月申，十二月子。"又引曹震圭语曰："土符者，乃土地握符信之神，使掌五土也。假令春木旺，土受其克，故托子金以制之，是春三月历巳、酉、丑也。夏火旺，土休，赖火为母以养之，故夏三月历寅、午、戌也。秋金旺，土相，不畏木制，故秋三月历亥、卯、未也。冬水旺，土亦刚坚，赖水以柔和之，古冬三月历申、子、辰也。"

（五）崩腾神、衰殃

崩腾是安葬事宜应避忌的凶煞。P.3647《葬经》载有"崩腾神"，说："崩腾神在处：正月在辛，二月在乙，三月在丙，四月在壬，五月在庚，六月在申，七月在丁，八月在癸，九月在巳，十月在戌，十一月在坤艮，十二月在巽乾。"

衰殃即衰殃凶煞，也是安葬事宜应避忌的凶煞。P.3647《葬经》载"衰殃"说：

> 五月七日寅时正东出，妨长男、六畜。招魂用未后申前为庚时吉。成服用廿九时丙时。五月一日壬午日葬，用巳后午，午前殡敛入棺，吉。岁道四角并空，任逐便宜。六步破瓦。又一法，子时死者合妨寅申生人，丑

时死者妨卯酉生人，寅时死者妨辰戌生人，卯时死者妨巳亥生人。辰时死者妨子午生人，巳时死者妨丑未生人，午时死者妨寅申生人，未时死者妨卯酉生人，申时死者妨辰戌生人，酉时死者妨巳亥生人，戌时死者妨子午生人，亥时死者妨丑未生人。又子时死者妨卯酉，丑时辰戌，寅时巳亥，卯时子午，辰时丑未，巳时寅申，午时卯酉，未时辰戌。申时巳亥，酉时子午，戌时丑未，亥时寅申。欲知人年几（纪）者，甲己日平旦建丙寅，乙庚日平旦建戊寅，丙辛日平旦建庚寅，丁壬之日平旦建壬寅，戊癸之日平旦建甲寅。又一法，大吉加月建，魁罡下人当月内不得送丧、吊死。丑为大吉，从丑数得四，是随月数四辰。又一法，月建加死时，妨魁罡下人不得吊丧送［葬］，年几（纪）依前推日为定，推四辰也。

P.3647《葬经》又载"占衰殃去处"说：

常巳月将加死时，罡加申，即于申地去。男亡用干，女亡用支。假令五月甲寅日辰时男子死，即用未加辰，罡临丑，合东北去。欲知日数，男亡用［甲］，用甲木数九，合死后九日亥时去，于北艮地。艮为少男、牛羊，妨六畜、小口。女亡用寅，即寅数七，死后七日东北去，妨忌准上。又一法，常以月时加死时。假令二月之将在戌，辰时死者，殃东南上去。子午九，丑未八，寅申七，卯酉六，辰戌五，巳亥四，巳上女亡用之，吉。甲己九，乙庚八，丙辛七，丁壬六，戊癸五，巳上男亡用之，吉。

可见，当时推算衰殃凶煞的多种多样，主要是注意对生人的妨忌。

（六）六神四煞

P.3647《葬经》载"某时六神藏，四煞没"，所谓"六神藏，四煞没"可简称为神藏煞没，谓凶神受制，吉神得位。六神为青龙、朱雀、螣蛇、白虎、勾陈、真武。四煞即辰、戌、丑、未四时。宋王洙等编撰、金张谦重校的《重校正地理新书》卷六"百日内承凶葬法"载："择时之法，须四杀没、六神灭。四杀者，辰戌丑未也，六神者，螣蛇、朱雀、勾陈、向（白）虎、天空、玄武也。"①该书卷六"六神行法配入五乡"载："青龙水神，吉庆、婚姻、酒食。朱雀火神，口舌、文书、官事。螣蛇火神，主惊恐、远行。白虎金神，主死丧、格斗、疾病，见血光。勾陈土神，主留连旧事、田地。真武水神，忧盗贼、妇女、阴私之事。"②又卷十一"择时吉凶"条说："故善用时者，使六神受制，四杀没于四维。所谓六神者，螣蛇木、朱雀火、勾陈土、真武水、白虎金、天空土也。""天一临乾，则六神皆藏矣。""藏此时，百事吉。"又曰："所谓四杀者，寅午戌，火之位，杀在丑。丑为大吉、金墓也。亥卯未，木之位，杀在戌，戌为河魁、火墓也。其所临十二辰，非人生之岁，则行年比若月将加临时，在乾坤艮巽之上，皆不见人，则四杀没于四维矣。"③《协纪辨方书》卷七义例五"四大吉时"引《考原》曰："四煞者，寅午戌，火煞在丑，亥卯未，木煞在戌，申子辰，水煞在未，巳酉丑，金煞在辰。凡取四煞没时者，以月将加时，使四煞临乾、坤、艮、巽之位，为四煞没于四维。正、四、七、十，四孟月用甲、丙、庚、壬时，二、五、八、十一，四仲月用艮、巽、坤、乾时，三、六、九、十二，四季月用癸、乙、丁、辛时。如正月月将在亥，则以亥加甲，或加丙，或加庚，或加壬，依二十四方位顺推之，则辰、戌、丑、未四煞皆临四维卦位，是为四煞没时也。以四煞既没，故又曰四大吉时。"又按曰："辰、戌、丑、未谓之四煞者，以其为五行之气所终尽也。若临长生之位，则是生生不已，循环无端，故之谓之四煞没时。即壬课四墓覆生之说也。"

---

① [宋]王洙等编，[金]张谦重校：《重校正地理新书》，《续修四库全书》第1054册，上海：上海古籍出版社，1997年，第73页。

② [宋]王洙等编，[金]张谦重校：《重校正地理新书》，《续修四库全书》第1054册，上海：上海古籍出版社，1997年，第48页。

③ [宋]王洙等编，[金]张谦重校：《重校正地理新书》，《续修四库全书》第1054册，上海：上海古籍出版社，1997年，第78页。

三、佛教四大天王

P.4667va《阴阳五姓宅图经》说："谨请东方提头赖吒天王护我居宅，东方有光明电王，名阿揭多。谨请南方毗楼勒叉天王护我居宅，南方有光明电王，名没羯噜。谨请西方毗楼博叉天王护我居宅，西方有光明电王，名主多光。谨请北方毗沙门天王护我居宅，北方有光明电王，名苏多米尼。"这是谨请佛教的四大天王护宅，下面不妨逐一介绍这四大天王。

（一）东方提头赖吒天王

丁福保编《佛学大辞典》"提头赖吒"条说："（天名）又作提多罗吒 Dhṛtarāṣtra，即持国天也。四天王之一。须弥之半，第四层之东。为东方天主，守护东洲，故亦曰东方天。"又"八部鬼众"条曰："仁王经合疏上曰：'八部者：乾闼婆、毗舍阇二众，东方提头赖吒天王领；……' 一、乾闼婆 Gandharva，译为香阴，不食酒肉，唯以香资阴身者。二、毗舍阇 Pisāca，译为啖精气，食人及五谷精气之恶鬼也。……' "[明]一如等撰《三藏法数》"提头赖吒天王"条曰："梵语提头赖吒，又云提多罗吒，华言持国。谓能护持国土也，亦云安民，谓令人民悉得安隐也。居须弥山东黄金山（梵语须弥，华言妙高）。"①

丁福保编《佛学大辞典》"四天王"条说："（天名）为帝释之外将。须弥山之半腹有一山，名由犍陀罗。山有四头，四王各居之，各护一天下，因之称为护世四天王。其所居云四王天。是六欲天之第一，天处之最初也。称为四天王天天 Caturmahārājakāyikās，东持国天 Dhṛtarāṣtra，南增长天 Virūḍhaka，西广目天 Virūpākṣa，北多闻天 Dhanada，又云 Vaiśramaṇa。长阿含经曰：'东方天王，名多罗吒，领乾闼婆及毗舍阇神将，护弗婆提人。南方天王名毗琉璃，领鸠槃

---

① 丁福保编：《佛学大辞典》，北京：文物出版社，1984年，第1120页。

茶及薜荔神，护阎浮提人。西方天王名毗留博叉，领一切诸龙及富单那，护瞿耶尼人。北方天王名毗沙门，领夜叉罗刹将，护郁单越人。'婆沙论谓四天王身长一拘卢舍四分之一。止持会集音义四王天曰：'东方持国天王，谓能护持国土，故居须弥山黄金埵。南方增长天王，谓能令他善根增长，故居须弥山琉璃埵。西方广目天王，谓以净天眼常观拥护此阎浮提，故居须弥山白银埵。北方多闻天王，谓福德之名闻四方，故居须弥山水晶埵。'"①

（二）南方毗楼勒叉天王

南方毗楼勒叉天王：又作"毗楼勒迦"。丁福保编《佛学大辞典》"毗楼勒迦"条曰："（天名）Virūḍhaka，增长天之梵名。"又"八部鬼众"条曰："仁王经合疏上曰：'八部者：……鸠槃荼、薜荔多二众，南方毗留勒叉天王领……'；鸠槃荼 Kumbhāṇḍa，译为瓮形，其阴茎似瓮形之厌魅鬼也，薜荔多 Preta，译为饿鬼，常逼于饥渴之阴鬼也。'"②

（三）西方毗楼博叉天王

西方毗楼博叉天王又作"毗留博叉天王"，［明］一如等撰《三藏法数》"毗留博叉天王"条曰："梵语毗留博叉，华言杂语，谓此天能作种种语言故。又云广目，以其目广大故。即西方天王，居须弥山半，第四层之西白银埵，领毗舍阇鬼等无量百千诸龙，守护西方也（梵语毗舍阇，华言啖人精气）。"③丁福保编《佛学大辞典》"八部鬼众"条说："龙、富单那二众，西方毗留博叉天王领；……诸龙 Nāga，水属之王也。富单那 Pūtana，译为臭饿鬼，是主热之病鬼也。"④

（四）北方毗沙门天王

明代一如等撰《三藏法数》曰：

---

① 丁福保编：《佛学大辞典》，北京：文物出版社，1984年，第379页。
② 丁福保编：《佛学大辞典》，北京：文物出版社，1984年，第801页。
③ ［明］一如等撰：《三藏法数》，杭州：浙江古籍出版社，第511–512页。
④ 丁福保编：《佛学大辞典》，北京：文物出版社，1984年，第70页。

　　梵语毗沙门，华言多闻。谓此天福德之名，闻于四方，即北方天王，居须弥山半，第四层之北水精埵，统领无量百千药叉，守护北方也（梵语药叉，亦云夜叉，华言勇健）。①

丁福保编《佛学大辞典》"毗沙门天"条曰：

　　（天名）Vaiśravaṇa，又云多闻天。四天王中毗沙门天之王也。在佛教中为护法之天神，兼施福之神性。法华义疏云：此天恒护如来道场而闻法，故名多闻天。于胎藏界曼荼罗在外金刚部院北方之门侧，于金刚界曼荼罗位于西方，夜叉主也。此天与吉祥天，从古神话时代常相关联而为夫妻，于日本台密，如欢喜天有双身毗沙门法，但双身者，皆男天也。其形象有多种。胎藏界曼荼罗之像，着甲胄，左掌有塔，右持宝棒，坐像也。或传有为立像者。金刚界曼荼罗亦与之同。北方毗沙门天王随军护法真言记乞胜利神加被之修法，论其画像曰：'于彩色中并不得和胶，于白㲲上画一毗沙门神，七宝庄严衣甲，左手执戟槊，右手托腰上，其神脚下作二夜叉鬼，并作黑色。其毗沙门面，作甚可畏形，恶眼视一切鬼神势，其塔奉释迦牟尼佛。'毗沙门仪轨记，唐天宝元年，不空三藏修其法，为玄宗平定五胡乱之始终。②

又"八部众鬼"条说：

　　……夜叉、罗刹二众，北方毗沙门天王领。……夜叉 Yakṣa，译为勇健鬼，有地行夜叉虚空夜叉天夜叉之三种。罗刹 Rākṣasa，译为

---

① ［明］一如等撰：《三藏法数》，杭州：浙江古籍出版社，第 511 页。
② 丁福保编：《佛学大辞典》，北京：文物出版社，1984 年，第 794 页。

捷疾鬼。见名义集二。三藏法数三十三曰:'八部鬼神,森然而翊卫。'"①

又释"千手观音二十八部众"条曰:

（名数）千手观音造次第法仪轨曰:其尊之正面天冠上有三重。(中略) 第三重有二十八部众,有各各本形。一、密迹金刚士;二、乌刍君茶央俱尸;三、魔醯那罗达;四、金毗罗陀迦毗罗;五、婆馼婆楼那;六、满善车钵真陀罗;七、萨遮摩和罗;八、鸠兰单托半只罗;九、毕婆伽罗王;十、应德毗多萨和罗;十一、梵摩三钵罗;十二、五部净居天;十三、释王三十三;十四、大辩功德天;十五、提头赖吒王;十六、神母女;十七、毗楼勒叉王;十八、毗楼博叉王;十九、毗沙门天王;二十、金色孔雀王;二十一、二十八部大仙众;二十二、摩尼跋陀罗;二十三、散支大将;二十四、难陀跋难陀;二十五、修罗、乾闼婆、迦楼罗王、紧那罗、摩睺罗伽;二十六、水火雷电神;二十七、鸠槃荼王;二十八、毗舍阇。②

又"夜叉八大将"条说:

（名数）毗沙门天王管领夜叉八大将以护众生界。《大日经疏五》曰:'次于北门当置毗沙门天王,于其左右置夜叉八大将:一名摩尼跋陀罗,译曰宝贤。二名布噜那跋陀罗,译曰满贤。三名半枳迦,旧曰散支。四名沙多祁里。五名醯摩嚩多,即是住雪山者。六名毗洒迦。七名阿吒嚩迦。八名半遮罗。'"③又"夜叉"条说:"(异类) Yakṣa,又曰

① 丁福保编:《佛学大辞典》,北京:文物出版社,1984年,第70页。
② 丁福保编:《佛学大辞典》,北京:文物出版社,1984年,第186页。
③ 丁福保编:《佛学大辞典》,北京:文物出版社,1984年,第634页。

阅叉。新作药叉，夜乞叉。译言能啖鬼，捷疾鬼，勇健，轻捷，秘密等。玄应音义三曰：'阅叉或云夜叉，皆讹也。正言药叉，此译云能啖鬼，谓食啖人也。又云伤者，谓能伤害人也。'法华玄赞二曰：'夜叉，此云勇健。飞腾空中，摄地行类诸罗刹也。罗刹，云暴恶，亦云可畏。彼皆讹音，梵语正云药叉罗刹婆。'注维摩经一：'什曰：夜叉，秦言贵人，亦言轻捷。有三种：一在地，二在虚空，三天夜叉也。'净名疏二曰：'夜叉者，皆是鬼道。夜叉，此云轻疾。'慧苑音义下曰：'夜叉，此云祠祭鬼，谓俗间祠祭以求恩福者也。旧翻捷疾鬼也。'梵语杂名曰：'夜叉，药乞叉。'大日经疏一曰：'西方谓夜叉为秘密，以其身口意速疾隐秘难可了知故。'①

中国佛教文化研究所编《俗语佛源》"托塔天王"条说：

在'四大天王'中，托塔天王最为中国民间所熟悉。梵名毗沙门（Vaiśravaṇa），即北方多闻天王。其形象一般为绿身。相传唐天宝年间，胡兵犯安西，托塔天王化身为金甲神人却退敌军（见《僧史略》卷下），朝廷敕寺院置别院供养。《陀罗尼集经》卷一谓该天王'左手执稍挂地，右手擎塔'。而不空译《北方毗沙门天王随军护法真言》则谓：'其塔奉释迦牟尼佛，即拥遣第三子哪吒捧行，莫离其侧。'清·俞樾《茶香室三钞》卷十九指出：'《宣和画谱》：陆探微有《托塔天王图》。余于《曲园杂纂》三十六引《元史·舆服志》，见托塔天王之说有所本。今乃知六朝时早见于图画矣。'提到托塔天王，就会想起唐初名将李靖。元杨暹《西游记》杂剧中已有'毗沙门下李天王'之说。明代小说《西游记》则把北方多闻天王和托塔天王分为两神。其第四回谓：'玉帝封托塔天

---

①丁福保编：《佛学大辞典》，北京：文物出版社，1984年，第634页。

王李靖为降魔大元帅，哪吒三太子为三坛海会大神。'托塔天王如何与李靖联系在一起，情况不详，或为民间讹传附会（参见《文献通考·郊社考》）（李明权）。[1]

任继愈主编《佛教大辞典》"四天王"条曰：

亦称'护世四天王''四镇'等，俗称'四大金刚'。指居于欲界第一天的四位天王。印度佛教传说，须弥山腰有一山名犍陀罗山，山有四峰，各有一王居之，各护一天下。此四天王为：（1）东方持国天王（梵文 Dhritarastra）。以能护持国土，故名。身为白色，穿甲戴胄，左手持刀，右手执稍拄地（或手执弓矢）。守护东胜神洲。（2）南方增长天王（梵文 Virūḍhaka）。以能令他人增长善根，故名。身为青色，着甲胄，手执宝剑。守护南瞻部洲。（3）西方广目天王（梵文 Virūpāksa）。以净眼观察守护人民，故名。身为红色，着甲胄，左手执稍，右手把赤索（或仅一手执宝剑）。守护西牛贺洲。（4）北方多闻天王（梵文 Dhanada 或 Vaiśramana）。音译'毗沙门''毗舍罗门''鞞沙门'等，又作'普闻天王''遍闻天王'。守护北俱卢洲，兼守其余三洲。由于时常守护道场，听闻佛法，或云赐人福德，知闻四方，故名。四天王各有一个从者，顺次是：乾闼婆（Gandharva）、鸠槃荼（Kumbhanda）、龙（Nāga）、夜叉（Yaksa）。还各有九十一子，辅佐四王守护十方。另外还各有八大名将，代为管理所属各处山、河、森林及其他地方的小神。四天王信仰出于印度，后为佛教所吸收。传入中国后，又逐渐汉化，尤以毗沙门天王为最。因毗沙门掌托古佛舍利塔，故俗称"托塔天王"。唐宋时，敕诸府州军建天王堂奉祀之。元时建东

---

[1]中国佛教文化研究所编：《俗语佛源》，上海：上海人民出版社，1993 年，第 96 页。

南西北旗，绘毗沙门像于旗上，列于卤簿之内。明代，《封神演义》《西游记》等文学作品都以托塔天王为李靖，号称托塔李天王。约元时，四天王成为专门镇守佛门的四大金刚，塑像亦随之变化，东方持国天王改为手持琵琶，是帝释天之主乐神；南方增长天王手执宝剑。明代，北方多闻天王改为手执雨伞，以示福德。清代，西方广目天王改为手拿蛇一类动物。此四天王之形象分别表示风、调、雨、顺。"[1]

四、六壬十二天将与十二月将

P.2615a 的五姓人宅图中有配有建除及十二神，五姓家宅图也配有十二神（表 5–2）。

表 5–2

月份	寅	卯	辰	巳	午	未	申	酉	戌	亥	子	丑
建除	建	除	满	平	定	执	破	危	成	收	开	闭

五姓人宅图中的十二神与六壬十二神有关。十二神的名称多与北斗有关，主要用于表示月建。[2]沈括作了详明的解释说：

徵明者，正月三阳始兆于地上，见龙在田，天下文明，故曰徵明。天魁者，斗魁第一星也，斗魁第一星抵于戌，故曰天魁。从魁者，斗魁第二星也，斗魁第二星抵于酉，故曰从魁。斗杓一星建方，斗魁二星建方，一星抵戌，一星抵酉。传送者，四月阳极将退，一阴欲生，故传阴

①任继愈主编：《佛教大辞典》，南京：江苏古籍出版社，2002 年，第 395 页。
②李零：《中国方术考》，北京：东方出版社，2001 年，第 123–125 页。

而送阳也。小吉，夏至之气，大往小来，小人道长，小人之吉也，故为婚姻、酒食之事。胜先者，王者向明而治，万物相见乎此，莫胜莫先焉。太一者，太微垣所在，太一所居也。天罡者，斗刚之所建也。斗杓谓之刚，苍龙第一星亦谓之刚，与斗刚相直。太冲者，日月五星所出之门户，天之冲也。功曹者，十月岁功成而会计也。大吉者，冬至之气，小往大来，君子道长，大人之吉也，故主文武大臣之事。十二月子位，并方之中，上帝所居也。神后，帝君之称也。天十二辰也，故皆以天事名之。①

这六壬十二神又称十二神、十二月将。指六壬占术中的十二支神。《六壬大全·十二神释》云：

一、登明，亥，正月将；二、河魁，戌，二月将；三、从魁，酉，三月将；四、传送，申，四月将；五、小吉，未，五月将；六、胜光，午，六月将；七、太乙，巳，七月将；八、天罡，辰，八月将；九、大冲，卯，九月将；十、功曹，寅，十月将；十一、大吉，丑，十一月将；十二、神后，子，十二月将。②《道藏·洞真部·黄帝授三子玄女经》曰："天一所在，甲戊庚，旦，大吉；夕，小吉。乙己，昼，神后；夜，传送。丙丁，旦，登明；暮，从魁。六辛，昼，胜先；夜，功曹。壬癸，昼，太一；夜，太冲。"③

敦煌写本宅经和葬书中还广泛应用了六壬十二天将，如 Дx.01396＋

---

① [北宋]沈括：《梦溪笔谈》卷七象数一，北京：团结出版社，1996年，第72页。
②《六壬大全》，文渊阁《四库全书》第808册，上海：上海古籍出版社，1989年，十二神释，第500–512页；十二将释，第512–531页。
③《道藏·洞真部·黄帝授三子玄女经》，《道藏》第5册，文物出版社、上海书店、天津古籍出版社，1988年，第1页。

01404＋01407v《五姓宅经》说："巳移呕（在）青龙下……亥移呕（在）天空下……寅呕太常……子移呕太阴下……未后乃六合下……卯徙白虎下……酉徙呕（在）腾蛇下……申徙呕（在）朱雀下……午徙呕（在）勾陈下……丑徙呕（在）玄武下"。所说的青龙、天空等均为六壬十二天将名。P.2831《卜葬书》说："□姓出丧，发去时，□月将加时出，天一、天后、太常、青龙、六合下出，大吉。""太常、青龙、六合"等均为六壬十二天将名。

对六壬十二天将的名称，沈括详细地解释说：

六壬有十二神将，以义求之，止合有十一神将。贵人为之主；其前有五将，谓腾蛇、朱雀、六合、勾陈、青龙也，此木火之神在方左者；方左谓寅、卯、辰、巳、午。其后有五将，谓天后、太阴、玄武、太常、白虎也，此金水之神在方右者，方右谓未、申、酉、亥、子。唯贵人对相无物，如日之在天，月对则亏，五星对则逆行避之，莫敢当其对。贵人亦然，莫有对者，故谓之天空。空者，无所有也，非神将也，犹月杀之有月空也。以之占事，吉凶皆空。唯求对见及有所伸理于君者，遇之乃吉。十一将，前二火、二木，一土间之，后当二金、二水，一土间之，玄武合在后二，太阴合在后三，神二合差互，理似可疑也。①

六壬十二天将又称十二神将。以天乙贵人为主，居中，前有五位：一腾蛇，二朱雀，三六合，四勾陈，五青龙；此为水、火、土之神，在左方。后有五位：一天后，二太阴，三玄武，四太常，五白虎；此为金、水、土之神。尚有一位天空，有名而无物。六壬术家用以配三传四课，占断吉凶。大抵以天乙贵人、青龙、六合为吉神，太常次之；白虎、腾蛇为凶神，玄武、

---

① ［北宋］沈括：《梦溪笔谈》卷七象数一，北京：团结出版社，1996年，第72页。

勾陈次之，其余平平。

诸神的前后关系如何相配，《淮南子》早有记载，曰："太阴所建，蛰虫首穴而处，鹊巢乡而为户。太阴在寅，朱鸟在卯，勾陈在子，玄武在戌，白虎在酉，苍龙在辰。寅为建，卯为除，辰为满，巳为平，主生。午为定，未为执，主陷。申为破，主衡。酉为危，主杓。戌为成，主少德。亥为收，主大德。子为开，主太岁。丑为闭，主太阴。"① "凡徙诸神，朱鸟在太阴前一，钩陈在后三，玄武在前五，白虎在后六，虚星乘钩陈而天地袭矣。"②可见，其法传之久远。

1. 十二天将

天乙贵人　或作天乙，为六壬十二将之首。《六壬大全·十二将释》云：天乙贵人，己丑土［旺］，吉将也，为神将之主。传顺，吉；传逆，凶。比和，吉；不比和，凶。贵人专主钱财、喜庆、诏命之事，君子拜命迁官，小人田宅财物。又引诗："天乙神中是贵人，利为干谒庆财因。君子拜官迁禄秩，小人争讼入公庭。旺相相生尊者召，死囚刑克忌官嗔。病名寒热头目痛，祟非凡鬼庙宗神。"③《黄帝龙首经·占欲上书奏记见贵人法第四十六》："假令上书欲见王者，天乙居金、火、土，而加金、火、土之辰。"④《太乙金镜式经》卷一："天乙贵神，土，主贵人接引升进，王相吉，囚死凶。"⑤

螣蛇　《六壬大全·十二将释》云：螣蛇，位居前一家，丁己火旺六十日，凶将也。螣蛇主文字、虚誉、公信、小财。水火之交，其庚主火烛、惊恐、怪梦、火光、釜鸣、官司、口舌、血光事。又引诗："前一螣蛇车骑尉，

①②［东汉］高诱：《淮南子注·天文训》，《诸子集成》第8册，长沙：岳麓书社，1996年，第50-51页。

③《六壬大全》，文渊阁《四库全书》第808册，上海：上海古籍出版社，1989年，十二神释，第500-512页；十二将释，第512-531页。

④《黄帝龙首经》，《道藏》第4册，文物出版社、上海书店、天津古籍出版社，1988年，第996页。

⑤［唐］王希明：《太乙金镜式经》，文渊阁《四库全书》第810册，上海：上海古籍出版社，1989年，第868页。

火神惊恐怪非安。君子居官忧失位，小人争斗病灾缠。旺相相生灾未发，死囚刑克祸连绵。病者四肢头目痛，水木神来作祟冤。"①《黄帝龙首经·占欲知病人死生法第二十二》："天一为用，生气在丑未辰戌之日；螣蛇为用，死在己亥日。"②《太乙金镜式经》卷一："前一，螣蛇。火，惊恐、战斗。凶。"③

朱雀　《六壬大全·十二将释》云：朱雀，位居前二家。丙午火，夏旺春相，凶将也。朱雀吉得地（得地吉），主文章、印信、敕命、服色、王庭事；失地则凶，主火烛焚煌、口舌生病、公讼文字、财物损失、马畜灾伤等事。又引诗："前二朱雀号羽林，灾殃霹雳火星辰。大人文卷忧察考，庶土妻财兢苦辛。旺气扶持情解释，衰空克制事逡巡。病伤心腹还发呕，瘥日宜看子午辰。"④《黄帝龙首经·占诸吏安官否法第十四》："得朱雀，口舌言讼事。"⑤《太乙金镜式经》卷一："前二，朱雀。火，主文书、口舌、衣物。凶。"⑥《道藏·正一部·九天上圣秘传金符经》"四季之图"以初一、初九、十七、廿五为朱雀日，谓："朱雀日出行，多主失财，求财不得，见官无理，此日大凶。"⑦

六合　《六壬大全·十二将释》云：六合，乙卯木，位居前三家，旺春三月六乙日，吉将也。六合乃和合之神，主婚姻、喜庆、信息、求望、交易、胎产、媒妁、牙保、阴私、财物、交契。又引诗："前三六合大夫位，和会婚姻吉兆扶。君子升迁增俸禄，小人饮食更欢娱。相生谋产多吉庆，受

①《六壬大全》，文渊阁《四库全书》第 808 册，上海：上海古籍出版社，1989 年，十二神释，第 500–512 页；十二将释，第 512–531 页。

②《黄帝龙首经》，《道藏》第 4 册，文物出版社、上海书店、天津古籍出版社，1988 年，第 991 页。

③［唐］王希明：《太乙金镜式经》，文渊阁《四库全书》第 810 册，上海：上海古籍出版社，1989 年，第 868 页。

④《六壬大全》，文渊阁《四库全书》第 808 册，上海：上海古籍出版社，1989 年，十二神释，第 500–512 页；十二将释，第 512–531 页。

⑤《黄帝龙首经》，《道藏》第 4 册，文物出版社、上海书店、天津古籍出版社，1988 年，第 988 页。

⑥［唐］王希明：《太乙金镜式经》，文渊阁《四库全书》第 810 册，上海：上海古籍出版社，1989 年，第 868 页。

⑦《道藏·正一部·九天上圣秘传金符经》，《道藏》第 32 册，文物出版社、上海书店、天津古籍出版社，1988 年，第 560 页。

制奸窬用暗图。问疾阴阳心腹痛,丈人司命祭当苏。"①《黄帝龙首经·占诸望行者吉凶来否第二十六》;"望子孙以六合。"②《太乙金镜式经》卷一:"前三,六合。木,主凡事和合、婚姻。吉。"③

　　勾陈　《六壬大全·十二将释》云:勾陈,位居前四家。戊辰土,旺四季,凶将也。勾陈主兵戈、官讼、公事、印信、虎符、留连、皮革。又引诗:"勾陈前四大将军,兵灾刑斗讼留连。君子掩逃擒盗贼,小人争妇竞田园。旺相相生犹合理,死囚刑克系迟延。病者肿痛寒热苦,祟在丘陵及主垣。"④《黄帝龙首经·占诸郡县有盗贼否法第十六》:"假令功曹为用而得勾陈,当有贼在东北角。"⑤《太乙金镜式经》卷一:"前四,勾陈。土,主勾留、战斗。凶。"⑥

　　青龙　《六壬大全·十二将释》云:青龙,位居前五家。甲寅木,旺春三月,吉将也。青龙主文字、财帛、舟车、林木、衣服、书契、官府、升迁、僧道、高人、婚姻、喜庆、媒妁、胎产、宴会、果药之属。又引诗:"前五青龙丞相位,酒食财钱婚礼仪。君子奏官迁远职,小人财物送乡耆。旺相相生媒妁吉,死囚刑克是私通。病者沉热心肠疾,祟关司命且堪医。"⑦《黄帝龙首经·占人奏文书劾事解否及何时来报法第四十七》:"日辰上得吉神将,有王相相生,即为吉。功曹与吉将并,青龙与吉神并者,皆吉。"⑧

　　①⑥《六壬大全》,文渊阁《四库全书》第 808 册,上海:上海古籍出版社,1989 年,十二神释,第 500-512 页;十二将释,第 512-531 页。

　　②《黄帝龙首经》,《道藏》第 4 册,文物出版社、上海书店、天津古籍出版社,1988 年,第 992 页。

　　③[唐]王希明:《太乙金镜式经》,文渊阁《四库全书》第 810 册,上海:上海古籍出版社,1989 年,第 868 页。

　　④《六壬大全》,文渊阁《四库全书》第 808 册,上海:上海古籍出版社,1989 年,十二神释,第 500-512 页;十二将释,第 512-531 页。

　　⑤《黄帝龙首经》,《道藏》第 4 册,文物出版社、上海书店、天津古籍出版社,1988 年,第 989 页。

　　⑦《六壬大全》,文渊阁《四库全书》第 808 册,上海:上海古籍出版社,1989 年,十二神释,第 500-512 页;十二将释,第 512-531 页。

　　⑧《黄帝龙首经》,《道藏》第 4 册,文物出版社、上海书店、天津古籍出版社,1988 年,第 997 页。

《太乙金镜式经》卷一:"前五,青龙。木,主迁官、钱财、婚姻事。"①

天后 《六壬大全·十二将释》云:天后,位居前一家。壬子水,旺冬三月,吉将也。天后主宫廷、阴私、喜庆、妇人、财物、婚姻、胎产与赏赦、庆贺、恩泽。又引诗:"后一天后彩女嫔,惟须禁锢莫因循。君子迁官会宾客,小人陈仪议婚姻。旺相维持妻妾产,休囚伤害暗私淫。病成痢疾腰肢患,祟犯河官溺死神。"②《黄帝龙首经·占求妇女法第五十三》:"正日时,视阴中有天后神上下相生,日上神与辰上神不相克贼,即可得也。"③《太乙金镜式经》卷一:"后一,天后。水,主蔽匿,妇人淫乱事。"④

太阴 《六壬大全·十二将释》云:太阴,位居后二家,辛酉金,旺秋三月,吉将也。太阴主妇女、财帛、金银、钱物、阴私、喜庆、婚姻。又引诗:"后二太阴内史丞,阴私蔽匿事相仍。君子罪名将出人,小人赃奸致忧惊。乘旺相生婚礼验,逢衰刑克祀神征。病者足疾腰伤损,有祟须祈灶有灵。"⑤《黄帝龙首经·占诸望行者吉凶来否第二十六》:"望兄弟以太阴。"⑥《太乙金镜式经》卷一:"后二,太阴。金,主阴人掌事,吉。"⑦又,在星命术中,太阴为丛辰名。居于岁后二辰。

玄武 《六壬大全·十二将释》云:玄武,位居后三家,癸亥水,旺冬三月,凶将也。玄武主聪明多智、文章、巧技、求望财物、干谒贵人。又引诗:"后三玄武后将军,盗贼奸邪狱讼陈。君子奴逃车马失,常人家破户门淫。相生健旺伤财畜,互克衰绝丧系迍。病者患腰兼胀满,祟殃河伯溺潭

①④ [唐]王希明:《太乙金镜式经》,文渊阁《四库全书》第810册,上海:上海古籍出版社,1989年,第868页。

②《六壬大全》,文渊阁《四库全书》第808册,上海:上海古籍出版社,1989年,十二神释,第500-512页;十二将释,第512-531页。

③《黄帝龙首经》,《道藏》第4册,文物出版社、上海书店、天津古籍出版社,1988年,第998页。

⑤《六壬大全》,文渊阁《四库全书》第808册,上海:上海古籍出版社,1989年,十二神释,第500-512页;十二将释,第512-531页。

⑥《黄帝龙首经》,《道藏》第4册,文物出版社、上海书店、天津古籍出版社,1988年,第992页。

⑦ [唐]王希明:《太乙金镜式经》,文渊阁《四库全书》第810册,上海:上海古籍出版社,1989年,第868页。

神。"①《黄帝龙首经·占诸吏安官否法第十四》:"得玄武,亡遗盗忧疑事也。"②《占闻盗吉凶亡人所在欲捕得否法第十九》:"以闻知之时射之,今日日辰上神有克玄武所居神者,即得;日辰及其上神无贼玄武所居神者,不得。"③《太乙金镜式经》卷一:"后三,玄武。水,主盗贼、亡失财物。凶。"④

太常 《六壬大全·十二将释》云:太常,位居后四家。己未土,旺四季各十八日,吉将也。太常主文章、印绶、公裳、服饰、信息、交关、酒食、宴乐、绢帛、田地、五谷之属。又引诗:"后四官为太常卿,田园财帛彩鲜明,君子迁官荣爵贵,小人媒妁酒逢迎。旺相相生婚吉庆,死囚刑克失财惊。病者四肢头腹疾,祟缘新鬼可求亲。"⑤《黄帝龙首经·占诸欲行求事者第二十五》:"求缯彩欲得太常。"⑥《太乙金镜式经》卷一:"后四,太常。士,主财物、金玉、酒食。吉。"⑦

白虎 《六壬大全·十二将释》云:白虎,位居后五家。庚申金,旺秋三月,凶将也。白虎主道路、信息、兵戈、动众、威权、财帛、犬马、金银、宝物。又引诗:"后五白虎廷尉宰,孝服疾病狱囚萦。君子失官流血恐,小人杀伤致身倾。旺相相生惟损失,死囚刑克虑沉冥。病者目头痛疽苦,祟犯伤鬼祭乃宁。"⑧《黄帝龙首经·占诸吏君安官舍欲知家内吉凶法第十三》:

---

①《六壬大全》,文渊阁《四库全书》第808册,上海:上海古籍出版社,1989年,十二神释,第500–512页;十二将释,第512–531页。

②《黄帝龙首经》,《道藏》第4册,文物出版社、上海书店、天津古籍出版社,1988年,第988页。

③《黄帝龙首经》,《道藏》第4册,文物出版社、上海书店、天津古籍出版社,1988年,第989页。

④《六壬大全》,文渊阁《四库全书》第808册,上海:上海古籍出版社,1989年,十二神释,第500–512页;十二将释,第512–531页。

⑤[唐]王希明:《太乙金镜式经》,文渊阁《四库全书》第810册,上海:上海古籍出版社,1989年,第868页。

⑥《黄帝龙首经》,《道藏》第4册,文物出版社、上海书店、天津古籍出版社,1988年,第992页。

⑦[唐]王希明:《太乙金镜式经》,文渊阁《四库全书》第810册,上海:上海古籍出版社,1989年,第868页。

⑧《六壬大全》,文渊阁《四库全书》第808册,上海:上海古籍出版社,1989年,十二神释,第500–512页;十二将释,第512–531页。

"假令得天魁，为白虎，主死丧。"①《太乙金镜式经》卷一："后五，白虎。金，主死亡、哭泣、兵刃、道路。凶。"②

天空　《六壬大全·十二将释》云：天空，位居后六家。戊戌土，旺四季，凶将也。天空主奴婢、公吏、市井、小人、财帛、言约、私契。又引诗："后六天空司直官，奸谋诡诈事多端。君子迁转防谗诳，俗辈孤单被欺瞒。比助相扶奴婢喜，刑伤不睦是非挽。疾关气胀疼胸胁，井灶为殃岂得安。"③《黄帝龙首经·占知囚系罪轻重法第二十三》："正月时用神，终于王相之气，贵人救之，无罪。……终于天空，空无所有。"④《太乙金镜式经》卷一："后六，天空，土，主万物、欺殆、奴婢、欺诈。凶。"⑤

2. 十二月将

登明　《六壬大全·十二神释》云：登明，亥。正月将。壬寄其上，木生其下，玄武之象。音角，数四，味咸，星室壁，禽猪貐熊，宫双鱼，分野卫、并州。属猪，位天门。所主祯祥、征召、阴私事，为自刑，为极阴之位，又主争讼、狱囚、沉溺（谓乘凶将），主取索、亡失（巳酉丑日）、不净。⑥《黄帝龙首经·占猪善恶法第四十》："以登明加巳午，即放；加水乡，溷豕；加金木，可畜，加土，为病死。"⑦

《类编历法通书大全》收录《走马六壬诗》曰："登明星宫莫愿逢，犯者宅母命先倾。修方下向君须避，少亡宅长定遭凶。军州公事终须有，徒流决

①《黄帝龙首经》，《道藏》第4册，文物出版社、上海书店、天津古籍出版社，1988年，第988页。

②[唐]王希明：《太乙金镜式经》，文渊阁《四库全书》第810册，上海：上海古籍出版社，1989年，第868页。

③《六壬大全》，文渊阁《四库全书》第808册，上海：上海古籍出版社，1989年，十二神释，第500–512页；十二将释，第512–531页。

④《黄帝龙首经》，《道藏》第4册，文物出版社、上海书店、天津古籍出版社，1988年，第991页。

⑤[唐]王希明：《太乙金镜式经》，文渊阁《四库全书》第810册，上海：上海古籍出版社，1989年，第868页。

⑥《六壬大全》，文渊阁《四库全书》第808册，上海：上海古籍出版社，1989年，十二神释，第500–512页；十二将释，第512–531页。

⑦《黄帝龙首经》，《道藏》第4册，文物出版社、上海书店、天津古籍出版社，1988年，第995页。

配血光红。死人长病天瘟起，血财牛马绝其踪。"①注曰："是顺阴之神，水德之主，犯入阴宫，损阴命女人，后损血财，如在寅申巳亥宫，杀人与瘟。如在子午卯酉宫，杀少丁，起军贼公事。如在辰戌丑未宫，杀牛羊六畜；因牛羊起官灾。申子辰年月败。又注曰：凡遇此星，出父子相争悖逆，损三长，因斗打官灾杀小口。"②

河魁 《六壬大全·十二神释》云：河魁，戌。二月将。辛寄其上，火墓其下，天空之象。音商，数五，味甘。星奎娄，禽狼狗豹，宫白羊，分野鲁、徐州。属犬，……所主诈欺、印绶及奴婢逃亡。若发用旧事重新之象，又主虚耗、失钱物带众。③《黄帝龙首经·占诸杀人亡命可得以否法第十七》："假令二月丙申日人定时，河魁加亥，有杀人者，时登明为玄武阴临子，亡人在北方，丙上得天空，申上得小吉，皆土神并克。"④

《类编历法通书大全》收录《走马六壬诗》曰："河魁星下好修应，进入田园岁岁昌。六畜牛羊多盛旺，蚕丝丰稔益儿郎，金银横进多昌盛，儿孙从此富豪强。修方下向当其位，牛马猪羊遍满岗。"⑤注曰："此最短是顺阳之神，土德之主，五音遇者，六十日内先进生气物，周年内生贵子，二百日内进西南方人田产，后进金银财物，一百二十日内至在申子辰年至。又注曰：五音遇此星进庄田牛马用工大作者，大修大发，小修小发。"⑥

从魁 《六壬大全·十二神释》云：从魁，酉，三月将。正禄不受所寄，太阴之象。音羽，数六，味辛。星胃昴毕，禽雉鸡乌，宫金牛，分野

---

①②《类编历法通书大全》，《续修四库全书》第 1062 册，上海：上海古籍出版社，1997 年，第 623–625 页。

③《六壬大全》，文渊阁《四库全书》第 808 册，上海：上海古籍出版社，1989 年，十二神释，第 500–512 页；十二将释，第 512–531 页。

④《黄帝龙首经》，《道藏》第 4 册，文物出版社、上海书店、天津古籍出版社，1988 年，第 989 页。

⑤《类编历法通书大全》，《续修四库全书》第 1062 册，上海：上海古籍出版社，1997 年，第 623–625 页。

⑥《六壬大全》，文渊阁《四库全书》第 808 册，上海：上海古籍出版社，1989 年，十二神释，第 500–512 页；十二将释，第 512–531 页。

赵、冀州，属鸡，位正西。所主阴私、解散、赏赐，又主金、刀、奴婢、信息。①《黄帝龙首经·占鸡可畜否法第四十二》："正日时以从魁占之。加未，能斗；加金水，可畜；加丑，为自死或被杀。"②又《占奴婢下贱利主否法第四十三》："正日时视其日辰阴阳及用神，传中从魁与吉将并，有王相休气，与会日日辰相生，宜主。"③《类编历法通书大全》收录《走马六壬诗》曰："从魁星位退田畴，官灾牢狱又同忧。年年争讼无休歇，退散资财绝马牛。人丁死败终须见，瘟黄疾病不曾休。如无宅母须防死，自吊少亡产难愁。"④注曰："从魁星属金，顺阴之神，犯之，忧女人，起官灾，损牛羊，杀宅母、次长。如在巳酉丑年，出少亡，长病，退田地。因铜铁争竞，大败。又注曰：此星先损牛羊、血财，一百二十日内至女人忧恐。如在子午卯酉宫，起公事退财，田园善退。"⑤

传送　《六壬大全·十二神释》云：传送，申，四月将。庚寄其上，水生其下，白虎之象。音徵，数七，味辛。星觜参，禽猴猿猱，宫阴阳，分野晋、益州，属猴，位西南。所主道路、疾病、信耗事。⑥《黄帝龙首经·占诸吏安官否法第十四》："得传送，有行来事。"⑦《类编历法通书大全》收录《走马六壬诗》曰："传送金星富贵昌，连年常见入田庄。人丁大旺资财盛，六畜牛羊遍满岗。资财岁岁时时进，蚕丝丰稳定非常。加官进职须臾至，儿

①《黄帝龙首经》，《道藏》第4册，文物出版社、上海书店、天津古籍出版社，1988年，第995页。

②《黄帝龙首经》，《道藏》第4册，文物出版社、上海书店、天津古籍出版社，1988年，第996页。

③《类编历法通书大全》，《续修四库全书》第1062册，上海：上海古籍出版社，1997年，第623-625页。

④《六壬大全》，文渊阁《四库全书》第808册，上海：上海古籍出版社，1989年，十二神释，第500-512页；十二将释，第512-531页。

⑤《类编历法通书大全》，《续修四库全书》第1062册，上海：上海古籍出版社，1997年，第623-625页。

⑥《六壬大全》，文渊阁《四库全书》第808册，上海：上海古籍出版社，1989年，十二神释，第500-512页；十二将释，第512-531页。

⑦《黄帝龙首经》，《道藏》第4册，文物出版社、上海书店、天津古籍出版社，1988年，第988页。

孙绯紫足风光。"①注曰:"传送星属金,是顺阳之神,五音遇者,先进田产,后入横财金银,大旺蚕丝血财,一纪荣昌。巳酉丑年生贵子,申子辰年发,六十日内先进契。又注曰:五音修造遇此星,大旺人丁庄田,周年内进财物,百二十日内进西南方田产、女人契。"②

小吉 《六壬大全·十二神释》云:小吉,未,五月将。丁寄其上,木墓其下,太常之象。音徵,数八,味甘。星井鬼,禽犴羊鹰,宫巨蟹,分野秦、雍州。属羊,位西南方。所主酒食、婚姻、祠祀事。③《黄帝龙首经·占羊可养得否法第三十九》:"正日时以小吉占之,加金,欲畜之;加木,欲杀之。"④

《类编历法通书大全》收录《走马六壬诗》曰:"小吉星位不堪闻,犯者须臾便杀人,三年一载终须见,定知家母命难存,年年瘟病无休息,少亡小口定遭迍,宅长急忧逢水命,百万资财化作尘。"⑤注曰:"顺阴之神,土德之主,五音犯者损女人、小口。如在阳宫,杀宅长孙息。如在寅申巳亥宫,兴瘟杀长、损女人。如在子午卯酉宫,因军贼官灾。辰戌丑未宫,牛羊公事,小口兴瘟退财。又注曰:犯此星者杀牛羊、宅母,小口疾病,损女人。如在巳酉丑年,田地公事,周年内至申子辰年败。"⑥

胜光 《六壬大全·十二神释》:胜光,午,六月将。正禄无寄,朱雀之象。音宫,数九,味苦。星柳星(昂)张,禽獐马鹿,宫狮子,分野周、两河,属马,位正南。所主光怪、丝绵,又主文书、官事。⑦《黄帝龙首

---

①②《类编历法通书大全》,《续修四库全书》第 1062 册,上海:上海古籍出版社,1997 年,第 623-625 页。

③《六壬大全》,文渊阁《四库全书》第 808 册,上海:上海古籍出版社,1989 年,十二神释,第 500-512 页;十二将释,第 512-531 页。

④《黄帝龙首经》,《道藏》第 4 册,文物出版社、上海书店、天津古籍出版社,1988 年,第 995 页。

⑤《类编历法通书大全》,《续修四库全书》第 1062 册,上海:上海古籍出版社,1997 年,第 623-625 页。

⑥《类编历法通书大全》,《续修四库全书》第 1062 册,上海:上海古籍出版社,1997 年,第 623-625 页。

⑦《六壬大全》,文渊阁《四库全书》第 808 册,上海:上海古籍出版社,1989 年,十二神释,第 500-512 页;十二将释,第 512-531 页。

经·占马吉凶法第三十七》：“正日时以胜先占之，胜先与吉将并临，所生之乡，即吉；与凶将并临，所贼之乡，即凶。”①

《类编历法通书大全》收录《走马六壬诗》曰：“胜光星下好修装，连年进入不寻常。横财岁岁终须入，先进资财猪及羊。金银珍宝盈仓库，神运禾仓鬼运粮。修逢正合当其位，人口康和岁岁昌。”②注曰：“胜光是顺阳之神，火德之主。遇者先进血财，后进金银匹帛蚕丝定。寅午戌年生贵子，发在亥卯未年。月如在寅申巳亥宫，进田土、人丁、牛羊、丝蚕。如在子午卯酉宫进孳生。如在辰戌丑未宫，进金银匹帛。又注曰：五音遇者，寅午戌年生贵子，亥卯未年进女人，契旺蚕丝。”③

太乙又作太一，原为北辰神名，为天之贵神，后创制演变成为古代的一种太乙九宫的术数。在六壬方术之中，太乙为十二神之一。《六壬大全·十二神释》云：太乙，巳，七月将。丙戌寄其上，金生其下，螣蛇之象。音角，数四，味苦。星翼轸，禽蛇蚓蝉，宫双女，分野楚、荆州。属蛇，位南方。所主斗争、口舌、忧惊、怪异事，又飞祸、赏赐事。④《黄帝龙首经·占诸望行者吉凶来否第二十六》：“假令望巳地人，太一加午为巳发，加酉为得限当来。”⑤

天罡六壬十二神之一。《六壬大全·十二神释》云：天罡，辰，八月将。乙寄其上，水土墓其下，勾陈之象。音商，数五，味甘。星角亢，禽蛟鱼龙，宫天秤，分野郑、襄州。属龙，位东南方近东多。所主斗讼、死丧、田宅、旧事。又曰辰，天牢，戌，地狱，专主狱讼、官府。⑥唐易静《兵要望江南·占六壬》：“三刑内，最恶是天罡。或是季令为日上，冲加四煞必相

①《黄帝龙首经》，《道藏》第4册，文物出版社、上海书店、天津古籍出版社，1988年，第995页。
②《类编历法通书大全》，《续修四库全书》第1062册，上海：上海古籍出版社，1997年，第623-625页。
③《类编历法通书大全》，《续修四库全书》第1062册，上海：上海古籍出版社，1997年，第623-625页。
④⑥《六壬大全》，文渊阁《四库全书》第808册，上海：上海古籍出版社，1989年，十二神释，第500-512页；十二将释，第512-531页。
⑤《黄帝龙首经》，《道藏》第4册，文物出版社、上海书店、天津古籍出版社，1988年，第992页。

伤。夜即恐惊亡。"①原注:"魁罡临日,主大将死;临辰,主小将死;日辰俱临,俱死。"②《黄帝龙首经·占诸欲远行使出吉门法第二十四》:"又法,欲将帅出行,欲令天罡临四季,为神枢,外百事吉。"③

《类编历法通书大全》收录《走马六壬诗》曰:"天罡星位好安排,须凭吉地作良媒。修方下向居其位,进入金银及横财。孳生牛马年年旺,庄园田地入门来。蚕丝谷帛皆盈溢,儿孙积代库门开。"注曰:"天罡星是顺阳德之神,土德之主,五音遇者先入横财,五十日内先进田帛,后进血财。又注曰:修造遇天罡者,六十日内进四足,生气用年生贵子,进南方人财物,百二十日内应如响。遇此星十二年无灾,巳酉丑年发。"④

太冲 《六壬大全·十二神释》云:太冲,卯,九月将。正禄无寄,六合之象。音羽,数六,味酸,星氐房心,禽豸兔狐,宫天蝎,分野宋、豫州。属兔,位正东。所主驿马、船车。⑤《黄帝龙首经·占君吏欲刑戮举事法第十五》:"假令人年立未,太冲临之,今日之辰,巳也"。⑥

《类编历法通书大全》收录《走马六壬诗》曰:"太冲星宫不堪迁,连年见祸退田园。血光横祸年年起,少年定主入黄泉。妇女死亡六畜退,清闲官府见牵连。生离妇女人游荡,犯者千灾百祸缠。"注曰:"太冲星是顺阴之神,水德之主,犯者先损宅母,退财,损牛羊,后又公事,周年内至。退田地,损女人,定亥卯未年,起官方牵连,女人生离败。又注曰:五音修犯此星者,起官灾,退财,因此家破人力衰弱。"⑦

功曹 《六壬大全·十二神释》云:功曹,寅,十月将。甲寄其上,火

①②[唐]易静:《兵要望江南词·占六壬》,曾昭岷等编:《全唐五代词》,北京:中华书局,1999年,第428页。

③《黄帝龙首经》,《道藏》第4册,文物出版社、上海书店、天津古籍出版社,1988年,第992页。

④⑦《类编历法通书大全》,《续修四库全书》第1062册,上海:上海古籍出版社,1997年,第623-625页。

⑤《六壬大全》,文渊阁《四库全书》第808册,上海:上海古籍出版社,1989年,十二神释,第500-512页;十二将释,第512-531页。

⑥《黄帝龙首经》,《道藏》第4册,文物出版社、上海书店、天津古籍出版社,1988年,第988页。

生其下，青龙之象。音徵，数七，味酸。星尾箕，禽虎豹猫，宫人马，分野燕、幽州。属虎，位东北。所主水器、文书、婚姻、才帛、官吏之事。[①]《黄帝龙首经·占人亡所在吉凶法第四十五》："欲行诸人家，知人在否……功曹临日辰，在吏家与长者客语。"[②]

《类编历法通书大全》收录《走马六壬诗》曰："功曹星下好修营，蚕丝六畜足丰盈。资财进入人丁旺，猪羊牛马遍山成。家生贵子须臾至，儿孙绯紫出明经。修方下向逢三合，文章举选达王庭。"注曰："功曹星是顺阳之神，木德之主，五音遇者，家生贵子，人兴物旺，百二十日内进横来财，血财旺蚕丝。如在寅申巳亥宫，进西北方人田鹿契。如在子午卯酉宫，进横财牛马。如在辰戌丑未，进寡妇山林契。申子辰年大发，亥卯未年生贵子。"[③]

大吉　《六壬大全·十二神释》云：大吉，丑，十一月将。癸寄其上，金墓其下，贵人之象。音徵，数八，味甘。星斗牛，禽獬牛龟，宫磨蝎，分野吴、扬州。属牛，位北方。所主田宅、园圃及斗争事。又总论丑未，专主田宅、才帛、宴喜。[④]《黄帝龙首经·占牛善恶法第三十八》："正日时，以大吉占之。大吉临木，为病；临火，且惊以得卖。"[⑤]

《类编历法通书大全》收录《走马六壬诗》曰："大吉星位主灾伤，犯之妇女定先亡。官灾牢狱无休歇，血财牛马也遭伤。瘟黄麻豆家常染，更忧小口入泉乡。修逢申子辰年月，女人产死上茅岗。"注曰："大吉是顺阴之神，土德之主，犯者一百二十日内损牛羊、血财，后杀妇人，周年内至。如在寅申己亥宫，兴瘟杀人。如在子午卯酉宫，因军贼官灾。如辰戌丑未宫杀牛

①《六壬大全》，文渊阁《四库全书》第808册，上海：上海古籍出版社，1989年，十二神释，第500-512页；十二将释，第512-531页。

②《黄帝龙首经》，《道藏》第4册，文物出版社、上海书店、天津古籍出版社，1988年，第996页。

③《类编历法通书大全》，《续修四库全书》第1062册，上海：上海古籍出版社，1997年，第623-625页。

④《类编历法通书大全》，《续修四库全书》第1062册，上海：上海古籍出版社，1997年，第623-625页。

⑤《六壬大全》，文渊阁《四库全书》第808册，上海：上海古籍出版社，1989年，十二神释，第500-512页；十二将释，第512-531页。

羊，损女人。注曰：修方下向遇此星一百二十日内损小口，周年内公事。"①

神后 《六壬大全·十二神释》：神后，子，十二月将。正禄无寄，天后之象。音宫，数九，味咸，星女虚危，禽蝠鼠燕，宫宝瓶，分野齐、青州。属鼠，位正北。所主阴私、暗昧、妇女之事。②《黄帝龙首经·占求妇女有两三处此妇女可取谁者为良相宜法第五十四》："欲取求其乡上神有与天后、神后相生者，可取也。"③

《类编历法通书大全》收录《走马六壬诗》曰："神后星宫号吉媒，金银横进女家财。向坐修方居其位，儿孙绯紫入门来。丝蚕六畜年年旺，人丁昌盛绝凶灾。三吉相顺同相照，定生贵子出贤才。"注曰："是顺阳之神，水德之主，五音修造遇此，先进大财孳生，后进寡妇，田土进益，蚕丝大作，逢三合加官富贵。又注曰：五音修方下向遇此星者，定三日内进西北二方人田产大财，申子辰年生贵子。"④

第二节 敦煌写本宅经 P.2964 的"四邻造作"与黄黑道十二神

P.2964《四邻造作及自家泥垒犯触转为福法等》,《敦煌遗书总目索引》《敦煌遗书总目索引新编》均将其定名为"残星占书"；⑤《敦煌遗书最新目录》命名"星占书"。黄正建将其定名为"四邻造作及自家泥垒犯触转为福法等"。黄正建介绍该卷说："有六张图，每两个月一张，在每张图上按十二地支画有青龙、白虎、司命、勾陈的位置，然后有文字说'凡四邻造作及

①《黄帝龙首经》,《道藏》第4册，文物出版社、上海书店、天津古籍出版社，1988年，第995页。

②《六壬大全》，文渊阁《四库全书》第808册，上海：上海古籍出版社，1989年，十二神释，第500–512页；十二将释，第512–531页。

③《黄帝龙首经》,《道藏》第4册，文物出版社、上海书店、天津古籍出版社，1988年，第998页。

④《类编历法通书大全》,《续修四库全书》第1062册，上海：上海古籍出版社，1997年，第623–625页。

⑤施萍婷主编：《敦煌遗书总目索引新编》，北京：中华书局，2000年，第262页。

自家泥垒'犯了青龙如何如何，犯了玄武如何如何，最后是触犯后'转为福法'。文字之后又有一张图，图分九格，正中坐一人，四方各有一个骑马的人。正中写有'土公位常在中庭'，四方则写土公何日出游，比如南方写'己亥、戊戌、丁酉、丙申、乙未、甲午，此六日南游。图下有十行字，大致讲土公出游日的宜忌。"①

这一卷实际上是两幅图及其相关的说明文字，一份是四邻造作及自家泥垒犯触转为福法图（以下简称"四邻造作图"），另一份是土公出游图。四邻造作图是每两月一幅图，其中的正月、七月的图残损严重，我已据已有图中神煞的规律补充完整。陈于柱认为图中的十二神就是黄黑道十二神，这肯定是正确的。他说："以'二、八月'图为例，它们分别是青龙、明堂、天刑、朱雀、金匮、大德、白虎、玉堂、天牢、玄武、司命、勾陈。这十二神是黄黑二道之神，《协纪辨方书》卷7引《神枢经》曰：'青龙、明堂、金匮、天德、玉堂、司命皆月内天黄道之神也，所值之日皆宜兴众物，不避太岁、将军、月刑，一切凶恶自然避之。天刑、朱雀、白虎、天牢、元（玄）武、勾陈者月中黑道也，所理之方，所值之日皆不可兴土工、营房舍、移徙、远行、嫁娶、出军。'其中'天德'在 P.2964 称作'大德'。图后的文字即是围绕上述图式而展开的，其文先讲泥垒黄道神所理之方位时，一般比较吉利；随后讲当犯触黑道神时如何进行解救。这些图文结合起来就是该卷第一行所说的'凡四邻造作及自家泥垒犯触转为福法。'"②所以，该卷定名为"残星占书"或"星占书"，则嫌其类大，不确切。但定名为"凡四邻造作及自家泥垒犯触转为福法及土公出游法"，又嫌其标题太长，标作"四邻造作图等"应较为简洁些。

现将"凡四邻造作及自家泥垒犯触转为福法"的图 5-4 转录如下：

我们先看图中的十二神，关于这十二神的名义，《协纪辩方书》卷七

①黄正建：《敦煌占卜文书与唐五代占卜研究》，北京：学苑出版社，2001 年，第 80、82 页。
②陈于柱：《敦煌写本宅经研究》，兰州大学硕士研究生论文，2003 年。

六月六日　二月八日

巳 朱雀／午 金匮／未 大德／辰 天刑／申 白虎／卯 明堂／中 二月 八月／酉 玉堂／寅 青龙／壬 勾陈／子 司命／戌 天牢 玄武／亥 玄武

（七月　正月）

巳 大德／午 [白虎]／未 [玉堂]／辰 金匮／申 [天牢]／卯 [朱雀]／中 七月 正月／酉 [玄武]／寅 丑 天刑／[明]堂／子 青龙／戌 司命／亥 勾陈

三月三日　七月七日　七月十五日

巳 明堂／辰 青龙／午 天刑／未 朱雀／申 金匮／卯 勾陈／中 九月 三月／酉 大德／寅 司命／壬 玄武／子 天牢／戌 白虎／亥 玉堂

四月八日　八月五日

巳 勾陈／辰 司命／午 青龙／未 明堂／申 天刑／卯 玄武／中 十月 四月／酉 朱雀／寅 天牢／壬 玉堂／子 白虎／戌 金匮／亥 大德

十二月八日　五月八日　九月八日

巳 玄武／辰 天牢／午 司命／未 勾陈／申 青龙／卯 玉堂／中 十一月 五月／酉 明堂／寅 白虎／壬 大德／子 金匮／戌 天刑／亥 朱雀

十一月十二日　十月?一?日

巳 玉堂／辰 白虎／午 天牢／未 玄武／申 司命／卯 大德／中 十二月 六月／酉 勾陈／寅 [壬] 金匮／朱雀／子 天刑／戌 青龙／亥 明堂

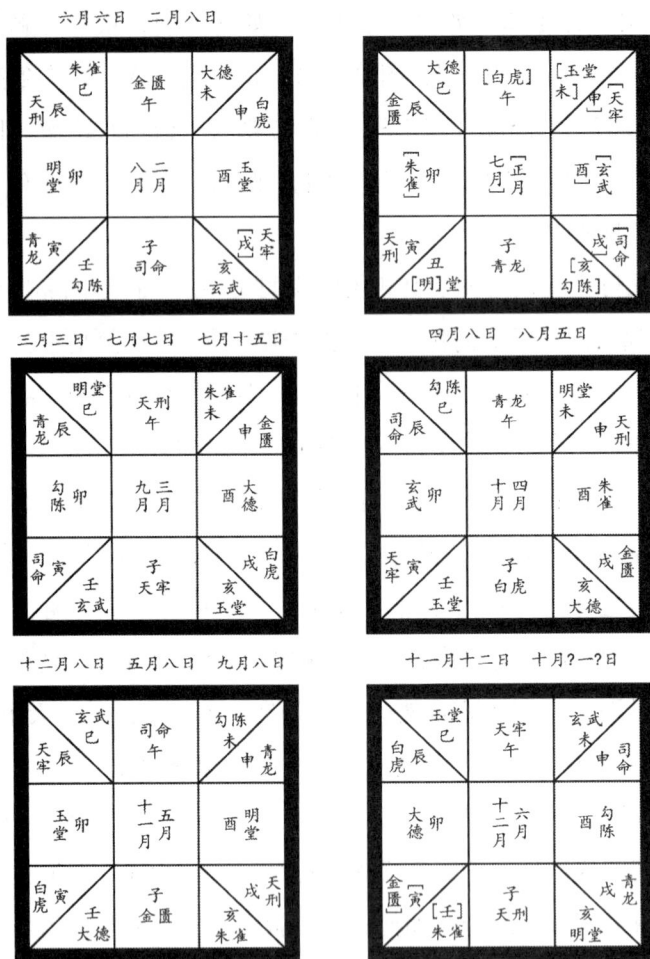

图 5-4　P.2964 四邻造作图

《义例五·黄道、黑道》引曹震圭曰："此天黄道也。盖天者，万物之主；黄者，中央之色；道者，乃天皇居九重之内，出入所履之道也。故名曰天黄道。其神逐年、月、日，各有所主。《易传》云：乾为天，为君，为父。是天皇之位也，主御群灵，司万物生死，故曰司命。亦能掌握万物，故又名曰天符，今皆作天府。此乾卦之主也。初行其道起于戌，是乾之世爻纳甲也。其对冲巽宫为明堂，是天皇治事之宫也。圣人南面而听天下，故以巽为明堂，又名曰执储。是天皇所操执以除暴虐也，故曰齐乎巽。初行其道起于丑，是巽之初爻纳甲也。其明堂之左有青龙，宰相之象，是震宫也，震为雷，为龙，故曰青龙，又名曰雷公。初行其道起于子，是震之初爻纳甲也。其明堂之前有朱雀，是离宫也，又曰飞流。故离为火，朱雀，飞流之象。初行其道起于卯，是离卦初爻纳甲也。其明堂之右有白虎，将军之象。又曰天棒，是天皇之先驱也。又曰天马，是天皇之所乘也。初行其道起于午，是震卦外体之纳甲也。谓震为大臣之象，向外则为将军也。其天皇之右有玉堂，是天皇寝安之宫，天后之位是坤宫也。又曰天玉，是天皇宠爱之所。初行其道起于未，是坤之初爻纳甲也。天皇之左有金匮，是宝藏之府库，艮之位也。又曰天宝。初行其道起于辰，是艮卦初爻纳甲也。天皇右旁有天德兑也，是天皇施仁布德、喜乐之宫。又曰天对，是天皇纳谏、听政、论道经邦之所。初行其道起于巳，是兑之初爻纳甲也。天左旁有天刑坎也，劳卦也，是掌刑罚之所。又曰蚩尤，蚩尤者，虐民之神。初行其道起于寅，坎之初爻纳甲也。白虎、天棒之后有天牢，又曰天狱，是囚禁之所也。配之朱雀、明堂之间，盖使刑禁明而无私也。初行其道起于申，是坎之外体纳甲也。故云劳乎坎也。天皇、天牢之间有玄武，又曰阴私，是邪妄之臣。故论正道必有谗言，举正直则邪妄亦进，《易》卦爻辞半君子半小人，则天下之道然也。初行其道起于西，是离卦外体纳甲也。故离为朱雀飞流，皆小人之辈也。中宫之位有勾陈，是天皇嫔妃之位，天帝之所居也。初行其道起于亥，是乾宫之阴辰、兑宫之外体纳甲也。盖兑者说也，是天皇喜悦之宫也，故用配马。又曰：青龙即雷公，明堂即执储，金匮即天宝，天德即天对，玉堂即天玉，司命即天府，天刑即蚩尤，朱雀即飞流，白虎即天棒，天牢即天岳，玄武即阴私，土勃即勾陈。"参见表3–11。

再看这黄黑道十二神的排列秩序。《协纪辩方书》卷七《义例五·黄道、黑道》引李鼎祚曰："青龙正月起子，金匮正月起辰，司命正月起戌，皆顺行六阳辰也。明堂正月起丑，天德正月起巳，玉堂正月起未，皆顺行六阴辰也。天刑者，正月起寅；白虎者，正月起午；天牢者，正月起申；皆顺行六阳辰也。朱雀者，正月起卯；玄武者，正月起酉；勾陈者，正月起亥；皆顺行六阴辰也。"又引《考原》曰："黄、黑二道者，黄道六、黑道六，共十有二。以配十有二辰：一青龙，二明堂，三天刑，四朱雀，五金匮，六天德，七白虎，八玉堂，九天牢，十玄武，十一司命，十二勾陈。其法则寅申青龙起子，卯酉起寅，辰戌起辰，巳亥起午，子午起申，丑未起戌，顺行十二辰。月起日则建寅之月子日为青龙，丑日为明堂。日起时则子日申时起青龙，酉时为明堂。依次顺数。"

唐李靖《神机制敌太白阴经》卷十《遁甲》"推恩建黄道法"说："常以正、七月加子，二、八月加寅，三、九月加辰，四、十月加午，五月、十一月加申，六月、十二月加戌。凡天罡下为建，建为青龙，黄道次神。太乙即为除，除为明堂，黄道次神。胜光即为满，满为天刑，黑道次神。小吉即为平，平为朱雀，黑道次神。传送为定，定为金匮，黄道次神。从魁为执，执为天德，黄道次神。河魁为破，破为白虎，黑道次神。徵明为危，危为玉堂，黄道次神。神后为成，成为天牢，黑道次神。大吉为收，收为玄武，黑道次神。公正为开，开为司命，黄道次神。太冲为闭，闭为勾陈，黑道次神。凡避死难，从开星不吉。春三月房为开，夏三月张为开，秋三月娄为开，冬三月壁为开。"[1]李靖将十二神与建除、六壬十二神相配（表5-3）。

表5-3　黄黑道十二神与建除相配表

六壬神	天罡	太乙	胜光	小吉	传送	从魁	河魁	徵明	神后	大吉	公正	太冲
建除神	建	除	满	平	定	执	破	危	成	收	开	闭
黄道神	青龙	明堂			金匮	天德		玉堂			司命	
黑道神			天刑	朱雀			白虎		天牢	玄武		勾陈

综合李鼎祚与《考原》等所述，十二神的排列顺序是：一青龙，二明堂，三天刑，四朱雀，五金匮，六天德，七白虎，八玉堂，九天牢，十

---

①[唐]李靖：《神机制敌太白阴经》，谢志宁、陈爽：《白话太白阴经》，北京：气象出版社，1992年，第351页。

玄武，十一司命，十二勾陈。十二神在每月中日辰的排列有六个序列，即正、七月，二、八月，三、九月，四、十月，五、十一月，六、十二月，如P.2964的绘图所示的那样，由六个图表示。以青龙为例，正、七月（寅申月）子日，二、八月（卯酉月）寅日，三、九月（辰戌月）辰日，四、十月（巳亥月）午日，五、十一月（子午月）申日，六、十二月（丑未月）戌日为青龙所值之日，又为所值之方。从敦煌卷子P.2964保存完整的三、九月的图中可看到，三、九月辰日为青龙，巳日为明堂，午日为天刑，未日为朱雀，申日为金匮，酉日为大德，戌日为白虎，亥日为玉堂，子日为天牢，壬日为玄武，寅日为司命，卯日为勾陈，依次顺行循环。其他神煞的排列依此类推。《考原》所谓"月起日则建寅之月子日为青龙，丑日为明堂"即指此。又每日中十二神的时辰排列也有六个序列，如P.2964所绘的六个图所示，《考原》所谓"日起时则子日申时起青龙，酉时为明堂，依次顺数"即指此。子日对应子月，即P.2964五月、十一月图所标示那样，就是说，申时为青龙，酉时为明堂，戌时为天刑，亥时为朱雀，依次顺排。

因此，依据P.2964所绘的黄黑道十二神图如下（表5-4）：

表5-4　黄黑道十二神方位表

神 月份 方位	黄道 黑道	青龙	明堂 	天刑	朱雀	金匮	天德 白虎	玉堂 天牢	玄武	司命 勾陈
正、七月	子	丑	寅	卯	辰	巳	午	未	申	酉	戌	亥
二、八月	寅	卯	辰	巳	午	未	申	酉	戌	亥	子	丑
三、九月	辰	巳	午	未	申	酉	戌	亥	子	丑	寅	卯
四、十月	午	未	申	酉	戌	亥	子	丑	寅	卯	辰	巳
五、十一月	申	酉	戌	亥	子	丑	寅	卯	辰	巳	午	未
六、十二月	戌	亥	子	丑	寅	卯	辰	巳	午	未	申	酉

依据这个黄黑道十二神方位表，我们可以订正敦煌卷子 P.3594《宅经》中"推移徙黄黑徒（道）"中的错误，P.3594《宅经》说："正月、七［月］，亥子□□酉戌等地黑，丑辰巳未地黄。二月、八月，辰巳戌亥子丑寅等地黑，午未申酉卯地等黄。三月、九月，甲寅卯辰午未戌地里（黑），巳申酉子亥地黄。四月、十月，寅卯辰巳午申酉子等黑，未戌亥丑等黄。五月、十一月，寅辰巳午未申戌等黑，子丑卯酉等黄。六月、十二月，丑辰未甲酉戌等地并黑，寅卯巳午亥子等黄。"依据上列黄黑道十二神方位表，正月、七月应该是亥寅卯午申酉方为黑，子丑辰巳未戌方为黄。二月、八月应该是辰巳申戌亥丑方为黑，寅卯午未酉子方为黄。三月、九月应该是子丑卯午未戌方为黑，寅辰巳申酉亥方为黄。四月、十月应该是寅卯巳申酉子方为黑，丑辰午未戌亥方为黄。五月、十一月应该是寅辰巳未戌亥方为黑，子丑卯午申酉方为黄。六月、十二月应该是子丑辰午未酉方为黑，寅卯巳申戌亥方为黄。

关于黄黑道十二神排列的功用，《协纪辩方书》卷七《义例五·黄道、黑道》引《神枢经》曰："青龙、明堂、金匮、天德、玉堂、司命，皆月内天黄道之神也。所值之日皆宜兴众务，不避太岁、将军、月刑，一切凶恶自然避之。天刑、朱雀、白虎、天牢、玄武、勾陈者，月中黑道也。所理之方、所值之日皆不可兴土功、营室舍、移徙、远行、嫁娶、出军。"就是说，每月中，青龙、明堂、金匮、天德、玉堂、司命所值之日为所谓的黄道吉日，可以兴功动土。古人还为选择黄黑道十二神的吉凶祸福编有歌诀，敦煌文书 P.3803 咏黑黄道诀说："合神用加月建时，酉下青龙卯下离，神后所言朱雀位，胜光玄武得无疑，徵明本自天形墨，传送勾陈恨无欺，此个六神为黑道，犯之殃祸不轻微。""魁下明堂对玉堂，小吉金柜对金囊，功曹本言为大德，太一天牢是吉昌，此之相配对黄道，万般凶祸不为殃。凡欲出军并嫁娶或为修造或迁移，但承黄道皆福利，不避将军及岁支。"

P.2964"凡四邻造作及自家泥垒犯触转为福法"说："泥［玉］堂，迁实；大德，宜人；福王□，宜奴婢、六畜；司命，长命；天牢，多饮食；金匮，得横财。"就是说泥垒玉堂等黄道神所值的方位、时辰，都会带来长命、得横财等诸多吉利。而下文说"犯勾陈，狱讼。犯入□金匮，厌之玄武。盗贼，走奴婢，泥司命，厌白虎。死亡，泥明堂、青［龙］。□损长妇，死亡起，泥［玉］堂。犯朱雀，口舌起，泥天牢、天刑。煞家长，泥□、大德。"就是说，触犯了黑道诸神所值之方位、时辰，就会有狱讼、煞家长等不吉利的后果。或说有不吉利的情况，则用泥垒黑道神所在的方位、时辰予以镇厌解除。

　　P.3594《宅经》也有相关解厌法，说："犯天形（刑），治土（大）德。犯勾陈，治金匮。解勾陈，治雄黄五两，麻子三升，悬著勾陈下。解玄武，慈石十二两，大豆二升，悬着玄武下。犯青龙，治玉堂。犯白虎，治明堂。解白虎，慈石九两，大豆二升，［悬］白虎下。"与P.2964不同之处在于：P.3594在犯某方时是治某一方，或解某一方，治某一方。解读作 xiè，是祭祀之意，如解勾陈，即是祭勾陈神。其所用的雄黄五两、麻子三升等配方值得进一步研究，拟另文解析。

　　P.2964说："泥东方，勿以庚辛日，南方勿以壬癸［日］，西方勿以丙丁日，北方勿以戊己日。"这是按五行相克的关系来推排的，因为东方甲乙木克中央戊己土，南方丙丁火克西方庚辛金，中央戊己土克北方壬癸水，西方庚辛金克东方甲乙木，北方壬癸水克南方丙丁火。

　　P.2964还强调泥垒要用岁合日、日月合日等吉日，查《协纪辩方书》有岁德合、岁干合，日合、月德合，P.2964所说的岁合、日月合等吉日应为这几个吉日。岁德合、岁干（乾）合为年神。《协纪辩方书》卷三《义例一·岁德合》引《考原》曰："岁德合者，岁德五合之干是也。甲年在己，乙年在乙，丙年在辛，丁年在丁，戊年在癸，己年在己，庚年在乙，辛年在辛，壬年在丁，癸年在癸。"又加按语说："岁德与岁德合并属上吉，有宜无忌。"《协纪辩方书》卷三《义例一·岁德合》引《金匮经》曰："岁干合者，天地阴阳配合也。主除灭灾咎而兴福祐也。所理之方可以修营、起土、上官、嫁娶、远行、参谒。"又引《历例》曰："甲年在己，乙年在庚，丙年在辛，丁年在壬，戊年在癸。"

表 5-5　岁德、岁干合表[①]

年神 \ 方位 \ 年	子	丑	寅	卯	辰	巳	午	未	申	酉	戌	亥
岁德合	己	乙	辛	丁	癸	己	乙	辛	丁	癸		
岁干合	己	庚	辛	壬	癸	甲	乙	丙	丁	戊		

月德合为月神，《协纪辩方书》卷五《义例三·月德合》引《五行论》曰："月德合者，五行之精符会为合也。所理之地众恶皆消，所值之日百福并集，利以出师命将、上册受封、祠祀星辰，营建宫室。"又引《历例》曰："月德合者，正、五、九月在辛，二、六、十月在己，三、七、十一月在丁，四、八、十二月在乙。"

表 5-6　月德合方位表[②]

月神 \ 方位 \ 月	正月	二月	三月	四月	五月	六月	七月	八月	九月	十月	十一月	十二月
月德合	辛	己	丁	乙	辛	己	丁	乙	辛	己	丁	乙

日合为时神，《协纪辩方书》卷五《义例五·日建、日破、日合、日害、日刑》说："以本日地支为主而以时参之，或为日之建，或为日之破，或为日之合，或为日之害，或为日之刑。建、合则吉，而破、刑、害则凶也。"

---

①刘道超、周荣益：《神秘的择吉》，南宁：广西人民出版社，2004 年，第 148 页。
②刘道超、周荣益：《神秘的择吉》，南宁：广西人民出版社，2004 年，第 149 页。

依其图，子合丑，即子月合丑日，或子日合丑时。

表 5-7　日合方位表①

日支 时神	子	丑	寅	卯	辰	巳	午	未	申	酉	戌	亥
日合	丑	子	亥	戌	酉	申	未	午	巳	辰	卯	寅

P.2964 写有"咸元元［年］十月十日上，盛大元□元八月六日之文"。查历史年表，没有咸元年号，带咸的年号，只有咸平（宋真宗 998—1003 年）较为适合。咸元或许为虚拟的一个年号。

P.3594《宅经》用黄黑道十二神时，除了上述"犯勾陈，治金匮"等解厌禳法外，还用移徙的方法来使家宅吉利、昌盛。该卷说："□□月逆病、兴贩、买田宅及奴婢、起生（土）修造、立舍、簇蚕等皆昌。徒（从）黄向黄，大富，吉昌。一切诸神不能为殃，大吉和。从黑向黄，中吉。从黄向黑，中凶。从黑向黑，百事皆凶。"

本文重点剖析了敦煌文书 P.2964 中的黄黑道十二神图，解读了黄黑道十二神的名称及其排列秩序，其"凡四邻造作及自家泥垒犯触转为福法"就是用黄黑道十二神讲时日方位吉凶及其解救法，泥垒黄道神所值方位就有诸多吉利，若犯触黑道神所值时日方位时给了相应的解救措施。在建筑修造中就是要选择黄道吉日，黄道吉方，使家宅昌盛不衰。P.3594《宅经》也讲黄黑道十二神，但它是讲犯某一方，则相应治另一方予以解救；或用移徙的办法避灾就吉，保持宅舍的吉昌。

---

①刘道超、周荣益：《神秘的择吉》，南宁：广西人民出版社，2004 年，第 154 页。

第三节 敦煌写本宅经 P.3594 中的九方色图

敦煌写本 P.3594《宅经》,《敦煌遗书总目索引》《敦煌遗书总目索引新编》《敦煌遗书最新目录》均有介绍,《敦煌遗书总目索引新编》将其定名为"阴阳书残卷。"①其实, 该卷是一件宅经杂抄, 既有阴阳宅的内容, 又有五姓宅的内容。卷中子目在其他宅经卷子皆能找到出处。陈于柱分析说:"这些子目及占辞在其他宅经文献中大部分都可见到, 如'推五姓墓月法'是 P.2615a 与 P.3281vb 所载'五姓同忌法'中的一部分;'推伏龙法'P.2615a'伏龙法'中的一种;'用石镇宅法', 黄正建指出其'第一句与前述 P.4667《阴阳五姓宅图经》中的'镇宅法'第六中的一句大致相同, 可见二者属同一性质。'所以该卷在性质上应属于宅经文献, 与 P.328lvb 相类似, 也是对各种宅法的混抄。"②其中的"九方色图"是其他宅经文献中没有的, 图中的三震、四巽方色图残损严重, 我在《敦煌写本宅经葬书校注》中已据现代所用的紫白法补充完整。关于该卷的抄写年代,《敦煌遗书总目索引新编》说:"内有从开元十二年甲子入下元语, 则应为晚唐著作。"③

P.3594《宅经》有一组九方色图, 由一坎、二坤、三震、四巽、五土(黄)、六乾、七兑、八艮、九离九个小图组成, 中央一图只标有五字, 周围八个小图分别用八卦标示。值得注意的是中央的小图, 用八卦标明周围的八方, 中间为五字, 外围还有东方"寅甲卯乙辰"、南方"巳丙午丁未"、西方"申庚酉〔辛戌〕"、北方"亥壬子癸丑"二十方。二坤的这个图还特地标示出东西方。一坎、二坤、四绿、七兑的小图都分别标有 × 月 × 月不得修造。其"九方色图"转录于篇后。

---

① 施萍婷主编:《敦煌遗书总目索引新编》, 北京:中华书局, 2000 年, 第 288 页。
② 陈于柱:《敦煌写本宅经研究》, 兰州大学硕士研究生论文, 2003 年。
③ 施萍婷主编:《敦煌遗书总目索引新编》, 北京:中华书局, 2000 年, 第 288 页。

　　九方色图就是九宫图，或称方位紫白图，现在一般称为三元紫白法，或紫元飞白法图。九宫图最初是以一至九的数字来表示的，后来又用八卦，到唐代才将数字换成颜色，即一白、二黑、三碧、四绿、五黄、六白、七赤、八白、九紫。因而，其中的五、中、黄图可用三个基本图（图 5-5，图 5-6，图 5-7）标示如下。

四	九	二
三	五	七
八	一	六

图 5-5

巽	离	坤
震	中	兑
艮	坎	乾

图 5-6

绿	紫	黑
碧	黄	赤
白	白	白

图 5-7

　　由此看来，P.3594《宅经》中的九方色图的排列有两个层次，九个小图是按一坎、二坤、三震、四巽、五土（黄）、六乾、七兑、八艮、九离的顺序排列的，每个小图又按一坎、二坤、三震、四巽、五土（黄）、六乾、七兑、八艮、九离居中宫排列。这种数字排列法是古老的洛书排列法，它实际上是一个三阶幻方，由此组成的数字无论是横的、直的、还是斜着的三个数相加都是十五，这当然就为这个幻方增添了不少的神秘色彩。幻方本是数学里的概念，又叫方阵、纵横图。现在数学工作者运用电脑可以排列出四级幻方、五级幻方，乃至万级幻方，又有奇、偶之别，下面列举四级幻方和七级幻方两图（图 5-8，图 5-9）：

15	12	9	23
10	22	16	11
21	7	14	17
13	18	20	8

图 5-8　四级幻方偶阵图
（每一方向四个数字之和为 59）

22	31	40	49	2	11	20
21	23	32	41	43	3	12
13	15	24	33	42	44	4
5	14	16	25	34	36	45
46	6	8	17	26	35	37
38	47	7	9	18	27	29
30	39	48	1	10	19	28

图 5-9　七级幻方奇阵图
（每一方向七个数字之和为 175）

这种三级幻方的数字排列法可以上溯到先秦时期的明堂、九宫学说。早在春秋战国时代成书的《管子·幼官（玄宫）》《礼记·月令》《吕氏春秋·十二纪》就记载了古代明堂九室的制度，认为天子应该随着天时的变化而居住不同的方位，一年四季轮流居于明堂九室，以实现"赞天化育"的目的。据《礼记·月令》载，天子春天三月居东边青阳三室，夏天三月居南边明堂三室，秋天居西边总章三室，冬天居北边玄堂三室。另每季抽出十八天，居中央太庙太室。《大戴礼记·明堂》始将九室配上九个数目，其文说："明堂者，古有之也。凡九室：一室而有四户八牖，三十六户，七十二牖。以茅盖屋，上圆下方。明堂者，所以明诸侯尊卑。外水曰辟雍，南蛮、东夷、北狄、西戎。《明堂月令》：赤缀户也，白缀牖也。二九四，七五三，六一八。堂高三尺，东西九筵，南北七筵，上圆下方。九室十二堂，室四户，户二牖，其宫方三百步。在近郊，近郊三十里。"[1]

图中（图5-10）明堂九室"二九四，七五三，六一八"的排列就是这种典型的三阶幻方的排列形式。明堂之所以具有"明诸侯尊卑"等功用，主要在于明堂与古代通天通神的灵台有一定的联系，古人还认为明堂与古代观天、通天、通神的灵台为同一建筑物的不同部分。[2]卢植《礼记注》曰："明堂即太庙也。天子太庙，上可以望气，故谓之灵台；中可以序昭穆，故谓之太庙；

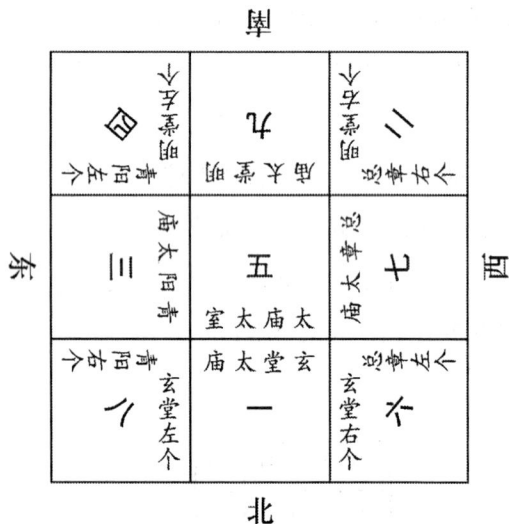

图5-10　《礼记·月令》明堂平面布局示意图

---

①［汉］戴德撰，［清］王聘珍解诂：《大戴礼记解诂》，北京：中华书局，1983年，第149-151页。
②江晓原：《天学真原》，沈阳：辽宁教育出版社，1991年，第98页。

圆之以水，似辟，故谓之辟雍。古法皆同一处，近世殊异，分为三耳。"①
《白虎通德论》卷四辟雍云："天子所以有灵台者何？所以考天人之心，察阴
阳之会，揆星度之证验，为万物获福无方之元。……天子立明堂者，所以通
神灵，感天地，正四时，出教化，宗有德，童（重）有道，显有能，褒有行
者也。"②清楚地说明了灵台、明堂的政治教化功能，首在通天、通神，次在
行政、教化；通天、通神的落脚点也是为了行政教化。所以，在古人眼里，
明堂是十分神圣的处所，明堂的这种数字排列自然也是神奇、神秘、神圣
的，这组排列法后来以洛书的排列形式一直传承下来，应该与这种神圣、神
秘性有关。

以这九个数字排列组合而成的数学算法，古代称之为九宫算。东汉徐岳
《数术记遗》云："九宫算，五行参数，犹如循环。"甄鸾注曰："九宫者，即
二四为肩，六八为足，左三右七，戴九履一，五居中央。"③隋萧吉《五行大
义》卷一"论九宫数"引《黄帝九宫经》云："戴九履一，左三右七，二四为
（角）肩，六八为足，五居中宫，总御得失"。又说："其数则坎一、坤二，
震三，巽四，中宫五，乾六，兑七，艮八，离九。太一行九宫，从一始，以
少之多，顺其数也。"④后人解释洛书多沿用此说。《隋书·经籍志》著录有
《黄帝九宫经》一卷，但该书已久佚。

汉代易学家将九宫数与八卦相配。《易纬·乾凿度》详细介绍了"太一
行九宫"的位数变化，说："易，一阴一阳，合而为十五之谓道。阳变七之
九，阴变八之六，亦合于十五，则象变之数若一。阳动而进，变七之九，象
其气之息也；阴动而退，变八之六，象其气之消也。故太一取其数以行九

①《诗·大雅·灵台》小序孔颖达疏引，［清］阮元校刻：《十三经注疏》，北京：中华书局，1980年，
第254页。
②［东汉］班固：《白虎通德论》卷四，上海：上海古籍出版社，1990年，第41页。
③［汉］徐岳：《数术记遗》，载郭书春、刘钝校点：《算经十书》（二），沈阳：辽宁教育出版社，
1998年，第5页。
④［隋］萧吉：《五行大义·黄帝九宫经》卷一，刘国忠：《五行大义研究》，沈阳：辽宁教育出版社，
1999年，第168页。

宫，四正四维皆合于十五。"①郑玄注曰："太一者，北辰之神名也。居其所曰太一，常行于八卦日辰之间曰天一。或曰太一出入所游息于紫宫之内外，其星因以为名焉。故星经曰'天一，太一主气之神，行犹待也。'四正四维以八卦神所居，故亦名之曰宫。天一下行，犹天子出巡狩省方岳之事，每率则复。太一下行八卦之宫，每四乃还于中央。中央者，北神（辰）之所居。故因谓之九宫。天数大分，以阳出，以阴入。阳起于子，阴起于午。是以太一下九宫，从坎宫始，坎，中男，始亦言无适也。又自此而从于坤宫，坤，母也。又自此而从震宫，震，长男也。自此而从巽宫，巽，长女也。所行者半矣，还息于中央之宫，既又自此而从乾宫，乾，父也。自此而从兑宫，兑，少女也。又自此而从于艮宫，艮，少男也。又自此而从于离宫，离，中女也。行则周矣，上游息于太一天一之宫而反于紫宫。行从坎宫始，终于离宫。"②太一运行九宫的次序，用阴阳之数来表示为从一到九的次序，即始于坎宫一，依次入坤宫二，震宫三，巽宫四，中宫五休息；而后又入乾宫六，兑宫七，艮宫八，至离宫九结束。一至九数依次运行于九宫之中，九宫有四正和四维，其数相加，皆为十五。

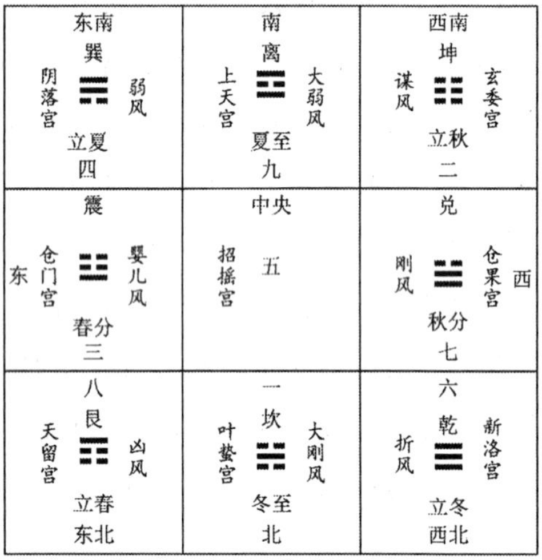

《黄帝内经·灵枢经》（图5-11）九宫八风篇也记载了太一游九宫（图5-12）之说，将九宫与八风、八卦、八节、八方相配。其文曰："太一常以冬至之

东南 巽 阴落宫 ☴ 弱风 立夏 四	南 离 上天宫 ☲ 大弱风 夏至 九	西南 坤 谋风 ☷ 玄委宫 立秋 二
震 仓门宫 东 ☳ 婴儿风 春分 三	中央 招摇宫 五	兑 刚风 ☱ 仓果宫 西 秋分 七
八 艮 天留宫 ☶ 凶风 立春 东北	一 坎 叶蛰宫 ☵ 大刚风 冬至 北	六 乾 折风 ☰ 新洛宫 立冬 西北

图 5-11 《灵枢经》中的九宫八风示意图

① ［汉］郑玄注：《易纬乾凿度》卷下，载《丛书集成初编》0688号，北京：中华书局，1983年，第29页。

② ［汉］郑玄注：《易纬乾凿度》卷下，载《丛书集成初编》0688号，北京：中华书局，1983年，第30页。

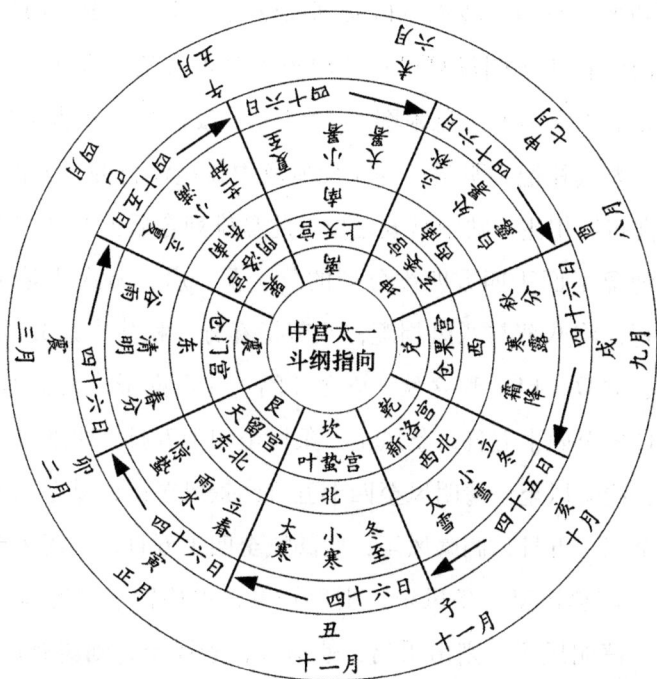

图 5-12　太一游宫图[1]

日，居叶蛰之宫四十六日，明日居天留四十六日，明日居仓门四十六日，明日居阴洛四十五日，明日居上天四十六日，明日居玄委四十六日，明日居仓果四十六日，明日居新洛四十五日，明日复居叶蛰之宫，曰冬至矣。太一日游，以冬至之日，居叶蛰之宫，数所在日，从一处，至九日，复反于一，常如是无已，终而复始。"[2]太一或作"太乙"，为北辰之神，亦指北极星，是古人观测天象确定时位的标准，以北斗星围绕其旋转的位置为指针，按季节依次移行。从冬至日开始指向正北方叶蛰宫，主冬至、小寒、大寒三个节气，计四十六天；期满之后，下一天交立春，移居东北方天留宫，主立春、雨水、惊蛰三个节气，计四十六天，余类推。

---

①河北医学院校释：《灵枢经校释》（下），北京：人民卫生出版社，1982 年，第 380 页。
②河北医学院校释：《灵枢经校释》（下），北京：人民卫生出版社，1982 年，第 376 页。

据现有的考古材料，我们可以看到西汉时期的九宫图。1977年安徽阜阳县双古堆西汉初年汝阴侯夏侯灶墓出土了漆木太乙九宫式盘（约当汉文帝七年，公元前173年），①见附图5-13所示。安徽阜阳双古堆出土的太乙九宫占盘与《大戴礼记·明堂》等汉代典籍中普遍流行的二九四、七五三、六一八的九宫布局相比，缺中宫五之位。此盘排列合后天八卦方位，为洛书之数，并与地盘下面于四方四维分列的分、至、启、闭八节对应。古人重视季节的运行，将八节与八风相配，八节指春分、秋分（分）、夏至、冬至（至）、立春、立夏（启）和立秋、立冬（闭）。《淮南子·天文训》说："何谓八风？距日冬至四十五日，条风至；条风至四十五日，明庶风至；明庶风至四十五日，清明风至；清明风至四十五日，景风至；景风至四十五日，凉风至；凉风至四十五日，阊阖风至；阊阖风至四十五日，不周风至；不周风至四十五日，广莫风至。条风至，则出轻系，去稽留；明庶风至，则正封疆，修田畴；清明风至，则出币帛，使诸侯；景风至，则爵有位，赏有功；凉风至，则报地德，祀四郊；阊阖风至，则收悬垂，琴瑟不张；不周风至，则修宫室，缮边城；广莫风至，则闭关梁，决刑罚。"②冯时《中国天文考古学》分析说："古人以冬至点为准，平均每隔四十五日定一方风，符合八节的周期，这是采用恒气布历的结果。"③综合太一游宫图与太乙九宫占盘，可以看出古人是利用太一游宫的方式来占断吉凶的。《灵枢经·九宫八风》说："太一移日，天必应之以风雨，以其日风雨则吉，岁美民安少病矣，先之则多雨，后之则多汗。太一在冬至之日有变，占在君；太一在春分之日有变，占在相；太一在中宫之日有变，占在吏；太一在秋分之日有变，占在将；太一在夏至之日有变，占在百姓。所谓有变者，太一居五宫之日，病风折树

①安徽省文物工作队、阜阳地区博物馆、阜阳县文化局：《阜阳双古堆西汉汝阴侯墓发掘简报》，《文物》1978年8期。殷涤非：《西汉汝阴侯墓出土的占盘和天文仪器》，《考古》1978年，第341页。

②张双棣：《淮南子校释》，北京：北京大学出版社，1997年，第264页。

③冯时：《中国天文考古学》，北京：社会科学文献出版社，2001年，第172页。

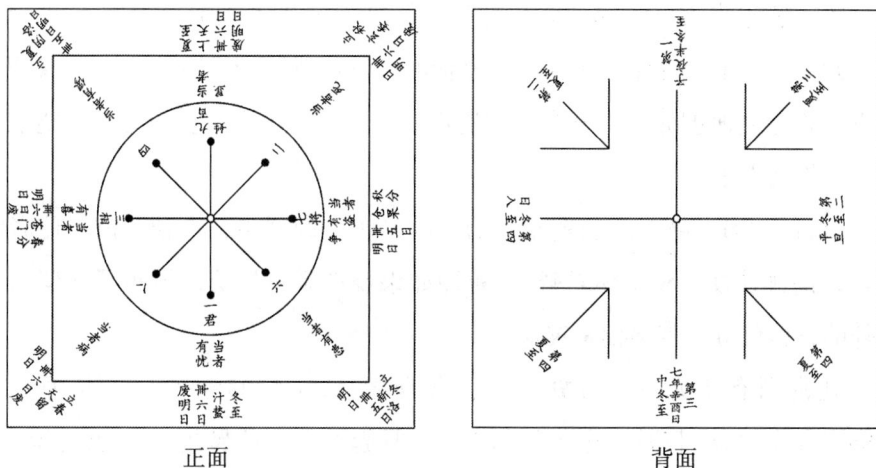

正面　　　　　　　　　　　　背面

图5-13　安徽阜阳双古堆出土太乙九宫占盘示意

木，扬沙石。"①这正是太一游宫占法的解释，正好可以作为安徽阜阳双古堆出土的太乙九宫占盘占法的一个注脚。

P.3594《宅经》中的九方色图，或唐代流行的九宫图主要是表示建筑方位的吉凶的，图中只有紫白所标示的方位才是吉利方，其他颜色为凶方。在一个九宫图中，紫色用一次，白色用三次。就是说，一个九宫图中只有四个方位是吉方，其余碧、绿、黄、赤、黑五色所标示的方位都是凶方。现在可看到的敦煌具注历日中最早标有九方色图的历日是S.P.6唐乾符四年丁酉岁（877年）具注历日，其图为六白乾图，是月九宫图，即该月的修造吉凶方。

唐代以后的具注历日中一般都有年神方位图，年神方位图的中央一般都画有一个九宫图，如S.0095后周显德三年丙辰（956年）具注历日解释这个九宫图说："九方色之中，但依紫、白二方修造法，出贵子，加官，受职，横得财物，婚嫁酒食，所作通达，合家吉庆。若犯绿方，注有［损］伤或从高坠下及小儿奴婢妊身者，厄。若犯黑方，注有哭声、口舌、损物财，凶。若犯碧方，注有损胎、惊恐、怪梦，凶。若犯黄方，注有斗净及损六

①河北医学院校释：《灵枢经校释》（下），北京：人民卫生出版社，1982年，第382，383页。

畜，凶。若犯赤方，注多死亡、惊恐、怪梦，凶。" P.3403 宋雍熙三年丙戌岁（986 年）具注历日还载有高度概括的"三白诗"，其诗说："上利兴功紫白方，碧绿之地患痈疮。黄赤之方遭疾病，黑方动土主凶丧。五姓但能依此用，一年之内乐堂堂。"

又说："遇（愚）人起造乖舛历，凶日害主阎罗贵，即招（诏）使者唤君来，铜枷铁仗（杖）棒君脊。"意即如果修造乖舛星历，触犯了除紫白二色外的其他色方，就会招来灾祸。

九宫图有年九宫、月九宫、日九宫之分，P.3403 宋雍熙三年丙戌岁（986 年）具注历日说："今年年起六宫，月起五宫，日起九宫。"就是说 986年的年九宫图是六白乾居中宫，月九宫是五土黄居中宫，日九宫是九紫离居中宫。P.3594《宅经》"求九方色"说："从开元十二年甲子入下元，今合用下元甲子，每一周年用一图，[一百八十]年三元毕，周而复始。"可知这里的九宫图为年九宫图。

敦煌具注历日的年神方位图中一般都有九宫图，后梁贞明八年壬午岁（922 年）的年神方位图（图 5-14），宋雍熙三年丙戌岁（986 年）具注历日的年神方位图（图 5-15）就是如此。

图 5-14　后梁贞明八年壬午岁（922 年）年神方位图

图 5-15　宋雍熙三年丙戌岁（986 年）年神方位图

宋雍熙三年丙戌岁（986 年）具注历日是敦煌具注历日中一件保存完整
的具注历日，每月都有月九宫图。但在敦煌具注历日中没有找到相应的日九
宫图，邓文宽先生认为，日九宫图只偶尔在具注历日的序中提及。[①]陈遵妫
《中国天文学史》第三册论及九星术时，说："我国不仅配月，有时还用以配
时。配于年月日的九星术，叫作三轮，始于唐代；配于年月日时的，叫作四
柱，始于宋代。"[②]

年九宫、月九宫与年地支有一定的对应关系（表 5-7），敦煌古历的研
究者据此可以推断敦煌古历的年代。

表 5-8　年九宫、月九宫与年地支对应关系表[③]

年九宫（中宫）	正月九宫（中宫）	对应年地支
一、四、七	八	子、卯、午、酉（仲年）
二、五、八	二	巳、亥、寅、申（孟年）
三、六、九	五	丑、未、辰、戌（季年）

P.3594《宅经》的九色图中有"五月、十一月不得修［造］"、"三九、
九月不得修造"等文字，这是说什么呢？ P.3403 宋雍熙三年丙戌岁（986 年）
具注历日为我们提供了答案，该历日说："今年六月天罡，十二月河魁，魁、
罡之月切不得修造动土，大凶。"可知该年六月、十二月分别是天罡、河魁
月，不得修造。该年是年起六宫，是否凡是年起六宫者，都是六月、十二月
不得修造呢？ 不是这样的，因为九宫图是按九年一循环，而魁、罡月只有
正月、七月，二月、八月，三月、九月，四月、十月，五月、十一月，六
月、十二月相配对，是六年一循环的。敦煌文书 P.2623 后周显德六年己未岁

---

①邓文宽：《敦煌古历丛识》，载《敦煌吐鲁番天文历法研究》，兰州：甘肃教育出版社，2002 年，
第 105 页。

②陈遵妫：《中国天文学史》第三册，上海：上海人民出版社，1992 年，第 1663 页。

③邓文宽：《敦煌古历丛识》，载《敦煌吐鲁番天文历法研究》，兰州：甘肃教育出版社，2002 年，
第 108 页。

（959年）具注历日说："今年三月天罡，九月河魁"。术数家曾规定，以隋仁寿四年甲子岁（604年）为一宫，此后以九、八、七、六、五、四、三、二、一的次序，将九宫图循环配入各年。[①]所以，我们知道，（959－604）=39余4，9到1的第四位数是6，该年年起六宫。因此，同为六宫，一个是六月、十二月不得修造，另一个是三月、九月不得修造。

S.1473+S.11427BV 宋太平兴国七年壬午岁（982年）具注历日序说："今年年起八宫（当为一宫，该年的年神方位图的九宫图就是用一坎白图），月起六宫，日起一宫。今年二月天罡，八月河魁，魁、罡之月切不得修造动土，大凶。"因而与P.3594《宅经》所绘的一坎白九宫图边所附"五月、十一月不得修造"不同。S.0095 后周显德三年丙辰（956年）具注历日说："今年六月天罡。十二月何（河）魁。"该年年起九宫。又依 S.2404 后唐同光二年甲申（924年）具注历日并序的年神方位图为五土主中宫，该年说："今年十月天罡，四月河魁"。因此，P.3594《宅经》的九方色图中所说的"×月、×月不得修造"，就是用该小图之年的魁、罡月不得修造，但因九方色图是九年一循环，魁罡月是六月一循环，九宫图与不得修造的月份不能组成固定的搭配关系。

综上所述，这节追溯了九宫排列的渊源，分析了 P.3594《宅经》的九方色图的结构、排列关系及其用意，这组图由九个九宫图组成，九个小图（图5-16）是按一坎、二坤、三震、四巽、五土（黄）、六乾、七兑、八艮、九离的顺序排列，每个小图又按一坎、二坤、三震、四巽、五土（黄）、六乾、七兑、八艮、九离居中宫排列。每一图表示该图所示的该年的紫白方为修造吉方，其他杂色方是修造凶方，修造应当避之。

---

①邓文宽：《敦煌历日中的"年神方位图"及其功能》，载《敦煌吐鲁番天文历法研究》，兰州：甘肃教育出版社，2002年，第168页。

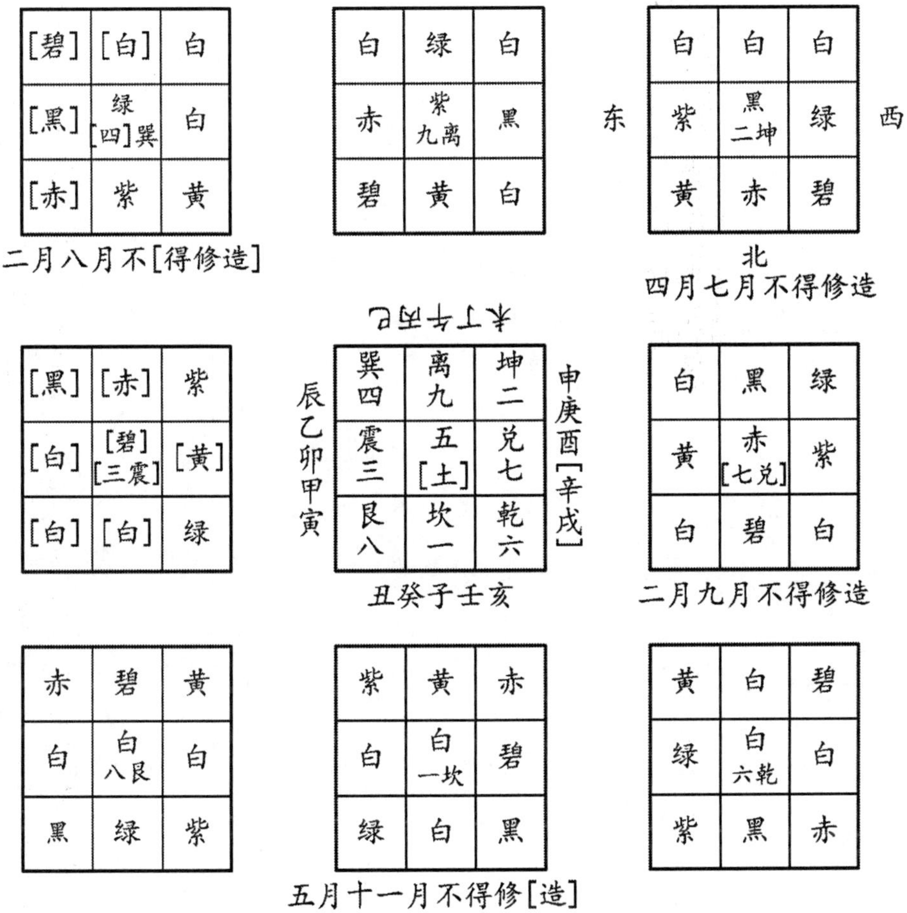

[碧]	[白]	白
[黑]	绿四巽	白
[赤]	紫	黄

二月八月不[得修造]

白	绿	白
赤	紫九离	黑
碧	黄	白

东

白	白	白
紫	黑二坤	绿
黄	赤	碧

西

北
四月七月不得修造

[黑]	[赤]	紫
[白]	[碧三震]	[黄]
[白]	[白]	绿

未丁午丙巳

辰乙卯甲寅

巽四	离九	坤二
震三	五[土]	兑七
艮八	坎一	乾六

申庚酉[辛戌]

丑癸子壬亥

白	黑	绿
黄	赤[七兑]	紫
白	碧	白

二月九月不得修造

赤	碧	黄
白	白八艮	白
黑	绿	紫

紫	黄	赤
白	白一坎	碧
绿	白	黑

五月十一月不得修[造]

黄	白	碧
绿	白六乾	白
紫	黑	赤

图 5-16 敦煌卷子 P.3594《宅经》九方色图

第六章　敦煌写本宅经葬书中的形法相宅相地

第一节　形法相宅溯源——秦汉时期的形法相宅相地

一、形法相地相宅名义

形法相宅相地可溯源到秦汉时期的形法家，班固在《汉书·艺文志·数术略》中将数术分为六种，其中有"形法家"，他对形法家解释说："形法者，大举九州之势，以立城郭室舍。形人及六畜骨法之度数、器物之形容，以求其声气贵贱吉凶。犹律有长短，而各征其声，非有鬼神，数自然也。然形与气相首尾，亦有有其形而无其气，有其气而无其形，此精微之独异也。"[1]按照班固的解释，所谓形法就是根据事物的形象来占断吉凶的术法。在地理方面，就是根据山川地理形势，因势随形，择取形胜，避开凶险，修筑城郭，建造房舍；在人及六畜方面，则观其骨法之度数；在占验器物时，则观其形象，以此判断吉凶。

班固所论，其实可分为两方面，其一是"大举九州之势，以立城郭室舍。"其二则是"形人及六畜骨法之度数、器物之形容，以求其声气贵贱

---

[1] ［东汉］班固：《汉书·艺文志》卷三〇，北京：中华书局，1962 年，第 1775 页。

吉凶。"首先看其一,《易·系辞上》说:"在天成象,在地成形,变化见矣。"①所谓九州之势就是山川地理形貌、形势,通过对地理环境的直观考察,判断吉凶。这种形法相地的术法是源渊久远的,《周礼》中有较系统的记载,《周礼·地官司徒》载:"大司徒之职:掌建邦之土地之图与其人民之数,以佐王安扰邦国。以天下土地之图,周知九州之地域广轮之数,辨其山林、川泽、丘陵、坟衍、原隰之名物;而辨其邦国都鄙之数,制其畿疆而沟封之,设其社稷之壝而树之田主。""辨十有二土之名物,以相民宅,而知其利害。"②就是说,大司徒的职责就是掌管天下土地的舆图、记载人民数目的户籍,辅佐王者安定天下,根据天下土地舆图,周详地知道九州的地域与面积,辨别各山林、川泽、丘陵、坟衍、原隰等不同的名称的地方所生产的物品,知道天下各国与畿内大小都、家邑、三等采地的数目,建畿界种有树木的壕沟的土墙。筑立社稷的壝坛,各用其田野土质所适宜的树木作为田神所凭依的大树。辨别十二种土地区域中所产的物品名号,占示人民所居的房舍,知道趋利避害。《周礼·春官宗伯》还专门记载冢人、墓大夫、职丧说:"冢人:掌公墓之地,辨其兆域而为之图。先王之葬居中,以昭穆为左右。凡诸侯居左右以前,卿、大夫、士居后,各以其族。……墓大夫:掌凡邦墓之地域,为之图。……职丧:掌诸侯之丧及卿、大夫、士凡有爵者之丧,以国之丧礼莅其禁令,序其事。"③就是说,冢人掌管王者所葬的墓地,辨明坟兆界域,把地形和丘垄的位置图画下来加以保藏,先王的坟墓居中央,以昭穆分为左右,王者子孙为畿内诸侯的,他们的坟墓在王坟的左右前方。王者子孙为卿大夫的,他们的坟墓的左右后方,各依本系所出的王坟。墓大夫掌管王国中人民所葬之地的界域,并制作出图。职丧少理王国内诸侯及卿大夫士的丧事,按照国家规定的丧礼,亲临执行禁令,调度丧事的次序。这些

①吴兆基编译:《周易》,长春:时代文艺出版社,2001年,第243页。
②林尹注译:《周礼今注今译》,北京:书目文献出版社,1985年,第97页。
③林尹注译:《周礼今注今译》,北京:书目文献出版社,1985年,第227页。

显然对后世的图墓相宅有重大影响，尤其是其图，应是形法相宅相墓绘图的先声。《周礼·夏官司马》有职方氏"掌天下之图，以掌天下之地。"土方氏"掌土圭之法，以致日景，以土地相宅，而建邦国都鄙。"①就是说，土方氏掌理用土圭的办法，通过测定日影，测定方位，选择土地形胜建造房舍，修筑都鄙。形方氏"掌制邦国之地域，而正其封疆。"②其中，尤其是土方氏"以土地相宅"应该是形法相地相宅的先声。

《周礼·考工记》完整地记载了城市国都的营造法式，诸如规模、形制、大小等。如都城的总体规划是"方九里，旁三门。国中九经九纬，经涂（涂，道路）九轨。左祖右社，面朝后市。市朝一夫。"③意思是王城每面长九里，有三个城门。城内纵横各有九条道路。每条道路宽度九轨（一轨为八尺）。王宫居中，左侧是宗庙，右侧是社坛（或社庙），前面是朝会处，后面是市场。朝会处和市场的面积各为一夫（据考证一夫为100步×100步）。王宫规制是"内有九室，九嫔居之。外有九室，九卿朝焉。"④宫分外（前）部和内（后）部。前朝后寝的制度为后世宫殿布局所遵循。都城中的道路规制是："经涂九轨，环涂七轨，野涂五轨。""环涂以为诸侯经涂，野涂以为都经涂。"⑤即王城内大道宽九轨，环城大道宽七轨，郊外大道宽五轨；诸侯城内大道宽度是王城环城大道的宽度；其他"都"邑城内大道宽度是王城郊外大道宽度。这些都为后来的形法相地相宅奠定了坚实的基础。

先秦诸子也有类似的记载，如《管子·度地篇》说："圣人之处国者，必于不倾之地，而择地形之肥饶者，乡（向）山左右，经水若泽，内为落渠之写（泻），因大川而注焉。"⑥《管子·乘马》指出："凡立国都，非于大山之下，必于广川之上，高毋近旱而水用足，下毋近水而沟防省。因天材，就

---

①林尹注译：《周礼今注今译》，北京：书目文献出版社，1985年，第344，352页。

②林尹注译：《周礼今注今译》，北京：书目文献出版社，1985年，第354页。

③④⑤林尹注译：《周礼今注今译》，北京：书目文献出版社，1985年，第471页。

⑥赵守正译注：《白话管子》，长沙：岳麓书社，1993年，第570页。

地利，故城不必中规矩，道路不必中准绳。"①《尉缭子·兵谈》说："量土地肥饶而立邑建城，以城称地，以地称人，以人称粟。三相称，则内可以固守，外可以战胜。"②《荀子·强国》说：秦国"其固塞险，形势便，山林川谷美天材之利多，是形胜也。"③《吕氏春秋·慎势》载："古之王者，择天下之中而立国，择国之中而立宫，择宫之中而立庙。"④《汉书·晁错传》载晁错说："臣闻古之徙远方以实证广虚也，相其阴阳之和，尝其水泉之味，审其土地之宜，观其草木之饶，然后营邑立城，制里割宅，正阡陌之界。"⑤《汉书·沟洫志》贾让上治河策说："古者立国居民，疆理土地，必遗川泽之分，度其水势所不及。"⑥等。这些都说明先秦时期早就根据地理形势，择取形胜，营建都邑，建宫立庙。

接着，我们再看班固所论之二"形人及六畜骨法之度数、器物之形容，以求其声气贵贱吉凶。"这里"形人及六畜骨法之度数"中的"形"字，当作"对照"解释，整句的意思是：根据人和六畜的骨法度数来占验贵贱吉凶。《史记·淮阴侯传》中说："贵贱在于骨法，忧喜在于容色。"⑦骨法有贵贱，这是以度数来占断的。凡说骨法贵贱的都是指某物的本质贵贱、与容色恰好相对而称。宋玉《神女赋》也说："骨法多奇，应君之相。"⑧相即容色、容貌或形容，它是与骨法相对应的。古人有专门的"骨相"术，所以，班固把"器物之形容"与"骨法之度数"结合在一起。形法占骨相不仅对人，而且也对动物进行占断。《左传·昭公二十五年》有："为六畜、五牲。"⑨六畜

①赵守正译注：《白话管子》，长沙：岳麓书社，1993 年，第 405 页。
②《六韬·三略·尉缭子》，北京：华龄出版社，2002 年，第 209 页。
③梁启雄：《荀子简释》，北京：中华书局，1983 年，第 217 页。
④陈奇猷校释：《吕氏春秋校释》，学林出版社，1984 年，第 1108 页。
⑤［东汉］班固：《汉书·艺文志》卷三〇，北京：中华书局，1962 年，第 2288 页。
⑥［东汉］班固：《汉书·艺文志》卷三〇，北京：中华书局，1962 年，第 1692 页。
⑦［西汉］司马迁：《史记》，北京：中华书局，1959 年，第 2623 页。
⑧［梁］萧统编，［唐］李善注：《文选》卷一九，北京：中华书局，1977 年，第 268 页。
⑨［清］洪亮吉撰，李解民点校《春秋左传诂》上，北京：中华书局，1987 年，第 765 页。

指马、牛、羊、猪、鸡、犬。骨相之占断为的是预验声气的贵贱吉凶。所谓声气，《易·乾》中说："同声相应，同气相求。"①意即同类之声相呼应，同样之气相聚合。疏说："同声相应者，若弹宫而宫应，弹角而角动是也。同气相求者，若天欲雨而础柱润是也，此两者声气感应也。"声即五声。《淮南子·天文训》中说："黄者，土德之色；钟者，气之所种也。"②又说："合气而为音。"《汉书·律历志》中说："黄者，中之色，……钟者，种也。天之中数五，五为声。"③可见，气是五声或五音的一种属性，或称本元。声音是由气构成的。《淮南子校释》说："五音配五行，正五方，而律之长短，声之清浊，实为五音之序。"④显然，气是指五行之气。从律数角度来说，班固所说的声气贵贱就是五声与五行之气。班固说"犹律有长短"，说明形法术确实与律历原理相关。所谓长短即律历之数。由于五音各有长短，所以这个长短就有一个度数，也就是模数、常数。《汉书·律历志》说："度者，分、寸、尺、丈、引也，所以度长短也。"⑤就是以分、寸、尺、丈、引作为度数来度量器物之长短。所以，骨法的度数也就是占术中对骨相的一种大小长短的描述。这种度数引申到声气的占断结果时，表述为律历之数，如五音、五行等。

秦汉时相人的事例是很多的，如《史记·秦始皇本纪》记载，游士卫缭从大梁来到秦国，见到秦王政后，观察秦王政的形象后，就判断说："秦王为人，蜂准，长目，挚鸟膺，豺声，少恩而虎狼心，居约易出人下，得志亦轻食人。我布衣，然见我常身自下我。诚使秦王得志于天下，天下皆为虏矣。不可与久游。"⑥于是就走了。卫缭认为秦王政的鼻子像蜂的鼻子一

①吴兆基编译：《周易》，长春：时代文艺出版社，2001年，第8页。
②《吕氏春秋·淮南子》，长沙：岳麓书社，1989年，第32页。
③［东汉］班固《汉书·艺文志》卷三〇，北京：中华书局，1962年，第959页。
④张淮棣：《淮南子校释》，北京：北京大学出版社，1997年，第355页。
⑤［东汉］班固：《汉书·艺文志》卷三〇，北京：中华书局，1962年，第966页。
⑥［西汉］司马迁：《史记》，北京：中华书局，1959年，第230页。

样；眼睛长长的；胸脯是鸡胸，像挚鸟的胸脯一样；声音就像豺狼的声音一样。于是认为像秦王政这样的人"少恩而虎狼心，居约易出人下，得志亦轻食人"。卫缭就是根据秦王政的形貌、声音来判断一个人的本性，及人生未来的吉凶宜忌的。《史记·高祖本纪》载刘邦的形象是："隆准而龙颜，美须髯，左股有七十二黑子。"这虽是当时相士附会的一套话，却是形法相人的典型描述。

让人称奇的是汉成帝时代的翟方进，家世微寒，少年丧父，孤苦伶仃，在官府里混了个小差事，还常遭人欺侮。《汉书·翟方进传》载："方进自伤，乃从汝南蔡父相问己能所宜。蔡父大奇其形貌，谓曰：'小史有封侯骨，当以经术进，努力为诸生学问。'"①蔡父相其骨，教他走"学而优则仕"的道路，后来果然官至丞相，封为高陵侯，以才干称誉当世。

二、形法相地相宅的理论来源

秦汉时代产生了地脉（即龙脉）与王气的观念。秦朝大将蒙恬曾奉秦始皇之命大修长城、筑驰道。秦始皇驾崩后，蒙恬被赵高矫诏逼迫自杀，临终前蒙恬将自己之死归咎于他修长城"绝地脉"之所致。他喟然叹息说："'我何罪于天，无过而死乎？'良久，徐曰：'恬罪固当死矣。起临洮属之辽东，城堑万余里，此其中不能无绝地脉哉？此乃恬之罪也！'"②但大史家司马迁并不以为如此，他说："恬为名将，不以此时强谏，振百姓之急，养老存孤，务修众庶之和，而阿意兴功，此其兄弟遇诛，不亦宜乎！何乃罪地脉哉！"③在这里司马迁的话平实多了，认为蒙恬身为大将，不强谏，振百姓之急，是严重失职，没有必要牵扯到似是而非的地脉上去。不论怎么说，从这个故事中可知，秦汉之际有了地脉的观念，地脉就是风水术中所说的龙脉，汉朝经

---

① ［东汉］班固：《汉书·艺文志》卷三〇，北京：中华书局，1962 年，第 3411 页。

② ［西汉］司马迁：《史记》，北京：中华书局，1959 年，第 2570 页。

③ ［西汉］司马迁：《史记》，北京：中华书局，1959 年，第 256 页。

学家马融、郑玄将中国的山脉概述为"三条四列说"。

汉代的地理学知识空前发达，先秦著作《禹贡》中把我国的山势大致划定，汉代学者在此基础上提出了"三条四列说"。

先秦的著作《山海经·五藏山经》将全国的山脉分为五个走向，即南、西、北、东、中五个系列。因《山海经》多鬼怪神异，荒诞不经，儒家多不奉之为经典。因而大多以《尚书·禹贡》为则，《禹贡》依托大禹依山导水，将天下划分为九州，后来汉代马融和王肃主张三条说，即以导岍为北条，导西倾为中条，导岷为南条：[①]

北条：岍—岐（陕西渭河北岸）—荆山（陕西）—壶口—雷首（陕晋间）—太岳—砥柱—析城—王屋（晋南）—太行—恒山—碣石（河北）入海。

中条：西倾—朱圉—鸟鼠—太华（陇陕）—熊耳—外方—桐柏—陪尾（鲁南）。分支：蟠冢（陕南）—荆山—内方—外方—大别（鄂皖）。

南条：岷山—衡山—敷浅原（庐山）。

而马融弟子郑玄则主四列说，认为导岍为阴列，导西倾为次阴列，导蟠冢为次阳列，导岷山为正阳列，将三条中的中条分为两列，因而自北至南为四列，[②]即：

第一列：渭河北岸的岐山往东，至碣石入海，即北条。

第二列：西倾山往东，经桐柏山至鲁南的陪尾，即中条主干。

第三列：蟠冢山往东，至大别山，即中条分支。

第四列：由岷山经衡山，至敷浅源（庐山），即南条。

后来，唐代开元年间，僧一行提出山水两龙说，即两大干龙；唐末五

---

①［汉］马融：《尚书马氏传》卷二，载马国翰辑：《玉函山房辑佚书》（一），上海：上海古籍出版社，1990年，第403页。

②［汉］郑玄注，［宋］王应麟辑，［清］孔广林增订：《尚书郑注》卷二，载《丛书集成初编》，北京：中华书局，1983年，第3572号，第32页。三条四列说又见王玉德等著：《中国神秘文化》，湖南出版社，1993年版，1002页；王玉德：《神秘的风水》，南宁：广西人民出版社，1991年，第44页；2004年，第27页。刘沛林：《风水——中国人的环境观》，上海三联书店，1995年，第63页。

代杨益《撼龙经》提出四派说，宋代朱熹提出三大干龙说，明万历十九年（1591 年）王士性提出了详细的三大干龙说。这些都应是班固所说的"大举九州之势"、《禹贡》的三条四列说的繁演。

汉代对地理概念有了更加准确的认识。《尔雅》有《释地》《释丘》《释山》《释水》，都是解释地理现象的，如"下湿曰隰，大野曰平，广平曰原，高平曰陆，大陆曰阜，大阜曰陵，大陵曰阿。"①又如"山大而高，嵩。山小而高，岑。锐而高，峤。卑而大，扈。小而众，岿。"②"水注川曰溪，注溪曰谷，注谷曰沟，注沟曰浍，注浍曰渎。"③这都为形法相地提供了理论基础。1973 年在长沙马王堆出土了西汉的《地形图》《驻军图》《城邑图》，这些图上清楚地标明了山脉、山峰、山谷、河流，并且相当准确，足见当时地图知识之丰富。这些都为形法相地提供了条件。

历史资料还表明，秦朝已有王气、天子气之说，并有凿破山岗以破坏其王气的事例。《史记·高祖本纪》记载："秦始皇帝常曰'东南有天子气'，于是因东游以厌之。高祖即自疑，亡匿，隐于芒、砀山泽岩石之间。吕后与人俱求，常得之。高祖怪问之。吕后曰：'季所居上常有云气，故从往，常得季。'"④刘邦听了非常高兴。后来，刘邦与项羽争夺天下，谋士范增对项羽说："沛公居山东时，贪于财货，好美姬。今入关，财物无所取，妇女无所幸，此其志不在小。吾令人望其气，皆为龙虎，成五采（彩），此天子气也。"⑤劝项羽赶紧杀了他，于是就演绎出了历史上著名的鸿门宴事件。天子气不仅与人联系在一起，还与山脉地形有关。《三国志·吴志·张纮传》裴注引《江表传》说："昔秦始皇东巡会稽，经此县，望气者云：'金陵地形有王者都邑之气。'故掘断连冈，改名秣陵。"⑥这事是否确实呢？其他文献也

①②〔清〕郝懿行：《尔雅义疏》，北京：中国书店，1982 年。
③〔清〕郝懿行：《尔雅义疏》，北京：中国书店，1982 年。
④〔西汉〕司马迁：《史记》，北京：中华书局，1959 年，第 265 页。
⑤〔西汉〕司马迁：《史记》，北京：中华书局，1959 年，第 311 页。
⑥〔晋〕陈寿：《三国志·吴志·张纮传》，北京：中华书局，1959 年，第 1246 页。

有该事的记载可以印证，《艺文类聚》卷十符命部载："孙盛《晋阳秋》曰：秦始皇时，望气者言，五百年后，金陵之地有天子气。于是改金陵曰秣陵，堑北山，以绝其势，秦政东游以厌之，后五百二十六年，而中宗（指东晋元帝司马睿）即位于江南。"①《太平广记》卷一百九十七胡综条载："胡综博物多识。吴孙权时，有掘地得铜匣长二尺七寸，以琉璃为盖，雕缕其上，得一白玉如意，所执处皆刻龙虎及蝉形。时莫能识其所由者。权以综多悉往事，使人问之。综云：'昔秦始皇东游，以金陵有天子气，乃改县名。并掘凿江湖，平诸山阜，处处辄埋宝物，以当王土之气。事见于秦记，此盖是乎。'众人咸叹其洽闻而怅然自失（出《综别传》)。"②综合观之，秦始皇东巡就是为了镇抚新平定东部疆域，铲除东南的王气是情理之中的事。明确记载"金陵地形有王者都邑之气"，明显是形法相地。为破坏这里的王气，采取的措施是"掘断连冈"，"掘凿江湖"，"平诸山阜"，"处处辄埋宝物，以当王土之气"，改金陵为秣陵等。从"掘地得铜匣"看，应确有其事。若从张炫、胡综二人都是三国的吴人来看，说明论证东南金陵有王气是三国时期偏处东南的吴国的当务之急，找出秦始皇东巡镇金陵王气最能说明问题。与此相关的事是秦始皇还曾凿破岭南山岗，破坏其"雄霸之气"，清人屈大均《广东新语》载："广州治背山面海，地势开阳，风云之所蒸变，日月之所摩荡，往往有雄霸之气。城北马鞍岗，秦时常有紫云黄气之异，占者以为天子气。始皇遣人衣绣衣，凿破是冈。……故粤谣云：'一片紫云南海起，秦皇频凿马鞍山。'"③为了秦朝国运昌盛，传承万世，秦始皇在对待东南的天子气，一方面是亲自东巡以厌之，另一方面则派人不远千里到金陵、岭南凿破山岗，破坏其王气，可见当时王气说盛行之一斑。

---

① [唐] 欧阳询主编：《艺文类聚》，上海：上海古籍出版社，1982年新1版，第187页。
② [北宋] 李昉等编：《太平广记》，北京：中华书局，1961年新1版，第1475页。
③ [清] 屈大均：《广东新语》，北京：中华书局，1985年，第18页。

三、形法相地相宅书与实践活动

考形法相地相宅书的著录情况,《汉书·艺文志》形法类著录有《宫宅地形》二十卷,可作为形法相地相宅的代表作品。《宫宅地形》可以说是我国已知最早的形法相地相宅之书。根据书名判断,它包括宫宅形象与宅外周围地形两个方面。宫宅形象是具体的房屋形象,宅外周围地形则涉及具体房屋周围的地形,也包括房屋所居处的聚落的自然地理环境、聚落选址。聚落是大的居处环境,宫宅房舍是小的居处环境。地形可能涉及九州地理形势,也可能是较小范围内的山川形貌。总之,《宫宅地形》是以阳宅为主要占断对象的。《汉书》中没有著录专门的地形术书,也没有专用于墓地的形法术书。这说明形法用于阳宅(住居)相对较早些,而一般的地形术与葬埋形法出现较晚些。《四库提要·子部·术数类》介绍《宅经》说:"案《汉志》形法家有《宫宅地形》二十卷,则相宅之书较相墓为古。"①从《宫宅地形》反映的汉代相宅形法术来看,这个说法是基本正确的,这与方位占法的运用情况也是吻合的。考古发掘出的先秦《日书》中已可见占居宅有方位和形象两种途径,但当时两者是混杂在一起的。汉代相宅术中方位占法和形象占法已经分途。《宫宅地形》则是占宅舍与环境的形象的占法的书,而《图宅书》《堪舆金匮》都是占验方位吉凶的占法的书。

秦汉时期的形法相地相宅不仅有书,而且有一系列的实践活动记载。《史记·秦始皇本纪》载三十五年作阿房宫时说:"吾(秦始皇)闻周文王都丰,武王都镐,丰镐之间,帝王之都也。乃营作朝宫渭南上林苑中。先作前殿阿房,……周驰为阁道,自殿下直抵南山。表南山之巅以为阙。为复道,自阿房渡渭,属之咸阳,以象天极阁道绝汉抵营室也。"②秦始皇认为丰镐之

---

① [清] 永瑢等:《四库全书总目》,北京:中华书局,1965 年,第 921 页。
② [西汉] 司马迁:《史记》,北京:中华书局,1959 年,第 348 页。

间本是帝王之都，有帝王之都的形胜王气，于是渭水南边的上林苑中建阿房宫。"表南山之巅以为阙"显示其气魄之雄伟。修一条复道，自阿房宫跨过渭水，连接到咸阳，以象征天极的阁道跨越银河直抵营室的景象。其取象就是将咸阳比拟成天极，象征天上的紫微宫，而其南建阿房宫，渭水就是意想中的天河。后来皇帝所居的宫城就叫作紫宸殿或称紫禁城。这是从形胜形法上对都邑的改造，是中央集权在地理上的形象化，这一观念源渊久远，《论语·为政》记载孔子的话说："为政以德，譬如北辰，居其所而众星共（拱）之。"①孔子的意思是说，如果以德治理天下，下级周围的行政机构就会像天上的星星环绕北极星一样，政治就会运转自如，正常运转至于永远。

秦代还讲究墓葬吉凶，《史记·秦始皇本纪》载："始皇初即位，穿治郦山，及并天下，天下徒送诣七十余万人，穿三泉，下铜而致椁，宫观百官奇器珍怪徙臧满之。……以水银为百川江河大海，机相灌输，上具天文，下具地理。以人鱼膏为烛，度不灭者久之。"②宏伟状阔，空前无比。

《史记·留侯世家》载，当娄敬向刘邦建议定都关中时，左右大臣因大多是山东人，主张定都洛阳，张良这时力排众议，说："雒阳虽有此固，其中小，不过数百里，田地薄，四面受敌，此非用武之国也。夫关中左殽函，右陇蜀，沃野千里，南有巴蜀之饶，北有胡苑之利，阻三面而守，独以一面东制诸侯。诸侯安定，河渭漕挽天下，西给京师；诸侯有变，顺流而下，足以委输。此所谓金城千里，天府之国也，刘敬说是也。""于是高帝即日驾，西都关中。"③张良的说法是强调关中的形胜，左（东面）有崤山、函谷关可过的险关，右（西面）有陇蜀做后盾，加之这里土地肥沃，周围又"南有巴蜀之饶，北有胡苑之利"，所以这里是可以定都的"天府之国"。这与《汉书·艺文志》中班固说的"形法者，大举九州之势，以立城郭室舍"的说法

①杨伯峻译注：《论语译注》，北京：中华书局，1980年，第11页。

②［西汉］司马迁：《史记》，北京：中华书局，1959年，第2043页。

③［西汉］司马迁：《史记》，北京：中华书局，1959年，第2630页。

是一致的，是典型的形法相地。

后来修筑的长安城也力求像秦都咸阳那样，把长安城建成象天极，如司马迁说的那样，二十八宿环北辰，运行无穷。日本三浦国雄先生在《风水与城市形象》一文中说：汉长安城的"南侧的城墙模仿南斗星，北侧的模仿北斗星"①。所以长安城又叫斗城。这是古人天人合一，象天法地的改造。

《史记·淮阴侯列传》记载，韩信年少时，母亲死后，家里贫穷，无法安葬，韩信就选择一块"高敞地"为母亲安葬，"令其旁可置万家"，气魄宏伟，史家司马迁作了真实记载，说："吾如淮阴，淮阴人为余言，韩信虽为布衣时，其志与众异。其母死，贫无以葬，然乃行营高敞地，令其旁可置万家。余视其母冢，良然。"②按照风水的观念来说，这也是以形法相葬地的做法。

秦汉时期的形法相地相宅术在占地形方面，可能讲九州之三干龙、山脉之起伏，河流之曲折；在占宅形方面，可能讲宅舍宽窄高低、形状之规则缺损，宅外东西南北之高下、宅旁流水和道路之曲折走向等，同时也可能参用声气应验的数术。后世风水术在形法相宅相墓时，多以拟人化的手段来占断吉凶，而不用五行数术。从班固的形法总序中分析，《宫宅地形》中的五行数术是形象占断的重要法则。汉代的堪舆术、图宅术、形法相地相宅术，各有千秋，堪舆术侧重于修宅的时日，图宅术侧重于宅舍的方位，形法相地相宅侧重于山脉的形势、宅舍本身及其周围地形的形象。

第二节　敦煌写本宅经葬书中的形法相宅相地

敦煌写本宅经葬书中的形法相宅相地内容丰富，大致包括占验宅舍基地的土色轻重吉凶、宅舍形状的吉凶、宅外地形高低的吉凶、宅外水泽吉凶、

---

① 王其亨主编：《风水理论研究》，天津：天津大学出版社，1992 年，第 304 页。
② ［西汉］司马迁：《史记》，北京：中华书局，1959 年，第 2630 页。

宅外山岗形势吉凶、宅外道路吉凶、宅舍四象之吉凶、宅气吉凶、宅舍周围动植物之吉凶、八不可居之地等，盖继承秦汉时期的形法相宅术而演繁。

一、宅舍基地土色轻重吉凶

P.2615a"推相土色轻重法第一"记载了当时的风水师们在选择土质的两种检验土壤的方法，一种是验土法，另一种是秤土法。P.2615a 记其验土法说："凡所居之地，并欲润泽之地，居之，大吉。凡欲之土，虚实柱地方深一尺二寸，细粉之，还内于中，不得栲（捣）筑，明日看之，若余，居之富贵。若灭小，居之凶。"

P.2615a"推相土色轻重法第一"还记有选择宅基地用称土重量来检验土质的办法，P.2615a 说："又法，欲居之地，取土一片秤之，若重六斤七斤，不可居之，凶。若重八斤九斤，自如。若重十斤，宜土土官。若重十二、十三斤，大吉利。又一法，掘地三尺，取实土方一寸半秤之，重三两，凶，不可居。重五两、七两，居之自如。九两、十两已上，大富贵，出长寿人，大吉。"

二、宅舍形状之吉凶

P.2615a 有"皇帝推风后不整宅图"，另有"十九宅吉凶图"，试与宋王洙等编纂、金张谦重校的《重校正地理新书》卷二"宅居吉［凶］"[1]比较，如下（表6-1）：

---

① ［宋］王洙等纂，［金］张谦编撰：《重校正地理新书》，载《续修四库全书》第1054册，上海：上海古籍出版社，1997年，第20页。

表 6-1 P.2615a 不整宅图与《重校正地理新书》宅居吉 [凶] 比较表

P.2615a 不整宅图		P.2615a 十九宅吉凶图	《重校正地理新书》宅居吉凶	
[梯形]	前窄后宽，居之大富贵。	[梯形] 吉	[梯形 前/后]	前狭后阔，居之富贵。
[梯形]	前宽后夹（狭），居之贫。	[梯形] 凶	[梯形 前/后]	前阔后狭，居之贫乏。
[竖长方形]	南北长，足羊牛，士妇章。居之，宜子孙，大吉。	吉	[图 南北]	南北长、东西狭，吉，富贵，宜子孙。
[横长方形]	东西长，居之，孤单贫，凶。	凶	[图 南北]	东西长、南北狭，初凶后吉，不益子孙。
[图形]	左夹（狭）右宽，居之，少子孙。	[梯形] 凶	[图 左/右]	右长左短，居之富贵。
[图形]	右夹（狭）左宽，居之，平平。	[梯形] 凶	[图 左/右]	左长右短，居之少子孙。
[L形]	辰巳不足，居之，大富贵。	吉 / 吉	[方位图]	辰巳不足，居之富贵，宜子孙。
[十字形]	（原图误，当为⊐⊏）卯酉不足，居之，大富贵，吉。	吉	[方位图]	凡宅形卯酉皆不足，居之自如。
[U形]	午不足，居之，大富贵，吉。		[方位图]	午位不足，居之富贵。
[图形]	子不足，居之，多口舌，凶。	凶	[方位图]	子位不足，居之口舌。
[图形]	酉不足，居之，大凶。	凶	[方位图]	酉位不足，居之凶。
[图形]	（图误，当为⊐⊏）卯不足，居之，大富贵。	吉	[方位图]	卯位不足，居之吉。
[图形]	戌不足，居之，贫穷，凶。	凶	[方位图]	戌亥不足，居之不宜仕官，刘启明云：吉，有兄弟，少子孙。

续表

P.2615a 不整宅图		P.2615a 十九宅 吉凶图	《重校正地理新书》宅居吉凶	
⊟	子午不足，居之，多口舌，凶。	凶	▦	子午皆不足，居之大凶，刘启明云：丰财多争讼。
⊡	辰巳未不足，居之，富。丑不足，居之，宜子孙，吉庆，子孙吉。	吉		
✛	四维不足，居之，宜子孙。	吉	▦	四维不足，居之大凶。
✤	子午卯酉不足，居之，宜子孙。		▦	子午卯酉不足，居之反吉。
⊢	（原图误，当作▢）申未不足，居之，宜子孙。	吉	▦	未申不足，居之宜官禄。
		吉	▦	寅丑不足，居之富贵。
		吉		

　　P.2615a 的"十九宅吉凶图"与不整宅图不完全相同，虽与不整宅图有重复之处，但只直接标明吉凶，没有文字说明，简捷明快。P.2615a 不整宅图、十九宅吉凶图与《重校正地理新书》宅居吉凶相比，《重校正地理新书》图式的形制与吉凶判断基本上有了定式，图亦规整，图上标示出二十四山方位。清代周南、吕临辑《安居金镜》卷七与《重校正地理新书》类同。①值得注意的是 P.2615a 的不整宅图中有"辰巳未不足"，《重校正地理新书》

---

　　①［清］周南、吕临辑：《安居金镜》卷七，《续修四库全书》第 1052 册，上海：上海古籍出版社，1997 年，第 778 页。

则删除了这种在现实生活中少有的不规整的宅图的吉凶占断。两者的图形相同，其占辞的吉凶也基本相同，说明这两者有渊源关系，《重校正地理新书》的"宅居吉凶图"应该是敦煌卷子 P.2615a 的"不整宅图""十九宅吉凶图"的继承者，两者还很可能是秦汉时期形法相宅的流变或继承下来的。延及明朝青社惠泉王君荣纂辑的《阳宅十书》"阳宅外形吉凶图说"，将每一种宅绘成图，图旁都编成一首诗予以解释，如"此宅左短右边长，君子居之大吉昌。家内钱财丰盛富，只因次后少儿郎。"除了宅本身的形状外，还加上宅周围的桑树、林木等占验占辞，如说："此宅四角有林桑，祸起之时不可当。若遇明师重改造，免孝（教）后辈受栖惶。"盖又在唐宋风水师的基础上演繁了。

P.2615a 除了不整宅外，还提出一种"偏居"之宅，P.2615a "推泉源水出处及山宅庄舍吉凶法"说："《阴阳宅书》云：宅内有东西屋，无南北屋，为偏居。有四相屋，无常（堂）者，亦名偏居，必出瘫患，常多疾病，初造二三年犹可，多大凶。凡宅当风门，子孙衰弱。风门者，谓南出门及巷冲谷口是也。"

三、宅外地形高低之吉凶

P.2615a 和 P.3492 谈及宅外地形高低时，有三种明显不同的分类体系，一种是角徵宫商羽和"宽地"六种地形的分类体系，一种是韩齐楚魏周地的分类体系，还有一种与去陌步数及天地有关的地形名称的分类体系。

（一）角徵宫商羽和"宽地"六种地形

P.2615a 和 P.3492 都有"推地刑"，针对五姓宅舍的占验，将地形概括为角徵宫商羽和"宽地"六种地形，"宽地"，平居吉，意即五姓人皆可居。并说："四面不满一百廿步者，不可居。"意即宅舍四周不足一百廿步的平坦之地，五姓不论哪一姓皆不可居。这是相地师根据地理地质而确定的，否则当有山洪暴发、泥石流情况时不能有效地避开凶险。这六种地形可列为下表6-2：

表 6-2

地形	地形情况	宜居之姓
角地	［东］高西地（低）	羽居之吉
徵地	南高北下	宫居之吉
商地	西高东下	羽居之吉
羽地	北高南下	角居之吉
宫地	四方高、中央下	商居之吉
宽地	四方下、中央高	平居吉

宫商角徵羽五音之地是按五音五行的属性安排的，角与东方木配，徵与南方火配，商与西方金配，羽与北方水配，宫与中方土配，所以，角地东高西低，徵地南高北下，商地西高东下，羽地北高南下，顺理推断下去，宫地理应为中央高、四方下，这里写成四方高、中央下，陈于柱认为是"抄写者的笔误。"①但 P.2615a 依诸家图抄说之"卜安宅要决"也说："凡宅，西（四）方高、中央下，并有水注地，唯决不出，名曰宫地，宜子孙富贵。"其实，这本身也是这一相配的不完整性的结果之一。除此之外，宜居之姓有宫商角羽，却没有徵姓，这也是其漏洞之一。

五音之地，哪一姓居之吉呢？这是按五行相生的关系编排的。

徵属火，宫属土，火生土，故徵地宫居之吉。

商属金，羽属水，金生水，故商地羽居之吉。

羽属水，角属木，水生木，故羽地角居之吉。

宫属土，商属金，土生金，故宫地商居之吉。

依五姓五行属性推之，角属木，徵属火，故角地徵居之吉。这里配成羽居之吉，就是其占法的混乱之处。

①陈于柱：《敦煌写本宅经研究》，兰州大学硕士研究生论文，2003 年。

P.2615a 与 P.3492 皆载有某姓居某宅如何吉凶的占验法，P.2615a "推地刑" 说："角居宫，贫穷［少子孙］，［家得］廿年后破南家，亦煞家长子，出寡妇及刑人。角居商地，亦后无（无后），［凶］，亦官事，三年内破家尽。角居羽地，大吉，富贵，后向西南徙，三年必破家尽。" 从 "角居商地" 看，当是商姓人居商地。那么，角居宫就是角姓人居宫地，角属木，宫属土，角木克宫土，人克地，凶。商属金，商金克角木，故地克人，凶。羽属水，羽水生角木，地人相生，故大吉，但如果以后向西南迁徙，则三年内必破家尽。

P.2615a "推地刑" 又说："徵居［徵］，大凶，先富后贫，十三年即衰，多病亡遗，凶。徵居宫，大富贵，后贫，出贵子，十三年内合得西家财，七十年即衰，宜盖（改）移。若居商，不利，散财、益口舌、讼闻，先富后贫，十六（六十）年出兵死，失火，妇女厄恙，盖（改）移。若居羽，凶，灭门。不出三年，宜急移盖（改）即免殃，移向西北之方者，三年灭门，慎，吉。""徵居［徵］，大凶"，徵属火，徵火人居徵火地，大凶。宫属土，徵火生宫土，故徵火人居宫土地吉。商属金，徵火克商金，人克地，故居商不利。羽属水，羽水克徵火，地克人，故灭门。其他的宫、商、羽姓均依前角、徵姓一样，是按人与地的生克关系确定吉凶的。

P.2615a "推地刑" 载宫、商、羽姓居某地之吉凶说："宫居宫，平平，先富后贫，死亡及病。若居商，大富贵，后贫，保财卅六年，得两县财入家，六十年后衰，宜移盖（改）。若居羽，先富后贫，少子孙，有官事，死亡不绝。若居角，大凶，灭门。若居徵，大富贵，宜子孙，廿四年得无后财。商居商，先富后贫，卅年衰，大凶，宜移改吉。若居角，不宜子孙，口舌、官事，大凶。若宫（居）徵，大凶，不出三年灭门，大凶。若居宫，大富贵，宜子孙，卅年后添财、封官禄，吉。若居羽，亦大吉，富二千［石］，生贵［子］，多奴婢，吉。羽居羽，先富后贫，廿五年添死，大凶。羽居角，大富贵，宜子孙，五十年后则衰。羽居徵，先富后贫，凶。羽居商，亦富贵，出封侯，卅年得两家财，［吉］，向南移，凶，慎之。羽居宫，绝灭，大凶。"

（二）韩齐楚魏周地

P.2615a 依诸家图抄说之"卜安宅要决"又将地形分为韩齐楚魏周地：

韩地："凡宅，北高南下名曰韩地，一名泽藏之地，居之长富，食口五十人。"

齐地："其地东高有流水，即名齐地，居之即五年小富，十二年大富，生贵子。"

楚地："凡地刑（形），西北有高，东南有下，名曰楚地。居之，先富后贫，出孤寡。"

魏地："南有流水，名曰魏地，居之富贵，宜子孙、六畜，食食中口七十人，出贵子。凡地，平（四）方平、中央高，名魏地，居之添贫。""凡宅下地势续高，有西流水，名楚地。居之，先富后贫，出逆子，灭门。"

周地："如西（四）方高、中央下，名曰周地，一名地藏之地，居之富贵，君子吉，小人凶。""凡地刑（形）平掌（整）名周地，东南有流水，居［之］，十年大富贵。宅西（四）面高，但中央下，富贵，［宜］六畜。"

这五种地形的吉凶宜忌似对五姓皆有效，应是形法相地术的另一派别。

（三）名称与天地有关的地形

P.2615a 依诸家图抄说之"卜安宅要决"又将地形分为天空等，P.2615a 说："凡去陌十步为天空，一名天齐，居［之］，大富贵八十年。一名坑地，不可久居，卅年见血光，凶。廿步为天庭，名天穿，一名地头，居之害小子孙。卅步为天仓，一名地脉，居之，大吉，廿年有三公。卌步为天升，一名地柱，一名地背，居之，不大富贵，平。五十步为天府，一名地齐（脐）、地心，居之，大吉。六十年有公卿，一云凶。六十［步］为天狱，一名地少，一名地鼻，居之，家破灭门，大凶。七十步为天煞，一名地穿，一名地足，居之，凶。八十步为天楼，居之，大吉。一云地筋，于地绝世，廿一年内煞子孙。九十步为地仓，一名地手，宜子孙，牛羊成群，富贵，有公卿，出孝顺妇。一百步为地足。"名称与去陌步数可列为下表 6-3：

表 6-3

去陌步数	名称	吉凶	名称	吉凶
十步	天空、天齐	大富贵八十年	坑地	不可久居，卅年见血光，凶。
廿步	天庭、天穿		地头	居之害小子孙。
卅步	天仓		地脉	居之，大吉，廿年有三公。
卌步	天升		地柱、地背	居之，不大富贵，平。
五十步	天府		地齐（脐）、地心	居之，大吉。六十年有公卿，一云凶。
六十步	天狱		地少、地鼻	居之，家破灭门，大凶。
七十步	天煞		地穿、地足	居之，凶。
八十步	天楼	居之，大吉。	地筋	于地绝世，廿一年内煞子孙。
九十步			地仓、地手	宜子孙，牛羊成群，富贵，有公卿，出孝顺妇。
一百步			地足	

从表中可知，这实际上是两套地形名称体系，一是与天有关的名称及吉凶占辞，只有十步至八十步的八个名称；一是与地有关的名称及吉凶占辞，有十步至一百步的名称。与地有关的地形的名称还可能本身又有两套地形名称体系，也就是说，这个表是三套地形名称体系组合而成的，经敦煌卷子P.2615a 的抄写者整合在一起了。

（四）其他地形

敦煌卷子 P.2615a 还记有不能归入以上 3 种分类的地形的地形名称，如天住之地："凡地四方高，名曰天住之地，五姓并不可［居］，煞人及六畜，鬼入人门，凶。"

忝续之地："宅四方平，名忝续之地，居之七年大富，久居生贵子。"

名山藏之地或五藏之地："居山东南，水从西来，东北去，水始流头下入之是也。居于其中，出公侯、二千石，世世不出（绝）。一名五藏之地，居之富贵，宜子孙。"

足兵之地："何谓足兵之地，四方强暮南方下，名曰丘地，居之大富贵，出公侯不绝。"

此外，P.2630V0《宅经》还记有一些地形名称及其吉凶，说：

> 龙尾地，从南来□下其北卑，居之，出贫暴、不孝而妇宾。
>
> 一天殿之地，其元地，殿方正，□高土宣者，黄屋，其阳白（百）倍，富贵封侯，徵之地，其刑如太山之端，似□□之□，居其左右，族为恃□。
>
> 若水从向南北暴此出者，其东□□十，有食口百人。天元之地，其［地］刑如地从东南集，居其阳。□□□□，多财富，十五年小吉，衰。
>
> 天庭之地，其刑如冲□，启其利，大富贵。居其阴，灾百至。
>
> 所谓还丘之地，有四方高而竣下，何数宜，中出二千石，富后世，食口五十人。
>
> 所谓得地之中高者，其土黄曲，宅南有土，渐茹渥水，生无相菩［萨］，大富贵。
>
> 所谓环丘之地，谓四方高面宜下，□数生中，出二千石，富后世，食口五十人。
>
> 所谓诸危之地，谓十日之中连亥子绝，地势高，树木长好者，居其高远处，出二千石。
>
> 所谓天仓之地，四方高，中央沉，沉有流池。若倒居之，出二千石，食口卌人，五十年衰。
>
> ［所谓天］翼之地，其刑如水流之处从西来，回避其舍东北去。居其阳，大富贵。居其阴，赀财千万。
>
> ［所谓］天墓之地，其刑如五里有水北通立季令中央富贵。乃（残）。从东之地，其门惟东西六里，居其左右，禄二千石，食口九十人，十年不衰。

这些地形名称皆随类赋名，随意性较大，是当时及以前的地师各自创立的名目，不容易归类，但反映地师在地形方面各自的创见。

四、宅外水泽吉凶

P.2615a 和 P.3492 的"推地刑"都有宅舍与周围水泽吉凶的一段话，其中以 P.3492 的文字更为完整，且语序不重复、不混乱。P.3492"推地刑"说：

> 西有泽，居之凶。东有泽，居之凶。东北有泽，居之凶。西南有泽，居之亦凶。西北有泽，居之亦凶。北有泽，泽南有高地及有林木茂盛，居其内，吉。南有泽，居之吉。凡宅，四面有坑坎沟渠道泽等，去舍一百廿步，吉。又卅五步亦得［吉］，居之一代安乐吉庆也。

这段话只直接说是否吉凶，没有为地形起名称。

P.2615a"占伤败法"则有与泽有关的地形的名称，说：

> 凡居山泽，有高地树木茂盛，名泽藏之地，居南，大富贵。居北，凶。北有流水通达大江，或有枯涧地，各去舍宅卅五步十步内者凶。东北有丘，居之，大富贵。南有沽池，居之富。东北有泽，居之，大凶。四方有高，其内有水东南流者，居水北大吉。或内高四方下，名曰天柱地，众姓居之，凶。东西下，内有（又）独高，名曰罪土地，居之，出刑杖死人，又出孤寡人。从南极北龙，高而复直两边下，名曰地轴，居东曰阳，即当。居西曰阴，即贫寒。茂（或）当上居者，则频有罪非祸。

列举有泽藏之地、枯涧地、天柱地、罪土地等名称，并配有相应的吉凶占辞。

P.2615a 还将与水有关的地形分成龙首、龙腹，说：

凡水从西南来，若北来，三星宅西南头名龙首，居之，出公侯、二千石。""凡居水曲，或长源之曲，内为龙腹，居之富贵；居曲外，居之贫，凶。

P.2615a 还有许多与水有关的吉凶，说：

凡居泽，两山间或川或谷，或巷相冲，名曰当风门，居之，子孙衰。

凡地平坦内下，若辰戌丑未之地高，居之吉。凡宅，不舍近罦堤坝，出市死人。

凡居之地，名上相之地，内有水逆流通达江河者，食之凶。从东流至西，从南流至北，及有死水、浊水，居之，出不孝男女及奴婢。

P.2615a 依诸家图抄说之"卜安宅要决"说：

凡地平正、[中]央小高，有横流一水者，居之绝世。""凡安宅，前下后高，有流水东南流，居之富贵，宜子孙。

P.2615a "推泉源水出处及山宅庄舍吉凶法"说：

右已前山源庄宅，看其出水入处，依此如安之，皆须辨其福德之地。《三元宅经》云：有水流冲宅午酉上，凶。

敦煌卷子 P.2615a 还记有"凡五姓藏宅，不用当水冲口，此名利锥刀锋，不久家破。""凡宅西南微高，北东（东北）微下，前有[水]东流法（去），富贵，宜子孙、六畜。"

P.2630V0《宅经》还记有各种与水有关的地形名称及其吉凶，说：

所谓大水之地，水从东来至辰行西行，作宅者西北有灶原，居之，出二千石，无小贵。

所谓咸池之地，大水从西南来宅前未地，折北□百步，若三百步而□东南至辰，□折东北行，居之，出二千石。

所谓水减之地，水从西南来百里，若五十里，虽小势而道（回），船折东行，若龙头戌亥之地有高山，出三公。无山，不可居。若有阙，亦不可居之。

所谓水减之地者，谓居人得之中，远者为咸，其□地势有上下魂磲，树木茂好，居其高者富，赀财百万，大吉。

所谓得地之中高者，其土黄曲，宅南有土，渐茹渥水，生无相菩［萨］，大富贵。

P.2630V0《宅经》列举了大水之地、咸池之地、水减之地等名目，但并不统一，水减之地就有两套不同的占辞。

S.5645《司马头陀地脉诀》说：

庚壬水流于申，田地渐多增长。卯地平回，男女聪明。壬水流于卯，男女多妓（技）巧。卯水流于酉，居粮不满斗。震水流于坤，男女并精神。任（壬）寅高则损酉位，无财帛。午水流出天门，男女逃亡零落。墓前所有流水作声，疾病常忧哭泣，此名珠鸟之地，官府口舌不停，亦多令闻。打墓近大驿，男女宽弘；更有辛水东流，商贾甚多，宜利男女，自然君子出入，随逐贵人，非但目下自如，三代子孙兴盛。

以二十四路方位之水流占验吉凶，还有将流水引向墓地的占验。

五、宅外山岗形势吉凶

P.2615a、P.3281v0 均有"占宅刑（形）势法"，所谓"宅形势"，意指宅外的山岗形势。P.2615a 和 P.3281v0 两卷"占宅刑（形）势法"的文字基本相同，但 P.3281v0 更为完整，P.3281v0"占宅刑（形）势法"说：

> 艮壮处（出）军将，乾长出侯王。西短东长，法步儿郎。东短西长，夫弱妇强。乾连至辰巳，儿郎皆茂善。坤至寅丑回，连仓闭不开。丑左至未坤，富贵长子孙。巽罡朝乾兑，官职立可待。势不势，但看龙尾洩。职不职，但看龙尾直。象不象，但看所坐本音上。有龙无龙，但看依故塚。绝不绝，但看兑申双车徹。灭不灭，但看西梁南头缺不缺。白虎登天，青龙入泉，朱禽顾翼，玄鸟登山，如此之地，一寸万钱。东看西高，西看东起，南看北障，北看南仰，如此之地，公卿将相。山罡如卧牛缩脚奉（卷）头，居之于腹，家出公侯。山罡如伏雉，藏头隐尾，［未］后载从山前横王机，居之于头，名闻万里。四面平，［心］里［凹］，钱财没骨过。山罡如生蛇，或曲或耶（邪），后前山洞（后山前洞），隐马藏车，如此之地，子孙荣华。曲抱多财宝，平多保室家。山罡龟鳖，四方无缺，门起高一户如缺（阙），如此之地，子孙不绝。

P.2615a 与 P.3281v0 均有"占伤败法"，文字基本相同，P.2615a 中的文字错讹较多，但开头说：

> 如后有子无午，子孙受雇。"应该是宅后"有子无午"。据此可知这些文字是占验宅外周围山岗的缺损吉凶。P.3281v0"占伤败"说："有子无午，子孙受雇。有午无子，子孙绝嗣。有卯无酉，随官不受。戌位被狗咬，巳陷被蛇伤，艮阙夫他意，坤无妇外心。乾水来至寅，翁为新

妇亲，兄妹同床卧，声息微乡邻。龙尾勾，子孙偷。龙尾坑，子孙行作兵。兔平仓不满，鸡无儿所怜。子风吹午，流乡失土。午风吹子，子孙绝嗣。葬居残山罡，死人满堂。葬居交道，死人满室。白虎带剑，青龙戴剑，并冲尸及折足之地，并凶。凡居宅及葬地，看本姓玉堂、金柜、明堂、大德之地有罡，从土冲宅，或冲墓，其势如铧者吉。但有两处即吉。

S.5645《司马头陀地脉诀》中的山岗占验最为系统，如说：

> 凡山罡形势，高处为尾，傍枝长者近为头，实者为角，曲外为背，内为腹内匈（胸），中出为脊背者为乳足。

这是其他敦煌卷子所没有的，自成体系。

六、宅外道路吉凶

P.2615a "推泉源水出处及山宅庄舍吉凶法" 引《三元宅经》说："大道阡陌但来冲宅，大凶。" P.2615a 引用《皇帝宅经》，将周围有道路之宅舍称为三过之宅，说："皇帝问曰，何者为三过之宅？地典合（答）曰：东有南行道为一过，南有大陌为二过，北有流水东下为三过之宅。"但没有讲三过之宅有如何的吉凶。P.2630V0《宅经》说："茂（或）居南有道，宜近之善。或北有道，或东有道，宜造之，吉。若西面有道及四角有道，居之凶。"盖大道在宅舍旁经过无大碍，若直冲宅舍，则是一大忌，破坏了宅舍的隐秘性，对宅舍的安全埋下潜在危险。

七、宅舍四象之吉凶

四象用于相地，是三国时期魏国著名术士管辂的发明。《三国志·魏书》卷二十九《方技传》载："辂随军西行，过毌丘俭墓下，倚树哀吟，精神不乐。人问其故。辂曰：'林木虽茂，无形可久。碑诔虽美，无后可守。玄武藏头，苍龙无足，白虎衔尸，朱雀悲哭，四危以备，法当灭族。不过二载，其应至矣。'卒如其言。"①管辂是用四象的理论来判断毌丘俭墓的吉凶的，所谓四象就是青龙、白虎、朱雀，玄武。四象一词最先出自《易·系辞》说："太极生两仪，两仪生四象"，②此四象即指太阳、太阴、少阴、少阳。但这里所用四象是从天文上的取象而来的，四象在这里也是作为四方而言的。四象作为方位，先秦的《礼记·曲礼》已有记载："行：前朱鸟而后玄武，左青龙而右白虎。"③元陈澔注曰："行，军旅之出也。朱鸟、玄武、青龙、白虎，四方宿名也，以为旗章，其旒数皆放之。龙旗则九旒，雀则七旒，虎则六旒，龟蛇则四旒也。"④朱鸟就是朱雀。《淮南子·兵略训》也说："所谓天数者，左青龙，右白虎，前朱雀，后玄武。"⑤

后来，管辂将四象运用于相地，以四灵的形象譬如地形，解释吉凶祸福。现在题名为晋郭璞撰的《葬书》中就有其理论的归纳。《葬书》说："夫葬以左为青龙，右为白虎，前为朱雀，后为玄武。玄武垂头，朱雀翔舞，青龙蜿蜒，白虎驯頫，形势反此，法当破死。故虎蹲谓之衔尸，龙踞谓之嫉主，玄武不垂者拒尸，朱雀不舞者腾去。"⑥玄武垂头是说后山或北方的山渐渐而下，欲受人之葬也。朱雀翔舞是指前面或南方的朝山耸拔秀丽，向着葬穴盘旋，朝揖而有情意。青龙蜿蜒指左面或东面的青龙砂蜿蜒曲折有情，而不强硬。白虎驯頫就是指右面的白虎砂低头驯俯，情意柔顺，而不是昂头蹲踞。虎蹲谓之衔尸，白虎昂头视穴，有如欲衔尸之状。《重校正地理

①［晋］陈寿：《三国志·魏书·方技传》卷二九，北京：北京：中华书局，1959 年，第 825 页。
②吴兆基编译：《周易》，长春：时代文艺出版社，2001 年，第 257 页。
③④［元］陈澔：《礼记集说》，北京：中国书店，1994 年，第 21 页。
⑤［西汉］刘安：《淮南子》，长沙：岳麓书社，1989 年，第 192 页。
⑥［晋］郭璞《葬书》，《阴阳宅大全》，郑州：中州古籍出版社，1996 年，第 155 页。

新书》卷六"内外从山"说"若白虎高来射冢宅，名曰白虎衔尸。"①龙踞谓之嫉主，就是青龙砂不肯降服，而是回头斜视，有如嫉主之意。玄武不垂者拒尸，就是指北方玄武山头不缓缓垂下，其状有如不肯受人之葬之意，故曰拒尸。朱雀不舞者腾去，是指南方的朝案山顺水摆窜，没有朝向葬穴，反背无情，有如朱鸟飞腾而去，故曰腾去。《重校正地理新书》卷一"军垒地形"说："朱雀藏头，玄武折足，白虎衔尸，青龙悲泣，皆不可居之，将死军覆。"②《重校正地理新书》卷十三"冢穴三会四福法"说："虽山川形势，龙胁兽腹、左青龙、右白虎、前朱雀、后真武吉地，不合三会四福之中棺下六尺，名曰有穴无地，死者不宁。"③

　　P.2615a 谈及"四象俱备"时还引用《皇帝宅经》说："皇帝问地典曰：凡人居宅，何者大吉，子孙富贵？何者为凶，祸殃不止重垒（累）？左青龙，右由（有）白虎，前朱雀，后玄武。皇帝问地曹（典），何为青龙、白虎、朱雀、玄武？地典答曰：左有南流水为青龙，右有南行大道为白虎，前有污（洿）地（池）为青朱雀，后有丘陵为玄武。……《三元宅经》云：安灶，五姓皆宜辰巳地，吉。乙卯淮南王。"S.5645《司马头陀地脉诀》说："凡居宅，左青龙，东有南流水，是左青龙。右白虎，西有大道，是右白虎。前朱雀，南有洿地池，是前朱雀。后玄武，北有大丘陵，是玄武。"《阳宅十书》"论宅外形第一"说："凡宅，左有流水谓之青龙，右有大道谓之白虎，前有污池谓之朱雀，后有丘陵谓之元武，为最贵地。"

　　《重校正地理新书》卷二"宅居地〔形〕"说："宅欲得左有流水，谓之青龙。右有长道谓之白虎，前有污池，谓之朱雀。后有丘陵冈原，谓之玄

---

①〔宋〕王洙等纂、〔金〕张谦编撰：《重校正地理新书》，载《续修四库全书》第 1054 册，上海：上海古籍出版社，1997 年，第 54 页。

②〔宋〕王洙等纂、〔金〕张谦编撰：《重校正地理新书》，载《续修四库全书》第 1054 册，上海：上海古籍出版社，1997 年，第 19 页。

③〔宋〕王洙等纂、〔金〕张谦编撰：《重校正地理新书》，载《续修四库全书》第 1054 册，上海：上海古籍出版社，1997 年，第 98 页。

武，为最贵地。若无此相，凶。不然种树，东种桃柳，南梅枣，西栀榆，北榛杏。"又卷二"地形吉凶"说："凡东有水流而漫漫无始无末，及五十步内水流，为青龙无首。兆域在两水之交，中为青龙衔尸。西有大道分歧来夹及倚冈之口，名曰白虎衔尸。道值涧而绝断者，名白虎折足。南有水泻注鸣声者，为朱雀悲泣。凡冢，所望见山冈并有大石为朱雀衔尸。北有断坎及无枝引者为真武折足，有水流声及其墓所为真武悲泣，并凶。"又曰："又曰白虎绿山，青龙入泉，朱雀鼓翼，真武登天，大吉。"①

敦煌卷子 P.3492 和 P.2615a 的"推地刑"都有关于宅舍周围四象完备与否的占验，P.2615a 说："凡宅得五（四）神备足，五姓居之，[并] 吉。若无俱备，但得一神，亦可居之，二神亦吉。三神更好，何况四神俱具备。弟（第）[一]之宅但（坦）然平，弟（第）二之宅东南倾，弟（第）三之宅地与姓相生者，吉。"S.5645《司马头陀地脉诀》如是说："弟（第）一之地垣然，四面平正。弟（第）二之地东南倾，西北高。第三之地天门、地户成。第四之地，远近之地回抱有逢迎。""第一之宅"换成了"第一之地"。

若四象不俱备的话，如何解决呢？P.2615a"卜种树法"说："凡宅，东无青龙及南流水，种青桐八根。宅西无白虎、巷门大道，[种] 梓树九根。宅南无朱雀洿池，种枣树七根。宅北 [无] 玄武丘陵，种榆树六根，应吉。桃木者，百木之恶，种舍前，百鬼不入宅。榆木者，百木之少府，种之于舍后，令人得财；一名榖树。桑者，百木之使，种之舍前，吉。槐树，百木之丞相，种之门前，道运人家富贵，宜仕官。李者，百木之使，种之舍前，出贵子。茱萸（莒）者，百 [木] 之贤，种之井上，除温病，吉。"这显然是针对宅四周围四灵（青龙、白虎、朱雀、玄武）缺损而用的树镇法。

①［宋］王洙等纂、［金］张谦编撰：《重校正地理新书》，载《续修四库全书》第 1054 册，上海：上海古籍出版社，1997 年，第 20 页。

八、宅气吉凶

通过望宅气来占断宅舍的吉凶，将宅气分为赤气、白气、黑气、青气等。敦煌卷子 P.2615a"推泉源水出处及山宅庄舍吉凶法"说："《地镇（镜）图》曰：人望百家宅法，有赤气，家有财。有白气，家有财，保重。黑气者，有五服。有在宅内青气者，家有肉耶人卧处，地下有银。"《太平御览》卷 180 居处部八"宅"记载了一部梁时相地书《地镜图》，这部《地镜图》在《隋书·经籍志》著录时就已散失，《太平御览》云："《地镜图》曰：人望百家宅法，中有赤气者，家有泛财。白气入家，有财不保。黑气有五［服］，其伏在宅中。青气着有银地宝也。"[①]这些文字几乎被敦煌写本宅经完整地继承下来，除白气在家对居宅的影响与《太平御览》所记有差别外，其余在内容和形式上则近于无异。

将望气引入相宅术，盖源于秦汉。《太平广记》都有记载。

通过望气占验吉凶有山岗与宅舍之分，山岗有王气与否，宅气则有赤气、青气、白气、黑气等吉凶。

九、宅舍周围动植物之吉凶

P.2615a"推泉源水出处及山宅庄舍吉凶法"引《三元宅经》说："凡宅内有树，最为高支（枝）者，不得诛之；宅内树荣茂者，吉。宅内群鸟飞翔者吉，保财；翔背宅者凶。蜂蜜蜂燕来巢集者吉；散去者凶。"P.2615a"占伤败法"说："凡居山泽，有高地树木茂盛，名泽藏之地，居南，大富贵。居北，凶。"P.2630V0《宅经》说："所谓水减之地者，谓居人得之中，远者为咸，其□地势有上下碗磥，树木茂好，居其高者富，赀财百万，大吉。"《重校正地理新书》卷二"居宅地形"说："凡树木，皆欲枝向宅，背宅凶。有背枝，则去其背枝，吉。"又说："宅在大泽之南有高地，及树木茂好，谓

---

① ［宋］李昉等撰：《太平御览》卷一八〇，居处部八宅，北京：中华书局，1998 年，第 879 页。

之泽藏地，居其林南，吉；居其北，凶。"①P.2615a、P.2630V0《宅经》和《重校正地理新书》都认为宅舍周围树木茂盛吉利。

十、不可居之地

P.2615a 记载了里巷不可居之宅说："[凡]是里中宅者，及舍屋（屋）巷，过往（社）祠客舍，□辄东数，从一无过柱（社），总从一去之。□法街中诸（居）弟（第）一宅为里狱，及里弟（第）庄宅亦然，并（病）贫穷。凡里中城堮及阡陌皆然（街巷），其山居无舍极壑，及水尾及破下处，勿当其罡角。"

P.2615a 还说："凡宅，阳绝害母（母为衍文）父，阴绝害母。白虎在刑中必有死亡，凶。凡东南西北丗入弟（第）一宅名害气，亦名天狱，居之，大恶，令人无后。又城堮四角、火烧水冲、咸卤之地及陶冶之处，葱韭五谷之场，皆不可居，令人灭门。诸邻中，于宅刑上穿筑作舍，妨当家。宜福地德（福德地）修，吉。"

P.2615a 依诸家图抄说之"卜安宅要决"说："凡地平正、[中]央小高，有横流一水者，居之绝世。"敦煌卷子 P.2615a 还说："凡地刑，东下西高，常出雄豪。东高西下，出孤寡。前高后下，死亡不绝。""凡五姓藏宅，不用当水冲口，此名利锥刀锋，不久家破。""凡宅西南微高，北东（东北）微下，前有[水]东流法（去），富贵，宜子孙、六畜。"

P.2615a 所载许多不可居之地，其中尤其以九凶、"八不可居"最为集中，也最为典型，P.2615a 记九凶之地说："凡宅，十步不久居，凶，一也。杨沙草木不七年，二也。穷阡绝陌，伤死狼藉，三也。西向无数里，但闻悲吟唏泣呼鸣，四也。街西下东高，小口多死，五也。前高后下，门出孤寡，

①［宋］王洙等纂、［金］张谦编撰：《重校正地理新书》，载《续修四库全书》第1054册，上海：上海古籍出版社，1997年，第22页。

六也。无故居高乡，无害冲，多口舌，凶。居坏高股侯军，此处凶，尸不绝，也七（七也）。先阳后无阴，胤莫辰居，九也。左右社稷，凶，桩不正也。"

P.2615a"八不可居"说："一曰故成（城）樿，缺近交错之阴及破城四方，凶。二曰葱韭五谷场地、近墓地。（三曰）沆窖地及陶冶处，故青祠神之所，并旧□所及庙东及社西及南，并不可居。四曰亭卸破后，故并停（亭）西及凿四方处，并不可居。五曰旧营及垒、战场并故狱处，此不可居。六曰宫（官）府、旧寺、旧道场，或居北，或居西，并不可居。七曰星宿殒堕之所，宇煞之所，除土凶之所，旧灶、旧侧（厕）之所，并不可居。八曰穷阡陌耶回及射之所，或居北，或居西，并不可居。凡居柱（住）之［地］，若犯此八者，令人死亡、官事、口舌、盗贼、疾病，微（纵）然修福，不能免此央（殃）咎。"这些不可居之地是当时地师相地经验的总结，不乏科学道理，作为珍贵的资料，足以流传久远。

敦煌写本宅经葬书中的形法相宅相地内容相当丰富，大致归纳为占验宅舍基地的土色轻重吉凶、宅舍形状的吉凶、宅外地形高低的吉凶、宅外水泽吉凶、宅外山岗形势吉凶、宅外道路吉凶、宅舍四象之吉凶、宅气吉凶、宅舍周围动植物之吉凶、八不可居之地等等，其方法盖继承秦汉时期的形法相宅术而演繁。这些规定之中不乏科学的合理的成分，如称土之重量以定吉凶、九凶、八不可居之地等，但有很多是吉凶意义并不大的，风水师则故弄玄虚，我们应认识这点，引起警戒，而不能盲目地邯郸学步。

第三节　敦煌写本葬书 P.4930 中的六对八将

敦煌写本葬书 P.4930《相冢书》中提到一个六对八将的概念，敦煌卷子 S.12456C 中还有"论六对伤败等法卅二"和"论八将……"残目，初识其文，不知所云。其实，这是形法相地的理气相法。

P.4930《相冢书》，首尾残，存 20 行。只有"入地深浅法"与"造冢墓取土及墓内尊卑法"两部分。黄正建介绍说："一部分讲'入地深浅法'，与上述 P.2550V 中的'入地深浅法第廿一'相近。另一部分是'造冢墓取土及墓内尊卑法第□'，其中讲到'宫姓取土'如何、'造冢'如何；'商姓取土'如何等等，也是'五姓同用'，因此与《阴阳冢墓入地深浅法五姓同用卅五家书》虽非一书，但定是同类葬书无疑。"①

S.12456C、B《阴阳书》，黄正建作了详细的介绍，他说："S.12456B、C 甚残，是一部《葬书》的目录。目录分三段排列，C 排在上，B 排在下。S.10639AV 也是这目录中的一部分，残存 2 行，只有 1 行看得清。将这 3 件残片拼合排列，可得到自'卅二'至'五十八'的目录，其中能完整辨认的有 15 条目录。例如：论六对伤败等法卅二，（论）龟甲取吉穴法卅四，论步阡陌取吉穴法卅五，论六甲八卦冢法卅七，论白埋权殡法第四十，论斩草仪法第四十三，论坟高卑等法五十二，论立铭□幡法五十八等等。"②

黄正建还说："拿这份目录与后述《葬书》残卷对照，可能那些《葬书》残卷都与本目录所示的《葬书》有关。比如后述 P.2831+P.2550V 中提到了'六甲冢图'和'八卦冢图'，也提到了它的名字是《阴阳冢墓入地深浅法五姓同用卅五家书第卅七》，而此份目录中有'论六甲八卦冢法卅七'。或者 P.2831+P.2550V 就是 S.12456B、C 所示《葬书》中的第三十七章？又比如本目录中有'论六对''论八将'等，而后述 P.4930 中也有'六对八将'；目录中有'论白埋权殡法'，后述 P.3647 中也有相关内容。所以，S.12456B、C+S.10639AV 所示《葬书》可能是一部集大成的《葬书》，敦煌文书中的《葬书》残卷可能都与这部《葬书》有关。"③

黄正建所论极是，并且如果将这份目录与宋王洙等纂、金张谦编撰的《重校正地理新书》对照，这些目录大多能在《重校正地理新书》中找到相对应的篇目。（表 6-4）

①黄正建：《敦煌占卜文书与唐五代占卜研究》，北京：学苑出版社，2001 年，第 84 页。
②黄正建：《敦煌占卜文书与唐五代占卜研究》，北京：学苑出版社，2001 年，第 83 页。
③黄正建：《敦煌占卜文书与唐五代占卜研究》，北京：学苑出版社，2001 年，第 83 页。

表 6-4

S.12456B、C 篇目	《重校正地理新书》的相应篇目
论步阡陌取吉穴法卅五	卷十三步地取吉穴
论天覆地〔载〕	卷十二天覆地载法
论六甲八卦冢法卅七	卷十二六甲置丧庭冢穴法
	卷十三张谦论六甲八卦冢法
论埏道	卷十四埏道命衹法
论明堂降神	卷十四明堂祭坛法
论斩草祭图法卅四	卷十四论斩草忌龙虎符入墓年月
论白埋权殡法第卅	卷十三野外权厝吉地法
论棺下六尺法卅六篇	卷十三八卦冢禽交棺下六尺法
论坟高卑等法五十二	卷十四封树高下法
论开故动尸法五十五	卷十五开故祔新法、改葬开墓法

因此，我们有理由认为敦煌写本葬书是当时一部集大成的《葬书》，并且也是宋王洙等人编纂《地理新书》（最先称《乾坤宝典》）的渊源。

敦煌写本葬书 P.4930《相冢书》在谈及六对八将时说："凡五姓墓六对八将虽以远占，然于十二辰各有男女内外九族之位。若欲取土为冢坟及门阙，皆不得卅步内，取土即伤其命坐人，六对八将及命坐位在第六卷。又勿犯本姓墓辰上土，大凶。"

六对八将是五音三十八将中的六对八将，《重校正地理新书》卷六"孙季邕推八将六对位"说："六对者：青龙、白虎为一对，天仓、天牢为二对，功曹、传送为三对，冠带、伏尸为四对，大墓、小墓为五对，沐浴、始生为六对。""八将者：官国一、金匮二、勾陈三、谷将四、死气五、生气六、朱雀七、真武八。"[1]卷一"五姓所属"中说："八将者，四维四干是也。六对

---

① [宋] 王洙等纂、[金] 张谦编撰：《重校正地理新书》，载《续修四库全书》第 1054 册，上海：上海古籍出版社，1997 年，第 53 页。

者，十二辰是也。假令角音青龙在卯，白虎在酉，为一对；天仓在辰，天牢在戌，为二对；功曹在巳，传送在亥，为三对；冠带在午，伏尸在子，为四对；大墓在未，小墓在丑为五对；沐浴在申，胎生在寅，为六对也。丙为官国，一将也；壬为金匮，二将也；庚为勾陈，三将也；甲为谷将，四将也；坤为死气，五将也；艮为生气，六将也；巽为朱雀，七将也；乾为玄武，八将也。"①现将其五音三十八将内外从将图转录绘制如下（图6-1）：

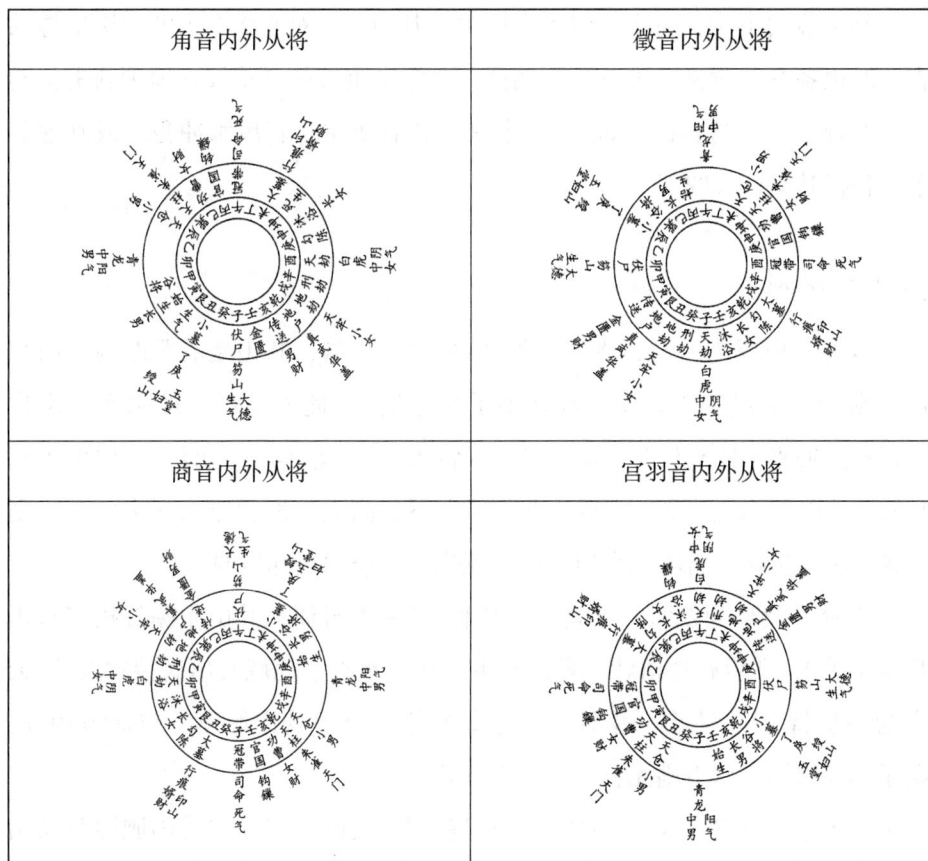

图6-1　五音三十八将内外从将图

---

①［宋］王洙等纂、［金］张谦编撰：《重校正地理新书》，载《续修四库全书》第1054册，上海：上海古籍出版社，1997年，第13页。

需要辨明的是,《重校正地理新书》卷六"五音三十八将内从外从位"说:角音的内从将"沐浴庚",而该书卷一"五姓所属"说"沐浴在申,胎生在寅"为六对,因每一对都是相隔一位,又因为一二将相对,三四将相对,五六将相对,则七八将也应该相对。因此,二将、三将、四将、五将、六将皆应从此说为是,所以此处的角音内外从将图依该书卷一改定。还要提请注意的是,五音五姓的三十八将内外从将位各不相同,除角音内外从将图外,还有徵音、商音、宫羽音等三个内外从将图,都转绘于此。

在五音占卜中,三十八将各有所主,其中的六对八将在占断山岗形势的吉凶时也各有其意义,宋王洙等编撰、金张谦重校的《重校正地理新书》卷六"五音三十八将吉凶"说:"三十八将各有所主,若风水冲犯,或其地陷下,各损其类,大凶。"①

一、六对

青龙、白虎为一对,青龙为外从将,"主乐器,其山始丽肥厚与众山相连,则子孙豪强,善音律,水破则子孙吃讷。"(此处及以下的引文皆出自《重校正地理新书》卷六"五音三十八将吉凶",恕不一一出注。)白虎为外从将,"主威胆,在天劫外第二重,其山不欲高大,惟肥厚与众山相等,则子孙强豪,男猛。若峻急来射,则主死伤。水破则子孙微弱。"

天仓、天牢为二对,天仓为内从将,"主人身体,其山肥厚耸拔与众山相登(等),则后有魁梧壮大者,亦主荣显,水破主病尫及出病腰脚人。"天牢为外从将,"主宅舍、服饰,在地劫外第二重,其山肥厚,与众山相登,则子孙善修饰,里下则无官,不习理法。"

功曹、传送为三对,功曹为内从将,"主女财及姿丽,其山肥厚与众山相登,则女财进益后有美貌姿丽者,亦为聪明殊异之人,又主官爵,水破则

---

①〔宋〕王洙等纂、〔金〕张谦编撰:《重校正地理新书》,载《续修四库全书》第1054册,上海:上海古籍出版社,1997年,第53页。

无官爵及主秃疬。"传送为内从将，"主资财，若其山肥厚，连接伏尸，转而来向，则珍宝、财物丰衍，高十丈已上吉。若水破则损害财。"

冠带、伏尸为四对，冠带为内从将，"主耳目，其山远来而高壮肥厚与众山相登，则子孙聪明，或如凤髻，或如双峰者弥吉，水破王后有䁾盲鼻疾及患四肢并孤寡人"。伏尸为内从将，"主六畜、丝蚕、奴婢等，若其山高大、肥厚、端正，连接小墓，则利血财，水破则损血财"。

大墓、小墓为五对，大墓为内从将，"大墓山主婿财，其山肥厚美丽，与众山相登，则子孙长命、婿财进益。水破缺陷则害女及破婿财，大凶"。小墓为内从将，"主容貌及四肢，若其山高大肥厚端正，连接谷将不折，则主子孙美容仪，多谷食；水破则主出短陋，病腰足人"。

沐浴、始生为六对，沐浴为内从将，"主基业，其山远与众山连接相等，则子孙动于椽墙。又云：其山肥厚，子孙善治生，安于乡井，水破则主游惰"。始生为内从将，"主人丁，其山高大肥厚，连接天仓相登，则其后多子孙，有勇敢之士。水破则乏人丁，又主病狂，疬癁吃。凡男子十五岁已上，则占始生；已下则童子也，占伏尸。一云十岁已上"。

二、八将

官国为内从十七将之一，"主官职，其山高岗不断，标出众山则为一品相，大吉。若重叠高峰突起，如覆笠，如覆盆，如卧牛，如河水鳖，如半月明弥，吉。若水破，则无官禄。一云：广百步令长相，一里幕将相，二里刺史相，三里三公相，唯墩阜连延山接不绝者吉"。金匮为外从将二十一将之一，"主外财，在传送外第二重，其山肥满端正来向，则主暴得珍宝，水破则伤财"。勾陈为内从将，"勾陈山主桑榆，其山肥厚，连接不断，则子孙忠孝大，能守桑榆不去邑里。一云有烈女孝妇；水破则主有弃业远游者。"谷将为内从将，"主田宅仓廪，其山肥厚，连接始生，山堆大起，则粟麦盈溢，水破则损田园、仓廪"。死气为外从将，"主官荫，在司命外第三重，其山肥厚长远，吉，子孙多承荫补迁。水破则无官荫及主愚，劳肿而早夭。"生气为外从将，"主人口，在大德外第四重，其山肥厚，主子孙众多。"朱雀为外从将，"主文辞械辨，在天柱外第二重，其山肥厚则子孙有词辨，水破则反是。"真武为外从将，"主气量，在地户外第二重，不欲山来相侵，若当地户水出处，外边遮掩墓宅之门，即子孙气量温克谦恭多礼乐。水破则财散，又主诳诞。"

该书总论内外从将时还说：

内从：传送、伏尸、小墓、谷将、天仓、天柱、始生、功曹、官国、冠带、大墓、勾陈、沐浴，已上一十三将为吉，但连接不断，虽高低不等亦通。唯天劫、地劫、刑劫、地户四将皆须平下，不宜特起高陵，众山亦不得势来时（射）冢宅。若天劫山高或来射，后有盗贼来伤死。若地劫山高或来射，则后有震死、兵死及自缢死者。若刑劫山高，后有横被刑狱人。若来射冢，必有刑死者。若地户山高，则后有被鬼魅及妖怪，多疾病人。

外从：金匮、笏山、大德、生气、了戾、绥山、玉堂、青龙、阳气、朱雀、钩镰、司命、死气、行痕、印山、阴气、天牢、华盖，已上一十九将为吉将。其山须高低不等，亦通。唯白虎、真武为凶，但欲得其厚（后）山相等，不可特高。若白虎高来射冢宅，名曰白虎衔尸，后有绞死者。若真武高，后有毒死者。又唯华盖主居宅，欲得特起，冈陇不连众山者吉。若不特起，则须连接生气、金匮吉。若连白虎、阴气等山不断，则后有火厄。凡三十八将当面来朝揖冢宅，山势重叠，则子孙善交游。若止有一重案山，外无朝揖，则子孙寡信义，然亦主不善于交游也。

综上所述，可知六对八将是五音三十八将中的六对八将，专用于占断五音五姓宅或墓外的山岗形势，以山岗形势的高低、绵延连接等占断五姓宅墓的吉凶。若从占断山岗形势来看，六对八将属于风水术中的形势派，但六对八将强调方位，则事涉理气，是形势和理气相结合的风水方术。查考史籍，《宋史·艺文志》载有《五音二十八将图》，[①]盖二十八将为三十八将之误。由此可知宋朝流行用五音三十八将占断山岗形势吉凶。

① ［元］脱脱等：《宋史·艺文志》，北京：中华书局，1977 年，第 5261 页。

第七章　敦煌写本葬书中的六甲八卦冢

第一节　敦煌写本葬书中的六甲八卦冢

敦煌写本葬书文献中有一个六甲八卦冢的概念，谈及六甲八卦冢的文书主要是 P.2550B、P.2831、P.3647 三件，P.2550B 有"〔八〕卦冢法"，P.2831 有"六甲冢图第十八""〔八卦〕冢图第十九"，P.3647 六甲八卦冢的五姓墓穴分配。

P.2550B《阴阳冢墓入地深浅法五姓同用卌五家书第卅七》，首尾残，该件前面有八卦冢的两幅图。[①]每幅图都标明"×穴"、辒车行经的路线。如其中的一幅图标明行经路线说："至帐（魂帐）向景行，至此西行向庚，至此北回向壬行，至此回向庚行，至此入壬门。"黄正建分析说：该卷"有'十二祇？法第廿''入地深浅法第廿一''造冢取土法第廿二''造冢□□法第廿三'等内容，最后有一行字为：'阴阳冢墓入地深浅法五姓同用卌五家书第卅七'。可知这是一种专门讲'阴阳冢墓'的书。这书是'五姓同用'的。而且有关的书有'四十五家'，此卷是该书的'第三十七'章或'三十七'家。可见吕才所说的葬书有'百二十家'并非虚言。"关于该卷的年代，黄正建说："文中讳丙，将'丙'写作'景'。因此此图可能作于或抄于唐代。"[②]

---

①金身佳：《敦煌写本宅经葬书校注》，北京：民族出版社，2007 年，第 239 页。
②黄正建：《敦煌占卜文书与唐五代占卜研究》，北京：学苑出版社，2001 年，第 84 页。

P.2831《卜葬书》也是首尾残，文字中插有五幅图。《敦煌学大辞典》将该卷文书定名为《堪舆书》。①黄正建介绍该件文书说："五幅图都与墓葬取穴有关，其中可认出的图分别是取'甲穴'和'庚穴'，亦包括辆车的路线，也写'丙'作'景'，与 P.2550V 相近。本卷的文字部分，写有'六甲冢图第十八''[八] 卦冢图第十九'，字迹亦与 P.2550V 相近，内容也相继，因此怀疑这两件文书本是一件，P.2831 在前，P.2550V 在后。《敦煌宝藏》定其名为'封冢图第十九'是错的，'封'字当为'卦'字。此件或也当定名为《阴阳冢墓入地深浅法五姓同用册五家书第卅七》。"②

P.3647《葬经》，首残尾似全，是敦煌写本葬书中最长的文书。该卷似是同类卷子的类抄，如"葬得公曹下"就有前后两处，且各有差异。"衰殃"下三次注明"又一法"，这应该是同类文书的不同占法抄撮在一起的。卷中除标明"推权殡法第二"外，没有"第三""第四"的字样，可见"尾似全"而不全。卷中有五姓墓葬法，如"宫姓土行""徵姓宜乾冢甲穴""商家车道出壬"等，应该是与六甲八卦冢相联系的，这与 P.2831、P.2550 卷子是同类文书。早在 20 世纪 50 年代，宿白就曾对该卷进行研究，他在《白沙宋墓》中以宋王洙等纂《图解校正地理新书》参证该卷，首先揭示 P.3647《葬经》与《地理新书》之关系，③这对我们认识六甲八卦冢给予了有益的启示。

关于六甲八卦冢，两唐书都载有《六甲冢名杂忌要诀》(《旧唐书》作二卷，《新唐书》作五卷)。《新唐书·艺文志》载有由吾公裕《葬经》3 卷、孙季邕《葬范》3 卷，《宋史·艺文志》载有孙季邕《葬范》5 卷，《地里六壬六甲八山经》8 卷。

一、六甲冢

P.2831《卜葬书》较集中地论述了六甲冢，并有相应的墓葬图，这些相

---

① 季羡林主编：《敦煌学大辞典》，上海：上海辞书出版社，1998 年，第 625 页。
② 黄正建：《敦煌占卜文书与唐五代占卜研究》，北京：学苑出版社，2001 年，第 84 页。
③ 宿白：《白沙宋墓》，北京：文物出版社，1957 年版第 102 页，2002 年版第 103 页。

关的文字和图（图 7-1~ 图 7-4）如下：

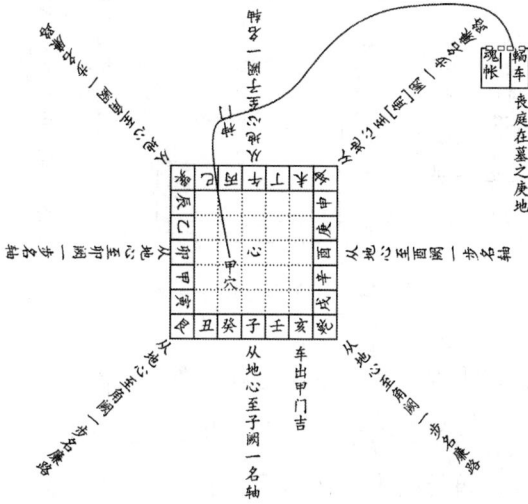

图 7-1　P.2831 甲子冢图

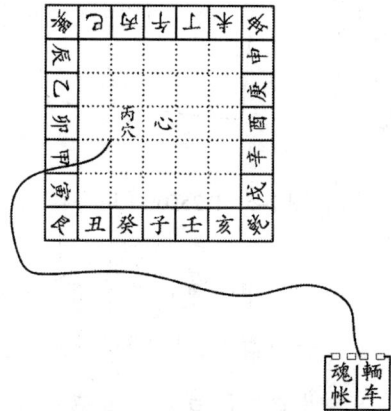

图 7-2　P.2831 甲戌冢图

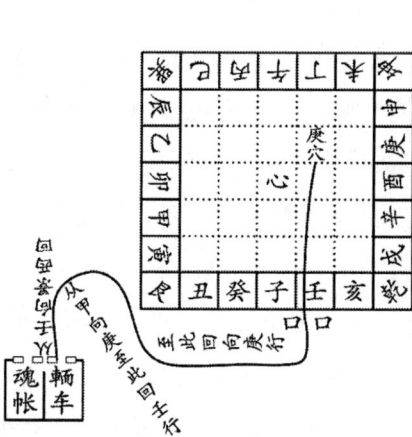

图 7-3　P.2831 甲午冢图

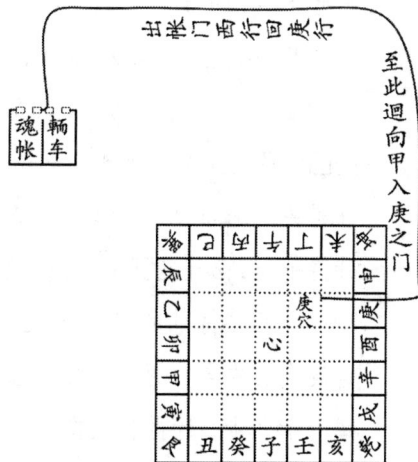

图 7-4　P.2831 甲辰冢图

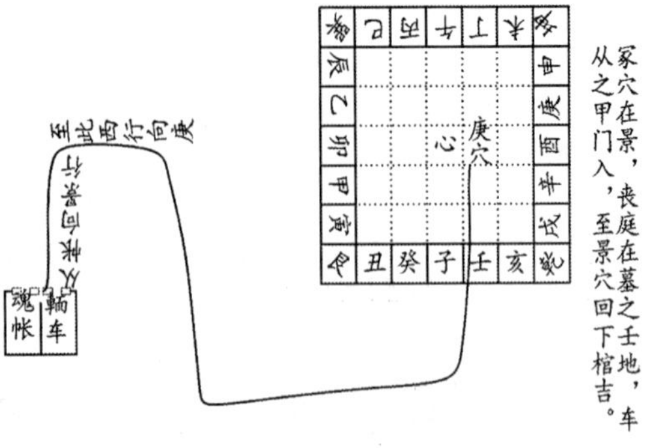

图 7-5　P.2550B［甲］辰冢图

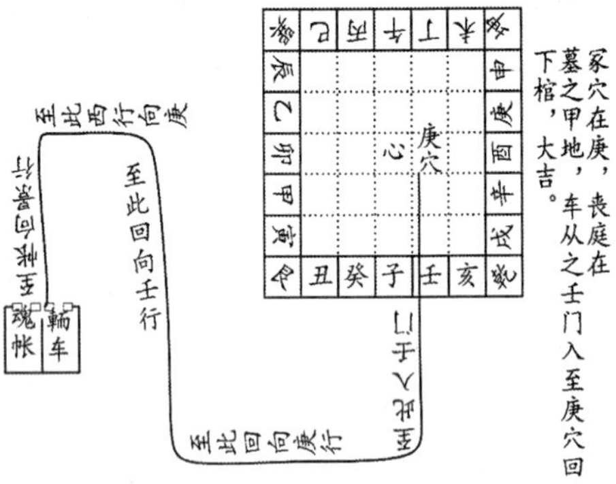

图 7-6　P.2550B 甲午冢图

甲子冢："［冢］穴在甲，门［在］景，丧庭在庚，名甲子冢，是子卯酉年，□□百不得用此冢。大墓地长七十一步，计得廿二□一步，并合甲穴吉。次墓地长七十三步，阔卅七步，计□□，余六十一步，并合甲穴。小墓地方一十九步，计得一亩，余一百廿步，并合甲穴吉。"

甲戌冢："［冢］穴在景，门在甲，丧庭在壬，名甲戌冢，若是辰戌丑未年三月、六月、九月、十二月葬，不得用此冢。大墓地长六十一步，阔六十三步，计得廿三亩，余二百一十三步，并合景，合穴。下墓地，长六十步，阔五十三步，计得一十三亩，余一百一十三步，并合景穴，吉。"

甲午冢："冢穴在庚，门在壬，丧庭在甲，名甲午冢。若是子午卯酉年二月、五月、八月葬，不得用此冢。大墓地长八十三步。□□□□，并余七十步，并合庚穴，吉。次墓地长六十七步，阔六十一步，计得一十七亩，余七步，并合庚穴，吉。下墓地长五十一步，阔卅七步，计得七亩，余□□□，并合庚穴，吉。"

［甲辰冢］："［冢穴在壬，门］在庚，丧庭在景，名甲辰冢。若是辰戌丑未年三月、六月、九月、十二月，不得用此冢。大墓地长□□步，阔七十九步，计得廿九亩，余二百廿九步，并合壬穴，吉。次墓地方（长）卅七步，计得九亩，余卅九步，并合［壬］穴。下墓地，长一□三步，阔六十步，计得一十九亩，余九步，并合壬穴，吉。"还说："甲寅冢

图（冢穴）在乙，甲申冢：冢穴在辛，此二穴处安［穴］，不合甲庚［丙壬］麒麟、凤凰、章光、玉堂四神之德。其乙年丁癸人所不□，不作图。凡算六甲八卦冢图步数，大理并同。若［亩］数合甲庚景壬者，即是六甲冢法。若算余不合，中□□□□不合□□法，若亩数合甲庚景壬，余步合八卦冢。"

　　关于六甲冢，《旧唐书·经籍志》记有"《六甲冢名杂忌要诀》二卷"，[①]《新唐书·艺文志》作"《六甲冢名杂忌要诀》五卷"。[②]这可能是现在所知记载六甲冢的最早文献，但由于该书早已不存于世，我们不得其详。幸好有宋王洙等编、金张谦重校《重校正地理新书》流传下来，为我们了解六甲冢提供了重要的线索。该书卷十二有"六甲置丧庭法"、卷十三有"张谦论六甲八卦冢法"。"六甲置丧庭法"论及六甲冢时，引述孙季邕的话说："凡六甲八卦冢法，晓之者寡。甲子冢为一字，数甲至于子上为甲穴。甲午冢为七字，数庚至于子上为庚穴。甲戌冢为三字，数丙至于子上为丙穴。甲辰冢为九字，数壬至于子上为壬穴。甲寅旬中无子，甲申有戊子而戊无穴位，故不用也。"又说："或问：冢穴因子上而名者，何也？答曰：由吾公裕以为，子者上合虚宿，旁有坟墓、哭泣之星，幽魂所好，故葬凭焉。所以古者葬于北方，北首是也。其墓田顷亩合于一、三、七、九之数者，即是六甲冢也。若余步合一、三、七、九之数者，即是八卦冢也。若一步即为乾冢甲穴，余三步者即为艮冢丙穴，余七步者即为震冢庚穴，余九步者即为乾冢壬穴也。"[③]

　　综合孙季邕所说的这两段话，我们看到，所谓六甲冢，就是以六十甲子来命名的墓穴。六十甲子中有六旬，即甲子旬、甲戌旬、甲申旬、甲午旬、甲辰旬、甲寅旬。但在六十甲子中，冢穴必须"因子上而名"，六十甲子中，

　　①［后晋］刘昫等：《旧唐书·经籍志》卷四七，北京：中华书局，1975 年，第 2045 页。
　　②［宋］欧阳修、宋祁：《新唐书·艺文志》卷五九，北京：中华书局，1975 年，第 1557 页。
　　③［宋］王洙等编、［金］张谦重校：《重校正地理新书》，载《续修四库全书》第 1054 册，上海：上海古籍出版社，1997 年，第 86 页。

十二支只有五次循环，也就是说只有五个子，即甲子、丙子、戊子、庚子、壬子。它们对应的旬分别是甲子旬、甲戌旬、甲申旬、甲午旬、甲辰旬。也就是说甲寅旬中无子。又戊在五行中属土，墓穴不可犯土，所以甲申旬中的戊子就不能有墓穴。这样六甲冢就只有四个墓穴了，也就是上面所说的甲子冢、甲戌冢、甲午冢、甲辰冢。

孙季邕所说"甲子冢为一字，数甲至于子上为甲穴。甲午冢为七字，数庚至于子上为庚穴。甲戌冢为三字，数丙至于子上为丙穴。甲辰冢为九字，数壬至于子上为壬穴。""其墓田顷亩合于一、三、七、九之数者，即是六甲冢也。"就是说，在甲子旬中，甲子排序是第一，所以说甲子冢为"一字"，"数甲至于子上为甲穴"。甲午旬中从甲午数到庚子有七个干支，即甲午、乙未、丙申、丁酉、戊戌、己亥、庚子。所以说"甲午冢为七字，数庚至于子上为庚穴"。甲戌旬中，从甲戌数到丙子有三个干支，即甲戌、乙亥、丙子，所以说"甲戌冢为三字，数丙至于子上为丙穴"。甲辰旬中从甲辰数到壬子为九个干支，即甲辰、乙巳、丙午、丁未、戊申、己酉、庚戌、辛亥、壬子，所以说"甲辰冢为九字，数壬至于子上为壬穴"。这样，甲子冢就是甲穴，合墓田顷亩数一；甲午冢就是庚穴，合墓田顷亩数七；甲戌冢就是丙穴，合墓田顷亩数三；甲辰冢就是壬穴，合墓田顷亩数九。

宋王洙等编、金张谦重校《重校正地理新书》卷十二"开三闭九法"说："六甲冢穴皆曰在子上名，甲子旬有甲子，其数一，故曰一亩、十一亩、二十一亩皆为甲子冢。甲戌旬有丙子，从甲戌至丙子，其数有三，故曰三亩、十三亩、二十三亩皆为甲戌冢。甲午旬有庚子，从甲午至庚子，其数有七，故七亩、十七亩、二十七亩皆为甲午冢。甲辰旬有壬子，从甲辰至壬子，其数有九，故曰九亩、十九亩、二十九亩，皆为甲辰冢。所以用子为冢穴者，子在北方，鬼神所居。如士庶葬，止依四穴数立步亦可。"[1]

---

① [宋]王洙等编、[金]张谦重校：《重校正地理新书》，载《续修四库全书》第1054册，上海：上海古籍出版社，1997年，第88页。

而甲丙庚壬这四穴又要合凤凰、章光、麒麟、玉堂四吉神。《重校正地理新书》卷十三"冢穴三会四福法"说："甲为麒麟，庚为章光，丙为凤凰，壬为玉堂"。"取地合四兽法"（同上引）引《冢记》云："麒麟为守狗，使我知人来。凤凰为鸣鸡，使我知天时。章光为奴婢，给使我钱财。玉堂为庐宅、仓廪及高堂。四神皆备，魂魄宁。"①敦煌写本葬 P.3647《葬经》也说："徵姓宜乾冢甲穴。凡诸一步［为］麒麟，［麒麟］为主（亡人）守狗，用［之］，大吉。……宫角二姓宜用艮冢丙穴，凡诸三步合丙穴，丙为凤凰，凤凰［为］亡人鸣鸡，大吉。……角商宜用乾冢壬穴，凡诸九步合壬穴。壬为玉堂，玉堂［为］亡［人］庐舍，大吉。"关于这四吉神的具体内容拟在下一节中介绍。

文字与图相对照，P.2831 的图比较准确。各冢的穴、门陌（神门）、丧庭所在的位置以及辒车行经的路线都比较准确地绘出。相比之下，P.2550B 的两幅图可能不准确，其甲午冢与 P.2831 的甲午冢图很接近，但既然"冢穴在庚"，"庚穴"就应该在庚与丁交叉的位置上，不应该在墓心卯酉线上，这是地轴，不得安冢穴。P.2831 在讲安冢穴时，强调要在甲庚景壬四字之下，说："凡葬，择得吉地，又卜穴定，然后依算，须取步数长短，七分之，立门陌卅九，穴之，合所卜穴当甲庚景壬四字之下，逐年月所宜安冢，甲为麒麟，景为凤凰，庚为章光，壬为玉堂。当内心一穴是为地心明堂，外三重，正当子午卯酉名四轴。当四维，名廉［路］。比地心、四轴不可安冢穴，远者凶。"至于其甲戌冢图，依其图，与 P.2831 的甲辰冢图有相似之处，但辒车的行经路线不同。若依其文字，"冢穴在景，丧庭在墓之壬地"，与 P.2831 的甲戌冢相似，P.2831 描述甲戌冢说"［冢］穴在景，门在甲，丧庭在壬"。总之，P.2550B 的［甲］辰冢图不对，也许是依前图不经意地描绘的一个图。

---

① ［宋］王洙等编、［金］张谦重校：《重校正地理新书》，载《续修四库全书》第 1054 册，上海：上海古籍出版社，1997 年，第 98 页。

二、八卦冢

关于八卦冢，P.2831 "［八卦］冢图第十九"说："凡为八卦冢法，常以拭神舌，□门道，舌在子，子实虚死之星，□河有坟墓哭泣之星，故为墓之门道。从鬼（魁）下为冢穴，从魁在酉，当骨星胜，有大陵稍尺之房。□□为明堂，神灵所居太冲为穴，丧庭、太冲在卯，当庚景未年，其丧庭□辆车，故太冲下为丧庭。"

P.2831 又说："□乾冢图，冢穴在［甲］，丧庭在墓之庚地，车从墓之景门入，至冢图下棺，吉。"

P.2550B "［八］卦冢法"说："乾主甲壬二处，但为吉穴，故乾冢作二图。若算亩数合甲者即是甲壬冢，余步合甲者即是乾冢穴。右算亩数合壬者即是甲辰冢，余步合壬者即是乾冢壬穴，吉。震主六庚，为吉穴，故震冢作一图。算亩数，合景者即是甲戌冢，余步合景者即是艮冢景穴，吉。坤主乙癸，巽主六辛，坎主六戊，离主六巳，兑主六丁，此六干并非吉穴，所以不用。故坤巽坎离兑，此五卦冢不作图。其乾震艮冢者，甲子、甲午、甲辰、甲戌冢用之，若甲子等冢与岁月妨忌，即用乾震艮等冢吉。凡六甲冢及八卦冢，四轴、廉路并辆。"

据前引《重校正地理新书》卷十二 "六甲置丧庭法"引述孙季邕的话说："其墓田顷亩合于一、三、七、九之数者，即是六甲冢也。若余步合一、三、七、九之数者，即是八卦冢也。若一步即为乾冢甲穴，余三步者即为艮冢丙穴，余七步者即为震冢庚穴，余九步者即为乾冢壬穴也。""八卦冢法：乾冢壬穴、乾冢甲穴、震冢庚穴、艮冢丙穴，皆以天甲神后加门陌，太冲下置丧庭。太冲在卯，上有房星，为明堂故也。从魁下置冢穴，从魁在酉，上有积尸，太陵之星故也。乾冢甲穴，门陌出丙。震冢庚穴，门陌出壬。乾冢壬穴，门陌出甲。艮冢丙穴，门陌出庚。若以天甲神后加门陌，甲庚壬三穴并在从魁下，丧庭并在太冲下，唯艮一冢，门陌与穴不和丧庭并，与冢藏乖戾，丧事必趋吉，但地甲在午，即以胜光加门陌，还得太冲下置丧庭、从魁下安冢穴也。""或问：八卦冢，其实三卦四冢，独乾甲、壬二冢，余五卦无冢者何也？答曰：干有十，卦有八，卦配甲属乾，配乙属坤，配丙属艮，配丁属兑，配戊属坎，配己属离，配庚配震，配辛属巽，又配壬属乾，配癸属坤，其戊虽为阳，无穴位，亦不用也。"[①]

综合观之，八卦冢其实就是乾冢壬穴、乾冢甲穴、震冢庚穴、艮冢丙穴这四穴，所以说"八卦冢，其实三卦四冢"，为何只有这四穴呢，这是由八卦与天干相配而决定的。且看天干与八卦相配表 7-1 如下：

表 7-1　八卦与天干相配表

	甲		丙		戊		庚		壬	
阳	乾		艮		坎		震		乾	
		乙		丁		己		辛		癸
阴		坤		兑		离		巽		坤

表中看到，阳干甲丙戊庚壬分别配八卦的乾、艮、坎、震、乾，阴干配八卦不可用，又阳干的戊属土，不可犯土煞，所以就只有乾冢壬穴、乾冢甲穴、震冢庚穴、艮冢丙穴了。

三、人分四穴

无论是六甲冢，还是八卦冢，都是甲丙庚壬穴，之所以如此，是这四穴正好是古人认为的人分四穴。

张景文《大汉原陵秘葬经》说："凡天子垂万象，葬内八穴，名曰天穴也。诸侯列士分地感天祇，葬于中一十六穴地也。大夫已下至庶人感天地阴

---

①［宋］王洙等编、［金］张谦重校：《重校正地理新书》，载《续修四库全书》第 1054 册，上海：上海古籍出版社，1997 年，第 86 页。

阳之气，葬于中二十四穴，谓之人分也。"①宋王洙等编撰、金张谦重校的《重校正地理新书》卷十四"三灵七分擘四十九穴图"说："凡葬，不立三灵七分四十九穴，名曰闇葬，凶，亡魂不宁。既得吉地，多少皆以七分分之，令作四十九分，用揲六十四枚。正中一分名曰地心明堂，祭神之所。中八穴为天分，古先帝王用之吉。次十六穴为人分，卿大夫已下用之。外二十四穴为地分，有茅土者用之。古先帝王感天而生，用天分。诸侯有土之君感山岳而生，故用地分。大夫已下感中和之气而生，唯福是就，故用人分。寅申巳亥为天丧，子午为天关及天户、地户，卯酉为地轴及雄辕、雌辕，辰戌丑未为刑祸，艮巽坤乾为廉路，乙为天狱，丁为殃祸，辛为地祸，癸为死丧，已上二十位皆不可用。"②并绘有图，现附列于此。从图中我们可以看到，人分四穴正好是甲丙庚壬四穴。所谓"卿大夫已下用之"也包括一般的五姓人用之。所以，天分分配给帝王，地分分配给诸侯，六甲八卦冢就是留给臣民，包括普通百姓，亦即葬书中所说的五姓。

四、六甲八卦冢与五姓墓穴

六甲八卦冢主要是分配给五姓百姓的墓葬地，前论已引《地理新书》"六甲置丧庭法"说："其墓田顷亩合于一、三、七、九之数者，即是六甲冢也。若余步合一、三、七、九之数者，即是八卦冢也。"之所以分出顷亩数"一、三、七、九之数"、余步数"一、三、七、九之数"，就是为了便于五姓墓穴的占断。《重校正地理新书》卷十二"开三闭九法"后载有具体的五姓与六甲八卦冢的分配情况，可列为下表7-2。③

---

①张景文：《大汉原陵秘葬经》，载《永乐大典》第8199卷，北京：中华书局，1986年，十册精装本第四册，第3818页。
②［宋］王洙等编、［金］张谦重校：《重校正地理新书》，载《续修四库全书》第1054册，上海：上海古籍出版社，1997年，第111页。
③［宋］王洙等编、［金］张谦重校：《重校正地理新书》，载《续修四库全书》第1054册，上海：上海古籍出版社，1997年，第88页。

表 7-2 《重校正地理新书》六甲八卦冢五姓墓穴分配表

五姓 六甲八卦冢		宫姓	商姓	角姓	徵姓	羽姓
六甲冢	冢名	甲子冢甲穴	甲辰冢辛穴	甲戌冢丙穴	甲午冢庚穴	甲子冢甲穴
	新添步数	三百六十一步 三百〔一〕步 二百四十一步 二百八十一步 二百二十一步 六十一步	三百四十九步 四百九步 二百八十九步 二百二十九步 一百九步 四十九步	三百七十三步 三百一十三步 二百五十三步 一百九十三步 一百三十三步 七十三步	三百九十七步 三百三十七步 二百七十七步 二百一十七步 一百五十七步 九十七步	三百六十一步 三百步 二百四十一步 二百八十一步 二百二十一步 六十一步
六甲冢	张谦依式定立步数	四百二十一步 四百八十一步 五百四十一步 六百一步 六百六十一步 七百二十一步 七百八十一步 八百四十一步	四百六十九步 五百二十五步 五百八十九步 六百四十九步 七百九步 七百六十五步 八百二十九步 八百八十五步	四百三十三步 四百九十三步 五百五十三步 六百一十三步 六百七十三步 七百三十三步 八百五十三步	四百五十七步 五百一十七步 五百七十七步 六百三十七步 六百九十七步 七百五十七步 八百一十七步 八百七十七步	四百二十一步 四百八十一步 五百四十一步 六百一步 六百六十一步 七百二十一步 七百八十一步 八百四十一步
八卦冢	冢名	乾冢甲穴	乾冢辛穴	艮冢丙穴	震冢庚穴	乾冢甲穴
	新添步数	四百一步 三百四十一步 二百八十一步 二百二十一步 二百六十步 积一百一步	三百五十九步 二百九十九步 二百三十九步 二百七十九步 一百一十九步 五十九步	三百六十步 二百三步 二百四十三步 一百八十三步 一百二十三步 六十三步	三百四十七步 二百八十七步 二百二十七步 一百六十七步 一百七步 四十七步	四百一步 三百四十一步 二百八十一步 二百二十一步 二百六十步 积一百一步
八卦冢	张谦依式定立步数	四百六十一步 五百二十一步 五百八十一步 六百四十一步 七百一步 七百六十一步 八百二十一步 八百八十一步	乾冢壬穴 四百一十九步 五百七十九步 五百三十九步 五百九十九步 六百五十九步 七百一十九步 八百三十九步	四百二十三步 四百八十三步 六百三步 六百六十三步 七百二十三步 七百八十三步 八百四十三步	四百六十七步 五百二十七步 五百八十七步 六百四十七步 七百七步 八百二十七步	四百六十一步 五百二十一步 五百八十一步 六百四十一步 七百一步 七百六十一步 八百二十一步 八百八十一步

　　对照前论，甲辰冢壬穴、乾冢壬穴，这里都改为辛穴。《地理新书》的步数推演得更为繁杂、计算得更为确切些，但一、三、七、九亩/步的算法还是一样的。总之，敦煌写本葬书中的六甲八卦冢就是一块大墓地中分配给

五姓用的四种朝向、方位不同的墓穴。这种朝向、方位不同的墓穴在敦煌卷子 P.3647《葬经》中又有些不同。

P.3647《葬经》说：

宫姓土行：辰，大暮；戌，小暮；葬其地，大 [凶]。绝世在东方，灭门，大凶。五刑在北方地，被刑戮，露尸，一名九丑。大德在西方，亦名华盖，又名玄冲。葬其方，世禄长远，大吉。五福在南方，一名金匮，一名光明，名五福。葬其方，世禄延长，大吉。重阴在四季，不宜子孙，财物平。宜庚、申、辛、酉，大吉。出公卿，[吉]。丙、丁、巳、午，大吉。出公卿，小吉。商姓金行：丑，大墓；未，小墓；葬其地，绝世，大凶。绝世在南，金位火，名大灭门，大祸，凶。五刑在东方出刑戮人。大德在北方，世禄长远，大 [吉]。五福在四季，世禄延长，大吉。重阴在西方，少利多害。不宜子孙及财物平。宜葬壬、癸、亥、子，大吉。出公卿上。辰、戌、乾、巽，小吉。角姓木行：未，大墓；丑，小墓；葬其地，绝世，大凶。绝世在西方，五刑在四季，重阴在东方，宜葬壬、癸、子、亥，出公卿。丙、丁、巳、午，出令长。徵姓火行：戌，大墓；辰，小墓；葬此地，绝世，大凶。绝世在北方，五刑在西方，大德在四季，五福在东方，重阴在南方。宜葬甲、乙、寅、卯，出公卿，大吉。丑、未、坤、艮，小吉。羽姓水行：辰，大墓；戌，小墓；葬此，大凶，绝世。绝世在四季，五刑在南方，大德在东方，重阴在北方。宜葬庚、申、辛、酉、甲、乙，出公卿。寅、卯，出刺吏（刺史）、二千石，大（小）吉。凡用吉穴，宫姓丙、庚二穴，商姓庚、壬二穴，角姓丙、壬二穴，[徵]、羽姓甲之一穴。用地亩数法，宫，丙三庚七。商，庚七壬九。角，丙二（三）壬九。徵，甲一。羽，甲一。徵姓宜乾冢甲穴。凡诸一步 [为] 麒麟，[麒麟] 为主（亡人）守狗，用 [之]，大吉。凡纵七横三，三七廿一步。纵九横九，九九八十一步，多少准减之。右已前徵羽用之并吉。宫角二姓宜用艮冢丙穴，凡诸三步合丙穴，丙为凤凰，凤凰 [为] 亡人鸣鸡，大吉。凡纵一横三，即管之一三如三步。纵七横九，即七九六十三步，多少准加减用之，宫角大吉。角商宜用乾冢壬穴，凡诸九步合壬穴。壬为玉堂，玉堂[为]亡[人]庐舍，大吉。凡纵一横九，即一九如九步。纵七横七，则七七卅九步。纵三横三，即三三如九。右商角用之，大吉。右已前五姓地，多略而言之，具件如前。若临事大小步数，析除任意加减，但合甲庚壬丙之穴，与姓相生吉，相克者凶。

现将这些文字列为下表7-3。

表7-3　P.3647 六甲八卦冢五姓墓穴分配表

五姓		宫姓	商姓	角姓	徵姓	羽姓
五行		土行	金行	木行	火行	水行
大吉方	墓穴宜方	庚、申、辛、酉	壬、癸、亥、子	壬、癸、子、亥	甲、乙、寅、卯	庚、申、辛、酉、甲、乙
	吉凶占辞	大吉。出公卿[吉]。	大吉。出公卿上。	出公卿。	出公卿，大吉。	出公卿。
小吉方	墓穴宜方	丙、丁、巳、午	辰、戌、乾、巽	丙、丁、巳、午	丑、未、坤、艮	寅、卯
	吉凶占辞	大吉。出公卿，小吉。	小吉。	出令长。	小吉。	出刺吏(刺史)、二千石，大(小)吉。
六甲冢穴		丙、庚二穴	庚、壬二穴	丙、壬二穴	甲之一穴	甲之一穴
亩数		丙三庚七	庚七壬九	丙三壬九	甲一	甲一
八卦冢穴		艮冢丙穴	乾冢壬穴	乾冢壬穴	乾冢甲穴	艮冢丙穴

前引《地理新书》的五姓中的每一姓只有一个六甲冢穴和一个八卦冢穴，P.3647 的五姓的每一姓的八卦冢虽也只有一个穴，但冢穴的安排与《地理新书》都不同。五姓的每一姓的六甲冢则有两个墓穴，冢穴的安排也与《地理新书》都不同。这说明两者属于两个不同的流派，或者说，P.3647 是六甲八卦冢冢穴分配的繁复形式，《地理新书》经过后来术家的推演、简化，成了六甲八卦冢冢穴分配的简化形式。宿白先生在研究白沙三墓关系时指

出，白沙三宋墓的布置"恰与唐宋地理书所记角姓——赵属角音荦地的布置极为相似。"与"《相阴阳宅书》（即 P.3647）残卷所记角姓宜用丙穴相应"。[①]可见，这种葬法曾一度流行，影响了民间的墓葬的布局，因此，弄清这种葬法对考古挖掘是有益的。

总之，敦煌写本葬书中的六甲八卦冢就是一块大墓地中四种朝向、方位不同的墓穴，之所以分为四种，就是为了分配给五姓，便于方术占断吉凶。

第二节　敦煌写本葬书六甲八卦冢中的麒麟、凤凰、章光、玉堂

敦煌写本葬书中的 P.2831《卜葬书》残存的文字的开始的一大段，专谈麒麟、凤凰、章光、玉堂，初识其文，宛若天书，不知所云。结合全卷，并查证《地理新书》《大汉原陵秘葬经》等，方知所谓的麒麟、凤凰、章光、玉堂等是吉神，其相应之方位正是该卷所述六甲八卦冢所要卜定的吉穴——甲丙庚壬。六甲八卦冢前已介绍，这里只谈与之相关的麒麟、凤凰等神煞。

在 P.2831《卜葬书》中，有一段是关于某一方向的完整的四吉神的描述，说：

> 从东向西十步，建，甲申、甲戌合麒麟。西行卅步满，合凤凰。西行七十步，破，合章光。西行九十步，满（成），合玉堂。西行一百一十步，开，合麒麟。西行一百卅步，建，合凤凰。西行一百七十步，定，合章光。西行一百九十步，破，合玉堂。西行二百一十步，成，合麒麟。西行二百三十步，开，合凤凰。西行二百七十步，满，合章光。西行二百九十步，满（定），合玉堂。西行三百一十步，破，合［麒麟］。西行三百卅步，成，合凤凰。西行三百七十步，建，合章光。西

---

①宿白：《白沙宋墓》，北京：文物出版社，1957 年版第 102 页，2002 年版第 103 页。

行二百九十步，定，合玉堂。西行四百一十步，定，合麒麟。西行[四百三十]
步，破，合凤凰。西行四百七十步，开，合章光。西行四百九十步，建，
合玉堂。

除了上述麒麟、凤凰、章光、玉堂等四吉神外，还有凶煞，如说"从北
向南，廿步，除，乙未合刑戮。南行卅步，平，丁酉合刑戮。南行五十步，
定，戊戌合龙煞。南行六十步，执，己亥合兽煞。南行八十步，危，辛丑合
地祸。南行一百步，收，癸卯合死丧。南行一百廿步，闭，乙巳合天狱。"
这些凶煞计有刑戮、龙煞、兽煞、地祸、死丧、天狱六位，其中的兽煞，即
虎煞，因避唐讳而改。麒麟、凤凰、章光、玉堂四吉神与六位凶煞组成十大
神煞体系，与步数组成固定的搭配，现列表7-4如下：

表7-4　P.2831《卜葬书》十神煞与建除、步数相配表

神煞	步数与建除									
麒麟	十步	建	一百一十步	开	二百一十步	成	三百一十步	破	四百一十步	定
天狱	廿步	除	一百廿步	闭	二百廿步	收	三百廿步	危	四百廿步	执
凤凰	卅步	满	一百卅步	建	二百卅步	开	三百卅步	成	四百卅步	破
刑戮	卌步	平	一百卌步	除	二百卌步	闭	三百卌步	收	四百卌步	危
龙煞	五十步	定	一百五十步	满	二百五十步	建	三百五十步	开	四百五十步	成
兽煞	六十步	执	一百六十步	平	二百六十步	除	三百六十步	闭	四百六十步	收
章光	七十步	破	一百七十步	定	二百七十步	满	三百七十步	建	四百七十步	开
地祸	八十步	危	一百八十步	执	二百八十步	平	三百八十步	除	四百八十步	闭
玉堂	九十步	成	一百九十步	破	二百九十步	定	三百九十步	满	四百九十步	建
死丧	一百步	收	二百步	危	三百步	执	四百步	平	五百步	除

从表中可以看到，十位神煞与相应的步数为十进制，所以，一个神
煞总是对应着一个固定的步数，如麒麟对应的步数是十步、一百一十步、
二百一十步等，而建除是十二进制，循环搭配。

宋王洙等编、金张谦重校《重校正地理新书》卷十三"取地合四兽法"说:"凡下穴,先持一标,审观天然吉穴处插定,然后四面插地,任为六甲八卦冢。凡茔交取步,从东界西向行,一步呼甲申、建,为麒麟;二步呼乙酉、除,为天狱;三步呼丙戌、满,为凤凰;四步呼丁亥、平,为祸殃;五步呼戊子、定,为龙煞;六步呼己丑、执,为虎煞;七步呼庚寅、破,为章光;八步呼辛卯、危,为地祸;九步呼壬辰、成,为玉堂;十步呼癸巳、收,为死丧;十一步呼甲午、开,十二步呼乙未、闭,周而复始。步至点穴处止。从〔后〕西向东步,即起一步呼庚寅、建,二步呼辛卯、除;从南向北,起一步呼丙子、建,二步呼丁丑、除。从北向南,起一步呼壬午、建,二步呼癸未、除;次可知也。周而复始,皆合满、定、成、开,合甲、丙、庚、壬,交于所用之穴上。"[1]这里四吉神和六凶煞合在一起叙述,与建除组成固定的相配关系,参照下引"禽交吉穴之图",可列为下表(表7-5):

表7-5 《重校正地理新书》十神煞与建除相配表

干支	甲申	乙酉	丙戌	丁亥	戊子	己丑	庚寅	辛卯	壬辰	癸巳	甲午	乙未
	庚寅	辛卯	壬辰	癸巳	甲午	乙未	丙申	丁酉	戊戌	己亥	庚子	辛丑
	丙子	丁丑	戊寅	己卯	庚辰	辛巳	壬午	癸未	甲申	乙酉	丙戌	丁亥
	壬午	癸未	甲申	乙酉	丙戌	丁亥	戊子	己丑	庚寅	辛卯	壬辰	癸巳
建除	建	除	满	平	定	执	破	危	成	收	开	闭
神煞	麒麟	天狱	凤凰	祸殃	龙煞	虎煞	章光	地祸	玉堂	死丧		
步数	一步	二步	三步	四步	五步	六步	七步	八步	九步	十步	十一步	十二步
	十步	廿步	卅步	四十步	五十步	六十步	七十步	八十步	九十步	百步	百一十步	百二十步

从表中可以看到,干支、神煞、建除和步数都是固定的相配,不像

①〔宋〕王洙等编、〔金〕张谦重校:《重校正地理新书》,载《续修四库全书》第1054册,上海:上海古籍出版社,1997年,第98页。

P.2831《卜葬书》那样，建除随步数循环。其中有一神煞 P.2831《卜葬书》作"天狱"，《重校地理新书》则作"祸殃"，但两者的神煞的排列次序是相同的。两者神煞与步数的搭配在前十位是一样的，只是《重校地理新书》延及到十二步或百二十步，而十步或百步后没有神煞相配。盖为极限。

P.2831《卜葬书》在讲安冢穴时，强调要在甲庚景壬四字之下，说："凡葬，择得吉地，又卜穴定，然后依算，须取步数长短，七分之，立门陌，卅九穴之，合所卜穴当甲庚景壬四字之下，逐年月所宜安冢，甲为麒麟，景为凤凰，庚为章光，壬为玉堂。当内心一穴是为地心明堂，外三重，正当子午卯酉名四轴。当四维，名廉［路］。比地心、四轴不可安冢穴，远者凶。"

《重校正地理新书》卷十三"冢穴三会四福法"说："甲为麒麟，庚为章光，丙为凤凰，壬为玉堂。"①又同卷其"取地合四兽法"引《冢记》云："麒麟为守狗，使我知人来。凤凰为鸣鸡，使我知天时。章光为奴婢，给使我钱财。玉堂为庐宅、仓廪及高堂。四神皆备，魂魄宁。"②可知麒麟、章光等为四神兽、四吉神，各有专职，四神皆备，亡人魂魄安宁。敦煌写本 P.3647《葬经》也说："徵姓宜乾冢甲穴。凡诸一步［为］麒麟，［麒麟］为主（亡人）守狗，用［之］，大吉。……宫角二姓宜用艮冢丙穴，凡诸三步合丙穴，丙为凤凰，凤凰［为］亡人鸣鸡，大吉。……角商宜用乾冢壬穴，凡诸九步合壬穴。壬为玉堂，玉堂［为］亡［人］庐舍，大吉。"

《地理新书》反复强调，吉穴不仅要合甲丙庚壬，而且还要合满成定开，方吉。《重校正地理新书》卷十三"步地取吉穴法"说："此上四冢，所合甲丙庚壬虽吉，又合满定成开，方可使用。"③"取地合四兽法"说："甲为麒

①［宋］王洙等编、［金］张谦重校：《重校正地理新书》，载《续修四库全书》第1054册，上海：上海古籍出版社，1997年，第107页。
②［宋］王洙等编、［金］张谦重校：《重校正地理新书》，载《续修四库全书》第1054册，上海：上海古籍出版社，1997年，第98页。
③［宋］王洙等编、［金］张谦重校：《重校正地理新书》，载《续修四库全书》第1054册，上海：上海古籍出版社，1997年，第98页。

麟，丙为凤凰，庚为章光，壬为玉堂，四禽交会，偶其冢穴，然可安葬也。既得四禽交，须值直神合满、定、成、开，合棺下六尺，乃吉。"①

《重校正地理新书》卷十四"三灵七分擘四十九穴图"说：

> 凡葬，不立三灵七分四十九穴，名曰闇葬，凶，亡魂不宁。既得吉地，多少皆以七分分之，令作四十九分，用揲六十四枚。正中一分名曰地心明堂，祭神之所。中八穴为天分，古先帝王用之吉。次十六穴为人分，卿大夫已下用之。外二十四穴为地分，有茅土者用之。古先帝王感天而生，用天分。诸侯有土之君感山岳而生，故用地分。大夫已下感中和之气而生，唯福是就，故用人分。寅申巳亥为天丧，子午为天关及天户、地户，卯酉为地轴及雄辕、雌辕，辰戌丑未为刑祸，艮巽坤乾为廉路，乙为天狱，丁为殃祸，辛为地祸，癸为死丧，已上二十位皆不可用。②

并绘有相应的图，已见前。从图中可以看到，地心明堂、廉路、地轴都是 P.2831《卜葬书》所说的"比地心、四轴不可安冢穴"。人分四穴正好是甲丙庚壬四穴。所谓"大夫已下用之"，就是指一般的五姓人用之。所以，天分分配给帝王，地分分配给诸侯，六甲八卦冢就是留给天下臣民，包括普通的百姓，亦即葬书中所说的五姓（宫、商、角、徵、羽）百姓。

张景文《大汉原陵秘葬经》也说："凡天子垂万象，葬内八穴，名曰天穴也。诸侯列士分地感天祇，葬于中一十六穴地也。大夫已下至庶人感天地阴阳之气，葬于中二十四穴，谓之人分也。"③该书"辩四十九穴灾福"直接

①［宋］王洙等编、［金］张谦重校：《重校正地理新书》，载《续修四库全书》第1054册，上海：上海古籍出版社，1997年，第97页。

②［宋］王洙等编、［金］张谦重校：《重校正地理新书》，载《续修四库全书》第1054册，上海：上海古籍出版社，1997年，第111页。

③张景文：《大汉原陵秘葬经》，载《永乐大典》第8199卷，北京：中华书局，1986年十册精装本第四册第3818页。

说"凡天子葬明堂，诸侯葬地穴，庶人葬人穴"①。该书"辩四等擘穴法篇"将葬法分为混元葬、龟甲葬、易象葬、明堂葬四种葬法。②所谓明堂人穴就是明堂葬法，其"明堂葬四十九穴图"（图7-6）将人分四穴直接标为麒麟、凤凰、章光、玉堂，正好与前述 P.2831 及《地理新书》等所说的"甲为麒麟，景（丙）为凤凰，庚为章光，壬为玉堂"相吻合。其下文字说明对其吉凶分辨得很清楚。说：

天伏	天戾	将军	黑鬼	天物	天乙	麒麟
地户	天圆	悬旦	白虎	破头		
败鬼	地利	云正	特士	照象	章光	人沉
扐鬼	腾蛇	雄轴	明堂	雄轴	刊狱	鬼黑
招鬼	麒麟	亡葬	地轴	天巧	天利	呼鬼
绝鬼	朱雀	生官	天狱	玉堂	天关	天门
天园	死官	天牢	玄武	天物	天乙	天安

图 7-7　《大汉原陵秘葬经》明堂葬四十九穴图

> 若犯天伏穴，出逆修人。若犯天乙，出淫乱人。若犯天物，破财散帛。若犯玄武，遭盗贼。若犯天牢，出囚死人。若犯官穴，出杖死人。若犯天园，遭兵人。若犯绝鬼，女人守寡。若犯招鬼，出魔患。若犯败鬼，出死亡。若犯邪鬼，出师婆。若犯天戾，出乖张女人。若犯地牢，女人煞伤。若犯朱雀，招口舌。若犯地户，女人寡死。若犯地穷，女人守寡。若犯破穴，出柔软人。若犯人沉，子孙入百家坟。若犯黑鬼，出魅怪。若犯呼鬼，主招鬼怪。若犯天门，出道士。若犯天关，出邪道人。若犯玉堂，商羽姓利。若犯天狱，损陷死。若犯麒麟，角姓吉。若犯腾蛇，妇人产死。若犯地利，角姓吉。若犯凤凰，角姓利。若见地判，主见贵人。若犯百官，

_____

①②张景文：《大汉原陵秘葬经》，载《永乐大典》第 8199 卷，北京：中华书局，1986 年十册精装本第四册第 3823–3826 页。

角姓吉。若犯地牢，阴人狱死。若犯章光，徵商羽利。若犯白虎，伤杀人。若犯天利，商姓吉。若犯刑狱，出徒人。若犯地轴，阴人暗死。若犯天劫，出非法人。若犯雌轴，煞阴人。若犯山禄，出虫伤人。若犯天轴，老人恶死。若犯天阴，出炉火人。若犯雄辕，长有恶事。若犯烧身，身火死。①

从"若犯玉堂，商羽姓利。……若犯麒麟，角姓（当为宫姓之误，此段文字中五姓唯缺宫姓）吉。……若犯凤凰，角姓利。……若犯章光，徵商羽利"的文字来看，玉堂、麒麟等与五姓墓穴的对应关系如下（表7-6）：

表 7-6

五姓吉穴				资料出处
甲	丙	庚	壬	
麒麟	凤凰	章光	玉堂	《大汉原陵秘葬经》明堂葬四十九穴
角姓	角姓	徵商羽	商羽姓	
乾冢甲穴	艮冢丙穴	震冢庚穴	乾冢壬穴	《大汉原陵秘葬经》辨八卦冢折曲路篇 《地理新书》卷十二"开三闭九法"
宫羽姓	角姓	徵姓	商姓	
徵姓	宫角姓	［羽姓］	角商姓	P.3647

从表中可知，《大汉原陵秘葬经》与《地理新书》为同一体系，P.3647为另一体系。

《重校正地理新书》卷十三有一个"禽交吉穴之图"，（图7-7）②很形象地标示出了满定成开交会在甲丙庚壬四穴上，现转载如后。

①张景文：《大汉原陵秘葬经》，载《永乐大典》第8199卷，北京：中华书局，1986年十册精装本第四册第3823-3826页。

②［宋］王洙等编、［金］张谦重校：《重校正地理新书》，载《续修四库全书》第1054册，上海：上海古籍出版社，1997年，第102页。

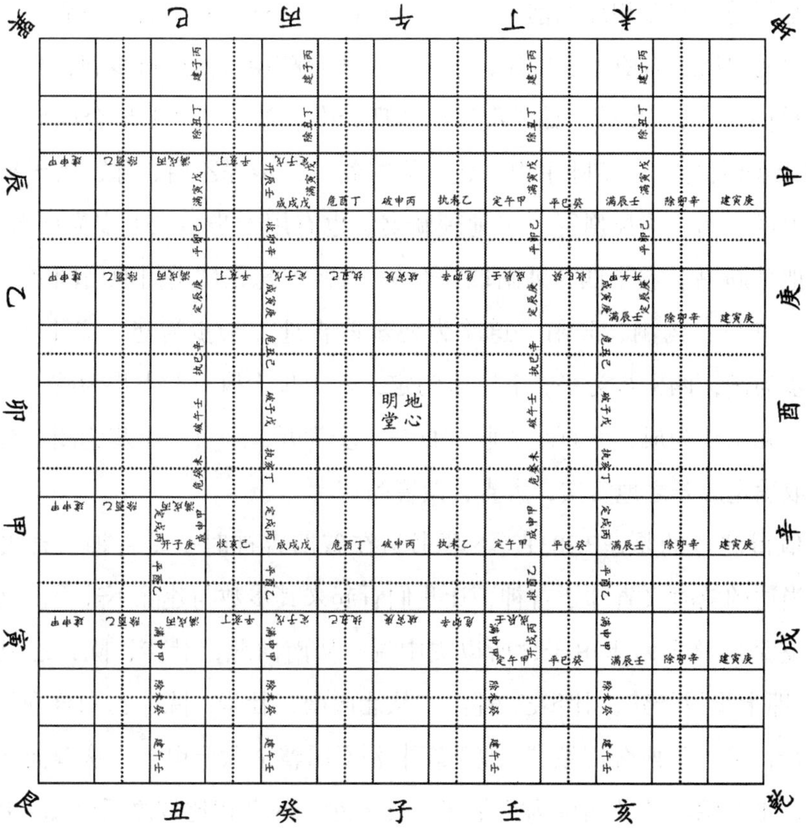

图 7-8　《重校地理新书》禽交吉穴之图

从这个图中我们看到，从东向西是甲申建、乙酉除等，从西向东是庚寅建、辛卯除等，从北向南是壬午建、癸未除等，从南向北是丙子建，丁丑除等，这样，就只有甲丙庚壬所对应的位置才合满定成开，这也就刚好与《重校正地理新书》卷十四所载的"三灵七分擘四十九穴图"的"人分"四穴及《大汉原陵陵秘葬经》的"明堂葬四十九穴图"中的麒麟、凤凰、章光、玉堂四穴相吻合。

将 P.2831《卜葬书》与《重校正地理新书》卷十三"取地合四兽法"对照，除虎煞在 P.2831《卜葬书》因避讳而改为兽煞外，其他九位神煞的名称皆相同，其实这十位神煞的名字和内在的含义，两者所指应该是完全相同的。两者都用建除与干支，建除、干支与麒麟等十神煞的相配的秩序也相同，尤其是与神煞相配的前十位完全相同。P.2831《卜葬书》一般只以十步计，如说"从东向西十步，建，甲申、甲戌合麒麟。西行卅步满，合凤凰"。《地理新书》以一步计，如《重校正地理新书》卷十三"取地合四兽法"说"从东界西向行，一步呼甲申、建，为麒麟；二步呼乙酉、除，为天狱；三步呼丙戌、满，为凤凰"。①《地理新书》也有用十步、二十步为计者，《重校正地理新书》卷十四"阡陌取三合法"说："凡兆域用川原山冈者，皆依山冈、堆阜、沟涧、阡陌、道路为元步取吉地，十步为建，二十步为除，三十步为满，四十步为平，五十步为定，六十步为执，七十步为破，八十步为危，九十步为成，一百步为收，百一十步为开，一百二十步为闭，终而复始，取满定成开之地安穴，大吉，余皆凶。"②

值得注意的是，P.2831《卜葬书》在叙四吉神时全是吉神，省去了凶煞，当述凶煞时又省却了吉神，让我们看起来其步数与建除不连贯。又其所用干支是用整个六十甲子，所以文中说"从南向北，廿步，除，乙丑合天狱"，即十步甲子建，廿步乙丑除。"从北向南，廿步，除，乙未合刑戮。南行卅步，平，丁酉合刑戮。"《地理新书》不用整个六十甲子，从南向北为丙子建，丁丑除。从北向南为壬午建，癸未除。两者相比较之后可知，P.2831《卜葬书》为其繁细内容，《地理新书》为其系统化、简约化的内容。

综上所述，麒麟、凤凰、章光、玉堂为四吉神，与刑戮、龙煞、兽煞、地祸、死丧、天狱等凶煞一起组成十大神煞系统，与建除、步数等相配，用于卜定六甲八卦冢的吉穴——甲丙庚壬，吉穴既要有麒麟、凤凰、章光、玉堂四吉神，又要合建除的满成定开，方大吉大利。

此外，坟墓高低和墓穴深浅的丈尺也要合这四神兽方吉。敦煌写本葬书 S.2263《葬录》"起坟高下法"说："帝王起坟高一百廿尺，亲王三公高

① ［宋］王洙等编、［金］张谦重校：《重校正地理新书》，载《续修四库全书》第1054册，上海：上海古籍出版社，1997年，第98页。
② ［宋］王洙等编、［金］张谦重校：《重校正地理新书》，载《续修四库全书》第1054册，上海：上海古籍出版社，1997年，第107页。

七十尺，法七星。公使（侯）卿相刺史高五十尺，法五方。东西南北各九步，放（仿）九州。高卅五尺，合玉堂。高卅三尺，合章光。东西南北各八步，放（仿）八风。令长高一丈九尺，合凤凰。一丈七尺合麒麟，一丈五尺合玉堂。遮（庶）人高一丈三尺，合章光；九尺合凤凰。"《重校正地理新书》卷十四"封树高下法"说："吕才云：上曰阳，从甲起数，高一尺为甲，二尺为乙，三尺为丙，四尺为丁，五尺为戊，六尺为巳，七尺为庚，八尺为辛，九尺为壬，一丈为癸，右终而复始用之。一尺为建，二尺为除，三尺为满，四尺为平，五尺为定，六尺为执，七尺为破，八尺为危，九尺为成，一丈为收，丈一为开，丈二为闭，右终而复始用之。但甲庚丙壬与满定成开者吉。高三尺，合凤凰、满，吉。高九尺，合玉堂、成，吉。高一丈一尺，合麒麟、开，吉。高一丈七尺，合章光、定，吉。高二丈一尺，合麒麟、成，吉。高二丈三尺，合凤凰、开，吉。"①四神与高下丈尺的关系可列为下表（表7-7）：

表7-7　四神与丈尺关系表

麒麟	凤凰	章光	玉堂	用处	资料出处
一丈七尺	一丈九尺	卅三尺	卅五尺 一丈五尺	令长	S.2263《葬录》 起坟高下法
	九尺	一丈三尺		庶人	
一丈一尺开 二丈一尺成	三尺满 二丈三尺开	一丈七尺定	九尺成		《重校正地理新书》 卷十四"封树高下法"

从表7-7中可知，两者方法相同，两者的四神与丈尺数不相同。《地理新书》与前述 P.2831 的神煞建除关系是相同的，为同一体系。

在墓穴深浅方面，敦煌卷子 P.2550B《阴阳冢墓入地深浅法五姓同用册

①［宋］王洙等编、［金］张谦重校：《重校正地理新书》，载《续修四库全书》第1054册，上海：上海古籍出版社，1997年，第109页。

五家书第卅七》的"入地深浅法第廿一"说:"凡葬,入地八十九尺得景,为凤凰得定。入地九十三尺得庚,为章光得成。入地九十五尺得壬,为玉堂得闭。入地九十九尺得景,为凤凰得开。入地一百卅一尺得戊,为黄龙得开。入地一百卌一尺得戊,为黄龙得成。入地卌五尺得壬,为玉堂得建。入地一百五十五尺得壬,为玉堂得开。入地一百卌五尺得壬,为建。"敦煌卷子 P.4930 说"已前入地深浅[第]三,入地一尺戊,为黄龙。二尺巳,三[尺庚,为章光。四尺辛],五尺壬,为玉堂。六尺癸,七[尺甲,为麒麟。八尺乙,九尺丙],为凤皇(凰)。一丈丁,还从戊起。[甲庚丙壬吉],余并凶,唯王者得用戊,是黄龙也。"可列为下表 7-8:

表 7-8

甲	景(丙)	庚	壬	资料出处
麒麟	凤凰	章光	玉堂	
	八十九尺定 九十九尺开	九十三尺成	卌五尺建 九十五尺闭 一百卌五尺建 一百五十五尺开	P.2550B
七尺	九尺	三尺	五尺	P.4930

从表中可知,麒麟、凤凰、章光、玉堂分别与七、九、三、五数字相配,与上引 S.2263《葬录》所载的数字一致,为同一体系。

宋王洙等编撰、金张谦重校的《重校正地理新书》卷十四有"四折曲路立成图法"说:"凡六甲冢法与八卦冢法,四折之路、向背之径不同。凡四折曲路者,死者之神道也(神明道路)。不犯幽祇,故吉。凡第一折曰乘天梁,从蒿里。第二折曰乘地梁,自九天。第三折曰乘人梁,降十地。第四折曰乘鬼梁,入黄泉:皆谓甲庚丙壬也,甲为麒麟,丙为凤凰,庚为章光,壬为玉堂。一折见之曰麒麟引道,二折见之曰凤凰跃途,三折见之曰玉堂回车。"①《大汉原陵秘葬经》"辨八卦冢折曲路篇"说：宫羽姓乾冢甲穴是"麒麟引道，凤凰跃途，章光启路，玉堂回车"。商姓乾冢壬穴是"玉堂引道，麒麟跃途，玉堂启路，章光回车。"角姓艮冢丙穴是"凤凰引道，麒麟跃途，凤凰启路，章光回车。"徵姓震冢庚穴是"章光引道，玉堂跃途，章光启路，凤凰回车。"②《大汉原陵秘葬经》"辨烟神曲路篇"说："若四神不喜者，麒麟倒走，凤凰逆飞，章光伏剑，玉堂闭墓，故后嗣后凶。"③总之，麒麟、凤凰、章光、玉堂作为四吉神兽，在六甲八卦冢中卜定吉穴，在坟墓的高低和墓穴的深浅（丈尺）方面有占断吉凶的作用。

---

　①［宋］王洙等编、［金］张谦重校：《重校正地理新书》，载《续修四库全书》第 1054 册，上海：上海古籍出版社，1997 年，第 107 页。

　②③张景文：《大汉原陵秘葬经》，载《永乐大典》第 8199 卷，北京：中华书局，1986 年十册精装本第四册第 3823–3826 页。

第八章　敦煌建宅卜葬风俗

第一节　敦煌写本宅经中的敦煌建宅修舍风俗

　　敦煌写本宅经保存了大量古代敦煌民间建宅修舍的民风民俗，首先，我们看到中古时期的敦煌人对建宅修舍吉凶的重视，P.3865《阴阳宅经》说："凡人所居，无不在宅。唯只大小不等，阴阳有殊，纵然客居一室之中，犹〔有〕善恶。"又说："故宅者，人之本。人者以宅为家，居若安，即家代昌盛。若不吉，即门族衰微。"宅是人们生活起居的主要场所，"安居乐业"是中古时期农耕文明社会中人们的理想，而"乐业"的最关键的基础是要"安居"，所以，宅经被古人、敦煌民间重视也是情理之中的事，P.3865《阴阳宅经》记载当时有"皇帝二《宅经》《地典宅势》《三元宅经》《孔子宅经》《宅锦》《宅挠》《文王宅经》《王微宅经》《王噉宅经》《淮南子宅经》《刘根宅经》《玄女宅经》《司马天师宅经》《刘晋平宅经》《张子毫宅经》《九宫宅经》《八卦宅经》《五兆宅经》《玄悟宅经》《六十四卦宅经》《右盘龙宅经》《李淳风宅经》《五姓宅经》《吕才宅经》《飞阴乱伏宅经》"二十五家宅经。可见当时宅经之盛。并且还不断地总结，推陈出新，P.3865《阴阳宅经》就是这二十四家宅经的基础上推出的一部新的宅经，也就是我们现在看到的传世的《黄帝宅经》的祖本，两者文字有出入，可以相互对照，相互补充。

敦煌建宅修舍大致分为建宅选址、选日择时、五姓建宅布置（包括建筑小品井、灶、门、佛堂、场地等的安排）、五姓八宅禁忌、入宅、镇宅、五姓迁徙禁忌等几个步骤。

建宅的第一道程序就是要选址，只有选择了一个优良的地址，才谈得上建造一座理想环境的住宅。敦煌人认为最理想的住宅环境是要具备左青龙、右白虎、前朱雀、后玄武四象。P.2615a 载："皇帝问地曹（典），何为青龙、白虎、朱雀、玄武？地典答曰：左有南流水为青龙，右有南行大道为白虎，前有污（洿）地（池）为青朱雀，后有丘陵为玄武。"同卷"祭宅文"也说："左青龙，右白虎，前朱雀，后玄武，各居本位，守护宅舍，自然富贵，光显子孙。"S.5645《司马头陀地脉诀》载："凡居宅，左青龙，东有南流水，是左青龙。右白虎，西有大道，是右白虎。前朱雀，南有洿地池，是前朱雀。后玄武，北有大丘陵，是玄武。"这是古人描绘的一幅理想的住宅环境山水画，住宅坐北朝南，东边有南流水，水源丰富；西边有大道，交通便利；南边是低洼的洿池，一方面阳光充足，另一方面又可获得丰富的水产资源；北边有高地丘陵，可以阻挡冬天西北方吹来的寒风。当然这一立论是以中国总的地理形势为基础的，古人对中国总的地理形势早有认识，S.5645《司马头陀地脉诀》说："夫天地合仪，吐纳阴阳之气，气有形之像，影见星玄，星像大小，形地则高位四对。……故天高西北，地缺东南。天则西北高为头，地则东南倾为首。天门若无障闭，坐处背后空危。地户若门明，面前黑暗如柒（漆）。"这正是对中国总的地理形势西北高、东南低的概括。

敦煌卷子 P.3492 和 P.2615a 的"推地刑"都有关于宅舍周围四象完备与否的占验，P.2615a 说："凡宅得五（四）神备足，五姓居之，[并]吉。若无俱备，但得一神，亦可居之，二神亦吉，三神更好，何况四神俱具备。弟（第）[一]之宅但（坦）然平，弟（第）二之宅东南倾，弟（第）三之宅地与姓相生者，吉。"S.5645《司马头陀地脉诀》如是说："弟（第）一之地垣然，四面平正。弟（第）二之地东南倾，西北高。第三之地天门、地户成。第四之地，远近之地回抱有逢迎。"只将"第一之宅"换成了"第一之地"，文字全同，皆为形法相地，寻觅优良居址。

住宅的土质是建房安全的基础，在选址时对土质也有诸多讲究。P.2615a"推相土色轻重法第一"记载了当时有风水师们在选择土质的两种检验土壤的方法，一种是验土法，另一种是秤土法。P.2615a 记其验土法说："凡所居之地，并欲润泽之地，居之，大吉。凡欲之土，虚实柱地方深一尺二寸，细粉之，还内于中，不得梼（捣）筑，明日看之，若余，居之富贵。若灭小，居之凶。"

P.2615a 记其称土法说："又法，欲居之地，取土一片枰之，若重六斤七斤，不可居之，凶。若重八斤九斤，自如。若重十斤，宜土士官。若重十二、十三斤，大吉利。又一法，掘地三尺，取实土方一寸半枰之，重三两，凶，不可居。重五两、七两，居之自如。九两、十两已上，大富贵，出长寿人，大吉。"

建筑住宅还要注意周围的动植物等情况，如 S.5645《司马头陀地脉诀》说："土多棘剌（刺），更不堪居。草木萎黄，使人贫病。山林郁茂足好，仙花树木忡（增）长。草木肥沃，山泉流水，鸟兽集中。土内青黄，地花鸟紫，如此之地，甚足名山。草木冬夏不彫，更为弟（第）一。"住宅周围土肥物美，当然可以比较轻松地获得周围的地产资源。敦煌写本有大地有机说，如 P.3865《阴阳宅经》认为："宅以形势为骨体，以泉水为血脉，以土地为皮肉，以草木为毛发，以屋舍为衣服，以门户为冠带。"又说："地善即苗茂，宅吉即人荣。"地善苗茂是宅吉人荣的基础。P.2615a"推泉源水出处及山宅庄舍吉凶法"引《三元宅经》说："凡宅内有树，最为高支（枝）者，不得诛之；宅内树荣茂者，吉。宅内群鸟飞翔者吉，保财；翔背宅者凶。蜂蜜蜂燕来巢集者吉；散去者凶。"P.2615a"占伤败法"说："凡居山泽，有高地树木茂盛，名泽藏之地，居南，大富贵。居北，凶。"宅居其北饱受西北风之苦，当然凶；居其南，阳光明媚，鸟语花香，人寿财丰，心情怡然，当然吉。P.2630V0《宅经》说："所谓水减之地者，谓居人得之中，远者为咸，其□地势有上下魂磧，树木茂好，居其高者富，赀财百万，大吉。"都认为周围树木茂好是居住的好环境。

古人在选址的时候，还注意尽量避免占用耕地，因为在古代以农为本的农耕文明社会，耕地是衣食之源，是命根子，非常重要的。P.2615a、P.3492都说："葱韭五谷之场，皆不可居，令人灭门。"对于地处沙漠绿洲之中的敦煌来说，土地资源极为珍贵，建宅不占用耕地至今仍有其积极意义，也可视为古代土地保护的一种措施，甚至值得今人学习。

选址之后，准备动工建宅前，要选择良辰吉时，在当时有不同的流派，各有申说。阴阳宅派注意天道、天德，力避太岁、大将军等。P.3865《阴阳宅经》认为："唯看天德、月德、天道到，即修之，不避将军、太岁、豹尾、黄幡、黑方及五姓宜忌，但随顺阴阳二气为正。此诸福煞，依阴阳而立，故不能若为灾，避之亦不妨。"也就是说，阴阳宅的修造时间是依天德、天道、月德运行的方位而定的。《协纪辩方书》卷五《义例三·天道（天德）》引《乾坤宝典》曰："天道者，天之元阳顺理之方也。其地宜兴举众务，向之上吉。"关于天道运行的方位，该书引《广圣历》曰："天道正月、九月在南方，二月在西南方，三月、七月在北方，四月、十二月在西方，五在西北方，六月、十月在东方，八月在东北方，十一月在东南方也。"敦煌写本Дx.01396+Дx.01404+Дx.01407《阴阳宅经》作："正月、九月、〔十〕一月天道南行，二月、四月、十二月天道西行。三月、五月、七月天道北行。六月、八月、〔十月〕天道东行。"只载明四方，没有四维的方向。邓文宽所著《敦煌天文历法文献辑校》中收录的唐宋时期的具注历保存了大量的天道运行及其修造方的记载。如P.3247后唐同光四年丙戌岁（926年）具注历日就是最为典型的一份，其文曰：

> 正月小，建庚寅，天道南行，宜修南方，宜向南行。二月大，建辛卯，天道西南行，宜修西南方，宜向西南行。三月小，建壬辰，天道北行，宜修北方，宜向北行。四月大，建癸巳，天道西行，宜修西方，宜向西行。五月小，建甲午，天道西〔北〕行，宜修西方，宜向西〔北〕

方（行）。六月小，建乙未，天道东行，宜修东方，宜向东行。七月大，建丙申，天道北行，宜修北方，宜向北行。八月小，建丁酉，天道东［北］行，宜修东方，宜向东［北］行。九月大，建戊戌，天道南行，宜修南方，宜向南行。十月大，建己亥，天道东行，宜行宜修东方，宜向［东］行。十一月小，建［庚子］，天道东南行，宜修东南方，宜向东南行。十二月大，建辛丑，天道西南行，宜修西南方，宜向西南行。①

天道运行写入历日，奉为日常行事的指南，足见民间笃信之深，信奉之广。

阴阳宅派认为建造住宅兴工动土要力避太岁，敦煌卷子 P.3594《宅经》的"推太岁游图法"说："太岁、太阴常同游，游后本位地修造吉，告还日且停，如作未了，更代（待）后游日重作，妨其太岁游在之处，不须（许）修造动土，审看慎之，大吉。不忌之，便［害］家长，大凶。"且有太岁游图，一目了然。

P.3403 宋雍熙三年丙戌岁（986 年）具注历日并序载："凡人年内造作，举动百事，先须看太岁及以下诸神并魁罡，犯之凶，避之吉。今年太岁在丙戌，……右件太岁已下，其地不可穿凿动土，因有破坏，事须修营，其日与岁德、月德、岁德合、月德合，天赦、天恩、母仓并者，修营无妨。太岁、将军同游日：甲子日东游，己巳日还；丙子南游，辛巳日还；庚子日西游，乙巳日还。壬子日北游，丁巳日还。戊子日中游，癸巳日还。犯太岁妨家长，犯太阴害家母，犯度多军煞男女。太岁所游不在之日，修营无妨。②

五姓宅派按五姓的五行属性确定建宅功工的吉时良辰，如 P.3281《宅庭梁屋法》说：

土家：正月架屋吉，二月出孤寡，三月殃祸灭门，四月生贵子，五

①邓文宽：《敦煌天文历法文献辑校》，南京：江苏古籍出版社，1996 年，第 469 页。
②邓文宽：《敦煌天文历法文献辑校》，南京：江苏古籍出版社，1996 年，第 588、589 页。

月、六月大富贵，七月出刑人，八月出贵子，九月出长史，十月大富贵，十一月不吉，十二月宜子孙。金家：正月架屋悬（县）官事，二月煞六畜及婢，三月大吉，四月富贵，五月宜子孙、大吉，六月宜子孙，七月出刑人，八月出刑病人，九月疾病，十月、十一月大吉，十二月祸至灭门。木家：正月架屋出贵子，二月大穷耗、凶，三月大富贵，四月出贵子，五月益田宅富贵，六月祸至灭门，七月保子孙，八月煞长婢，九月卅年富贵，十月亦宜子孙，十一月多口舌，十二月破灭门。火家：正月架屋悬（县）官事，二月多口舌，三月灭门，四月出贵子，五月、六月子孙吉，七月、八月出刑人，九月致灭门，十月大吉，十一月保子孙，十二月大富贵。水家：正月架屋大富贵，二月宜子孙，三月祸致灭门，四月多恶口大舌，五月出子孙孤寡，六月祸致灭门，七月宜子孙，八月增财物大吉，九月祸致灭门，十月大吉利，十一月煞子孙，十二月大吉。作屋忌日：癸巳、戊午、乙酉、戊寅、庚申凶。辛酉、午（戊）巳之日立柱、架椽、盖屋，被灭烧，大凶。

依照五姓属性生克关系确定时日吉凶的，已知角姓属木，徵姓属火，宫姓属土，商姓属金，羽姓属水，则土家、金家等当是相应的宫姓、商姓等。

还有建筑小品井、灶、门等的吉日良辰，五姓宅派都规定详尽，依此动工即吉祥如意。

八宅派有自己的一套选择时日的理论，如 P.2615b《八宅经》说：

丑寅生人属艮宫，宅以辰巳年有小灾，[害] 小男。卯生人属震宫，以酉年有灾，害长男、小女。辰巳生人属巽宫，宅以寅年灾，害小女。午生人属离宫，宅以戌年有灾，宫（害）中女。申未生人属坤宫，宅以子 [年] 有灾，害家母。酉生人属兑宫，宅以卯年有灾，害中男、中女。

戌亥生人属乾宫，宅以午年有灾，害家长。子生人属于坎宫，宅以申未年有灾，害小男。

宅的大小、形状都有许多禁忌，如 P.3281《宅庭梁屋法》说：

> 大宅东西廿六火步，南北廿七步。中宅东西十四步，南北十五火（步）。下宅东西十步半，南北十一步半。下下宅东西九步，南北十步。

如果按当时一步相当于五尺来计算，当时大宅相当于东西、南北各长四十余米，最小的宅东西、南北也各有约十余米。

对建宅形状，P.2615a 载有"皇帝推风后不整宅图"，并配有文字说明，一看便知。其图文如下：

> ◁前窄后宽，居之大富贵。▽前宽后夹（狭），居之贫。▯南北长，足羊牛，士妇章。居之，宜子孙，大吉。▭东西长，居之，孤单贫，凶。◸左夹（狭）右宽，居之，少子孙。◹右夹（狭）左宽，居之，平平。⌐辰巳不足，居之，大富贵。✚（原图误，当为⌐）卯酉不足，居之，大富贵，吉。⊔午不足，居之，大富贵，吉。⊓子不足，居之，多口舌，凶。⌐酉不足，居之，大凶。⊢（图误，当为⊐）卯不足，居之，大富贵。⌐戌不足，居之，贫穷，凶。⊓子午不足，居之，多口舌，凶。✚辰巳未不足，居之，富。丑不足，居之，宜子孙，吉庆，子孙吉。✚四维不足，居之，宜子孙。⊞子午卯酉不足，居之，宜子孙。⊢（原图误，当作⌐）申未不足，居之，宜子孙。

据汉宝德研究，这些某一方位的不足都是以中国总的地理形势为基础，有中国人的价值观的。如"子不足，多口舌，凶"，汉宝德认为这是"我们方向以南为正，以北为后，不能缺后宜虚前实后"①。

建宅还有五虚五实的说法，P.3865《阴阳宅经》说：

> 又宅有五虚令人贫耗，五实令人富贵。宅大人少，一虚；宅门大内小，一（二）虚；院墙不完，三虚；井灶不处（全），四虚；宅地多屋少，五虚。宅小人多，一实；[宅]大门小，二实；院墙完全，三实；宅小六畜多，四实；宅中水渎东南流，五实。

建宅动工的方位还有先后次序之分，流派不同，理论有别，建造的先后次序也各不相同。阴阳宅派主张先修刑祸方，后修福德方。P.3865《阴阳宅经》说：

> 先修刑祸，后修福德，吉。修阳宅从亥起功顺转，修阴宅从巳起功顺转，终而复初。刑祸方用一百功，即福德方用二百功以上，吉。

P.2615a 也有类似的记载：

> 凡阴阳官府、公廨欲营造者，刑祸福德之上所有动治，必须同时起，不可先后，若其偏有，所治有损伤。若先治刑祸，即福德上倍功治以报之，无咎，吉。

两者应该都是阴阳宅的内容，而 P.2615a 强调刑祸福德方要同时起，说明流派之中又有细微差别。

五姓宅派依五姓属性安排建造方位。如角姓就是"先起西墙，次起南墙，其利三倍，伤南家每（母），益口一人，次要（起）东墙，其起，伤

---

①汉宝德：《风水与环境》，天津：天津古籍出版社，2003年，第209页。

西家父，得田宅，三年食口三人，大富贵。后起北墙，断乎其利百倍。"（P.2615a）其五姓起墙的秩序可列表 8-1 如下：

表 8-1　五姓作舍顺序图表

角姓作舍顺序	徵姓作舍顺序	宫姓作舍顺序	商姓作舍顺序	羽姓作舍顺序
②南 ④西 角姓 东① ④北	③南 ④西 徵姓 东② ①北	④南 ①西 宫姓 东③ ②北	①南 ②西 商姓 东④ ③北	①南 ③西 羽姓 东④ ②北

这些方位先后是按五姓五行属性的旺相休囚死来安排的，五姓作舍的起始方多是以五姓对应五季中的所囚的一方。

八宅派用八卦的理论为指导，规定各卦宫人作宅的先后次序。P.2615b《八宅经》说：

　　乾宫生人作宅法：先向兑艮上，便出宅皈来。入震、兑造宅，即下阳一爻为先，次北屋，后南屋，名为兑家生气宫。坎宫人作宅法：先向乾离，便出宅皈来，便出入巽，即阴一爻，次至北屋，先动艮土一间，名曰巽宅。艮宫人作宅法：先往震兑，便出皈来，入坤兑宅，即下阴一爻，次立南角二方，用上首合得生气之宅。震宫人作宅法：先往兑离上，便出皈来入震，即下阴一爻，次立西舍，后立北舍，为离宅，次立东方，后立南，断手即是震家生气。巽宫人作宅法：先往北地，便出皈来入离，即下阳一爻，次立北，后立南，名离地，生气巽，东南断手。离宫人作宅法：先往坎坤上，便出宅，然后皈来艮震，即下阳一爻，次立西舍，东北间名震宅，次立东北方，东南断手，角□□。坤宫人作宅法：先往震艮上，便出后皈来入兑，即下（后残）。

古代建造住宅，安梁是一件很隆重的事，被视为这一家宅兴衰的象征，一般要选择一个黄道吉日，慎重其事，如 P.2615a 载：

> 上梁，已上巳、巳日吉。"要举行一个隆重的上梁仪式，宣读一篇煌煌的上梁文。S.3905 唐天复元年（901 年）的《金光明寺造窟上梁文》是现存最早的上梁彩词，其词曰："夫修建，无过移石穿山。宕谷先贤石迹，萨诃所记因缘。目兹万圣出现，千佛端坐金莲。石涧长流碧水，花林宝鸟声喧。圣迹早晚说尽，纸墨不可能言。猃犹狼心犯塞，焚烧香阁摧残。合寺同心再造，来生共结良缘。梁栋刻仙吐凤，盘龙乍去惊天。便是上方匠制，直下屈取鲁班。马都料方且空，绳墨不遵师难。①

六字成句，雅俗共赏，既是对大家辛勤劳动成果的肯定，又是对美好未来的祈求和向往。

住宅主体建好之后，周围配套的建筑小品的修造也要讲究吉庆，如五姓宅就对五姓的井、灶、门等给予了规定，敦煌文书 P.2615a "五姓开门户法"说："门在宅建上，多口舌，出孤寡。在除上，家虚，亡耗财。在满上，大吉，宜六畜、五谷。在平上，利人。在定，家多病。在执，多口舌，孤寡。在破上，不利，出死亡。在危，大吉。在成上，虎食六畜。在收，大利，宜财。在开，大利廿年，出病人。在闭，大吉。"这是建除十二神方位说，满、平、危、收、闭吉，建、除、定、执、破、成凶，唯开吉凶参半，既"大利廿年"，又"出病人"。这一套建除开门法似乎对五姓建宅开门都有效，该卷还配有五姓开门法图，使读者一看便知，可操作性强。

敦煌文书 P.2615a 载有"五姓合阴阳门法"，曰："《三元经》云：北以南方为向阳为上，商角二姓大门利在丙，合阳宅法；小门利在壬，合阴宅法。

---

① 《英藏敦煌文献》第五卷，四川人民出版社，1995 年，第 198 页。参见马德《敦煌莫高窟史研究》，兰州：甘肃教育出版社，1996 年，第 106–107 页。

宫徵羽三姓大门［利］在丁，合阳（阴）宅法；小门［利］在癸，合阳宅法。若东开门者，商角二姓在乙辛，乙门合阳宅法；［辛门合阴宅法］。宫徵羽三姓利在甲庚，甲门合阴宅法，庚门合阳宅法。五言（姓）诸门汪（旺）在十二神上者，是风角法，虽有善语，终不可用，为其吉凶相离故也。五姓之利在所生，羽姓生于申，利在庚。徵生于寅，利在甲。徵羽二姓欲启于甲庚开门，亦是其便。"这里是五姓相宅法之外的五姓阴阳宅法，根据其文字，似是五姓分为两组，商角二姓为一组，宫徵羽三姓为另一组，当商角利在丙合阳宅法时，宫徵羽三姓大门［利］在丁，合阳（阴）宅法。商角二姓的小门利在壬，合阴宅法；宫徵羽三姓小门则在癸，合阳宅法。

这些建筑小品除了门外，还有井、灶、场地、碓硙、栏枥、佛囊等，五姓宅经都有较为详细的吉凶规定，顾及家宅的各个方面。

新宅建好后，迁入新宅要举行一整套喜庆的仪式，敦煌写本宅经为我们勾勒出了一幅敦煌地区中古时期民间迁入新居的喜庆画面。P.3281 记载说："欲入宅，先以五谷遗户屋庭，宜子孙。入阴以寄（奇）月，入阳以隅（偶）月。第一，童女二人，一人擎水，一人麹（举）烛。童男三人，二人擎水，一人执烛男入阴，女入阳。第二，牵羊。第三，黄牛。第四，二人擎案，案上著金宝器。第五，二人将釜，釜内著五谷。家长随后带剑□，一人敬（擎）马鞍，子孙宅（左）右并从。第六，二人持箱，盛缯彩绵帛。第七，二人持甒，甒内盛五种饭，家母挂镜于心前，随后行，男女左右并从。至门，次弟（第）即入，大吉。"这里我们看到，入宅仪式主要是针对阴阳二宅的，令童男、童女分别进阴宅、阳宅，就是求得阴阳和谐。整个入宅仪式充满了对未来美好生活的憧憬和向往，擎水、执烛、以五谷撒庭院、放釜内，并在甒内放五饭和持盛满缯彩绵帛的箱子，都是祝愿宅主财源广进，采取了模仿巫术的形式。仪式中家长和家母分别持剑、挂镜，则是保护住宅平安的习俗。有中国传统道家所采取的镇厌方法的内容。如剑为道教科仪的重要法器，又称法剑，有镇邪避邪之功用。刘宋时的《洞玄灵宝道学科仪》中有"作神剑法品"，称"凡是道学，当知作大剑法，斋戒百日，乃使煅人用七月庚申日、八月辛酉日，用好铤若快铁，作精利剑，环圆二寸六分，柄长一尺一寸七分，剑刃长二尺四寸七分，合长三尺九寸"①。明镜是我国道教方仙道辟妖之术的重要法器。镜原本是人们日常生活用品，秦汉时已经有金镜、玉镜等多种，但使用不太普遍。魏晋南北朝时期，镜子的使用日渐广泛，尺寸也有大小之分。大镜用于穿衣照身，小镜用于照面。东晋时，镜与方术结合，遂有照妖之功用。葛洪《西京杂记》载："宣帝被收系郡邸狱，臂上犹带史良娣合采婉转丝绳，出身毒国宝镜一枚，大如八铢钱。旧传此镜见妖魅，得佩之者为天神所福，故宣帝从危获济。"②早期道教经典《抱朴子内篇》就对明镜照妖避邪的重要功能作了详细的论述，说："万物之老者，其精悉能假托人形，以眩惑人目而常试人，唯不能于镜中易其真形耳。是以古之入山道士，皆以明镜径九寸已上，悬于背后，则老魅不敢近人。或有来试人者，则当顾视镜中，其是仙人及山中好神者，顾镜中故如人形。若是鸟兽邪魅，则其形貌皆见镜中矣。又老魅若来，其去必却行，行可转镜对之，其后而视之，若是老魅者，必无踵也，其有踵者，则山神也。"③在《白蛇传》《西游记》中，镜子就是"照妖镜"，是一件重要的降妖法器，能识别妖怪，令其现形，非常神奇。可见，镜子为镇厌之物由来已久。

入宅时还要宣读一篇入宅的庆颂吉祥的文字。敦煌卷子保存有多篇庆宅文，其中 S.5637《入宅文》就是一篇很好的庆宅文，其文曰：

> 厥有坐前斋主捧炉启愿，所申意者奉为庆宅嘉祥诸福会也。惟施主乃凤兰播馥，月桂流芳，雅量超群，神才绝代。故能卜居卜胜地，揆日方施，垒赤灰以召功人，割珍财哦而说幻妙。雕楹雾好，绮栋云浮，洞户迎云，高窗孕月，檐舒风起，砌引花雕，井植双树，门荣五柳，宏规

① 《洞玄灵宝道学科仪》，《道藏》第 24 册，文物出版社、上海书店、天津古籍出版社，1988 年，第 776 页。

② ［晋］葛洪：《西京杂记》，北京：中华书局，1985 年，第 4 页。

③ ［晋］葛洪撰，王明校释：《抱朴子内篇校释》，北京：中华书局，1985 年，第 300 页。

即就，胜业先崇，严洒闲庭，建斯清供，香燃百味，院起初烟，梵吼三天，经连四室。其宅乃阴阳会合，龟兆相扶，八卦吉祥，五行通利，四方平正，八表堪居。离坎分南北之堂，震兑置东西之室。左青右白，妙惬乾坤，选祉福地，前朱后玄，雅合阴阳之道。加以卜兆清居，选祁福地，召兹人以构筑；日影虹梁，专功刀与削成。[①]

入住新宅要读祭宅文，P.2615a 载其祭宅文曰：

> 维ム年ム月日时，主人ム乙之家，敬昭皇天使者、宅舍七神、岁月建破，符皇天之地，轩辕、咸池、八魁、九坎、□□、□土、司空、地夫之胜，天地阴阳二罡共绝，坞宅崩破，宅有缺坏，耗虚死亡，钱财不集。□罗县官不得不治。今日岁吉日良，善可德（得）治。谨于破居ム地更造坞宅，长于丈数，起土兴功，仰告五土将军、主薄同为弟（第），万良得道，上值天仓。今日起修，上得天道，下值玉堂。天员（圆）地方，律六（吕）九章。日月回行，而人起土不相死伤。土我立土生死我死灭，钱如流水，谷而太仓，六畜满圈，奴婢成行。左青龙，右白虎，前朱雀，后玄武，各居本位，守护宅舍，自然富贵，光显子孙。今须于岁，奴婢更莫凶殃，八神雍（拥）护。问神不昧，请就降尝，伏唯尚飨。

入住的住宅，若宅居不安，屡遭祸患，敦煌写本宅经中想出了种种镇宅法。可分为石镇法和符咒镇宅法、杂镇宅法。P.3865《阴阳宅经》就指出"犯者有灾，镇而祸止，亦犹药病之效也。"相信镇宅术有若医药医治病人一样有效。

石镇法：敦煌文书 P.3594 有"用石镇宅法"的篇章，其文曰：

---

①王书庆：《敦煌佛学·佛事篇》，兰州：甘肃民族出版社，1995 年，第 67 页。

凡人居宅处不利，有疾病、逃亡、耗财，以石九十斤镇鬼门上，大吉利，艮是也。人家居宅已来，数亡遗失，钱不聚，市买不利，以石八十斤镇辰地，大吉。居宅以来，数遭县官［事］，口舌，年年不绝，以石六十斤镇大门下，大吉利。"可见，有疾病等灾厄，就在鬼门上用石九十斤镇之；经济上的不济，就在辰地上以石八十斤镇之；社会地位的不保，就在大门下以石六十斤镇之。用石镇之前，要选择吉日良辰，该文说："官家，金火日吉，水木凶。商羽，土日吉。角，水火日吉。徵，木土日吉。羽，金木日吉，火土日大凶。

敦煌文书 P.4667va 也有石镇法，其文曰：

壬地以石八十斤，又八十斤，卯地一百斤，不宜□马。以黄石九十斤埋马历下及午地。四角上各六十斤，子地以六十斤，寅丑间九十［斤］，戌地八十斤，雄黄一两，水银一两埋辰地□□大吉。南方以黑石十一斤，大豆一升，南墙下吉。东方［以］白石十二斤，米一升，东墙下吉。西方以赤石十斤，赤小豆一升，西墙下大吉，北方［以］雄黄五两，粟米一升，北墙下吉。庭中以青石十斤，青米一升，五谷各一升，五色绢各一尺，炭铁各二两，钱七文，七宝各一事（件），已上物中庭镇之，已上物以瓦器盛之。镇宅法第六：用石。皇帝曰：'吾受天先人圣宝，以五色石镇之，故四海安宁，天下无忧，生廿五子，孙历世世，庆（庶）人无可传习。'地人曰：'为自帝已下及庶人皆可用之，此秘方上可传之，必兴道。'凡居宅不利，多有疾病，但以石九十斤镇之鬼门中，吉良，寅、丑间是鬼门。石镇法第七：南方以黑石一牧（枚），重十一斤、大豆一升，埋南墙下，大吉。东方以白石一牧（枚），重十二斤、白米一升，埋东墙下，大吉良。西方以赤石一牧（枚），重十斤、赤小豆一升，埋西墙下，大吉良。北方以雄黄五两，黍米一升，埋北墙下，大吉良。庭中以青石一牧（枚），重十斤，青米一升，埋庭中，大吉良。桃板九片，朱砂、射香，已上四方镇之，宜人及下（大）钱，六畜、财物等，人世世安乐吉庆，无人病痛死亡，大吉利。常以戊己日镇之，大吉良。凡埋石皆用全兒（貌）者，入地三尺，依此法镇宅内，除还（众）殃，大吉。

这是五色石镇宅法，根据五行生克原理运用五色石，如南方赤色属火，北方黑色属水，由于水克火，所以，南方以黑色石镇之；东方青色属木，西方白色属金，金克木，所以，东方用白色石镇之；其他可以类推。

符咒镇宅法：P.2615a绘有一镇宅符（图8-1），转绘其符如右，符旁所附文字解说道："凡人家宅不安，朱书此符，皆长一尺二寸，以一丈竿子头县（悬）之庭中，皆令大吉。总如律令。"

敦煌卷子有P.3358、S.5775、S.5775V为《护宅神历卷》，如P.3358《护宅神历卷》中绘有各种护宅神符。可辨名者计有镇宅四角符（图8-2）、管公明神符、门符、咸安心符、董仲（舒）神符、穴符、门符、床符、脚符、除噩梦符、地穴出口符、房舍符、神树符、树神符等。其中的镇宅四角符既有符，还有解说曰："病患，此神符镇四角，除云（去）百鬼，万恶逍（消）除。"其符附列如左。

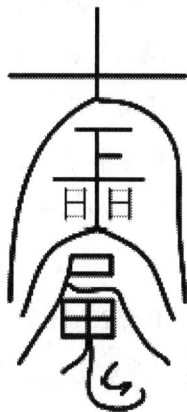

图8-1 P.2615镇宅符

杂镇宅法：敦煌文书P.3594说"凡人疾病、移徙、嫁娶、门？戌，天下一州省黄一，一县有黄一，一乡有黄一，一里。犯天形，治土德。犯勾陈，治金匮。解勾陈治，雄黄五两，麻子三升，悬著勾陈下。解玄武，慈石十二两，大豆二升，悬着玄武下。犯青龙，治玉堂。犯白虎，治明堂。解白虎，慈石九两，大豆二升，[悬]白虎下"。这是根据黄黑道十二神来安排镇宅的方术，天刑、勾陈等为黄黑道十二神，

图8-2 P.3358
镇宅四角符

天形应为天刑。P.2964 也有类似的做法，其辞曰：

> 凡四邻造作及自家泥垒犯触转为福法：泥[玉]堂，迁实；大德，宜人；福王□，宜奴婢、六畜；司命，长命；天牢，多饮食；金匮，得横财。犯勾陈，狱讼。犯入□金匮，厌之玄武。盗贼，走奴婢，泥司命，厌白虎。死亡，泥明堂、青[龙]。□损长妇，死亡起，泥玉堂。犯朱雀，口舌起，泥天牢、天刑。煞家长，泥□、大德。泥东方，勿以庚辛日，南方勿以壬癸[日]，西方勿以丙丁日，北方勿以戊己日。泥法：取岁合、日月合，用草香半斤，萱草苗一把，白酒三升，麦麸一束，切和泥之，衣园六尺便。以酒脯祭之，吉。

P.4522V《宅经》有"宅舍寅卯地有直街巷及开门冲者厌之法"，其文曰："铁女七人，各长七寸，白石七两，虎头一具，用砖居盛之，用庚日埋于寅卯间，入土七尺，大吉。"用铁女、白石、虎头等埋地镇宅，以解决住宅开门直对街巷的问题。

敦煌文书 P.4522V《宅经》载：

> 推镇宅法第十：凡人家虚耗钱财，失家口不健，官职不迁，准九宫、八宅及五姓宅、阴阳等宅同用之，并得吉庆。用雄黄五两武都者，朱砂五两栋门神者，砂青五两不涷者，白石英五两，紫石英五两，右件等物，石函盛之，置中庭，以五色彩随埋之，深三尺，令人宅家（吉）。读文曰：时加正阳，宿镇天仓，五神和合，除阴祸殃，急急如律令。添酒一盏。

这是用药镇宅法，是五石镇宅法的变化形式，古代五石一般指丹砂、雄黄、曾青、慈石、礜石五种矿石，这里只是将慈石、礜石换成白石英、紫石英。P.4522V 所载雄黄、朱砂、砂青、白石英、紫石英五石正好呈五种色彩，雄黄为黄色，朱砂为赤色，砂青（曾青）为青色，白石英为白色，紫石英为黑色，是五行五方色的颜色，是古代五行五方色石的运用。

这些镇宅法大多还配有咒语，如 P.4522V《宅经》"推镇宅法第十"就有：

> 读文曰：时加正阳，宿镇天仓，五神和合，除阴祸殃，急急如律令。添酒一盏。""又咒曰：今镇之后，安吾心，定吾意，金玉煌煌，财物满房。子子孙孙，世世吉昌。急急如律令。上酒一盏。又咒曰：东西起土，五神禳之。南北起土，宅神避之。贼神匿之，发动五神诃之。伏龙起土，五神搴之。朱雀飞动，〔五〕神安之。贵登三公，无有病衰。急急如律令。

还有一系列仪式程序及禁忌，P.4522V《宅经》接着说："上酒一盏。埋镇之。后百日内不煞（杀）生，不行大，不出恶语，慎之，大吉。"

住宅住久了要作适当的迁移，敦煌写本宅经对此也有诸多禁忌，阴阳宅派、五姓宅派的说法各执一词，阴阳宅派强调阴宅迁到阳的区位，阳宅迁到阴的区位。P.3865《阴阳宅经》说：

> 若三度入阳入阴，为之无魂，四入为之四（无）魄。魂魄既犯，即家破逃散，子孙绝嗣也。若一阴一阳往来，即合天道，自然吉昌之象也。设要重往，即须逐道住四十五日，或七十二日后往之，无咎。夫辩宅者，皆取移来相（向）数定之，不以街南、街东为阳不妨是阳位作阴宅，居之吉。街南街西为阴位不妨作阳宅，吉。凡移来，不勒远近，一里与百千里同，十步与百千步同。

传世的相应的《黄帝宅经》的解说较为全面，说：

> 凡诸阳宅，即有阳气抱阴；阴宅即有阴气抱阳。阴阳之宅者，即龙也。阳宅龙头在亥，尾在巳；阴宅龙头在巳，尾在亥。凡从巽向乾、从午向

子、从坤向艮、从酉向卯、从戌向辰移。已上移转及上官所住，不计远近，悉入阳也。从乾向巽、从子向午、从艮向坤、从卯向酉、从辰向戌移。已上移转及上官，悉名入阴。……再入阴再入阳，是名无气。三度重入阴阳，谓之无魂；四入谓之无魄。魂魄既无，即家破逃散、子孙绝后也。若一阴一阳往来，即合天道，自然吉昌之象也。设要重往，即须逐道住四十五日、七十五日，往之无咎。仍宜生气，福德之方始吉。更犯五鬼、绝命，刑祸者尤不利。诀云：行不得度，不如复故。斯之谓也。

五姓宅派对各姓住宅的迁徙都有详尽的规定。如角姓的移徙说：

移向子地，生贵子，大富贵。向丑地，煞六畜及产妇凶。向寅地，害财物，不可。向卯地，先富后贫。向辰地，大富，六畜。向巳地，宜人，万事吉。向午，宜后世、田蚕。向未地，害方物、父母及产妇，凶。向申地，不宜小口，破财凶。向酉地，害财物及小口，凶。向戌地，宜贵，宜田蚕。向亥地，封侯、二千石，吉。十二月移，害家长。六月移，灭门，凶。三、九月移亦凶。宜用十月、十一月、四月、五月可移，吉。

不仅规定了移徙的方位吉凶，还规定了移徙月份的祸福。

敦煌写本宅经所载的敦煌建宅的风俗，迷信成分不少，但其中也不乏合理成分，如用当时简单的方法检验土质，以便找到更好的建宅地基；又如注重宅舍周围的树木茂盛，注重宅舍的四象等，既具有山水审美的意义，又有生态环境保护的功效，值得深入研究。还有如镇宅诸术虽是迷信，但它给人心理的暗示和安慰，也是值得重视的。检验土质的方法与传世文献记载可以相互印证，形成史料链，使这一方法的发展过程更为清晰。所以说，敦煌写本宅经不仅载有敦煌建宅的风俗，还有多重学术价值。

第二节　敦煌写本葬书中的古代敦煌丧葬风俗

在儒家孝道思想的熏陶下，中国人一直认为丧葬是家中的大事。敦煌写本葬书保存了大量古代敦煌民间丧葬的民风民俗，这些丧葬风俗也可分为卜葬地、选择吉时良辰、六甲八卦冢与五姓丧葬方位禁忌、坟高形制、开故附新等几个方面。它可以补充传世文献，也可以与传世文献相互印证，还可以为撰写新的有关隋唐五代宋时期的风俗的资料提供参考资料。时下出版的大部头中国风俗史著作如吴玉贵的《中国风俗通史·隋唐五代卷》和李斌城等的《隋唐五代社会生活史》等都少有涉足敦煌写本葬书中风俗史料，实是一大憾事。本书对敦煌写本葬书中的民俗史料予以梳理，希冀对这一问题能有所裨益。

谈及丧葬，先要卜葬地，卜葬地在敦煌葬书文献中有许多讲究，S.5645《司马头陀地脉诀》载："又弟（第）一山来长远，去陇宽，回抱急，则男富贵，射（财）禄不沾三代。案山高于坐处，玄孙不得出头。地户隐闭日光，男女不处贫贱。弟（第）三山来欲住，如龙之举头；又如鹤雏欲鸣，似凤凰之顾望。山前乱出挹者为尊，山来进罡南伴，俱为侍者。辰巳朝于乾亥，官职可立待。申若有重罡，谷帛自然丰足。亥山连寅丑，男则剑气英雄。庚壬水流于申，田地渐多增长。卯地平回，男女聪明。壬水流于卯，男女多妓（技）巧。卯水流于酉，居粮不满斗。震水流于坤，男女并精神。任（壬）寅高则损酉位，无财帛。午水流出天门，男女逃亡零落。墓前所有流水作声，疾病常忧哭泣，此名珠鸟之地，官府口舌不停，亦多令闻。打墓近大驿，男女宽弘；更有辛水东流，商贾甚多，宜利男女，自然君子出入，随逐贵人，非但目下自如，三代子孙兴盛。"墓穴周围的案山、地户等都要符合宅兆的要求，周围的山朝向要有情，如"辰巳朝于乾亥，官职可立待"等，周围的水也要符合宅兆的要求，如"震水流于坤，男女并精神"，否则"午水流出天门，男女逃亡零落"等。

S.5645《司马头陀地脉诀》又说："故天高西北，地缺东南。天则西北高为头，地则东南倾为首。天门若无障闭，坐处背后空危。地户若门明，面前黑暗如柒（漆）。若在平源（原），门望远看北来［南］；若在柒（溪）谷幽原，□□左右回抱。若无天门、地户，五姓并不堪居。商角徵羽与宫不用鬼门位下。天门山千里万里来住，则出三品京官。百里已下之山，则宜州县僚宰。衣藤蒲叶之泷，则宜凡庶所居。平地覆捥堆罡，此地全无好势。若水流西北，并为到（倒）逆之津，五姓并不堪居。流回东南长远，总为生气。乾坤相对，如两臂之齐长。震兑分明，似头足之全。其山形似体，地象于身，口在鼻前，食息从斯吐纳。四支（肢）五体衰王（旺）并是根生。欲知子午本宫，此正当山势。不知天地之头足，待寻兰倒之文；不识山势尊卑，冢宅终无起发。五音库藏并是申，奴婢田园同生丙午。官僚职任总由辰巳之罡；家口平安，莫不天门遮闭。男女长王（旺），乾连寅丑之罡。卯地远有辰山，男女英雄聪惠（慧）。辰巳山来长远，男女端正。可怜坎地位下宪（荒?）池，三代子孙粗丑。聋盲怯弱，专由地户不明。男女逃亡，特为天浅路。乾罡高远，男王（旺）多丁；坤陇平长，女多财帛大足。"所谓"天高西北，地缺东南"是对中国总的地理大势的高度概括，而天门、地户等说法是秦汉以来的形法相宅相地的发挥，作者在《敦煌写本宅经葬书中的形法相宅相地》一文中对敦煌写本宅经和葬书中的这些形法相法作了初步的归纳总结。敦煌写本葬书 S.3877V/1《葬经》还画有山岗图，图中注明"抱子岗""散盖山岗""雄龙山岗"字样。图中还标有占断辞，如"葬得此地，富贵不绝"，或"出二千石、令长""出方伯"等。这些都是通过山地形势寻找吉地福穴。

五姓派认为亡人的墓穴要根据五姓五行生克取穴，有"龟甲取吉穴法"和"六甲八卦冢法"等，如 S.10639AV《阴阳书》就载有"论龟甲取吉穴法卅四"，根据张景文《大汉原陵秘葬经》所载"龟甲葬图"，我们可以考见古人的龟甲葬法，现将其图 8-3 转绘如下。该书"龟甲七十二穴灾福"条说："若犯天穴，生天老。若犯首穴，阴人害头。若犯天耳，阳人耳聩。若犯附玄，出列（刑）人。若犯地开，出盗贼。若犯池穴，出水首人。若犯地耳，阴人耳聩。若犯天足穴，阳人害脚。若犯苍穴，角羽姓利。若犯地轴穴，出恶人。若犯天腹，小儿食气。若犯地户穴，出暗哑人。若犯地腹，阴人产死。若犯天目穴，阳人瞽目。若犯朱穴，角徵姓吉。若犯灰穴，出瓦匠人。若犯地目，女人犯眼。若犯人穴，出师婆人。若犯地首，阴人害头。若犯天狱，男儿狱死。若犯白穴，商徵姓利。若犯石穴，出石匠人。若犯地水禁穴，

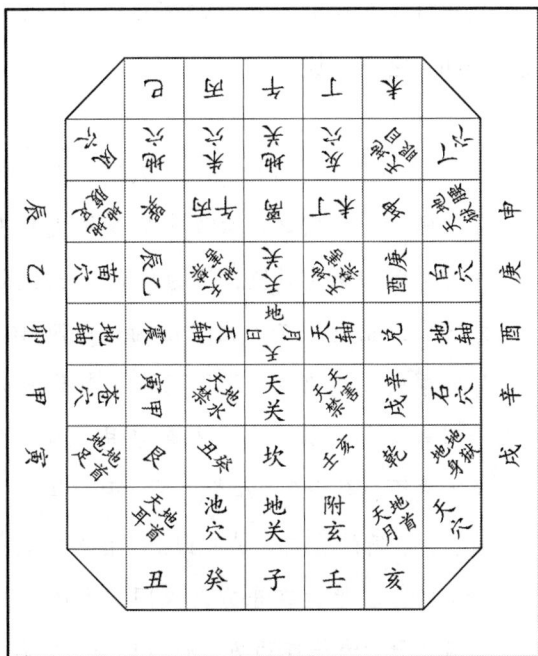

图 8-3　《大汉原陵秘葬经》龟甲葬图

刑狱死。若犯十二支者，凶矣。若犯天开、地轴，损阳人。若犯天地日月，煞家长。只用甲庚丙壬穴则吉。乙辛丁癸五姓长穴（吉，可矣）。"①对照其图，吉凶可立辨。

五姓还有照六甲八卦冢布置墓地的，P.2831《卜葬书》较集中地记载了六甲冢，并有相应的墓葬图，如甲子冢：

> ［冢］穴在甲，门［在］景，丧庭在庚，名甲子冢，是子卯酉年，□□百不得用此冢。大墓地长七十一步，计得廿二□一步，并合甲穴吉。次墓地长七十三步，阙卅七步，计□□，余六十一步，并合甲穴。小墓地方一十九步，计得一亩，余一百廿一步，并合甲穴吉。

---

①张景文:《大汉原陵秘葬经》,《永乐大典》第八一九九卷,北京:中华书局,1986年,第3824页。

P.2831《卜葬书》在讲安冢穴时，强调（六甲八卦）冢穴要在墓场的甲庚景壬四字之下，说：

> 凡葬，择得吉地，又卜穴定，然后依算，须取步数长短，七分之，立门陌，卅九穴之，合所卜穴当甲庚景壬四字之下，逐年月所宜安冢，甲为麒麟，景为凤凰，庚为章光，壬为玉堂。当内心一穴是为地心明堂，外三重，正当子午卯酉名四轴。当四维，名廉［路］。比地心、四轴不可安冢穴，远者凶。"P.2831《卜葬书》中的麒麟、凤凰、章光、玉堂是四吉神兽。所以，吉穴要在甲、丙、庚、壬（麒麟、凤凰、章光、玉堂）之下，依 P.3647 载，甲、丙、庚、壬安排的五姓吉穴分别是徵、宫、角、羽、角的吉穴。其文曰："宫姓土行：辰，大暮；戌，小暮；葬其地，大［凶］。绝世在东方，灭门，大凶。五刑在北方地，被刑戮，露尸，一名九丑。大德在西方，亦名华盖，又名玄冲。葬其方，世禄长远，大吉。五福在南方，一名金匮，一名光明，名五福。葬其方，世禄延长，大吉。重阴在四季，不宜子孙，财物平。宜庚、申、辛、酉，大吉。出公卿，［吉］。丙、丁、巳、午，大吉。出公卿，小吉。商姓金行：丑，大墓；未，小墓；葬其地，绝世，大凶。绝世在南，金位火，名大灭门，大祸，凶。五刑在东方，出刑戮人。大德在北方，世禄长远，大［吉］。五福在四季，世禄延长，大吉。重阴在西方，少利多害，不宜子孙及财物平。宜葬壬、癸、亥、子，大吉。出公卿上。辰、戌、乾、巽，小吉。角姓木行：未，大墓；丑，小墓；葬其地，绝世，大凶。绝世在西方，五刑在四季，重阴在东方，宜葬壬、癸、子、亥，出公卿。丙、丁、巳、午，出令长。徵姓火行：戌，大墓；辰，小墓；葬此地，绝世，大凶。绝世在北方，五刑在西方，大德在四季，五福在东方，重阴在南方。宜葬甲、乙、寅、卯，出公卿，大吉。丑、未、坤、艮，小吉。羽姓水行：辰，大墓；戌，小墓；葬此，大凶，绝世。绝世在四季，五刑在南方，大德在东方，重阴在北方。宜葬庚、申、辛、酉、甲、乙，出公卿。寅、卯，出刺吏（刺史）、二千石，大（小）吉。

关于六甲八卦冢问题，详见前论。

在某一家的祖坟场地上，也要按一定的关系来排列祖、父墓、叔墓的位置。S.2263《葬录》绘有一祖墓图（图 8-4），非常形象，一览便知。杨宽先生《中国古代陵寝制度史研究》在讲到"北宋的陵寝制度"时说："陵墓四周和汉唐一样有方形墙垣，称为神墙；神墙四面正中开门，称为神门；角设有角阙。"①参照该书"北宋永定陵的平面图"，②则 S.2263 祖墓图 8-4 朝南面中间的缺口为神门，四角的方框为角阙，四面的双线为神墙。

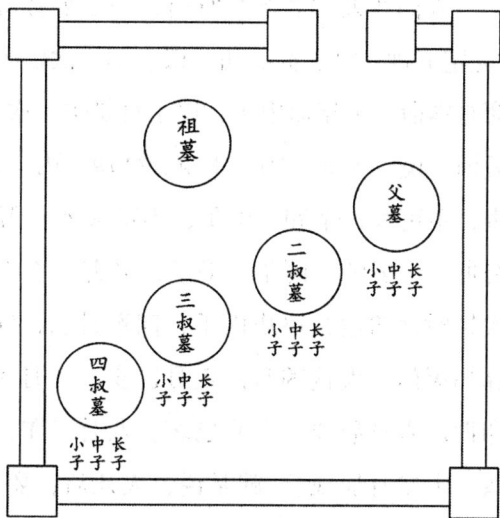

图 8-4　S.2263 祖墓图

早在 20 世纪 50 年代，宿白在研究白沙宋墓时，为了弄清三座宋墓的关系，曾结合敦煌文书 S.2263《葬录》、北宋王洙等纂《图解校正地理新书》中的角姓贯鱼葬图、昭穆葬图，相互参证，认为白沙三宋墓的组成布置"恰与唐宋地理书所记角姓——赵属角音茔地的布置极为相似"。与"《相阴阳宅书》（即敦煌写本葬书 P.3647）残卷所记角姓宜用丙穴相应"，是当时河南一带承继唐代旧俗的习惯葬法。③

在挖掘墓穴时，先后动土的方位有诸多的禁忌，S.2263《葬录》说："若欲取土，于卅步外，随岁、月德及空吉地。宫姓取土，宜丙庚丁未申酉地吉。宫姓造冢，绝手于亥。商姓取土，宜壬亥辰戌子地吉。商姓造冢，绝手于申。角姓取土，宜丙壬亥子午地吉。角姓造冢，绝手于寅。徵姓取土，宜

①杨宽：《中国古代陵寝制度史研究》，上海：上海人民出版社，2003 年，第 61 页。
②杨宽：《中国古代陵寝制度史研究》，上海：上海人民出版社，2003 年，第 66 页。
③宿白：《白沙宋墓》，北京：文物出版社，2002 年新版，第 102-103 页。

甲寅卯丑未地吉。徵姓造冢，绝手于巳。羽姓取土，宜甲庚寅卯申酉地吉。羽姓造冢，绝手于亥。"起手、绝手是相对而言的，起手方是指开始动工的方位，绝手则是完工时的方位。"绝手于亥"就是指完工的时候是在亥方。

　　人们在处理丧葬事宜时，一定要择葬日吉时良辰，P.3647《葬经》说："先定五姓：宫、商、角、徵、羽。次定丧主年、命，年是行年，不得同支。命是本命，干年命甲子，甲子日是也。次择吉日，丙，大葬，凶。丁卯，一云凶。庚，大葬，凶。壬申、癸酉、丙子，大葬凶。壬午、甲申、乙酉、庚寅，不可葬；辛卯、甲午，不可大葬。丙申、丁酉、庚子、壬寅，一云凶。癸卯，一云凶。丙午、壬子、甲寅、乙卯，大葬，凶。庚申、辛酉、己酉。次择时，四孟月甲庚丙壬，四季月乙，四仲月乾巽坤艮辛丁癸时，吉。次择却灭门、大祸凶日：正月巳亥，二月子午，三月丑未，四月寅申，五月卯酉，六月辰戌，七月巳亥，八月子午，九月丑未，十月寅申，十一月卯酉，十二月辰戌。"就是说，人死后，要先根据姓氏确定出属宫、商、角、徵、羽五姓中的哪一姓，然后再定出死者出生和死亡的不同年命，再选择下葬的最佳时期和时间。《开元礼》中所载丧葬礼仪中就有"卜葬日"的规定。P.2534《阴阳书·葬事》中就记有安葬吉日鸣吠日。《重校正地理新书》"金鸡鸣玉犬吠上下不呼"条也载有鸣吠日，其鸣吠日的具体日子是：庚午、壬申、癸酉、壬午、甲申、乙酉、庚寅、丙申、丁酉、壬寅、丙午、己酉、庚申、辛酉共十四日，在这些日子里办理丧葬事宜皆大吉。所列的鸣吠对日是：丙子、庚子、壬子、乙卯、辛卯、丁卯、癸卯、丙寅、甲午、甲寅共十日，这十日虽然不是鸣吠日，但吕才"与鸣吠之辰相对，故可用斩草、启故，或与月便，用之殓殡、权厝，吉"[①]。当然还有诸多的禁忌，P.3647《葬经》规定："东方葬者不用巳酉丑，岁月日同。南方葬者不用申子辰，岁月日同。西方葬者不用亥卯未，岁月日同。北方葬者不用寅午戌，岁月日

---

　　①[北宋]王洙等编撰、[金]张谦重校：《重校正地理新书》，《续修四库全书》第1054册，上海：上海古籍出版社，1997年，第76、77页。

同。"P.2534《阴阳书·葬事》还提出"大祸灭门日",应尽量避免这些凶日凶煞,依今人的眼光看来,所谓"大祸灭门日"纯粹是无稽之谈,荒唐可笑。关于鸣吠日与大祸灭门日,作者通过与传世文献相互印证,写有《敦煌写本葬书中的鸣吠日诸问题》一文,并认为 P.2534 是中国现存最早的鸣吠日文献。

唐朝对坟墓的高低有明文规定,《通典·礼典》卷一百八"杂制"下载"百官葬墓田"说:"一品方九十步,坟高丈八尺。二品方八十步,坟高丈六尺。三品七十步,坟高丈四尺。四品六十步,坟高丈二尺。五品方五十步,坟高一丈。六品以下并方二十步,坟高不过八尺。其域及四隅,四品以上筑阙,五品以上立土堠,馀皆封茔而已。"①《开元礼》卷三序例下"杂制"条称:一品坟高一丈八尺,二品一丈六尺,三品一丈四尺,四品一丈二尺,五品一丈,六品以下不得过八尺。《通典》卷八六"葬仪"条载:"贞观十二年曾下诏削减墓田及坟高之制。一品坟高由一丈八尺减为一丈六尺,二品一丈四尺,三品一丈二尺,四品一丈一尺,五品九尺,六品以下七尺,庶人先无文,定为四尺。"②《册府元龟》卷三一九"宰辅褒宠"条载,郭子仪死后(780 年),德宗下诏说旧令坟高一丈八尺,诏特加十尺,则知当时令制并未按贞观诏书改动。"③《旧唐书》卷九六宋璟传:文官陪陵葬,一品坟高三丈以上,四丈以下。④

S.2263《葬录》载:"帝王起坟高一百廿尺,亲王三公高七十尺,法七星。公使(侯)卿相刺史高五十尺,法五方。东西南北各九步,放(仿)九州。高卅五尺,合玉堂。高卅三尺,合章光。东西南北各八步,放(仿)八风。令长高一丈九尺,合凤凰。一丈七尺合麒麟,一丈五尺合玉堂。遮(庶)人高一丈三尺,合章光;九尺合凤凰。"敦煌写本葬书所记"令长高一

---

① [唐]杜佑撰,颜品忠等校点:《通典》,长沙:岳麓书社,1995 年,第 1468 页。
② [唐]杜佑撰,颜品忠等校点:《通典》,长沙:岳麓书社,1995 年,第 1218 页。
③ [北宋]王若钦等编:《册府元龟》卷三一九宰辅褒宠,北京:中华书局,1960 年,第 3775 页。
④ [后晋]刘昫等撰:《旧唐书》,北京:中华书局,1975 年,第 3034 页。

丈九尺"等与《开元礼》和《通典》所记有差异,可以补充传世文献资料的不全面。

墓穴入地的深浅也很有讲究,P.3647《葬经》规定:

> 从起与性(姓)相生主吉,从上向甲乙数,与姓相生吉。假令宫姓,入地三尺为庚,并与姓相生,他皆放此。"P.4930《相冢书》与此不同,其文曰:"入地一尺戌,为黄龙。二尺巳,三[尺庚,为章光。四尺辛],五尺壬,为玉堂。六尺癸,七[尺甲,为麒麟。八尺乙,九尺丙],为凤皇(凰)。一丈丁,还从戌起。[甲庚丙壬吉],余并凶,唯王者得用戌,是黄龙也。又一法,入地一尺为建,二尺为除,三尺为满,四尺为平,五尺[为]定,六尺为执,七尺为破,八尺为危,九尺为成,一丈为收,一丈一尺为开,一丈二尺为闭,周而复始,满平定成收开吉,余并凶。

P.2550B《阴阳冢墓入地深浅法五姓同用卅五家书第卅七》载入地深浅法最为详明,既规定了一般入地深浅的尺寸,又详细地规定了上至帝王、下至庶人的尺寸。如规定帝王、公侯墓穴深浅的尺寸说:"凡葬,入地八十九尺得景,为凤凰得定。入地九十三尺得庚,为章光得成。入地九十五尺得壬,为玉堂得闭。入地九十九尺得景,为凤凰得开。入地一百卅一尺得戌,为黄龙得开。入地一百卅一尺得戌,为黄龙得成。入地卅五尺得壬,为玉堂得建。入地一百五十五尺得壬,为玉堂得开。入地一百卅五尺得壬,为建。已前入地深浅,帝王用之,吉。入地八十三尺得庚,为章光得戌。入地七十七尺得申,为麒麟定。已前入地深浅,公侯用之,吉。"这里实际上是麒麟、凤凰、章光、玉堂在入地深浅方面的具体运用,入地符合麒麟、凤凰、章光、玉堂的深度,就是吉祥的深度。

唐时的大臣的坟墓前面一般要置石碑、石兽等。唐朝对坟墓的石碑等有明文规定,《通典·礼典》卷一百八"杂制"下载"百官葬墓田"说:"明器。三品以上九十事，五品以上六十事，九品以上四十事。四神驼马及人不得尺馀，音乐卤簿不过七寸。三品以上帐高六尺，方五尺；女子等不过三十人，长八寸；园宅方五尺，奴婢等不过二十人，长四寸。五品以上，帐高五尺五寸，方四尺五寸；音声仆从二十五人，长七寸五分；园宅方四尺，奴婢十六人，长三寸。六品以下，帐高五尺，方四尺，音声仆从二十人，长七寸；园宅方三尺，奴婢十二人，长二寸。若三品以上优厚料，则有三梁帐蚊帱，妇人梳洗帐，并准式。"① 又说："碑碣石兽。五品以上立碑，螭首龟趺，高不得过九尺。七品以上立碑，圭首，方趺，趺上高四尺。其兽等，三品以上六事，五品以上四事。"② S.2263《葬录》载："石碑去门十步，石羊去碑七步，石柱去石羊七步，石人去柱七步。自余诸兽依十二辰位消息置之，其墓田亩数大小步数安之。" S.2263《葬录》应该可与传世文献相互映证。

魂幡是是送殡的标志。敦煌第 332 窟初唐送殡图中，棺柩前面仪仗队举的魂幡是首为三角形、身为矩形、首侧有飘带、身下有尾带的彩色魂幡。这种魂幡一直流传至今，民间一般纸做，只有富有人家才用彩色绸缎、布料做引魂幡。魂幡是送殡仪仗队必须擎执之物，是最为庄重的标志。据研究，第332 窟的送殡仪式是依据唐代上层社会富贵人家和大德高僧的送殡礼仪绘制的。P.2550B《阴阳冢墓入地深浅法五姓同用卅五家书第卅七》的"[甲]戌冢图""甲午冢图"等，P.2831《卜葬书》的甲子冢图、甲戌冢图等图中都标有魂帐和辒车运行的路线的标示。S.12456B《阴阳书》有"论立铭请幡法五十八"，该书对魂幡作专论，可以想见幡在丧葬事宜中的重要作用。

丧葬活动中还有许多禁忌，P.3647《葬经》说："家内有某姓生属人及妊娠妇人及产未满月者，并不宜送丧事，须远之，去墓一百廿步，无妨忌。"这是送葬时的妨忌。P.3647《葬经》有不同说法，其文曰："假令八月巳时死，巳妨巳亥生人，丑时死者妨寅申生人；月建在戌，妨丑未生人。假令五月甲

---

① ② ［唐］杜佑撰，颜品忠等校点：《通典》，长沙：岳麓书社，1995 年，第 1468 页。

子旬己巳日来卜，卯时死者妨甲子生人、庚午生人，他皆仿此。四月己卯日未时死者，合妨丁卯生人年廿二、癸酉生人年十六、庚午生人年十九、甲子年生人年十三。"又说："五月七日寅时正东出，妨长男、六畜。招魂用未后申前为庚时吉。成服用廿九时丙时。五月一日壬午日葬，用巳后午，午前殡敛入棺，吉。岁道四角并空，任逐便宜。六步破瓦。又一法，子时死者合妨寅申生人，丑时死者妨卯酉生人，寅时死者妨辰戌生人，卯时死者妨己亥生人。辰时死者妨子午生人，巳时死者妨丑未生人，午时死者妨寅申生人，未时死者妨卯酉生人，申时死者妨辰戌生人，酉时死者妨己亥生人，戌时死者妨子午生人，亥时死者妨丑未生人。又子时死者妨卯酉，丑时辰戌，寅时己亥，卯时子午，辰时丑未，巳时寅申，午时卯酉，未时辰戌，申时己亥，酉时子午，戌时丑未，亥时寅申"。这些诸多的妨忌表明古代社会对丧葬的重视。

S.12456B、C 篇目载有"论开故动尸法五十五"，所谓"开故"就是将旧坟墓打开。埋葬得好好的，为何又费神打开呢？隋唐时期有许多情况需要将埋好的坟墓打开，比如，归葬先茔、夫妇合葬、冥婚等都要打开已埋好的坟墓。例如唐代残存有冥婚陋习。《旧唐书·懿德太子重润传》载，懿德太子被武后杖杀后，中宗即位后追赠他为太子，"陪葬乾陵，仍聘国子监丞裴粹亡女为冥婚，与之合葬。"[1]考古发掘证明，李重润墓石椁中尤残存男女骨架各一副。[2]说明史册所载冥婚不讹。S.1725 写本书仪有死亡男女双方的家长写冥婚的祭文，其辞曰："父告子曰：'告汝甲乙，汝既早逝，大义未通。独寝幽泉，每移风月。但生者好偶，死亦嫌单。不悟某氏有女，复同霜叶。为汝礼聘以会幽灵。择卜良辰，礼就合吉。设祭灵右，众肴备具。汝宜降神就席尚飨。女家祭女如男法：告汝甲乙，尔既早逝，未有良仇。只寝泉宫，载

---

①刘昫等撰：《旧唐书》，北京：中华书局，1975 年，第 2835 页。

②陕西省博物馆、乾县文教局唐墓发掘组：《唐懿德太子墓发掘简报》，《文物》1972 年第 7 期，第 26 页。

离男女。未经聘纳，遇钟德门，奄同辞世。二姓和合好，以结冥婚。择卜良时，就今合□。"①

　　通过以上这些片断，我们看到了古代敦煌丧葬民俗的方方面面。通过对敦煌丧葬民俗的研究，可以解决考古方面的问题，诸如白宿就因此弄清了三座宋墓的关系；还有通过敦煌文书 P.2550B、P.2831、P.3647 相互对比，又与传世文献《重校正地理新书》相互印证，就可以弄清唐宋丧葬中六甲八卦的问题。S.12456B《阴阳书》有"论立铭请幡法五十八"与敦煌壁画中的送殡图对照，可以更好地理解送殡中的魂幡。所以说，敦煌写本葬书不仅含有大量敦煌民俗的资料，还有其他学术价值。它既可以补充传世文献的不足，又可以通过与传世文献相互印证，解决一些相关的学术问题。

---

①周一良：《敦煌写本书仪中所见的唐代婚丧礼俗》；周一良、赵和平：《唐五代书仪研究》，北京：中国社会科学出版社，1995 年，第 293 页。

第九章　敦煌写本宅经葬书中的阴阳五行、
天人合一与天人和谐

第一节　敦煌写本宅经葬书中的阴阳五行及大地有机说

一、敦煌写本宅经葬书中的阴阳和谐理论

敦煌写本宅经中，尤其是阴阳宅经、阴阳五姓宅经中都讲究阴阳平衡，如 P.3865《阴阳宅经》说："是以阳不独王，以阴为德；阴不独荣，以阳为德。位高壮蔼密即吉，重阴重阳即凶，以辰南戌北斜分一条为界也。……若三度入阳入阴，为之无魂，四入为之四（无）魄。魂魄既犯，即家破逃散，子孙绝嗣也。若一阴一阳往来，即合天道，自然吉昌之象也。"强调不能重阴重阳，更不能三度甚至四度入阴阳。阴阳宅提出一个最为重要的理论就是"阳气抱阴""阴气抱阳"，它强调阴阳的谐和，即阴中有阳，阳中有阴，"一阴一阳往来"。所以说"阳不独王，以阴为德；阴不独荣，以阳为德"。相对应的传世本《黄帝宅经》说："凡之阳宅，即有阳气抱阴。阴宅即有阴气抱阳。"这里的"阳气抱阴""阴气抱阳"说得更为形象，更为概括。这种阴阳平衡和谐的思想是中国古代阴阳学的一个重要组成部分，由来已久。下面就来探究一下阴阳概念及阴阳平衡的缘由。

（一）阴阳概念

阴阳原本是我国古代人民在生活及劳动中逐渐形成的概念，最初仅是就太阳的向背而言。《说文》曰："阴，闇也，水之南，山之北也。"段玉裁注曰："闇者，闭门也。闭门则为幽暗，故以为高明之反。""《穀梁传》曰：'水北为阳，山南为阳'，注云：'日之所照曰阳。'然则水之南、山之北为阴可知矣。"[①]意即是说，太阳所照之处为阳，阳光照不到的地方为阴。《说文》曰："阳，高明也。"指阳光所照之处。古人把向着太阳的一面或地高易被阳光照射之处称为"阳"，而把太阳照不到的低洼地区称为"阴"。"阴阳"作为哲学上对立统一的范畴，《周易·系辞传》有比较确切的表述："一阴一阳谓之道。"《黄帝内经》说："夫四时阴阳者，万物之根本也。"认为阴、阳二气是万物之根本，它不仅构成万物，而且促使四季交替和万物的生长。《素问·阴阳应象大论》说："阴阳者，天地之道也，万物之纲纪，变化之父母，生杀之本始，神明之府也。"认为人也是以阴阳二气为根本的，《素问·六节藏象论》："生之本，本于阴阳。"生命的根本在于阴阳。就人而言，生就了形体，就不能离开阴阳了。《素问·阴阳应象大论》说："清阳出上窍，浊阴出下窍；清阳发腠理，浊阴走五藏；清阳实四肢，浊阴归六腑。"把人的肌体，都归诸阴阳之气。《素问》篇中还叙述了生命的物质机体属于阴，生命的活动机能属于阳。所以《内经》中十分强调，作为一个医者，必须先别阴阳。"明于阴阳"，才能分析、推断人体腑脏的阴阳相抱与转化的情况。

（二）阴阳属性及相互关系

阴阳是中国古代哲学的一组成对的范畴，是对自然界相互关联事物和现象的相对属性或一事物本身存在的对立双方属性的概括。中医以之为其基本理论组成部分，作为研究脏腑、进行脏腑辨证论治中必不可少的推理、归纳和论理工具之一。

---

① ［清］段玉裁：《说文解字注》，上海：上海古籍出版社，1981 年，第 731 页。

阴阳是表示事物相对立的一组哲学概念。最早见于《易经》，曰"一阴一阳谓之道。"[1]阴阳者，有名而无形。"名"即概念，"形"就是形象。它是一种认识分析事物的方法和论理工具。老子《道德经》曰："万物负阴而抱阳，冲气以为和"。[2]用之于医学，《素问·阴阳应象大论》云："阴阳者，天地之道也，万物之纲纪，变化之父母，生杀之本始，神明之府也，治病必求于本。"自《内经》始，历代医家诸多阐述，使之阴阳学说内容不断得到充实和完善，并沿用至今，并一直指导、应用于中医临床。

阴阳学说认为，将世上的万事万物区分为相互对立的阴阳两个方面，阴阳之间相互斗争、相互抑制、相互排斥，但又阴阳互根，相互依赖，互为滋生，相互统一。这主要表现在以下几个方面：

1. 阴阳的各自属性

（1）阴静阳动

《素问·阴阳应象大论》云："阴静阳躁"，《素问·阴阳别论》云："静者为阴，动者为阳"，一句话"阴静阳动"。举凡一切相对趋于静止的、向下的、减退的、消极的、阴暗的、寒凉的、内在的等事物和现象都属于阴；相反一切相对趋于活动的、向上的、旺盛的、积极的、光亮的、温热的、外在的等事物和现象都属于阳。再从人来分阴阳：凡是男性，背部，外表，六腑，气等则属于阳；凡是女性，腹部，下部，内里，五脏，血等则属于阴。总之，动的现象就是阳，静的现象就是阴。阴静阳动，这是阴阳特点。

（2）阳化气，阴成形

所谓"气"是指作用，所谓"形"是指形体。所谓"阳化气，阴成形"，也就是说在阴阳变化中，阳是指阴阳变化中所发生的作用，阴是指参与变化的物质。作用是用肉眼看不见的，所以一般说阳是无形的，而物质是可以看

---

① 吴兆基编译：《周易》，长春：时代文艺出版社，2001年，第247页。

② 陈鼓应：《老子注译及评介》，北京：中华书局，1984年，第232页。

见的，所以一般说阴是有形的。无形的作用和有形的物质相互作用便发生变化，这就是阴阳相互作用的结果。

在人体内，阴是比血更滋腻、更富营养，外观像脑髓、骨髓、脊髓一样的一类的膏状物质；营养价值高于液，高于津，高于血，高于精汁。阳是比气更具活动性、更富温煦作用，能蒸化阴液产生元气、正气的营养物质，贴近体内燃烧不息的少火，可见的是人皮表的光亮、光泽。[①]

（3）阴阳可分

所谓"可分"，就是阴中有阳、阳中有阴、阴阳之中再分阴阳。举例说明：白天属阳，但白天又可根据上午和下午来分，上午为阳中之阳，下午为阳中之阴；夜晚属阴，但夜晚又可按前半夜和后半夜再分为前半夜为阴中之阴，后半夜为阴中之阳。就人体而言，上半身为阳，下半身为阴；体表为阳，体内为阴；体内六腑为阳，五脏为阴；体表背部为阳，腹部为阴；四肢内侧为阴，外侧为阳。就人之五脏而说，五脏本属阴，而细分下来，心为阳中之阳，肺为阳中之阴，肝为阴中之阳，肾为阴中之阴，脾为阴中之至阴，等等。由此说明，阴阳既可代表两个对立有关的事物，也可以代表同一事物内部所存在的相互对立的两个方面。

《素问·金匮真言论》曰："夫言人之阴阳，则外为阳，内为阴。言人身之阴阳，则背为阳，腹为阴。言人身之脏腑中阴阳，则脏者为阴，腑者为阳。肝、心、脾、肺、肾，五脏皆为阴，胆、胃、大肠、小肠、膀胱、三焦，六腑皆为阳。""故背为阳，阳中之阳，心也。背为阳，阳中之阴，肺也。腹为阴，阴中之阴，肾也。腹为阴，阴中之阳，肝也。腹为阴，阴中之至阴，脾也。"《灵枢·阴阳系日月》曰："心为阳中之太阳，肺为阴中之少阴，肝为阴中少阳，脾为阴中之至阴，肾为阴中之太阴。"[②]

---

① 白云峰：《中医图画通说》，桂林：广西师范大学出版社，2007 年，第 64、65 页。
② 南京中医药大学：《黄帝内经灵枢译释》，上海：上海科学技术出版社，2006 年，第 319 页。

2. 阴阳的相互关系

（1）阴阳对立制约

阴阳学说认为，世上的万事万物都存在着相互对立的阴阳两个方面，如上下、天地、出入、升降、明暗等，既对立又统一，统一是对立的结果。对立是两者相反的一面，统一是两者相成的一面。阴阳的对立主要表现在它们相互制约、相互消长。因相互制约和相互消长而取得统一，即达到动态平衡。《素问·生气通天论》所说的"阴平阳秘"状态。阴阳相互制约的过程也就是相互消长的过程。《素问·阴阳应象大论》说："积阳为天，积阴为地。阴静阳躁，阳生阴长，阳杀阴藏。阳化气，阴成形。"阐述了阳主刚躁，阴主柔静的特征，动静相互制约，相互消长，使事物相互协调、达到动态平衡而正常运行。人体动态平衡遭到破坏就会产生疾病。《素问·阴阳应象大论》说："阴胜则阳病，阳胜则阴病。"

（2）阴阳互根

所谓"互根"，就是阴阳互为根本，互相依存，相互滋生的关系。阴和阳之中的任何一方，都不能脱离另一方单独存在，每一方都以其相对的另一方的存在为自己存在的条件。这种对立又互根、相反又相成的关系是一个不可分割的整体，阴不能离开阳，阳也不能离开阴，没有阴就不可能有阳，没有阳，也不可能有阴。"阴生于阳，阳生于阴"，"孤阴不生，独阳不长"，阴阳互根互用。《素问·四气调神大论》曰："春夏养阳，秋冬养阴，以从其根。"王冰注曰："阳气根于阴，阴气根于阳；无阴则阳无以生，无阳则阴无以化；全阴

图 9-1　阴阳互根图（黑为阴，白为阳）

则阳气不极，全阳则阴气不穷。"例如，组成人体和维持人体生命活动的最基本物质气和血的关系而言，气属阳，血属阴，气能生血，血又为气之母。人体的物质在居于内，属阴；人体机能表现在外，属阳。人体的各种机能活动都必须有营养物质为基础，没有营养物质就无从产生机能活动；而机能活动又是化生营养物质的动力，没有脏腑的活动，饮食就不可能变成体内的营养物质。这种阴阳的对立和统一始终贯彻在生命的全部过程，一旦"阴阳离决"，生命也就终止。

（3）阴阳资生

阳是作用，阴是物质。但作用的发生是在先有物质的基础上发生，没有物质就根本没有作用。说明阴是阳的基础，是有形生无形。这就是张介宾所讲的"阴为阳之基"。反过来说，同样物质如果没有作用来使它发生变化，那么它也根本不能发生作用，阴虽然能产生阳，但它本身是被动的，又必须受阳的作用和支配，才能继续不断地发生变化，所以说阳是阴的统帅，是无形化有形，这就是张介宾所讲的"阳为阴之偶"。《素问·阴阳应象大论》云："阴在内，阳之守也，阳在外，阴之使也。"所谓"阳之守也"，说明了阳对阴的支配作用，所谓"阴之使也"，说明了阴对阳的支持和策动作用，明显地说明了阴基阳统的道理和阴阳之间的相互资生关系。

3.阴阳的运动变化

（1）阴阳消长

阴阳并不是静止不变的，总是处在"阴消阳长"或"阳消阴长"的变化状态之中。例如，人体在进行各种机能活动时（阳长）必然要消耗一定数量的营养物质（阴消）；在化生各种营养物质时（阴长），又必须消耗一定的能量（阳消）。人体白天阳气盛，机体的生理功能以兴奋为主；夜晚阴气盛，机体的生理功能以抑制为主。子夜阳气生，日中阳气隆，机体的生理功能从抑制逐渐转向兴奋，是"阴消阳长"的过程；日中至黄昏，阳气渐衰，阴气渐盛，机体的生理功能由兴奋逐渐转向抑制，是"阳消阴长"的过程。

阴阳既是处于不断消长的过程，因此阴阳只有相对的、动态的平衡，而

没有绝对的、永久的平衡。人体中
阴阳在一定限度内不断地有消有
长、有盛有衰。这是生理活动的过
程。这个活动过程出现异常，就会
发生病理变化。如果机体的物质基
础（阴）消耗过多，则机能活动
（阳）就会相对地亢盛，阴阳的平衡
不能维持而产生形体虚弱、头晕耳
鸣、潮热盗汗、虚烦不眠等"阴虚
阳亢"的症候。治疗这种病证要用
"滋阴潜阳"法来调整体内阴阳的消
长，使之恢复正常，达到阴阳的相对平衡。

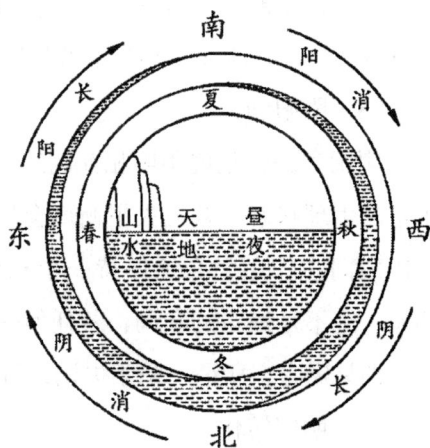

图 9-2　阴阳消长图
（阴影部分表示阴，无阴影部分表示阳）

（2）阴升阳降

就是说阴阳不是静止不变的，是变动不已的，其阴阳消长规律一般说
总是阳趋于阴，阴趋于阳，上为阳，下为阴，阴趋于阳，其运动方向是由下
向上，所以叫作阴升；阳趋于阴，其运动方向是由上向下，所以叫作阳降。
《素问·天元纪大论》云："动静相召，上下相临，阴阳相错，由变由生也。"
说明一切变化的发生，都是由阴阳相错，亦即由于阴升阳降不断运动而来。
既然一切变化的发生都是由于阴阳对立面之间的不断运动，而自然界中一切
正常现象的产生，也无一不是由于阴阳之间运动变化而来，故《素问》同篇
中又云："曰阴曰阳，曰柔曰刚，幽显既位，寒暑弛张，生生化化，品物咸
章。"反之，如果运动停止，则自然界中一切生命变化也就随之停止，所以
《素问·六微旨大论》又云："不生不化，静之期也……出入废则神机化灭，
升降息则气立孤危。故非出入，则无以生长壮老已；非升降，则无以生长化
收藏。"由此说明，阴阳之所以变化，完全是由于阴阳对立之间的不断运动。
如果没有运动也就没有变化，没有变化自然也就没有生命。

阴阳之间为什么会产生不断的升降运动呢？这就是阴阳之间互相作用的

结果，也就是前面所讲的"动静相召，上下相临"的结果，正因为阴阳之间具有这一特性，所以阴和阳也就自然地结合在一起，互为根本，相互依存了。

（3）阴阳和失

阴阳和调就是说阴阳相互制约、相互依赖，保持人体阴阳的平衡，维持正常的生理状态。若失去平衡就会生病，所谓阴阳和调为适、失调为病。阴与阳之间在作用上必须保持一个和调状态。当然这是相对的和调，动态的和调，绝不是绝对的和调，若任何一方面出现偏盛或偏衰，失去和调的现象时，即呈灾害，所谓"阴阳失调，百病丛生"，就是这个道理。

（4）阴阳转化

在一定条件下，阴阳对立的双方向各自相反的方向转化，即阴转化为阳，阳转化为阴。所谓"物极必反"就是这个道理。《素问·阴阳应象大论》说："重阴必阳，重阳必阴""寒极生热，热极生寒。"就是说，阴到极限，阴可以转化为阳，或者说会出现阳的表现；阳到极限，阳可以转化为阴，或者说会出现阴的现象。中医学认为，疾病可以由寒转热，由热生寒，由表入里，由里出表，由实转虚，由虚转实。

从以上说明，阴阳的对立性并不是绝对的，而是相对的；其相对性，是因为在一定条件下，阴阳可以相互转化，阴可以转化为阳，阳可以转化为阴。另一方面，则体现在阴阳之中，可以再分有阴阳，变化无穷。阴阳一体，是一个不可分割的整体，但没有阴就没有阳，没有一就没有二，是阴阳互根，互相依存，阴升阳降，动而不已，相互为用的，不断地由简单到复杂，由低级到高级，在不断变化，不断向前发展，是认识、分析、归纳和论理的重要工具。

中国古人考察人身生命是从天地人这一大生态系统中考察的，天地人为一大系统，人只是其中的一小系统。所以考察人的时候，不能只就人论人，必须研究人与自然界的统一性，人与自然界的共同规律。《素问·六微旨大论》说："言天者求之本，言地者求之位，言人者求之气交。""帝曰：何谓气交？岐伯曰：上下之位，气交之中，人之居也。故曰：天枢之上，天气主之；天枢之下，地气主之；气交之分，人气从之，万物由之。此之谓也。"气交是指下降的天气与上升的地气相交融的地方，也就是人生活于天地之中的自然环境。《素问·宝命全形论》曰："天覆地载，万物悉备，莫贵于人，人以天地之气生，四时之法成。""夫人生于地，悬命于天，天地合气，命之曰人。"人在天地升降交融之气中生存，天地的四时阴阳的交替变更就决定和影响人的身体健康，所以说"人生于地，悬命于天"。换言之，人的生命既来源于天地，又受制于天地，天地的四时阴阳的交替变更也对人的生存起决定性作用。

阴阳互根、阴阳消长就是从老子的圜道而来，老子《道德经》第二十五章曰："有物混成，先天地生。寂兮寥兮，独立而不改，周行而不殆，可以为天下母。吾不知其名，强字之曰道，强为之名曰大。"[1]所谓"独立而不改，周行而不殆"，就是说混沌的道终而复始，循环往复的运行。而混沌的道就是阴气、阳气、冲和之气。《道德经》四十二章说：道生一，一生二，二生三，三生万物。万物负阴而抱阳，冲气以为和。"

（三）天人通过阴阳同类而相通

因为天地万物皆由阴阳二气构成，人亦如此，这样人与天地自然因阴阳气而沟通感应是理所当然的。《素问·金匮真言论》曰："平旦至日中，天之阳，阳中之阳也；日中至黄昏，天之阳，阳中之阴也；合夜至鸡鸣，天之阴，阴中之阴也；鸡鸣至平旦，天之阴，阴中之阳也。故人亦应之。"认为人体的能量流程与周天能量流程，保持一致的流向，科学揭示"天""人"相感应的道理。

《吕氏春秋》中的十二纪是全书的纲领。它构建了"天""地""人"与各个方方面面的组合，依阴阳消长、四时更替而变化发展。《十二纪》就是十二时序：孟春、仲春、季春、孟夏、仲夏、季夏、孟秋、仲秋、季秋、孟

---

①陈鼓应：《老子注译及评介》，北京：中华书局，1984年，第163页。

冬、仲冬、季冬。讲论了阴阳气化运动与季节变更的情况。如"孟夏之月"，阴阳争胜，阳胜；那么，仲冬之月，则是阴胜。"十二纪"凝聚了依据十二月变化的气候、天象、物候、政令、农事、祭祀等，各项互相关联的活动中，以阴阳五行消长为主线，以人间政令、农事为对应物的一整套反映现实世界的活动模式。这样，《吕氏春秋》就用阴阳学说构造了一种有序列、有系统的阴阳模式；在此基础上，《淮南子》用此类的方法，阐述"阴阳和合而万物生"。"道"本身不能生造万物。在"道"生万物的一系列环节中，"阴""阳"起了重要的作用，而《淮南子》此类说对"阴""阳"起了归类的作用，沟通了阴阳与诸物之间的联系。《淮南子》认为，它们之间的感应是由本身的物理性能所引起的。总之，自然界的生物与所处环境有一种自然对应关系。"皆象其类，皆应其内"。所以，"能通太和，而持自然之应者，为能有之"。"同类相应"是一种自然法则，常然之理。继之，董仲舒提出了完整的"天人感应"思想，认为"天"与"人"可以通过"阴阳之气"来沟通的。董仲舒在《同类相劝》篇中说：天有阴阳，人亦有阴阳。天地之阴气起，而人之阴气应之而起；人之阴气起，而天地之阴气亦宜应之而起，其道一也。明确说出了"阴阳二气"是"天人感应"的媒质、中介物。

《周易》构造了一个"天人合一"的和谐至高境界，《易传》中说："夫大人者，与天地合其德，与日月合其明，与四时合其序，与鬼神合其吉凶。"[1]这里的"鬼""神"指"归"与"伸"，是阴阳的"屈"与"伸"。言有道德修养的伟大人物，要与"四德"融为一体，能与日月合其光明而辉耀四方；与四时合其顺序，无任何举止上的失措；与阴阳的屈伸往来所产生的吉凶都能承受。这样的人，完全能与天地阴阳节律相默契。《易传》认为，这样的人已达到天人和谐至高境界，因而只有这样的人，才是君临天下的"大人"，才能经世治国。

---

①吴兆基编译：《周易》，长春：时代文艺出版社，2001年，第11页。

（四）阴阳平衡而共存

阴阳二气共生共存，因此，古人用阴阳互根，孤阴不生、独阳不长，重阴必阳、重阳必阴，阴消阳散（六）、阳消阴散，万物负阴而抱阳等极为简练的词句，把阴阳本性作了概括的说明。现在纪由在《阴阳初探》一书中概括为"阴为阴中阳，阳为阳中阴；阴中有阳，阳中有阴；以阳压阳见真阳，以阴压阴见真阴"，[1]这是他多年深思后对阴阳平衡共存理论的提炼。

阴阳二气的相互作用是通过引力、斥力、中和力来实现的。现在我们都知道牛顿提出了万有引力理论，知道星际之间之所以能维持着长久的位置和轨道，就在于它们之间存在着万有引力，但实际上又还存在着万有斥力，否则宇宙就只能收缩。引力场实际上也是个斥力场，更确切地讲是个引、斥、中和场。在这个场中既存在阴阳异性之间的引力，也存在同性之间的斥力，才能长久地保持彼此的轨道和势力范围，两个势力范围之间总有个中和点（失重点）。无论多么强和弱的引、斥力，无论多么复杂的引、斥现象，都有它们的消失点，这个点就是平衡点，也就是中和点。最强的引、斥消失点就是阴阳学称的太极，现代科学所称的质心。最弱的引、斥消失点则是相互作用中的边界（表层），星际之间则称失重点。中和是一切现象的总趋势。中和是千变万化的总法则（规律）。阴阳中和点是平衡点，也是静止点，是作用力的消失点，又是作用力的最高点。

老子率先建构了阴阳气化的宇宙形成模式，他说："道生一，一生二，二生三，三生万物。"由此认为"万物负阴而抱阳，冲气以为和"。揭示了事物内部阴、阳两种势力的对立与统一。老子所说的"一生二"就是指混元之气产生阴阳二气；由阴阳二气的交感产生"中和"之气，谓之"三"，"三"能派生出千千万万的事物。而且各个具体事物中，又是"阴阳相抱，冲气以为和"。这是老子设想的阴阳相交，和气生物的世界万象图。认为大至天宇，

---

[1] 纪由：《阴阳初探》，北京：中国华侨出版社，1996年，第74页。

小至毫末，事事物物中，都具有阴阳二气，阴阳二气参变化合，和气生物，形成光怪陆离的大千世界。

同样，阴阳气化，亦是造就人体的必具条件。"阴阳于人，不翅（啻）父母"。①还用阴阳的"气变""形变""气聚""气散"来说明"人"体的产生和死亡的关系。"人"亦是气化流程的产物。从"人"体机能来说，如果阴阳失调，不光"阴"会戕贼人，"阳"同样也会致使人产生疾病。

庄子比较强调阴阳的平衡与调和。《庄子·在宥》说："人大喜邪？毗于阳。大怒邪？毗于阴。阴阳并毗，四时不至，寒暑之和不成，其反伤人之形乎？"②比较客观地认为"阴阳二气"的流行是一个自然的流程。阴阳四季，相盖相治，相生相杀，也是自然相生相制的道理。《则阳》篇中明白地说："阴阳相照、相盖、相治；四时相代、相生、相杀；欲恶去就，于是桥起，雌雄片合，于是庸有。"③阴阳的交流、消长、融和、贯通，即是春、夏、秋、冬四季变化更替。在庄子看来，一年四季生、长、衰、杀是自然界运行的规则，是一个完整的全过程，缺一不可。看来《庄子》比较切中"阴阳"的含义。

庄子认为，阴阳交和是从天地间互相通气交和而成的。《庄子·田子方》中提出："至阴肃肃，至阳赫赫；肃肃出乎天，赫赫发于地，两者交通成和而物生焉。"④由于阴阳调和，天气与地气互相交流，才能化育生灵，产生芸芸万物，组成大千世界。《天运》说："一清一浊，阴阳调和，流光其声。""吾又奏之以阴阳之和，烛之以日月之明。"成玄英疏："阴升阳降，二气调和，故施生万物，和气流布，三光照烛，此谓至乐，无声之声。"⑤当

---

①王世舜：《庄子译注》，济南：山东教育出版社，1984年，第123页。
②王世舜：《庄子译注》，济南：山东教育出版社，1984年，第182页。
③王世舜：《庄子译注》，济南：山东教育出版社，1984年，第508页。
④［清］郭庆藩：《庄子集释·天下》，《诸子集成》第4册，长沙：岳麓书社，1981年，第338页。
⑤［清］郭庆藩：《庄子集释·天下》，《诸子集成》第4册，长沙：岳麓书社，1981年，第240、241页。

然，在阴阳交流中，"和气"起了重要的作用，唯有"和"才能施生万物，达到和谐的至乐境界。

"阴阳调和"是阴阳学说中一个重要的命题，也是古代哲人们所孜孜追求的"真谛"。如老子所说，"万物负阴而抱阳，冲气以为和"。《易传》中的"阴阳合德，而刚柔有体"，[①]《庄子》中的阴阳"交通"而"成和"。指的是阴阳互相之间的交流所达到的和谐状态，阴阳交流所产生的"和谐""协调"是"阴阳相待"的重要内容。

《黄帝内经》用阴阳学说来阐述医学理论问题，论证了人应该保持"阴阳平衡"的观点。《素问·生气通天论》说："阴平阳秘，精神乃治"。阴阳平衡，方能秘藏而不外泄，人的精神就能保持正常。《素问·调经论》说："夫阴与阳皆有俞会，阳注于阴，阴满之外，阴阳匀平，以充其形，九侯如一，命曰平人。"阴经和阳经都有俞有会，以相互沟通，气血在阳经充盈后就注入阴经，在阴经中充满后又外溢于阳经。这样阴经和阳经内的气血都均匀而平衡，以此来充养人身。人身得到气血均匀的充养，各部的功能正常，所以三部九侯的脉象都是一样的，没有偏盛偏衰的现象，这样的人就称为"平人"，即正常的人。《素问·至真要大论》说："谨道察阴阳所在而调之，以平为期。"仔细地察看阴阳偏盛偏衰发生的部位而进行调治，以恢复它的平衡为限度。《内经》认为阴阳平衡是人体生理状态的表现，而阴阳平衡的破坏是病理状态的表现。所以，医生治病的关键就在于调理阴阳，恢复阴阳的平衡，人体也就恢复正常了。

古人认为"阴阳"共存于一体之中，不能分离，"阴阳"是相互依存和互根的，因此提出"孤阴不生，独阳不长"。《素问·生气通天论》说："凡阴阳之要，阳密乃固。两者不和，若春无秋，若冬无夏。因而和之，是谓圣度。若阳强不能密，阴气乃绝；阴平阳密，精神乃治；阴阳离决，精气乃

---

①吴兆基编译：《周易》，长春：时代文艺出版社，2001年，第268页。

绝。"这里强调了阳气起主导作用，又说明了阴阳平衡和阴阳依存、互根的重要性，阴阳的分离，就会导致死亡。后来明朝张景岳《类经图翼》表述为："第阴无阳不生，阳无阴不成，而阴阳之气本同一体。"

古人这些阴阳平衡与调和的观念就是敦煌写本阴阳宅所强调的阴阳平衡、反对极阴极阳的偏差给人的身体健康所带来坏的影响的观念的理论来源。古人很早就认为"阴阳序次，风雨时至，害生繁祉，人民和利，物备而乐成"[①]。只有这样的居住环境才具备人们繁衍生息，安居乐业的环境物质条件。P.3865《阴阳宅经》说："若一阴一阳往来，即合天道，自然吉昌之象也。设要重往，即须逐道住四十五日，或七十二日后往之，无咎。夫辩宅者，皆取移来相（向）数定之，不以街南、街东为阳不妨是阳位作阴宅，居之吉。街南街西为阴位不妨作阳宅，吉。凡移来，不勒远近，一里与百千里同，十步与百千步同。"敦煌写本阴阳宅经强调住宅的移徙都应该"一阴一阳往来"，才能"自然吉昌"。可见，敦煌写本阴阳宅中所强调的阴阳平衡等阴阳相地、阴阳平衡和谐的理念，是一种直观体验的总结和一个整体思辨的结果，它包含了选择的地形、地质、水文、气候、植被、生态、景观等诸要素，并以传统哲学的"气""生气""阴阳"等概念来解释其吉凶，确定是否适合人类居住生息。

二、敦煌写本宅经葬书与五行生克的理论

敦煌写本宅经葬书中广泛运用五行生克的理论来论断吉凶，如 P.3281 说"（宫姓）若养六畜，宜黄赤色，番息上好。"因为宫姓属土，养畜宜黄赤色。黄色是土的本色，赤色为南方火的颜色，因为火生土，所以宫姓养畜亦宜赤色。P.3492《诸杂推五姓阴阳等宅图经》说："弟（第）一之宅但（坦）然平，弟（第）二之宅东南倾，弟（第）三之宅地与姓相生者，吉。"认为

---

① 上海师范学院古籍整理组校点：《国语·周语下》卷三，上海：上海古籍出版社，1978 年，第 128 页。

最好的住宅环境应该是四周平坦，求其次则也应该西北高东南低，若以上两者都不具备的话，宅地与姓相生也可以。宅地与姓如何相生呢？同卷说："东高［西］下名角地，羽居之吉。南高北下名徵地，宫居之吉。西高东下名商地，羽居之吉。北高南下名羽地，角居之吉。四方高、中央下，名宫地，商居之吉。四方下、中央高，［名］宽［地］，平居吉。四面不满一佰廿步者，不可居。"五行运用于五姓宅的缘由在五姓相宅源流中已经论列，这里主要只就五行生克的理论作简要介绍。

（一）五行的概念

关于五行概念的由来，众说纷纭，如刘起釪认为，五行是由天象上五星的概念转来的，或以为是由五方土的颜色的概念演变而来的，中原以关中、黄河中游为地中，为五行中的土，黄色，四方各依方色，现在北京故宫社稷坛的祭坛就保留了这一五方色。不一而是。一般说来，人们都认为《尚书·洪范》是较早提及五行的文献，《尚书·洪范》讲述五行时说："一曰水，二曰火，三曰木，四曰金，五曰土。水曰润下，火曰炎上，木曰曲直，金曰从革，土爰稼穑。润下作咸，炎上作苦，曲直作酸，从革作辛，稼穑作甘。"[1]这实际上是概括物质的五种属性及其处理办法。上述可见，《洪范》中五行的排序是水火木金土，五行各自的特性分别是润下、炎上、曲直、从革、稼穑。与之相对应的五味是咸、苦、酸、辛、甘。张华山《中医学秘里求真》18、19、20页中详细地论证了润下、炎上、曲直、从革、稼穑，及其与之相对应的五味咸、苦、酸、辛、甘。大家可以参阅。并且认为这种原始五行是一种立体五行，可以作为中医医理解释人体生理与病理，用于指导中医治病疗伤。

五行与天上的五星可能有很大的关系，古人就是通过观测五星的运行来占断吉凶的，《汉书·律历志》说："五星之合于五行，水合于辰星，火合于

---

① ［唐］孔颖达：《尚书正义·洪范》，《十三经注疏》，上海：上海古籍出版社，1981年，第188页。

荧惑，金合于太白，木合于岁星，土合于填星。"①在战国秦汉人看来，五星是合于五行的，日月则分别合于火水。日月五星既然都具有五行的属性，人们当然就可以根据五行之理对其运行来推测生克吉凶了。天上二十八宿的建立是经历过一个很长的历史过程的。据陈遵妫考证，二十八宿的名称，最早见于《周礼》一书（《周礼·春官》说冯相氏辈"二十八星之位"，《秋官》也有"二十八星之号"。但其详细不明）。《史记》以前的古书所记二十八宿星名，起初只有四宿，到了《诗经》的著作时代有了八宿，《尔雅·释天》有十七宿，《月令》有二十五宿；到了《史记·历书》二十八宿才算完备。后来《史记·天官书》将二十八宿分成东南西北四组，并分别配以苍（青）、赤、白、玄（黑）四种颜色。这样，天上四象与五行构成了古人占断吉凶的重要手段。

（二）五行类比

古人试图将天下万事万物归类排列，用五行来概括，《淮南子·天文训》曰："东方，木也，其帝太皞，其佐句芒，执规而治春；其神为岁星，其兽苍龙，其音角，其日甲乙。南方，火也，其帝炎帝，其佐朱明，执衡而治夏；其神为荧惑，其兽朱鸟，其音徵，其日丙丁。中央，土也，其帝黄帝，其佐后土，执绳而制四方；其神为镇星，其兽黄龙，其音宫，其日戊己。西方，金也，其帝少昊，其佐蓐收，执矩而治秋；其神为，其兽白虎，其音商，其日庚辛。北方，水也，其帝颛顼，其佐玄冥，执权而治冬；其神为辰星，其兽玄武，其音羽，其日壬癸。"②这种五方五行五音五神相配的关系可以的编成下面的简表9-1：

① ［汉］班固：《汉书·律历志》，北京：中华书局，1962年，第985页。
② ［东汉］高诱：《淮南子注·天文训》，《诸子集成》第8册，长沙：岳麓书社，1996年，第39页。

表 9-1 《淮南子·天文训》五方五行五音五神相配表

五行	木	火	土	金	水
五方	东	南	中	西	北
五帝	太皡	炎帝	黄帝	少昊	颛顼
五佐	句芒	朱明	后土	蓐收	玄冥
五器	规	衡	绳	矩	权
五神	岁星	荧惑	镇星	太白	辰星
五兽	苍龙	朱鸟	黄龙	白虎	玄武
五季	春	夏	四方	秋	冬
五音	角	徵	宫	商	羽
天干	甲乙	丙丁	戊己	庚辛	壬癸

《汉书·律历志》解释五声时说："商之为言章也，物成孰可章度也。角，触也，物触地而出，戴芒角也。宫，中也，居中央，畅四方，唱始施生，为四声纲也。徵，祉也，物盛大而繇祉也。羽，宇也，物聚臧，宇覆之地。夫声者，中于宫，触于角，祉于徵，章于商，宇于羽，故四声为宫纪也。协之五行，则角为木，五常为仁，五事为貌。商为金，为义，为言；徵为火，为礼，为视；羽为水，为智，为听；宫为土，为信，为思。以君、臣、民、事、物言之，则宫为君，商为臣，角为民，徵为事，羽为物。唱和有象，故言君臣位事之体也。"[1]其配属关系可列成简表如下（表 9-2）：

---

① ［汉］班固：《汉书·律历志》，北京：中华书局，1962 年，第 985 页。

表 9-2 《汉书·律历志》五音相配表

五音	角	徵	宫	商	羽
五行	木	火	土	金	水
五常	仁	礼	信	义	智
五事	貌	视	思	言	听
五伦	民	事	君	臣	物

可见，《汉书》将五行五音的解释全面引向人事，五常、五事、五伦皆指人事而言。后来推演到万事万物都可以用这五行来概括，隋朝萧吉《五行大义》曰："夫五行者，盖造化之根源，人伦之资始，万品禀其变易，百灵因其感通。本乎阴阳，散乎精象。周竟天地，布极幽明。子午卯酉为经纬，八风六律为纲纪。故天有五度以垂象，地有五材以资用，人有五常以表德。万有森罗，以五为度，过其五者，数则变焉。"①《隋书·经籍志》曾予以简明的概括，说："五行者，金、木、水、火、土，五常之形气者也。在天为五星，在人为五藏，在目为五色，在耳为五音，在口为五味，在鼻为五臭。在上则出气施变，在下则养人不倦。故《传》曰：'天生五材，废一不可。'是以圣人推其终始，以通神明之变，为卜筮以考其吉凶，占百事以观于来物，观形法以辨其贵贱。"②汉代将万事万物五分化，就是为了便于占卜吉凶，因而形成五行家，《汉书·艺文志》所记五行家中有《五音定名》十五卷，就是一部将姓氏五分化的专书，以资术士占卜时备查翻检之用。

五行的这种类比，还用来比附人身的骨节、五脏、四肢等，董仲舒《春秋繁露·人副天数》说："天以终岁之数，成人之身，故小节三百六十六，副日数也；大节十二分，副月数也；内有五藏，副五行数也；外有四肢，副

---

① [隋]萧吉：《五行大义》，刘国忠《五行大义研究》附《五行大义序》，沈阳：辽宁教育出版社，1999 年，第 148 页。

② [唐]魏徵、令狐德棻：《隋书·经籍志》，北京：中华书局，1973 年，第 1039 页。

四时数也；乍视乍暝，副昼夜也；乍刚乍柔，副冬夏也；乍哀乍乐，副阴阳也；心有计虑，副度数也；行有伦理，副天地也。"[①]他以一年 366 日比附出人体骨头是 366 块，而实际解剖只有 206 块，显然与实际不符，是纯理论推导，结果实际上就是凭空捏造。董仲舒的人副天数说是天人感应神学目的论的组成部分，强行论证上天有什么，人间就有什么，人之应天，天之应人，人是按照天上至上神复制的，以此叫人"法地顺天"。人要"法地顺天"固然有一定道理，强行类比就肯定是不足取的。

五行运用于人的疾病病理的推断是由《黄帝内经》完成的，《黄帝内经》中的《金匮真言论》和《阴阳应象大论》两篇文字将人体与五行相配，可列表如下（表 9-3）：

表 9-3　《黄帝内经》中人体与五行相配表

五行		木	火	土	金	水
人体	脏	肝	心	脾	肺	肾
	腑	胆	小肠	胃	大肠	膀胱
	形体	筋	脉	肉	皮毛	骨
	五官	目	舌	日	鼻	耳
	五色	呼	笑	歌	哭	呻
	变动	握	忧	哕	咳	栗
	情态	怒	喜	忧	悲	恐

五行用于相宅，在汉代有图宅术，前已论列。五行用于相墓，当是三国时的管辂，管辂相墓用的是"四象"说，所谓"玄武藏头，苍龙无足，白虎竹尸，朱雀悲哭"，指的是墓地东西南北四方的地形、地貌，但他将天上四

[①]苏舆：《春秋繁露义证》，北京：中华书局，1992 年，第 356 页。

象与五行的生克关系结合起来，用四象的象征来占断吉凶，从根本上说，是把地理环境与吉凶祸福联系了起来，这正是后来形势派的最大特点。

（三）五行的生、克、乘、侮

敦煌写本宅经中的五姓五行用于占断吉凶，主要依据其相互的生克关系。五行的相互关系实际上有生、克、乘、侮、承治、制化六种情况。生：相互滋生、生成、促进、协同、增益、演进。克：相互抑制、制伏、削弱、相反、减缓、平稳。乘：相克双方失衡，克方太强或被克方太弱，使克制过度。侮：相克双方失衡，克方太弱，不胜其克而转变为反克、反侮之关系。一般就只概略地说生克关系。

1. 五行相杂、相克、相生

五行生克思想经历了"相杂""相克""相生"三个发展阶段而完成。西周末年，史伯提出"五行相杂成百物"的观点，强调了单一的东西不可能组合成万事万物，各种有差异的东西才能组成五彩缤纷的世界。例如，把五种味道相调配，才会有可口的食物；四肢协调配合，才能营护身体；六律调和，才有悦耳的音乐，充满了差别，才是多样化的统一。这一五行相杂的思想到隋萧吉《五行大义》得到系统总结，其"论五行相杂"从五行体杂、支干杂、方位杂三方面论述了五行相杂的情况。春秋后期，五行思想由五行"相杂"又衍生出了"相克"说。五行相克的序列，在西周初期已形成：水—火—金，木—土，到春秋后期，才明确肯定"五行相克（胜）"的关系。《左传·昭公三十一年》史墨说："火胜金，故弗克。"[1]至哀公九年，史墨又说："水胜火，代姜则可。"[2]五行相克或五行相胜之说，说明五行之间有克与被克、胜与被胜的关系。五行之间是互相制约的，没有一方能占绝对优势。五行相克说是五行相杂说思想的深化和发展。说明世界上不仅有"和

---

①杨伯峻：《春秋左传注》，北京：中华书局，1981 年，第 1514 页。
②杨伯峻：《春秋左传注》，北京：中华书局，1981 年，第 1653 页。

谐组合"的一面；各组成物之间还有对立相克的一面。五行相杂相克，组成五行学说的基本理论。当然，"五行相克"，也不能绝对而论。孙武提出"五行无常胜"的命题。《孙子兵法·虚实》说："故兵无常势，水无常形。能因敌变化而取胜者，谓之神。故五行无常胜，四时无常位，日有短长，月有死生。"[1]墨子也反对将"五行"之间的关系绝对化，提出"五行毋常胜，说在宜（宜即多之误）。"[2]说明五行中，某两行之间能否相胜，不但要看它们的质，而且还要看它们之间的量。如"水"，在一般情况下能胜"火"，但"火"多了，便可战胜少量的"水"。这里包涵着丰富的量、质互变的关系。战国后期出现了"五行生克"说。"五行相生"的序列，在春秋战国之际形成。在《管子》的《幼官图》《四时》《五行》等篇中，以五行配合四时季节相转移，成为"五行相生"的五德终始说。"五行相克"与"五行相生"相结合，便成为"五行生克"说。这是先秦时期五行思想发展的最高阶段。"生"显示了五行之间互相依存、相互促进的同一关系，如木—火—土—金，水—木。"胜"也叫"克"，表示五行之间互相对立、互相排斥的关系，如水克火，火克金，金克木，木克土，土克水。"五行生克"说的出现标志古代辩证矛盾观走向成熟。

2. 五行次序及其比相生、间相胜

西汉时期董仲舒将五行进行了重新排序，并提出了五行之间比相生、间相胜的说法。《春秋繁露·五行之义》曰："天有五行：一曰木，二曰火，三曰土，四曰金，五曰水。木，五行之始也；水，五行之终也；土，五行之中也。此其天次之序也。木生火，火生土，土生金，金生水，水生木，此其父子也。木居左，金居右，火居前，水居后，土居中央，此其父子之序，相受而布。是故木受水，而火受木，土受火，金受土，水受金也。诸授之者，皆

①［春秋］孙武著，余日昌注评：《孙子兵法·虚实》，南京：江苏古籍出版社，2002年，第65页。
②［清］孙诒让：《墨子间诂·经下》，《诸子集成》第5册，长沙：岳麓书社，1996年，第245页。

其父也；受之者，皆其子也。"①这里董仲舒改变了《洪范》中水火木金土的排序，而是水居前，木居中，土在最后的五行排序，木成为五行之始，水为五行的终结，土则为中央之核心，并肯定地说这就是"天次之序"。"是故木居东方而主春气，火居南方而主夏气，金居西方而主秋气，水居北方而主冬气。是故木主生而金主杀，火主暑而水主寒，使人必以其序，官人必以其能，天之数也。"②

在《五行相生》《五行相胜》两篇中将五行相生相胜理论化、系统化。在《五行相生》中提出，五行者，"比相生而间相胜也"。所谓"比相生"，是指毗邻的两行之间是相生的关系，如木与火毗邻，故木火相生，木生火，其余照此类推。"间相胜"是指中间间隔了一行的两行之间有相胜的关系，相胜即是相克，如木与土之间隔了火，故木土相克，木克土，其余照此类推。根据《五行相生》《五行相胜》两篇，五行相生相克的关系："木生火，火生土，土生金，金生水，水生木。木克土，土克水，水克火，火克金，金克木。"

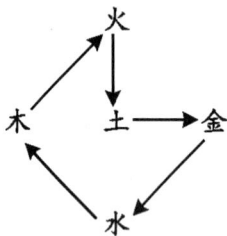

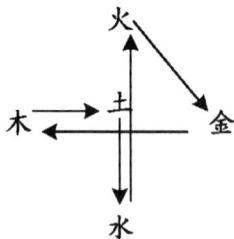

图 9-3　五行相生图　　　　图 9-4　五行相克图　　　图 9-5　五行生克图

《春秋繁露·五行对》："天有五行，木火土金水是也。木生火，火生土，土生金，金生水。水为冬，金为秋，土为季夏，火为夏，木为春。春主生，夏主长，季夏主养，秋主收，冬主藏。"③

---

①苏舆：《春秋繁露义证》，北京：中华书局，1992年，第321页。
②苏舆：《春秋繁露义证》，北京：中华书局，1992年，第322页。
③苏舆：《春秋繁露义证》，北京：中华书局，1992年，第315页。

　　五行的生克是古人对复杂世界的高度理论性的概括总结，是一种理论模式，很有哲理，五行相生相克而共生共存，不能一行独旺，一行独旺就破坏了这种共生共存的关系。所以，我们将五行的生克关系理解为五行相互制约而共生共存的关系，这样就好理解共同体中事物之间的相互关系了。并且五行相生相克的关系不是绝对正确的，历史上赵献可就提出了批判性的反对意见。

　　赵献可（养葵）在《医贯·五行论》说："近世人皆曰水克火，而余独曰水养火。世人皆曰金生水，而余独曰水生金。世人皆曰土克水，而余独于水中补土。世人皆曰木克土，而余独升木以培土。若此之论，颠倒拂常，谁则信之。讵知君相二火，以肾为宫。水克火者，后天有形之水火也。水养火者，先天无形之水火也。海中之金，未出沙土，不经锻炼，不畏火，不克木。此黄钟根本，人之声音，出自肺金，清浊轻重，丹田所系。不求其原，徒事于肺，抑末也。"这里不做过深的推衍，大家可参见张华山《中医学秘里求真》（中医古籍出版社，2011 年，140 页）。所以五行的生克关系就是一种相互制约而共生共存的关系。

表 9-4　五脏相生关系失衡病变表[1]

病变五脏	太过		不及	
	母病及子	子病犯母	母不顾子	子盗母气
肺（金）	金病及水 （肺风水肿）	金病及土 （肺病生痰）	金不生水 （肺肾阴虚）	金虚土弱 （脾肺气虚）
心（火）	火盛及土 （热积胃土）	火病及木 （热极动风）	火不生土 （五更泄泻）	火衰木病 （血不养筋）
脾（土）	土盛及金 （脾湿犯肺）	土病及火 （脾湿化热）	土不生金 （脾虚肺燥）	土虚火衰 （小肠虚寒泄泻）
肝（木）	木旺生火 （怒动肝火）	木病及水 （郁火伤阴）	木不生火 （胆虚不眠）	木衰水亏 （肝肾阴亏）

[1]邹学熹：《中医五脏病学》，四川科技出版社，1991 年，第 46 页。

续表

病变五脏	太过		不及	
	母病及子	子病犯母	母不顾子	子盗母气
肾（水）	水盛及木（寒滞肝经）	水病及金（水饮凌肺）	水不涵木（阴虚肝旺）	水虚金病（阴虚肺燥）

表9-5　五脏相克关系失衡病变表[1]

病变五脏	太过		不及	
	相乘	相侮	反乘	反侮
肺（金）	金行乘木（肺燥肝热）	金旺火郁（肺热化火）	火旺金囚（心热肺燥）	木旺金伤（肝火侮肺）
心（火）	火行乘金（心火伤肺）	火旺水枯（热盛伤阴）	水胜克火（水饮凌心）	金冷火衰（寒滞胸痹）
脾（土）	土行乘水（脾病及肾）	土盛木郁（肝胆湿热）	土败木贼（脾虚肝旺）	土不制水（脾虚水肿）
肝（木）	木行乘土（肝病传脾）	木火刑金（肝火犯肺）	金胜克木（肝弱肺旺）	木不疏土（肝脾不调）
肾（水）	水行乘火（寒水冲心）	水泛土崩（肾病水肿）	土旺克水（泻致癃闭）	水虚火盛（心肾不交）

　　张华山《中医学秘里求真》中认为生克五行是董仲舒臆改的，他将之称之为类比样循环生克五行，不能作为中医的理论指导。而现在力倡医易同源的人有邹学熹、田合禄等人，明朝张介宾有《景岳全书》，其中的《类经》《类经附翼》就是将易理援引解释医理，邹学熹《中医五脏病学》就是用五行生克乘侮来解释五脏的生理与病理，并以此指导五脏病的治疗，可以参阅该书第46页列有五脏相生、相克关系两个表。现在张华山不能批驳邹学熹《中医五脏病学》中五行生克乘侮的说法，或者不顾其说，就不能完成其"不破不立"历史使命。

---

①邹学熹：《中医五脏病学》，成都：四川科技出版社，1991年，第46页。

3. 五行乘侮

所谓"乘"，为胜、欺凌之意；而"侮"，是恃强凌弱之意。相乘，是相克太过，因而产生非常的危害作用。如"金衰遇火，必见销熔；火弱逢水，必为熄灭；水弱逢土。必为阻塞；土衰逢木，必遭倾陷；木弱逢金，必为砍折。"而相侮就是"反克"，即被克之气胜而有余，反而欺侮，就是"反克"，即被克之气胜而有余，反而欺侮原来所不胜之气，就是说它们的次序和相克正好相反。如"金能克木，木坚金缺。木能克土，土重木折。土能克水，水多土流。水能克火，火炎水灼。火能克金，金多火熄"。关于五行乘侮关系，《素问·五运行大论》中精辟而辩证地将客运客气与主运主气的相互作用归纳为"气有余，则制己所胜，而侮所不胜；其不及，则己所不胜侮而乘之，己所胜轻而梅之；侮反受邪，侮而受邪，寡于畏也"。

4. 五行承治

所谓承治，就是相互拱托、承受、中和之意。对太强的一种五行可采取克制或泄之的方法达到中和的目的，对较弱的一种五行可采取生助的方法增强其力量以达到中和的目的。《难易寻源》曾论述说："金旺得火，方成器皿。火旺得水，方成既济。水旺得土，方成池沼。土旺得木，方成疏通。本旺得金，方成栋梁。""强金得水，方挫其锋。强水得木，方泄其势。强木得火，方化其顽。强火得土，方止其焰。强土得金，方制其壅。"就是说，太过则制之、泄之，力量不及则益之、补之。如金弱时可用土生之，用同类的金助之。无论是制之泄之还是补之益之，均是为了达到平衡、中和之目的。

5. 五行制化

五行制化，是通过制、泄、补、益而达到自稳机制的最佳状态。因此有人称之为"制化关系"，实际上是宇宙变化规律的自我调节机制，或称之为扰动调节模式。它集中反映了在五行中有直接生克关系的三行的相互作用而达到调节的情况。张介宾《类经图翼》曾说："母之败也，子必救之。如水之太过，火受伤矣，火之子土出而制焉。火之太过，金受伤矣，金之子水出而制焉。金之太过，木受伤矣，木之于火出而制焉。木之太过，土受伤矣，土之子金出而制焉。土之太过，水受伤矣，水之子木出而制焉。盖造化之机，不可无生，亦不可无制。"这里所说的"制"与运气学说所讨论的复气之说是一致的。

P.3492《诸杂推五姓阴阳等宅图经》详细分析五姓与居宅环境的相生相克关系说："角居宫，贫穷，少子孙，家得廿年后破南家，亦煞［家］长子，出寡妇及刑人。角居商，无后，凶，官事，三年内破家尽。角居羽，大吉，富贵，后向西南徙，三年必破家尽。"所谓角居宫就是角姓居宫地，角属木，宫属土，木克土，因而角居宫，"贫穷，少子孙"。又商属金，金克木，所以"角居商，无后"，不吉。而羽属水，水生木，因而"角居羽，大吉，富贵"。可见，五行生克乘侮的观念在敦煌写本宅经葬书得以广泛运用，且主要是运用其生克关系。强调人与自然的相生关系，尽量避免相克的不利的一面。五行相生相克的道理说明事物之间组成相生相克的链，是相互牵制平衡的，没在绝对的优胜与劣败，充满了辩证法的哲理和智慧。

三、敦煌写本宅经中的大地有机说

敦煌写本宅经中有一种大地有机说，如 P.3865《阴阳宅经》说："宅以形势为骨体，以泉水为血脉，以土地为皮肉，以草木为毛发，以屋舍为衣服，以门户为冠带。若得如斯，是俨雅，乃为上吉。"P.2615a 也有类似的说法，如说："博物者曰：地以名山为之辅佐，石为之骨，江为脉，草木为毛，土为其皮。三尺已上为草，三尺已下为地，阴之。"这些说法是中国古代的大地有机说，认为"大地有如人体"。把大地看作是一个有机体，认为大地各部分之间是通过类似于人体的经络穴位相贯通的，"生气"是沿经络而运行的，风水穴就是一种穴位的表现。《发微论·刚柔篇》将构成大地的 4 种主要元素直接与人体类比之后，指出："水则人身之血，故为太柔；火则人身之气，故为太刚；土则人身之肉，故为少柔；石则人身之骨，故为少刚。含水火土石而为地，犹合精气骨肉而为人。近取诸身，远取诸物，无二理也。"①正因为大地有如人体，所以大地之脉有如人体之脉，《发微论·浮沉篇》中进一步论述道："大抵地理家察脉与医家察脉无异。善医者察脉之阴阳而用药，善地理者察脉之沉浮而立穴，其理一也。"②风水穴被赋予特别重要的意义，它具有"雌雄相喜、天地交通"之寓意。

这种"大地有机"的自然观还表达了古人"天人合一"的思想。汉代董仲舒提出"人副天数"，认为"人有三百六十节，偶天之数也；形体骨肉，偶地之厚也。上有耳目聪明，日月之象也；体有空窍理脉，川谷之象也。"③"天以终岁之数成人之身，故小节三百六十六，副日数也；大节十二分，副月数也。内有五脏，副五行数也。外有四肢，副四时（季）数也。乍视乍暝，副昼夜也；乍刚乍柔，副冬夏也。乍哀乍乐，副阴阳也。"④他又说，"天地之常，一阴一阳。阳者天之德也，阴者天之刑也。……天亦有喜怒之气、哀乐之心，与人相副。以类合之，天人一也。"⑤因此，"事各顺于名，名各顺于天，天人之际合而为一。"⑥这样，"天地是个大宇宙，人身是个小宇宙"，中国古人就这样从自身去推测宇宙。《周易》中所提的"近取诸身，远取诸物"的说法，也包含着这样一层意思。中国人讲究"天人合一"，不仅把天、地、人为"三才"看作是一个有机的整体，还把"三才"看作是具有全息同构的关系。这种宇宙全息律为中国古代文化思想所特有，今天的自然科学如生物学等领域，正在采用宇宙全息律来寻找各级系统组织之间的联系。

魏晋南北朝时期，天下动荡，士大夫多周游四方，地理学因之大兴，晋

---

①［宋］蔡元定：《发微论·刚柔篇》，文渊阁《四库全书》第808册，上海：上海古籍出版社，1989年，第190页。

②［宋］蔡元定：《发微论·刚柔篇》，文渊阁《四库全书》第808册，上海：上海古籍出版社，1989年，第194页。

③苏舆：《春秋繁露义证》，北京：中华书局，1992年，第354页。

④苏舆：《春秋繁露义证》，北京：中华书局，1992年，第356页。

⑤苏舆：《春秋繁露义证》，北京：中华书局，1992年，第341页。

⑥苏舆：《春秋繁露义证》，北京：中华书局，1992年，第288页。

郭璞著《葬经》，提出"大地生气论"，认为大地中沿着山脉的走向有生气流动，如人体的血液、经气似地流动，并且随着地形的高低而变化。遇到丘陵、山冈则地中生气就高起，到了洼地内就下降。敦煌写本宅中所提的大地有机说正是这一观念的发展。S.5645《司马头陀地脉诀》说："乾坤相对，如两臂之齐长。震兑分明，似头足之全。其山形似体，地象于身，口在鼻前，食息从斯吐纳。四支（肢）五体衰王（旺）并是根生。""土多棘刺（刺），更不堪居。草木萎黄，使人贫病。山林郁茂足好，仙花树木忡（增）长。草木肥沃，山泉流水，鸟兽集中。土内青黄，地花鸟紫，如此之地，甚足名山。草木冬夏不彫，更为弟（第）一山。"所以说，土地肥沃、风景优美、动植物繁盛之处就是人类宅居的吉祥宝地。如今随着现代科学如地球生物学的深入研究，中国古代的大地有机说日渐显示出科学的智慧。

第二节　敦煌写本宅经葬书与天人合一及天人和谐

一、敦煌写本宅经葬书中的天人合一理念

敦煌写本宅经葬书中记载了大量用四象相地的内容，认为人们居住的最理想的地理环境要具备左青龙、右白虎、前朱雀、后玄武四象。P.2615a "占宅刑（形）势法"说："白虎登天，青龙入泉，朱雀顾翼，玄武登山，如此之地，一寸万钱。"P.2615a载："皇帝问地曹（典），何为青龙、白虎、朱雀、玄武？地典答曰：左有南流水为青龙，右有南行大道为白虎，前有污（洿）地（池）为青朱雀，后有丘陵为玄武。"同卷"祭宅文"也说："左青龙，右白虎，前朱雀，后玄武，各居本位，守护宅舍，自然富贵，光显子孙。"

P.3492和P.2615a的"推地刑"载有关于宅舍周围四象完备与否的占验，P.2615a说："凡宅得五（四）神备足，五姓居之，［并］吉。若无俱备，但得一神，亦可居之，二神亦吉，三神更好，何况四神俱具备。弟（第）［一］之宅但（坦）然平，弟（第）二之宅东南倾，弟（第）三之宅地与姓相生者，

吉。"S.5645《司马头陀地脉诀》也说："弟（第）一之地垣然，四面平正。弟（第）二之地东南倾，西北高。第三之地天门、地户成。第四之地，远近之地回抱有逢迎。"只将"第一之宅"换成了"第一之地"，文字全同，皆为形法相地，寻觅优良居址。

若四象不具备的话，如何解决呢？P.2615a"卜种树法"说："凡宅，东无青龙及南流水，种青桐八根。宅西无白虎、巷门大道，〔种〕梓树九根。宅南无朱雀洿池，种枣树七根。宅北〔无〕玄武丘陵，种榆树六根，应吉。桃木者，百木之恶，种舍前，百鬼不入宅。榆木者，百木之少府，种之于舍后，令人得财；一名穀树。桑者，百木之使，种之舍前，吉。槐树，百木之丞相，种之门前，道运人家富贵，宜仕官。李者，百木之使，种之舍前，出贵子。茉莫（苣）者，百〔木〕之贤，种之井上，除温病，吉。"这显然是针对住宅四周四灵（青龙、白虎、朱雀、玄武）缺损而用的树镇法。流传下来的〔宋〕王洙等编撰、〔金〕张谦重校的《重校正地理新书》卷二"宅居地〔形〕"曰："宅欲得左有流水，谓之青龙。右有长道谓之白虎，前有污池，谓之朱雀。后有丘陵冈原，谓之玄武，为最贵地。若无此相，凶。不然种树，东种桃柳，南梅枣，西栀榆，北榛杏。"[1]可见，敦煌写本与传世文献可以相互印证。

传世的《阳宅十书》"论宅外形第一"说："凡宅，左有流水谓之青龙，右有大道谓之白虎，前有污池谓之朱雀，后有丘陵谓之元武，为最贵地。"历史文献还记载了管辂用四象的理论来判断毌丘俭墓的吉凶的事例。可见用四象判断吉凶的理论由来已久。古人为何如此重视宅居或墓穴四周的四象呢？我想其深层的原因是隐藏在于先秦秦汉时期人们心中的天人合一理念以及寻求一个通天通神的天地的中心的想法，因为天命论的观念和天人感应的观念在中国古人心中由来已久且根深蒂固，因此寻求一个理想的与天沟通的场所就不足为怪。

---

①〔宋〕王洙等纂、〔金〕张谦重校：《重校正地理新书》，《续修四库全书》第1054册，上海：上海古籍出版社，1997年，第22页。

天人合一是中国古代一个很大哲理观念，现在谈论风水的著作不少，而将风水术与天人合一联系起来的却不多，笔者至今只看到两本书谈到天人合一，一本是一丁在《中国古代风水和建筑选址》引用了张岱年的论天人合一观，①另一本是汉宝德在《风水与环境》中将风水术中的穴与天人合一联系在一起。②也就是说中国古人认为人类理想的生存环境（穴）就是天人合一，这与风水术产生的时代背景是紧密相连的。

二、相宅卜葬术的形成与天人合一

本书认为相宅卜葬术是受天人合一的大理念指导的，有如下的理由：

相宅卜葬形成时期正是天人合一理论成熟完善时期。我们先从中国相宅卜葬方术的溯源来看，现在我们在班固的《汉书·艺文志》中看到有《五音定名》、相术中的形法，另有王充《论衡》中谈到图宅术，等等，这些现象都说明秦汉时期是相宅术的形成时期，学术界也基本同意这一说法。值得注意的是，秦汉时期正是天人合一理论成熟完善时期，当时的学者有天人合一说的具体论证。

古人认为天人同类同构，物我同一，天地万物同是一原，即太极。老子曰："道生一，一生二，二生三，三生万物。万物负阴而抱阳，冲气以为和。"③老子所谓"一"即是太极，太极中的元气分而为阴阳二气，阴阳二气交感而形成中和之气，由此而生成万事万物。既然万物同源，而由万物构成的宇宙是一个整体，那么宇宙的各个部分间就必然相通，宇宙中的任一组成部分都有着宇宙整体的某种规律。所以天、地、人之间都相同相通。《淮南子·本经训》曰："天地宇宙，一人之身也；六合之内，一人之制也。"④即是此意。

---

① 一丁：《中国古代风水与建筑选址》，石家庄：河北科学技术出版社，1996年，第50页。
② 汉宝德：《风水与环境》，天津：天津古籍出版社，2003年，第39页。
③［晋］王弼注：《老子道德经》，《诸子集成》第3册，长沙：岳麓书社，1996年，第20页。
④［汉］刘安撰，［汉］高诱注：《淮南子注·本经训》卷八，《诸子集成》第8册，长沙：岳麓书社，1996年，第121页。

老子曰："故道大，天大，地大，人亦大。域中有四大，而人居其一焉。人法地，地法天，天法道，道法自然。"①

在物质的层面上具体的类同比附时，董仲舒认为"人副天数"，天与人由于"类同"而合为一体，把宇宙整体当作一种客观存在状态而加以解释。他说："人有三百六十节，偶天之数也；形体骨肉，偶地之厚也；上有耳目聪明，日月之象也；体有空窍理脉，川谷之象也；心有哀乐喜怒，神气之类也；观人之体，一何高物之甚，而类于天也。"②"是故人之身，首妾而员，象天容也；发象星辰也；耳目戻戻，象日月也；鼻口呼吸，象风气也；胸中达知，象神明也；腹胞实虚，象百物也；百物者最近地，故要以下地也，天地之象，以要为带，颈以上者，精神尊严，明天类之状也；颈而下者，丰厚卑辱，土壤之比也；足布而方，地形之象也。"③"天以终岁之数，成人之身，故小节三百六十六，副日数也；大节十二分，副月数也；内有五脏，副五行数也；外有四肢，副四时数也；占视占瞑，副昼夜也；占刚占柔，副冬夏也；占哀占乐，副阴阳也；心有计虑，副度数也；行有伦理，副天地也；此皆暗肤着身，与人俱生，比而偶之弇合，于其可数也，副数，不可数者，副类，皆当同而副天一也。"④

《黄帝内经》有完整的天人一体的思想，它包括两重意义：一是认为人是天的一部分，是天的缩影；依现在流行的话说，人是一小宇宙，天是一大宇宙。人体的结构功能与天象有类同之处。二是天有阴阳运行规律、五行生克规律；人也有阴阳运行规律、五行生克规律。《素问·阴阳应象大论》说："阴阳者，天地之道也，万物之纲纪，变化之父母，生杀之本始，神明之府也，治病必求于本。"影响人体疾病的阴阳本就是"天地之道"。《阴阳离合

---

① ［晋］王弼注：《老子道德经》，《诸子集成》第 3 册，长沙：岳麓书社，1996 年，第 11 页。
② ［西汉］董仲舒：《春秋繁露》，长沙：岳麓书社，1997 年，第 218 页。
③ ［西汉］董仲舒：《春秋繁露》，长沙：岳麓书社，1997 年，第 219 页。
④ ［西汉］董仲舒：《春秋繁露》，长沙：岳麓书社，1997 年，第 204 页。

论》说："天为阳，地为阴，日为阳，月为阴，大小月三百六十日成一岁，人亦应之。"就是说人与天因相同的阴阳五行规律而相通。

以上是物质层面上的比附，至于在人的类群社会关系方面如何与天道相同，古人也有论述，《论语·为政》载孔子之言曰："为政以德，譬如北辰，居其所而众星共之。"①关于人的类群组织方面与天道相同的道理，司马迁的论述可能最为典型。他在《史记·太史公自序》中说："二十八宿环北辰，三十辐共一毂，运行无穷，辅拂股肱之臣配焉，忠信行道，以奉主上，作三十世家。扶义俶傥，不令己失时，立功名于天下，作七十列传。"②就是说天上以北斗为中心，北斗周围有二十八宿，二十八宿又散布在群星之中。天象比附人间的政治结构，则周天子或中央集权的皇帝有如天极北斗，"辅拂股肱之臣"有如"环北辰"的"二十八宿"或车轮"共一毂"的"三十辐"；帝王有大臣的辅助，天下国家的政治就能"运行无穷"，所以，作三十世家，表彰这些大臣。大臣之外的士人能匡扶正义，立功名于天下，所以用列传记下他们的名字和事迹，让他们的美名流芳百世千载。也就是，人间的类群社会组织中的帝王、大臣和士庶人也就像天上的北斗、二十八宿、众星的布列和运行一样，因而也是天经地义的。

若从相宅卜葬的实践上看，秦汉时期国都采用了天人合一模式，就是天人合一理念在相宅营都方面的具体运用。秦汉时期的都城（咸阳、长安）设计建造者都将都城象征着天极或北斗，设想国家以都城为中心，都城是政治宗教中心之所在，周围郡国拱卫都城，有如众星环北斗运行一样，中央行政也因此运转不息。正如孔子和司马迁所论文的那样。从史料上说，最早谈论卜葬的是三国时期的管辂，而管辂相墓所采用的方法正是用天象中的四象（青龙、白虎、朱雀、玄武）来占断吉凶的。《三国志·魏书》卷二十九《方

---

① 杨伯峻：《论语译注》，北京：中华书局，1980年，第11页。
② ［西汉］司马迁：《史记·太史公自序》，北京：中华书局，1959年，第3319页。

技传》载："辂随军西行，过毌丘俭墓下，倚树哀吟，精神不乐。人问其故。辂曰：'林木虽茂，无形可久。碑谏虽美，无后可守。玄武藏头，苍龙无足，白虎衔尸，朱雀悲哭，四危以备，法当灭族。不过二载，其应至矣。'卒如其言"。[1]说明管辂是最早用四象的理论来判断毌丘俭墓的吉凶的。

从考古发掘的实物方面看，汉魏时期的六壬式盘可以说是象征天地的缩微作品（式盘图见图 3-12 至图 3-16），式盘上面可旋转的圆盘是天盘，下面固定的方盘是地盘。象征天圆地方。天盘中心是北斗，围绕北斗有六壬十二将；周边是二十八宿（四象）；地盘标示二十四向，并有二十八宿（四象）。汉魏时期的六壬式盘上天盘（天上四象）、地盘（地面八方二十四向）俱全，是勘天舆地的工具，也是六壬方术士占卜吉凶的工具；当时的方术士就是以天地盘以及六壬十二将来占断人间吉凶的。汉魏时期的六壬式盘也是后来风水术术士的工具，后来风水术术士所用的罗盘就是从这种六壬式盘脱胎而来的。

综上所述，我们有理由说，中国的相宅卜葬术若追本溯源的话，通通都应该归结到天人合一的大的理念上来，或者说，提到天人合一这一哲理的高度来谈。有人曾论证了古人所谓风水术相地的"穴"是女阴的象征，是大地为母的观念的体现。作者以为，这充其量是元明时期，也就是比较晚的时期的观念，较早的观念，或者说秦汉时期相宅卜葬术形成时期的观念，就是天人合一的理念。比如说，隋唐长安的设计者，宇文恺设计大兴城（长安）就是按八卦中乾卦的意象来设计布局的。乾卦是象征天和男性的，决不能和象征女性的坤卦混为一谈。又比如说后来的北京作为都城，肯定是象征天极，天的中心。这也象征地的中心，寓意天子坐镇中央，施政四方，决不能用象征女性的坤卦来概括。因而风水观念中的"穴"绝不是象征什么女阴，而是象征天极，或地的中心，是地与天相通的一个神秘的点。

---

① ［晋］陈寿：《三国志·魏书·方技传》卷二九，北京：中华书局，1959 年，第 825 页。

三、天人合一与天人和谐共存的生态环境保护智慧

天人合一的理想是天人的和谐共存，相宅方面就是因顺天地之宜，寻求一个理想的生存环境。所谓寻求就是利用和开发自然，而非一味地改造自然。在如何对待自然界方面，中国古代有三种代表说法，一是庄子的因顺自然（顺天）说，二是荀子的改造自然（制天）说，三是《易经》的天人调谐说。庄子的观点是消极思想，荀子的观点是积极思想。自从西方"戡天"（战胜自然）的思想传入中国后，荀子的学说受到高度赞扬。但是，如果一味讲"戡天"，也可能陷于破坏自然。事实上自然界是人类生存的基础。如果盲目破坏自然，会引起破坏人类生存条件的严重后果。近年来人们强调保持生态平衡，1962 年美国生物学家蕾切尔·卡逊（Rachel Carson）出版了《寂静的春天》(Silent Spring)，这是一部划时代的绿色经典著作，它首先描绘了一幅由于工业的极度扩张而导致生态毁灭的惨烈图景。1972 年美国麻省理工学院丹尼斯·米都斯（Dennis L. Meadows）教授等撰写出版了《增长的极限》(The Limits to Growth)，对人类前景作了悲观的预测，呼吁人类在利用和开发自然的同时，保护自然、保护生态环境。

中国古代天人合一的哲理智慧为现代保护生态环境提供了很好的借鉴。"天人合一"思想认为人和自然界是统一的整体，人和自然的统一是有机的统一，人仅仅是大自然的一部分。它要求我们运用整体的观点去观察思考事物。当前生态危机的出现正是由于人类忽视了人和自然界的整体性而产生的。"天人合一"强调天和人的相互作用、相互影响，强调自然界的各种生物都息息相关的思想，在解决生态学问题上，就要求我们注重各种生物的关联性，注意天人之间的相互协调。《周易·大传》主张："财（裁）成天地之道，辅相天地之宜。"[1] "范围天地之化而不过，曲成万物而不遗。"[2]强

---

① 吴兆基编译：《周易》，长春：时代文艺出版社，2001 年，第 49 页。
② 吴兆基编译：《周易》，长春：时代文艺出版社，2001 年，第 246 页。

调应调整自然，使其符合人类发展的愿望。对天地之化加以"范围"，即加以制约；"曲成万物"就是对万物则委曲成就。这里，一方面尊重客观规律，即"顺应自然"，一方面又注意发挥人的主观能动性，改造自然，使其天人相互协调。这是一种全面的观点，人既要利用自然，就要顺应自然，应调整自然，使之符合人类的愿望，既不屈服于自然，也不破坏自然，以天人相互协调为理想。这种学说在当今注重生态环境保护的时代肯定是有很高的价值的。

中国古人认为人应该善待大自然、遵循大自然、按照自然规律办事，《逸周书》载："禹之禁，春三月，山林不登斧，以成草木之长。夏三月，川泽不入网罟，以成鱼鳖之长，且以并农力势，成男女之功。"[1]人要关怀生物，爱护生物，对它们应"取之有节，用之有度"，"斧斤以时入山林"。孟子说："数罟不入洿池，鱼鳖不可胜食也；斧斤以时入山林，材木不可胜用也。"[2]意思是说，如果细密的渔网不到人的池沼里去捕鱼，那鱼鳖之类就会吃不完了；如果砍伐树木有一定的时间，木材也会用不尽了。在孟子看来，这样，可以使老百姓死葬都没有不满，这就是王道的开始。否则，滥捕乱伐，老百姓没有鱼吃，没有木材用等，老百姓生养死葬解决不好，那还有什么王道可言！一句话孟子把滥捕乱伐的问题提到王道政治的高度。孟子等人的这些论说很有远见卓识，其目的就是为了保护生物资源使其免遭破坏，这有助于我们抢救地球上的物种，降低物种绝灭的速率。

"天人合一"思想还认为天和人是和谐有序，相互感应，处处融通一致，形成一个广大和谐的系统。这个和谐的系统由于万事万物的存在，特别是由于人的存在，能生生不息，绵延不绝。这种和谐有序的发展观向人类指明人为了和自然和谐相处，在觉悟到自己和自然界相关的基础上，更应该保持世世代代与自然界的物质、能量和信息交换始终处于动态平衡之中，人类社会

---

① 《逸周书》，文渊阁《四库全书》第 370 册，上海：上海古籍出版社，1989 年，第 27 页。
② 刘方元：《孟子今译》，南昌：江西人民出版社，1985 年，第 4 页。

发展应该是和谐的、有序的。和谐有序就是要求人们不仅要注重眼前，更重要的是着眼于将来。任何现时的利益，都有可能破坏系统的和谐有序，有的破坏当时并不明显，但将来可能造成不可估量的损失，因此，既着重当时的和谐有序，又要考虑是否危害将来的系统平衡。这也就是我们现在所提倡的可持续发展。

敦煌写本宅经 S.5645《司马头陀地脉诀》说：

> 弟（第）一之地垣然，四面平正。弟（第）二之地东南倾，西北高。第三之地天门、地户成。第四之地，远近之地回抱有逢迎。又弟（第）一山来长远，去陇宽，回抱急，则男富贵，射（财）禄不沾三代。案山高于坐处，玄孙不得出头。地户隐闭日光，男女不处贫贱。弟（第）三山来欲住，如龙之举头；又如鹤雉欲鸣，似凤凰之顾望。""雄山去势长远，落如鸣鹤之下潭，山陇山嵯峨，面似龙头鹿角，欲识好处，正是口中。此地自有巧形四对，自然周通，朝递踪（纵）然不足，地势甚英雄。雌山富贵饶财，山垅即宜官职。若乃山面平落，前头有起大山之势，去即未停，不可便位为住。无山平地有陇，即是金龟之地。若高圆似盖，名为积笏之罡；此地尽出京官、都统、九州之长。若似龙行虎踞，即宜廊庙、舡车、财帛，自然衣食。

这些论说都是顺应山势而论地理，是顺应地理环境、开发利用地理美景以作为人类美好的宅住环境的追求。

第三节　中国古代建筑象天法地与通天

一、中国古代建筑的象天法地

敦煌写本宅经中的五姓人宅图和五姓家宅图中用八卦、八天干、十二地支表示方位，有天门、地户、人门、鬼门的讲究，有太一等神煞的排列，等等，这些在分析五姓宅图时已有论列，至于如何要这样的排列呢？其内在心理因素就是建宅要象天法地，达到通天通神，以求得天的佑助，好让宅住的人享受人间福禄寿的吉祥。

中国古人建筑城市在很早的时候就注意象天法地，《吴越春秋》卷第四《阖闾内传》说："子胥乃使相土尝水，象天法地，造筑大城。周回四十七里，陆门八以象天八风，水门八以法地八窗。筑小城，周十里，陵门三，不开东面者，欲以绝越明也。立阊门者，以象天门，通阊阖风也。立蛇门者，以象地户也。阖闾欲西破楚，楚在西北，故立阊门以通天气，因复名之破楚门。"[1]又卷第八

《勾践归国外传》说："于是范蠡乃观天文，拟法于紫宫，筑作小城，周千一百二十二步，一圆三方。西北立飞翼之楼，以象天门；为两螭绕栋，以象龙角。东南伏漏石窦，以象地户；陵门四达，以象八风。"[2]伍子胥和范蠡立阊门、飞翼之楼

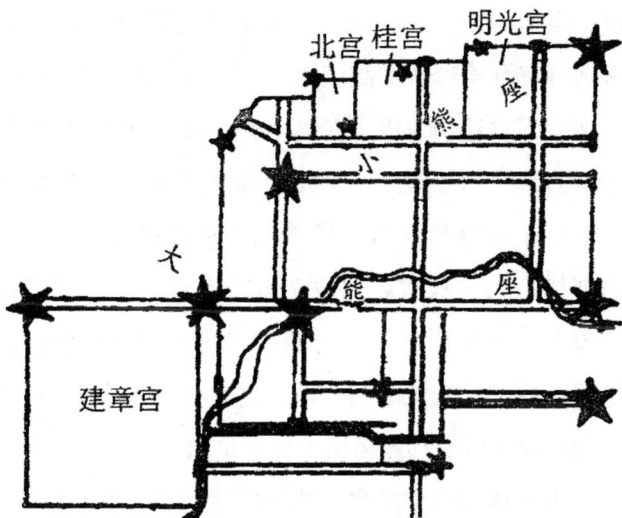

图 9-6

以象征天门，立蛇门、伏漏石窦以象征地户，并筑象征紫（微）宫的小城。

秦始皇作阿房宫也是象天法地，《史记·秦始皇本纪》载三十五年："吾

---

① ［汉］赵晔著，张觉译注：《吴越春秋全译》，贵阳：贵州人民出版社，1993 年，第 96 页。

② ［汉］赵晔著，张觉译注：《吴越春秋全译》，贵阳：贵州人民出版社，1993 年，第 316 页。

（秦始皇）闻周文王都丰，武王都镐，丰镐之间，帝王之都也。乃营作朝宫渭南上林苑中。先作前殿阿房，……周驰为阁道，自殿下直抵南山。表南山之颠以为阙。为复道，自阿房渡渭，属之咸阳，以象天极阁道绝汉抵营室也。"①秦始皇认为丰镐之间本是帝王之都，有帝王之都的形胜王气，于是渭水南边的上林苑中建阿房宫。"表南山之颠以为阙"显示其气魄之雄伟。修一条复道，自阿房宫跨过渭水，连接到咸阳，以象征天极的阁道跨越银河直抵营室的景象。其取象就是将咸阳比拟成天极，象征天上的紫微宫，而其南建阿房宫，渭水就是意象中的天河。后来皇帝所居的宫城就叫作紫宸殿或称紫禁城。这是从形胜形法上对都邑的改造，是中央集权在地理上的形象化、具体化。

秦始皇的墓地也讲究象天法地，《史记·秦始皇本纪》载："始皇初即位，穿治郦山，及并天下，天下徒送诣七十余万人，穿三泉，下铜而致椁，宫观百官奇器珍怪徙藏满之。……以水银为百川江河大海，机相灌输，上具天文，下具地理。以人鱼膏为烛，度不灭者久之。"②宏伟状阔，空前无比。"上具天文，下具地理"就是将象天法地运用于陵墓的修造。

后来西汉长安城的修筑也力求象秦都咸阳那样的象天极，如司马迁说的那样，二十八宿环北辰，运行无穷。日本三浦国雄先生在《风水与城市形象》一文中说：汉长安城的"南侧的城墙模仿南斗星，北侧的模仿北斗星。"③所以长安城又叫斗城。这是古人天人合一、象天法地的改造，也是孔子为政如北辰的具体运用（见《论语·为政》）。

古人最为典型的象天法地的建筑就是明堂。古人为了沟通天地人神，特别建有与天沟通的场所灵山、灵台，《山海经》传说沟通天地之所为"灵山"，或称"灵台"，汉代又经常与明堂为一物。关于明堂的形制，《大戴礼记》的《明堂》篇记载："明堂者，古有之也。凡九室：一室而有四户、八

---

① ［西汉］司马迁：《史记》，北京：中华书局，1959 年，第 311 页。
② ［西汉］司马迁：《史记》，北京：中华书局，1959 年，第 348 页。
③ 王其亨主编：《风水理论研究》，天津：天津大学出版社，1992 年，第 304 页。

牖，三十六户七十二牖。以茅盖屋，上圆下方。明堂者，所以明诸侯尊卑。外水曰辟雍，南蛮、东夷、北狄、西戎。《明堂月令》：赤缀户也，白缀牖也。二九四，七五三，六一八。堂高三尺，东西九筵，南北七筵，上圆下方。九室十二堂，室四户，户二牖，其宫方三百步，在近郊，近郊三十里。或以为明堂者，文王之庙也。朱草日生一叶，至十五日生十五叶，十六日一叶落，终而复始也。周时德泽洽和，蒿茂大以为宫柱，名蒿宫也。此天子之各寝也，不齐不居其室。待朝在南宫，揖朝出南门。"[1]全篇大义可概括为：①明堂古已有之；②明堂用以明诸侯尊卑；③明堂九室布局是二九四、七五三、六一八，就是象征地面九州的布局；④天子居明堂，古有定制。

　　早在春秋战国时代成书的《管子·幼官（玄宫）》《礼记·月令》《吕氏春秋·十二纪》就记载了古代明堂九室的制度，还有一个天子随着天时的变化而居住不同的方位的设想，天子一年四季轮流居于明堂九室，以实现"赞天化育"的目的。据《礼记·月令》载，天子春天三月居东边青阳三室，夏天三月居南边明堂三室，秋天居西边总章三室，冬天居北边玄堂三室。另每季抽出十八天，居中央太庙太室。[2]

　　有人认为明堂与古代观天、通天、通神的灵台为同一建筑物的不同部分。卢植《礼记注》曰："明堂即太庙也。天子太庙，上可以望气，故谓之灵台；中可以序昭穆，故谓之太庙；圆之以水，似辟，故谓之辟雍。古法皆同一处，近世殊异，分为三耳。"[3]《三辅黄图》载："明堂所以正四时，出教化，天子布政之宫也。"[4]《白虎通德论》卷四辟雍云："天子所以有灵台者何？所以考天人之心，察阴阳之会，揆星度之证验，为万物获福无方之

---

①［汉］戴德撰，［清］王聘珍解诂：《大戴礼记解诂》，北京：中华书局，1983 年，第 149–151 页。

②［元］陈澔：《礼记集说》，北京：中国书店，1994 年，第 128 页。

③《诗·大雅·灵台》小序孔颖达疏引，［清］阮元校刻：《十三经注疏》，上海：上海古籍出版社，1980 年，第 254 页。

④《三辅黄图》，文渊阁《四库全书》第 468 册，上海：上海古籍出版社，1989 年，第 27 页。

元。……天子立明堂者，所以通神灵，感天地，正四时，出教化，宗有德，童（重）有道，显有能，褒有行者也。"①清楚地说明了灵台、明堂的政治教化功能，首在通天、通神，次在行政、教化；通天、通神也是为了行政教化。所以，在古人眼里，明堂是十分神圣的处所，明堂的这种数字排列自然也是神奇、神秘、神圣的，这组排列法后来以洛书的排列形式一直传承下来，应该与这种神圣、神秘性有关。

所以，我们可以看到，古人所谓明堂，就是古人观天、通天、通神的场所，其形制就是象天法地，应该是古人的宇宙模型，是古人宇宙观的体现。古人对明堂这么讲究，其根本目的就是通过通天，借助于天的力量来组织人间的秩序。

至今，北京天坛的祈年殿还保留着象天法地的许多遗训。祈年殿内有 28 根金丝楠木大柱，里圈的四根寓意春夏秋冬四季，中间一圈 12 根寓意 12 个月，最外一圈 12 根寓意 12 时辰以及周天星宿。祈求一年四季十二月，乃至一日十二时辰都风调雨顺，民殷物阜，国泰民安。

二、象天法地的思想渊源

（一）天人合一与整体思维模式

中国古代的建筑之所以建成象天法地的意象，一个重要的原因就在于中国古代哲人早有天人合一的观念，天人合一前文已论。由于天人合一观念的影响，古人在体认宇宙万物时，总是按照天、地、人、物的思路来思考的。《易·系辞下传》第二章说："古者包羲氏之王天下也，仰则观象于天，俯则观法于地，观鸟兽之文与地之宜，近取诸身，远取诸物，于是始作八卦，以通神明之德，以类万物之情。"②其实这不只是包羲氏作八卦的方法，而是

---

① ［东汉］班固：《白虎通德论》卷四，上海：上海古籍出版社，1990 年，第 41 页。
② 吴兆基编译：《周易》，长春：时代文艺出版社，2001 年，第 261 页。

中国古人传统的认识和解释事物的方法。古人认识和解释事物时总是将天、地、人、物联系在一起。注意仰观天象，俯察地理，近取诸身，远取诸物，以求全面整体地把握宇宙万物。因而建筑房屋、城市时也将天地人都考虑进去，以求得人与天地的和谐相处。

（二）天人相通的神话传说

中国古代的建筑建成象天法地的意象的另一个重要原因就在于中国古人认为，人可以通天通神。古人们认为最初人是能通天通神的，《国语》卷十八楚语下说：

> 昭王问于观射父曰：'《周书》所谓重、黎实使天不通者，何也？若无然，民将能登天乎？'对曰：'非此之谓也。古者民神不杂，民之精爽不携贰者，而又能齐肃衷正，其智能上下比义，其圣能光远宣朗，其明光照之，其聪能听彻之，如是则明神降之，在男曰觋，在女曰巫。'"①楚昭王所问之事，在《尚书·吕刑》中也有记载，其文曰："皇帝哀矜庶戮之不辜，报虐以威，遏绝苗民，无世在下，乃命重、黎，绝地天通，罔有降格。"②《山海经》载其事发生在日月山，其文曰："大荒之中，有山名曰日月山，天枢也。吴姫天门，日月所入。有神，人面无臂，两足反属于头山，名曰嘘。颛顼生老童，老童生重及黎，帝令重献上天，令黎邛下地。下地是生噎，处于西极，以行日月星辰之行次。"③

观射父回答楚昭王时是否认了天地间有实际的物质性的通道。但楚昭王所问并不非完全无稽。中国古代的神话中，天地间确实存在着通道，这种通道主要是在山上，如《山海经·海外西经》说："巫咸国在女丑北，右手操

①上海师范学院古籍整理校点：《国语·楚语下》卷一八，上海：上海古籍出版社，1978年，第559页。
②周秉钧：《尚书易解》，长沙：岳麓书社，1984年，第291页。
③袁珂：《山海经校注》，上海：上海古籍出版社，1980年，第402页。

青蛇，左手操赤蛇。在登葆山，群巫所从上下也。"①《山海经·大荒西经》
也说："大荒之中，有山名曰丰沮玉门，日月所入。有灵山，巫咸……巫罗
十巫，从此升降。百药爱在。"②后来，《淮南子·地形训》作了最典型、最
完备的描述，这个通道就是中国神话中著名的昆仑山："昆仑之邱，或上倍
之，是谓凉风之山，登之而不死；或上倍之，是谓悬圃，登之乃灵，能使风
雨；或上倍之，乃维上天，登之乃神，是谓太帝之居。"③并认为天的高度约
九万里，而昆仑山"高万一千里百一十四步二尺六寸"④。上通于天的"悬
圃"亦作"县圃"或"玄圃"，《楚辞·天问》说："昆仑县圃，其尻安在？
增城九重，其高几里？"王逸注："昆仑，山名也，在西北，元气所出。其巅
曰县圃，乃上通于天也。"⑤可见，昆仑山就是古人认为神由此上天的通道。

通天之途除昆仑山这样的名山外，还有一种神木，就是传说中的建木。
《山海经·海内南经》记载道："有木，其状如牛，引之有皮，若缨、黄蛇。
其叶如罗，其实如栾，其木若蓲，其名曰建木。在窫西弱水上。"⑥郭璞注
曰："建木，青叶紫茎，黑华黄实，其下声无响，立无影也。"⑦袁珂案曰：
"《海内经》云：'南海之内，黑水青水之间，有九丘，以水络之，名曰陶唐
之丘、有叔得之丘……有木，青叶紫茎，玄华黄实，名曰建木，百仞无枝，
上有九欘，下有九枸，其实如麻，其叶如芒。大皞爰过，黄帝所为。'"⑧
《淮南子·地形训》曰："建木在都广，众帝所自上下，日中无景，呼而无
响，盖天地之中也。"⑨《吕氏春秋·有始览》曰："白民之南，建木之下，

---

①袁珂：《山海经校注》，上海：上海古籍出版社，1980年，第219页。

②袁珂：《山海经校注》，上海：上海古籍出版社，1980年，第396页。

③[汉]刘安，[汉]高诱注，管署光校点：《淮南子注·地形训》卷四，《诸子集成》第8册，长沙：岳麓书社，1996年，第58页。

④[汉]刘安，[汉]高诱注，管署光校点：《淮南子注·地形训》卷四，《诸子集成》第8册，长沙：岳麓书社，1996年，第57页。

⑤[汉]王逸：《楚辞章句》卷三，文渊阁《四库全书》第1062册，上海：上海古籍出版社，1989年，第26、27页。

⑥⑦⑧袁珂：《山海经校注》，上海：上海古籍出版社，1980年，第279页。

⑨[汉]刘安，[汉]高诱注，管署光校点：《淮南子注·地形训》卷四，《诸子集成》第8册，长沙：岳麓书社，1996年，第58页。

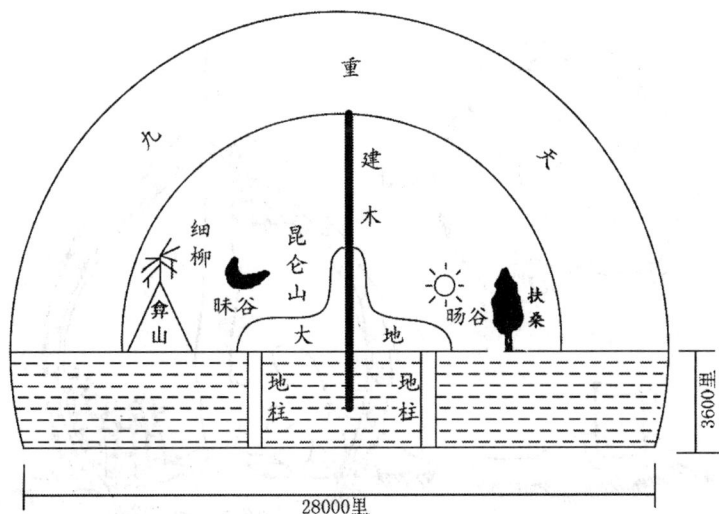

图 9-7　古人建木昆仑式宇宙模型图[1]

日中无影，呼而无响，盖天地之中也。"[2]可见，建木就是古人意想之中的
通天之梯。其高百仞无枝，位于天地之中，在正午时分的太阳正好在建木之
顶，故而日中无影。所谓"无响"，就是没有回声。《玉篇·音部》曰："响，
虚两切，应声也。"[3]一般情况下，在山谷之中呼叫，当有回声，但由于建木
位置极高，直达天庭，"众帝所自上下"，所以呼而无响。所谓"天地之中"，
就是古人所说的宇宙中心。

　　古人设想的宇宙是什么样子呢？我们不妨先看看古人的宇宙模型，何新
根据先秦及秦汉人的记述，作了一个古人的宇宙模型复原图。

　　中国古人在建筑房屋时也曾将天地人一起考虑，注意象天法地，把房屋
建成宇宙模型，如山西芮城东庄 F201 复原形状，[4]见图 9-8。

---

　　①转引自王鲁民《中国古典建筑文化探源》，上海：同济大学出版社，1997 年，第 55 页。
　　②［战国］吕不韦著，［汉］高诱注，［清］毕沅补注：《吕氏春秋》卷四，《诸子集成》第 8 册，
长沙：岳麓书社，1996 年，第 144 页。
　　③《宋本玉篇》，北京：中国书店，1983 年，第 176 页。
　　④杨鸿勋：《建筑考古学论文集》，北京：文物出版社，1987 年，第 105 页。

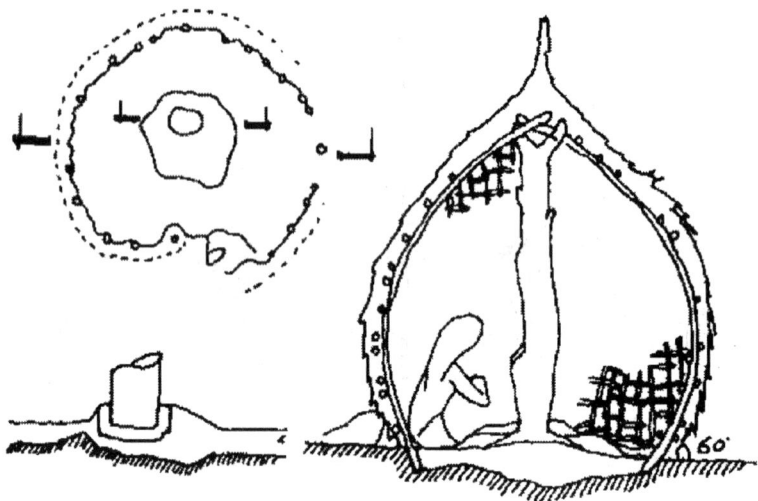

图 9-8　山西芮城东庄 F201 复原图

　　这样一个原始的穴居或窝棚，其实就是一个简单的宇宙模型，窝棚中立有一根中柱，以象征通天的建木。为了保证中柱的牢靠，中柱根部四周通常要培土，这些土就象征通天之处的昆仑山。

　　古人为了通天，有的则将通天的建木立在屋顶。1982 年发掘的绍兴坡塘306 号战国墓中，出土了一件铜质建筑模型，这个模型通高 17 厘米，平面接近方形，面宽 13 厘米，进深 11.5 厘米。面宽和进深均为三开间，正面明间稍宽。南面敞开，立圆形平柱两根，东西两面为长方格透空落地式立壁，北墙仅在中央部位开一长方形小窗。屋顶为四角攒尖形，顶心立有一根断面为八角形的柱子，柱高七厘米，柱顶卧一大鸟，柱各面饰 S 形勾连云纹。屋内有六人，裸体，两端坐，四人弹奏乐器（见附图 9-9）。

　　值得注意的是，屋顶上断面为八角形的柱子和柱顶上的一只鸟，研究者认为这根柱子就是传说中的建木，这只大鸟就是代表日神的鹑鸟。鹑鸟就是

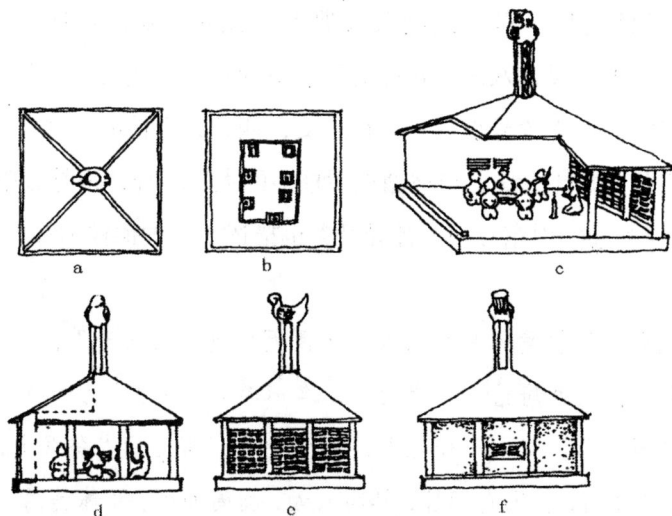

图 9-9

a 屋顶平面；b 底座平面；c 剖面透视图；d 南立面；e 侧立面；
f 北立面（绍兴 306 号战国墓发掘简报，《文物》1984 年第 1 期）

凤。《禽经》说："赤凤谓之鹑。"[1]《山海经·西山经》郝懿行疏曰："鹑鸟，凤也。"[2]在同墓中出土有一丹凤朝阳为主体纹饰的铜器，可以作为佐证，因为凤鸟就是日月神中的日神。[3]这铜屋的平面就象征大地。古人认为大地的形状是东西略长于南北的平面。《吕氏春秋·有始览》说："天地之东西二万八千里，南北二万六千里。"[4]唐代徐坚等编的《初学记》就认为："八极之广，东西二亿三万三千里，南北二亿三万一千五百里；夏禹所治四海内地东西二万八千里，南北二万六千里。"[5]

在中国建筑史上，与神话传说中的建木意象类同的柱子又称天柱，或

①［明］孙毂：《古微书》卷二〇，文渊阁《四库全书》第 194 册，上海：上海古籍出版社，1989 年，第 953 页。

②袁珂：《山海经校注》，上海：上海古籍出版社，1980 年，第 48 页。

③转引自王鲁民《中国古典建筑文化探源》，上海：同济大学出版社，1997 年，第 52 页。

④刘志远等：《四川汉代画像砖与汉代社会》，北京：文物出版社，1983 年，第 141 页图 109。

⑤［唐］徐坚：《初学记·地部上》卷五，北京：中华书局，1979 年，第 87 页。

称天枢。《资治通鉴》载：武则天天册万岁元年"夏，四月，天枢成，高一百五尺，径十二尺，八面，各径五尺。下为铁山，周百七十尺，以铜为蟠龙麒麟萦绕之；上为腾云承露盘，径三丈，四龙人立捧的火珠，高一丈"[①]。天枢上的四龙人所捧火珠，与坡塘铜屋柱上的大鸟一样，都是太阳的象征。

《水经注》卷一引东方朔《神异经》也描述了这种铜柱和神鸟，其文曰：

> 昆仑有铜柱焉，其高入天，所谓天柱也。围三千里，圆周如削。下有回屋，仙人九府治。上有大鸟，名曰希有，南向，张左翼覆东王公，右翼覆西王母，背上小处无羽，万九千里。西王母岁登翼上，之东王公也。故其柱铭曰：昆仑铜柱，其高入天，圆周如削，肤体美焉。其鸟铭曰：有鸟希有，绿赤煌煌，不鸣不食。东覆东王公，西覆西王母。王母欲东，登之自通。阴阳相须，惟会益工。[②]

3. 择中布局的追求

在中国历史上长期存在着将天下划分为九州的设想。《礼记·王制》说："凡四海之内九州，州方千里。"[③] 郑玄注曰："方三千里，三三而九，方千里者九也，其一为县内，其余八各立一州，此殷制也。"[④] 显然，《王制》的提供的九州模式在一个大方框中划一个井字分割成九个小些的方块。

至战国时期的邹衍又提出大

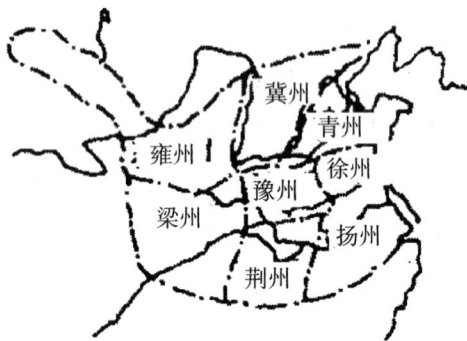

图 9-10 《禹贡》九州示意图

---

① [宋] 司马光：《资治通鉴》卷二○五，北京：中华书局，1956年，第6502页。
② [北魏] 郦道元：《水经注》，长沙：岳麓书社，1995年，第12页。
③④《礼记·王制》，[清] 阮元校刻：《十三经注疏》，北京：中华书局，1980年，第1323页。

县

1/3　　1/3　　1/3

三千里

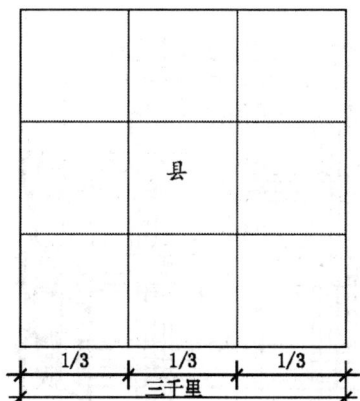

图 9-11　《王制》九州模式

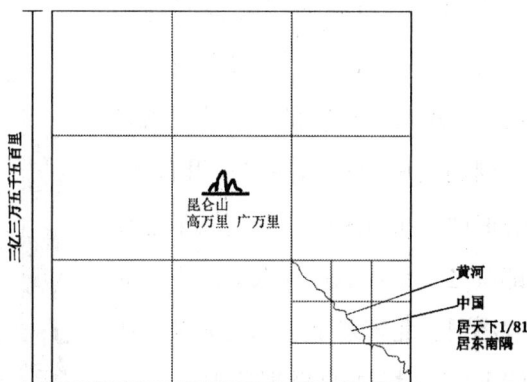

三亿三万五千五百里

昆仑山
高万里　广万里

黄河

中国
居天下1/81
居东南隅

图 9-12　邹衍大九州模式

九州说，他说："儒者所谓中国者，于天下乃八十一分居其一分耳。中国名曰赤县神州。赤县神州内自有九州，禹之序九者是也，不得为州数。中国外如赤县神州者九，乃所谓九州也。于是有裨海环之，人民禽兽莫能相通者，如一区中者，乃为一州。如此者九，乃有大瀛海环其外，天地之际焉。"①这实际上是将《王制》的九州模式扩大的结果。不论是九州，还是大九州，都强调中国居世界之中，所谓居中，就是可以占据通天的场所。

中国古代的城市建筑还特别讲究择中布局。所谓择中，实际上就是强调通天的神柱建木这个中心位置。《考工记·匠人》说："匠人营国，方九里，旁三门，国中九经九纬，左祖右社，面朝后市，市朝一夫。"②这个"国"即指王城，这一布局实与九州的设想类同，是其缩小的模型，并在井字的中央一格安排宫城。因为都城的中央是政治与宗教的核心部分，其建筑物应该建得高大一些，也与昆仑之形态、意义和位置相合。营国制度不仅是九州式的宇宙图形，而且还体现了古人对宇宙规律的体认。

《逸周书·武顺》说："天道尚左，日月西移；地道尚右，水道东流；人

①［西汉］司马迁：《史记·孟子荀卿列传》，北京：中华书局，1959年，第2344页。
②林尹：《周礼今注今译》，北京：书目文献出版社，1985年，第471页。

道尚中，耳目役心。"①说明这一布局就是按古人设想的天道、地道、人道的运行安排的，这也就是营国制度中为什么要"左祖右社"的道理。而后来历代的宫城都建在都城之中，就是强调人道尚中。北魏洛阳、北宋东京、元代大都、明清北京等都城的规划都与《考工记》营国制度有着渊源关系，将宫城放在中心。

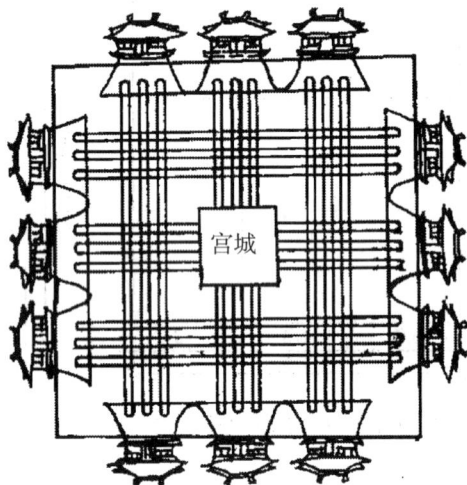

图 9-13 《考工记》营国制度复原平面

其实，建筑设计和布局中对中心和中轴的重视，中外皆然，但中国却有它的独特之处。首先，中国人对中心或中央的强调，在许多场合是超出了感觉范围的东西；其次是不仅强调视觉的中轴，而且特别关心地域的中心；第三是对中央的占有是一种特权。

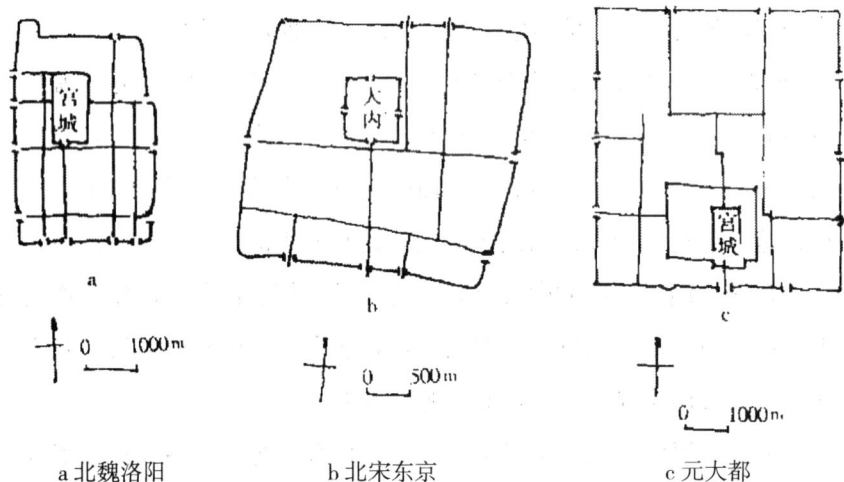

a 北魏洛阳   b 北宋东京   c 元大都

图 9-14 与《考工记》营国制度有关的中国古代都城平面示意图

—————————

①《逸周书》，文渊阁《四库全书》第 370 册，上海：上海古籍出版社，1989 年，第 22 页。

中国人对"中心"的重视，最明白的表现就是将自己的繁衍生息之地称作"中国"，中国就是指位于天地中央的部分。因为中国人认为中央乃是沟通天地的关键之处，所以认为自己住在中国这一片热土就有着强烈的自豪感和自重感。而后来风水术将这些说法进一步演化，将这一神秘的中心称为所谓的"穴"。穴的周围有天上的青龙、白虎、朱雀、玄武四象环绕。S.5645《司马头陀地脉诀》载："凡居宅，左青龙，东有南流水，是左青龙。右白虎，西有大道，是右白虎。前朱雀，南有洿地池，是前朱雀。后玄武，北有大丘陵，是玄武。"住宅坐北朝南，东边有南流水，水源丰富；西边有大道，交通便利；南边是低洼的洿池，一方面阳光充足，另一方面又可获得丰富的水产资源；北边有高地丘陵，可以阻挡冬天西北方吹来的寒风。这正是古人所描绘的一幅理想的住宅环境山水画，也是古人修身养性，通天、通神的理想场所。

参考文献 ⌐

一、史料、类书、辞典、索引

1.《二十五史》，中华书局点校本。

2.《资治通鉴》，北京：中华书局，1956年。

3.《十三经注疏》，北京：中华书局，1980年。

4.［宋］李昉等撰：《太平御览》，北京：中华书局，1998年。

5.［唐］杜佑撰：《通典》，颜品忠等校点，长沙：岳麓书社，1995年11月。

6.黄永武主编：《敦煌宝典》，台北：新文丰出版公司，1985年。

7.《俄藏敦煌文献》，上海：上海古籍出版社，1992年。

8.《法藏敦煌文献》，上海：上海古籍出版社，1994年。

9.《英藏敦煌文献》，成都：四川人民出版社，1995年。

10.［日］池田温编：《敦煌汉文文献》，《讲座敦煌》(5)，东京：大东出版社，1992年。

11.郑炳林：《敦煌地理文书汇辑校注》，兰州：甘肃教育出版社，1989年。

12.邓文宽：《敦煌天文历法文献辑校》，南京：江苏古籍出版社，1996年5月。

13. 季羡林主编:《敦煌学大辞典》,上海:上海辞书出版社,1998 年 12 月。

14. 胡孚琛主编:《中华道教大辞典》,北京:中国社会科学出版社,1995 年 8 月。

15. 丁福保编:《佛学大辞典》,上海:上海书店出版社,1991 年 12 月。

16. 任继愈主编:《佛教大辞典》,南京:江苏古籍出版社,2002 年 12 月。

17.《道藏》,文物出版社、上海书店、天津古籍出版社,1988 年 3 月。

18. 王重民著:《敦煌古籍叙录》,北京:中华书局,1958 年 6 月。

19. 黄永武著:《敦煌古籍叙录新编》,台北:新文丰出版公司,1986 年。

20. 黄永武编:《敦煌遗书最新目录》,台北:新文丰出版公司,1986 年。

21. 商务印书馆编:《敦煌遗书总目索引》,北京:中华书局,1983 年 6 月新 1 版。

22. 黄永武编:《敦煌遗书最新目录》,台北:新文丰出版公司,1986 年。

23. 施萍婷主编:《敦煌遗书总目索引新编》,北京:中华书局,2000 年 7 月。

24.《古今图书集成·堪舆部》,中华书局、巴蜀书社影印本,1985 年。

25. 刘永明主编:《增补四库未收数术类古籍大全》第六集堪舆集成(二七),扬州:江苏广陵古籍刻印社,1996 年。

26.〔宋〕王洙等编纂,〔金〕张谦重校:《重校正地理新书》,《续修四库全书·子部·术数类》第 1054 册,上海:上海古籍出版社,1997 年。

27.〔宋〕王洙等纂:《图解校正地理新书》,台北:集文书局 1985 年版。

28. 张景文:《大汉原陵秘葬经》,《永乐大典》8199 卷,十九庚,北京:中华书局,1986 年十册精装本第四册。

29.〔清〕箬冠道人编著,李非注评:《八宅明镜》,北京:华龄出版社 1995 年 8 月。

二、专著、专论

（一）硕士、博士论文类

1. 朱俊鹏：《敦煌风水类文献初探》，首都师范大学研究生学位论文，2002 年 5 月。

2. 陈于柱：《敦煌写本宅经研究》，兰州大学研究生学位论文，2003 年 4 月。

3. 王爱和：《敦煌占卜文书研究》，兰州大学研究生学位论文，2003 年 4 月。

（二）风水类

1. 何晓昕：《风水探源》，南京：东南大学出版社，1990 年。

2. 王玉德：《神秘的风水》，南宁：广西人民出版社，2004 年 1 月。

3. 高友谦：《中国风水文化》，北京：团结出版社，2004 年 10 月。

4. 刘沛林：《风水——中国人的环境观》，上海：上海三联书店，1995 年 12 月。

5. 王其亨主编：《风水理论研究》，天津：天津大学出版社，1992 年 8 月。

6. 蔡达峰著：《历史上的风水术》，上海：上海科技教育出版社，1994 年 12 月。

7. 亢亮、亢羽：《风水与建筑》，天津：百花文艺出版社，1999 年。

8. 亢亮、亢羽：《风水与城市》，天津：百花文艺出版社，1999 年。

9. 一丁：《中国古代风水与建筑选址》，石家庄：河北科学技术出版社，1996 年 1 月。

（三）方术类

1. 郑炳林、羊萍：《敦煌本梦书》，兰州：甘肃文化出版社，1995 年 8 月。

2. 郑炳林：《敦煌写本解梦书校录研究》，北京：民族出版社，2005 年 1

月。

3. 王晶波：《敦煌写本相书校录研究》，北京：民族出版社，2004年12月。

4. 黄正建：《敦煌占卜文书与唐五代占卜研究》，北京：学苑出版社，2001年5月。

5. 李零：《中国方术考》，北京：东方出版社，2001年。

6. 李零：《中国方术续考》，北京：东方出版社，2000年。

7. 刘国忠著：《五行大义研究》，沈阳：辽宁教育出版社，1999年3月。

8. 李镜池：《周易探源》，北京：中华书局，1982年。

9. 高国藩：《中国巫术史》，上海：上海三联书店，1999年11月。

10. 高国藩：《敦煌巫术与巫术流变》，南京：河海大学出版社，1993年3月。

（四）敦煌专题研究

1. 唐耕耦，陆宏基编：《敦煌社会经济文献真迹释录》，北京：书目文献出版社，1986年。

2. 陆庆夫：《丝绸之路史地研究》，兰州：兰州大学出版社，1999年6月。

3. 齐陈骏：《河西史研究》，兰州：甘肃教育出版社，1989年12月。

4. 齐陈骏、陆庆夫、郭锋：《五凉史略》，兰州：甘肃人民出版社，1988年。

5. 《西北史研究》第二辑，兰州：甘肃文化出版社，2002年。

6. 郑炳林：《敦煌地理文书汇辑校注》，兰州：甘肃教育出版社，1989年12月。

7. 郑炳林主编：《敦煌归义军史专题研究》，兰州：兰州大学出版社，1997年。

8. 杜斗城：《敦煌本佛说十王经校录研究》，兰州：甘肃教育出版社，1989年12月。

9. 马德：《敦煌莫高窟史研究》，兰州：甘肃教育出版社，1996 年 12 月

10. 高国藩：《敦煌民俗学》，上海：上海文艺出版社，1989 年。

11. 高国藩：《敦煌古俗与民俗流变》，南京：河海大学出版社，1989 年。

12. 高国藩：《敦煌俗文化学》，上海：上海三联书店，1999 年 11 月。

13. 高国藩：《敦煌民俗资料导论》，敦煌学导论丛刊（8），台北：新文丰出版公司，1993 年。

（五）建筑、风俗、思想类

1. 梁思成：《中国建筑史》，北京：中华人民共和国高等教育部教材编审处，1955 年、1998 年。

2. 梁思成：《敦煌壁画中所见的中国古代建筑》，北京：中国建筑工业出版社，1955 年，1999 年；又《梁思成文集》第一集，北京：中国建筑工业出版社，1982 年。

3. 刘敦桢主编：《中国古代建筑史》，北京：中国建筑工业出版社，1985 年。

4. 王鲁民：《中国古典建筑文化探源》，上海：同济大学出版社，1997 年 12 月。

5. 陈遵妫著：《中国天文学史》，上海：上海人民出版社，1980 年 8 月。

6. 高晨阳：《中国传统思维方式研究》，济南：山东大学出版社，1994 年。

7. ［法］谢和耐等著，耿昇译：《法国学者敦煌学论文选萃》，北京：中华书局，1993 年。

8. 《法国汉学》丛书编辑委员会编《法国汉学》第五辑，北京：中华书局，2000 年 11 月。

9. 陈高华，徐吉军主编：《中国风俗通史》宋代卷，上海：上海文艺出版社，2001 年。

10. 宿白：《白沙宋墓》，北京：文物出版社，1957 年，2002 年新版。

三、论文

（一）风水类

1. ［法］茅甘：《敦煌写本中的"五姓堪舆法"》，［法］谢和耐等著，耿昇译《法国学者敦煌学论文选萃》，北京：中华书局，1993 年 12 月，第 249-255 页。

2. ［法］茅甘：《敦煌写本中的五姓修宅》，载由苏远鸣主编的《敦煌学论文集》第 3 卷，巴黎法兰西远东学院版，1984 年，第 255——256 页。载《敦煌的壁画与写本》，巴黎辛格——波利尼亚克基金会版，1984 年 a，第 121-122 页。

3. ［法］茅甘：《唐代的堪舆，五行的理论和遗产》，载《唐研究》第 8-9 卷，第 45-76 页。1990-1991 年。

4. ［日］宫崎顺子：《敦煌文书（宅经）初探》，《东方宗教》，1995 年，第 41-70 页。

5. 张彦珍：《敦煌遗书 S.4400〈敦煌王曹镇宅疏〉新校并跋》，《甘肃社会科学》1998 年 05 期。

6. 陈于柱、魏万斗：《唐宋阴阳相宅宗初探——以敦煌写本宅经为考索》，《敦煌学辑刊》2002 年第 2 期。

7. 陈于柱：《关于敦煌写本宅经分类问题的再讨论》，《敦煌学辑刊》，2003 年第 2 期。

（二）丧葬类

1. 徐苹芳：《唐宋墓葬中的"明器神煞"与"墓仪"制度——读〈大汉原陵秘葬经〉札记》，《考古》1963 年 2 期，第 87 页。

2. 刘昭瑞：《吐鲁番阿斯塔那 332 号墓方术文书解说》，《文物》1994 年 9 期，第 54 页。

3. 雷玉华：《唐宋丧期考：兼论风水术对唐宋时期丧葬习俗的影响》，《四川文物》，1999（3），第 82-86 页。

4. 谭蝉雪：《丧葬用鸡探析》,《敦煌研究》, 1998（1）, 第 75 — 81 页。

5. 余欣：《唐宋敦煌墓葬神煞研究》,《敦煌学辑刊》2003 年第 1 期。

（三）术数类

1. ［法］马克：《法国战后对中国占卜的研究》,《世界汉学》第 1 期。

2. ［日］菅原信海：《占筮书》,［日］池田温编《敦煌汉文文献》,《讲座敦煌》(5）东京：东京：大东出版社, 1992 年, 第 448–449 页。

3. 黄正建：《关于 17 件俄藏敦煌占卜文书的定名问题》,《敦煌研究》, 2000 年第 4 期。

（四）礼俗类

1. 高国藩：《古敦煌民间建筑风俗》,《文史知识》, 1988 年第 8 期第 412, 413 页。

2. 段小强：《敦煌文书所反映的古代丧礼》,《敦煌学辑刊》, 1996（2）, 第 43–45 页。

（五）其他类

1. 郑炳林：《唐五代敦煌种植林业研究》,《中国史研究》1995 年第 3 期。

2. 高明士：《唐代敦煌的教育》,《汉学研究》1986 年第 4 卷, 第 2 期。

3. 李正宇：《唐宋时代的敦煌学校》,《敦煌研究》l986 年第 1 期。

后 记

　　博士论文毕业答辩一晃十年过去了，当年我们几位同学论文答辩的情景还在眼前历历浮现，终生难忘，真是有问有答有辩，过程丰富多彩，高潮迭起，既紧张又兴奋愉快，最后我还是留下了一堆的疑问与遗憾。这些疑问与遗憾蕴积在心中，难以平复，毕业后肯定要谋求慢慢地解答。所以我要向读者说的是，这十年中我对敦煌写本宅经葬书本身的研究并没有做得更深入，相当抱歉，而是在力图解答答辩委员会给我提出的批评意见，以及自己内心的疑惑。这本书原本是我主讲的研究生的选修课"中国古代方术与政治"的讲授内容，后来又向全校本科生作为公共选修课。这实际上是一本中国古代方术学的书，回答古老的阴阳五行理论体系的问题。现在想来，在写博士论文时有一本这样的有关阴阳五行理论的书该有多好，有好多的问题当时就是想不通，参不透，答辩委员会提出的疑问肯定是一下子回答不了，现在文中作了修改与完善，谨向我的导师陆庆夫先生、郑炳林先生，论文评审的邓文宽等各位先生及答辩委员会张涌泉等各位先生致以崇高的敬意。文中还有存在的错误是自己学问学识所不及的，恭请宏哲大家不吝指正。

金身佳

2016 年 11 月 19 日